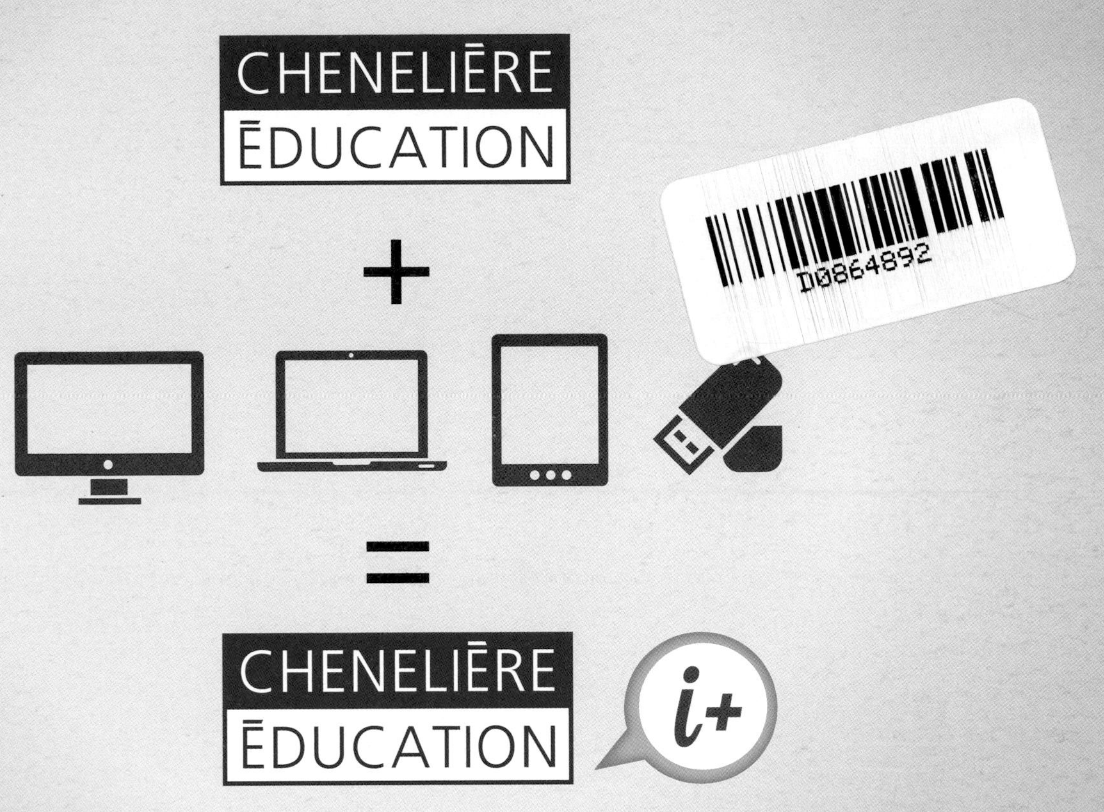

3355-M ISBN 978-2-7650-3721-7

5e édition

L'ÊTRE HUMAIN

Quelques grandes conceptions modernes et contemporaines

Jacques Cuerrier

Avec la collaboration de

Michel Dussault
Jade Landry-Cuerrier (Cégep de Saint-Jérôme)
Mathieu Chabot (Collège de Bois-de-Boulogne)
Dominic Fontaine-Lasnier (Cégep de Drummondville)
Hélène Laramée (Collège de Rosemont)

Conception et rédaction des outils pédagogiques en ligne

Jacques Cuerrier

Conception et rédaction des activités interactives

Mathieu Bras (Cégep Limoilou)

L'être humain
Quelques grandes conceptions modernes et contemporaines, 5e édition

Jacques Cuerrier

Conception éditoriale: France Vandal
Édition: Maxime Forcier
Coordination: Magali Blein
Révision linguistique: Jean-Pierre Leroux
Correction d'épreuves: Annie Cloutier
Conception graphique: Marguerite Gouin
Conception de la couverture: Gianni Caccia
Impression: TC Imprimeries Transcontinental

Le matériel complémentaire mis en ligne dans notre site Web est réservé aux résidants du Canada, et ce, à des fins d'enseignement uniquement.

L'achat en ligne est réservé aux résidants du Canada.

Les définitions extraites du Petit Robert sont issues du *Petit Robert de la langue française 2014*. Toutes les définitions présentées en marge donnent le sens du mot tel qu'il est employé dans son contexte.

Catalogage avant publication
de Bibliothèque et Archives nationales du Québec
et Bibliothèque et Archives Canada

Cuerrier, Jacques, 1946-

L'être humain: quelques grandes conceptions modernes et contemporaines

5e édition.

Comprend des références bibliographiques et un index.
Pour les étudiants du niveau collégial.

ISBN 978-2-7650-3721-7

1. Humanisme. 2. Homme. 3. Anthropologie philosophique. 4. Philosophes. I. Titre.

B821.C84 2013 144 C2013-941957-8

5800, rue Saint-Denis, bureau 900
Montréal (Québec) H2S 3L5 Canada
Téléphone : 514 273-1066
Télécopieur : 514 276-0324 ou 1 800 814-0324
info@cheneliere.ca

ISBN 978-2-7650-3721-7

Dépôt légal: 1er trimestre 2014
Bibliothèque et Archives nationales du Québec
Bibliothèque et Archives Canada

Imprimé au Canada

1 2 3 4 5 ITIB 17 16 15 14 13

Nous reconnaissons l'aide financière du gouvernement du Canada par l'entremise du Fonds du livre du Canada (FLC) pour nos activités d'édition.

Gouvernement du Québec – Programme de crédit d'impôt pour l'édition de livres – Gestion SODEC.

Remerciements de l'auteur

Je tiens à remercier l'équipe de Chenelière Éducation avec laquelle j'ai travaillé pendant plus d'un an à la nouvelle édition de mon manuel. Merci à Mme France Vandal, éditrice conceptrice attentionnée. Merci à M. Maxime Forcier, éditeur minutieux et à l'esprit ouvert. Merci à Mme Magali Blein, chargée de projet aimant les mots et veillant à ce que chacune des pages soit bien ciselée. Merci à M. Jean-Pierre Leroux, réviseur linguistique fabuleux. Ce fut un réel plaisir d'être accompagné par vous tous dans cette entreprise.

Je désire aussi exprimer ma gratitude aux professeurs qui m'ont aidé à revisiter les chapitres de mon manuel. Merci à M. Michel Dussault, fidèle et précieux collaborateur, qui a revu avec finesse et nuance les chapitres 1 (Montaigne), 2 (Descartes), 3 (Rousseau) et 5 (Nietzsche). Merci à Mme Jade Landry-Cuerrier qui a manifesté un souci pédagogique constant de même qu'une grande connaissance des auteurs Freud (chapitre 6) et Skinner (chapitre 8). Sa contribution m'a permis de donner une meilleure assise aux philosophies de l'homme que ces deux théories véhiculent. Merci à M. Mathieu Chabot et à Mme Hélène Laramée. À l'évidence, ils ont fréquenté Marx avec plaisir et intelligence. Grâce à leur concours, j'ai pu insuffler un vent de renouveau sur le chapitre 4. Merci à M. Dominic Fontaine-Lasnier. Possédant une maîtrise exceptionnelle de la philosophie sartrienne (chapitre 7), M. Fontaine-Lasnier m'a remis des commentaires brillants et m'a proposé des nouvelles avenues pertinentes.

Remerciements de l'édition

L'édition tient à remercier tous les enseignants qui ont participé aux consultations nous permettant d'améliorer cette nouvelle édition: Charles Bilodeau (Collège de Valleyfield), Christian Boissinot (Cégep Garneau), Lynda Champagne (Collège de Maisonneuve), Samba Diakité (Cégep de Jonquière), Marie-Claude Fournier (Cégep de l'Outaouais), Natacha Giroux (Cégep de Trois-Rivières), François Lavoie (Cégep de Jonquière) et André Sylvestre (Cégep régional de Lanaudière).

Nous tenons également à remercier Mathieu Bras (Cégep Limoilou) pour la conception et la réalisation des activités interactives en ligne.

Avant d'aborder les conceptions philosophiques de l'être humain présentées dans ce manuel, vous êtes invité à découvrir les principales caractéristiques d'un chapitre type et les stratégies d'apprentissage qui vous sont proposées.

Le corps du chapitre

La page d'ouverture

Une page d'ouverture offre le titre complet du chapitre, un portrait du philosophe, une citation faisant l'éloge de son œuvre ainsi que le plan sommaire du chapitre.

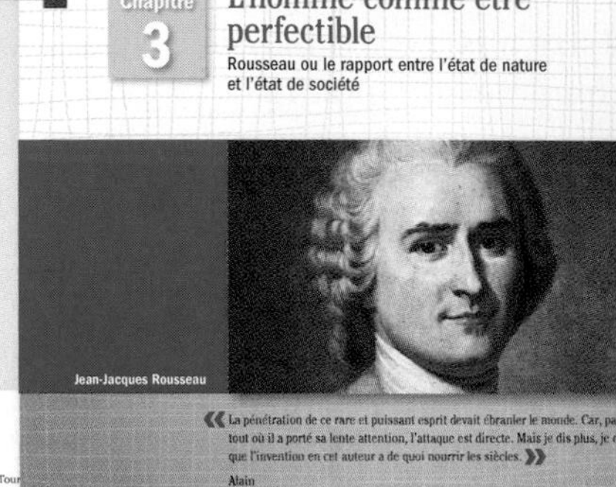
Chapitre 3

L'homme comme être perfectible

Rousseau ou le rapport entre l'état de nature et l'état de société

Jean-Jacques Rousseau

« La pénétration de ce rare et puissant esprit devait ébranler le monde. Car, partout où il a porté sa lente attention, l'attaque est directe. Mais je dis plus, je dis que l'invention en cet auteur a de quoi nourrir les siècles. »

Alain

Plan du chapitre

- Rousseau et les Lumières
- L'état de nature et l'état de société
- Être ou paraître
- Le contrat social ou la liberté et l'égalité retrouvées
- *Émile* ou le modèle d'éducation de l'être humain
- Rousseau aujourd'hui

Un **premier pictogramme** signale d'abord la présentation des événements majeurs de la vie du philosophe.

Les principaux traits et caractères du siècle qui l'ont vu naître et se développer vous sont ensuite proposés.

Les définitions en marge

Les notions, les concepts et les expressions philosophiques ainsi que les mots courants dont la signification peut vous être inconnue sont en caractères bleus dans le texte, puis définis dans la marge.

Un **deuxième pictogramme** annonce la présentation de la conception de l'être humain.

La philosophie de l'être humain est expliquée dans un langage clair et accessible.

Des encadrés significatifs

Des encadrés sont intégrés au texte principal afin de mettre en relief une notion, en **gras** dans le texte, ou d'en élargir la portée.

Des figures de synthèses

Des figures permettent de schématiser, de synthétiser ou de mettre en rapport les éléments fondamentaux de la philosophie de l'être humain exposée.

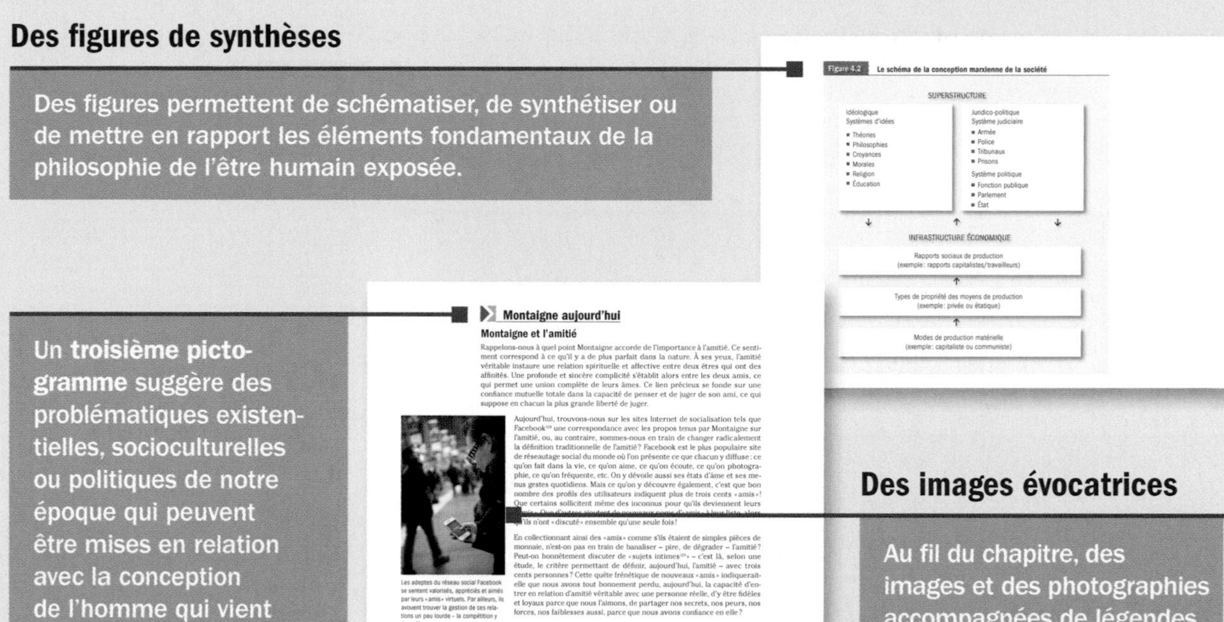

Un **troisième pictogramme** suggère des problématiques existentielles, socioculturelles ou politiques de notre époque qui peuvent être mises en relation avec la conception de l'homme qui vient d'être présentée.

Des images évocatrices

Au fil du chapitre, des images et des photographies accompagnées de légendes interpellent le lecteur.

La fermeture du chapitre

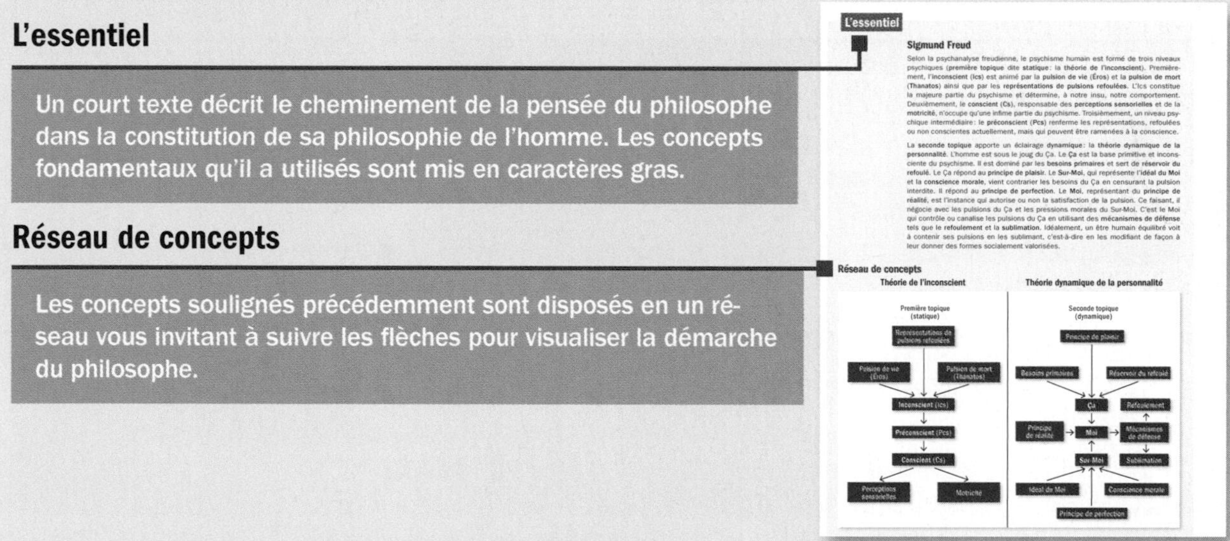

L'essentiel

Un court texte décrit le cheminement de la pensée du philosophe dans la constitution de sa philosophie de l'homme. Les concepts fondamentaux qu'il a utilisés sont mis en caractères gras.

Réseau de concepts

Les concepts soulignés précédemment sont disposés en un réseau vous invitant à suivre les flèches pour visualiser la démarche du philosophe.

Résumé de l'exposé

Un abrégé de l'exposé vous est offert. Une lecture attentive de ce résumé facilitera une réappropriation de la philosophie de l'homme étudiée.

Activités d'apprentissage

La rubrique «Activités d'apprentissage» contient cinq exercices de types différents.

A Vérifiez vos connaissances

D'abord, vous pourrez vérifier vos connaissances et votre compréhension de la philosophie de l'homme exposée dans le chapitre en répondant à une série de questions.

B Débat

Un débat – à réaliser en classe – vous est ensuite proposé. Il s'agit de discuter d'une problématique particulière issue de la conception de l'être humain qui vient de vous être présentée.

C Analyse et critique de texte

Afin de fournir l'occasion d'une rencontre directe avec les philosophes et leurs œuvres, une analyse et une critique de texte vous sont ensuite proposées.

D Analyse et critique d'un texte comparatif

Vous aurez à produire de nouveau une analyse et un commentaire critique, à partir d'un deuxième texte écrit par un autre philosophe qui appuie, désapprouve ou présente différemment la philosophie de l'être humain à l'étude.

E Exercice comparatif

L'exercice comparatif a été conçu dans le but de vous permettre d'acquérir l'habileté à comparer, à partir d'un thème particulier, la conception de l'être humain développée dans le chapitre avec une autre étudiée précédemment.

Extraits de textes

Un texte représentatif de la pensée du philosophe étudié et un court texte d'un autre penseur qui vient se mesurer à la philosophie exposée dans le chapitre vous sont ensuite offerts.

Lectures suggérées

À la fin du chapitre, nous vous suggérons la lecture d'une ou de deux œuvres majeures du philosophe étudié.

Table des matières

Chapitre 1

L'homme comme être conscient de lui-même

Montaigne ou l'art d'être à soi-même et heureux

Chapitre 2

L'homme comme être de raison

Descartes ou le premier rationalisme moderne

Chapitre 5 L'homme comme être d'instincts, de désirs et de passions

Nietzsche ou la philosophie à coups de marteau

Chapitre 6 L'homme comme être régi par l'inconscient

Freud ou la psychanalyse

Chapitre 8

L'homme comme être déterminé

Le behaviorisme skinnérien ou le comportement humain modelé par l'environnement

Introduction

«Quelle chimère est-ce donc que l'homme? se demande Pascal. Quelle nouveauté, quel monstre, quel chaos, quel sujet de contradiction, quel prodige! Juge de toutes choses, imbécile ver de terre; dépositaire du vrai, cloaque d'incertitude et d'erreur; gloire et rebut de l'univers[1].» À l'évidence, l'homme constitue un objet de recherche pour le moins obscur et controversé. Parce que l'homme demeure une énigme pour l'homme, celui-ci s'est toujours interrogé sur lui-même, cherchant à cerner sa nature, sa condition, le sens à donner à son existence.

Qu'est-ce que l'homme?

Qu'est-ce que l'être humain et quelles sont sa place et sa signification dans l'univers? Depuis des millénaires, ces questions hantent l'esprit des hommes et des femmes. Des réponses plurielles à ces questions ont été élaborées au cours des siècles. Des penseurs ont atteint un niveau de réflexion et d'analyse tel que leurs réponses continuent de nourrir et d'inspirer l'homme contemporain dans sa propre pensée; elles ont dépassé à un tel point le stade de l'opinion, du préjugé et du lieu commun qu'elles sont reconnues comme des conceptions philosophiques de l'être humain qui défient le temps.

Qu'est-ce qu'une conception philosophique de l'homme?

Mais qu'est-ce qu'une conception philosophique de l'être humain? Selon l'optique qui nous intéresse, cela consiste en une théorie de l'homme élaborée par un penseur, théorie qui se veut applicable à tous les humains et qui donne un sens à l'existence humaine. Une conception philosophique de l'être humain trace avec précision et rigueur un portrait de l'homme qui s'appuie sur une analyse rationnelle, cohérente et approfondie. À la lumière de cette analyse, l'être humain acquiert une signification particulière; il devient porteur de sens.

L'anthropologie philosophique ou le problème de l'homme et de sa condition

Pourquoi recourir à l'étude de la philosophie, et plus particulièrement à l'**anthropologie philosophique**, pour réaliser une initiation à des conceptions de l'être humain? Tout simplement parce que, dans le contexte de la pensée occidentale, c'est à elle que revient la responsabilité de répondre d'une manière systématique et globale à la question: «Qu'est-ce que l'homme et quelle est sa nature?»

L'anthropologie philosophique s'intéresse à l'étude philosophique de l'homme. Étymologiquement, «anthropologie» vient du grec *anthrôpos*, «homme», et *logos*, «discours», «étude», «science».

Le problème de l'être humain et de sa condition constitue, en effet, le point central de toute l'histoire de la philosophie. À travers les âges, des penseurs ont réfléchi sur ce que nous sommes en tant qu'humains. Ils ont porté un regard souvent perspicace et radical sur l'être humain, en manifestant une exigence insatiable de lucidité et de sens.

Ces penseurs ont élaboré des **représentations** de l'homme. Ils ont tenté d'analyser en profondeur ce que nous sommes pour en donner une explication cohérente et

Représentation
Du latin *repræsentatio*, «action de mettre sous les yeux». Conséquemment, la représentation sert à désigner une idée ou une image qu'on se fait du monde ou de l'homme.

1. Blaise PASCAL, «Pensées», section I, VII, 131-434, dans *Œuvres complètes*, Paris, Éditions du Seuil, 1963, p. 515.

globale (c'est ce qui caractérise toute conception de l'être humain digne de ce nom). Ils ont voulu éclairer la condition humaine en lui donnant un sens, qui se veut **totalisant**. Ils ont systématisé leurs philosophies de l'homme dans des écrits déterminants pour l'évolution de la pensée et pour la conception que l'humain se fait de lui-même. C'est à cette merveilleuse aventure de l'esprit que vous êtes aujourd'hui convié.

Totalisant
Se dit d'une signification synthétique et universelle qui embrasse l'ensemble des êtres humains.

Une approche pluraliste et pluridimensionnelle

Dans cet ouvrage, nous nous limiterons à faire connaître et comprendre quelques conceptions philosophiques de l'être humain élaborées à l'époque moderne[2] et à l'époque contemporaine, qui influent plus particulièrement sur notre manière actuelle d'être, de penser et d'agir.

Puisque ce manuel s'inscrit dans un cours de philosophie de quarante-cinq heures, il fallait faire une sélection parmi les grandes conceptions modernes et contemporaines de l'être humain. Qu'est-ce qui a guidé notre choix ? D'abord et avant tout, le souci de privilégier une approche pluraliste. À notre sens, aucun manuel ne peut rendre compte de la réalité humaine au moyen d'un système conceptuel unique sans tomber dans le plus inacceptable **réductionnisme**. Nous avons donc favorisé une approche pluridimensionnelle. En conséquence, il nous est apparu comme primordial de présenter des analyses de l'être humain variées et même parfois opposées.

Réductionnisme
Position qui consiste à défendre un principe explicatif unique qui rendrait compte de ce qu'est l'homme dans sa totalité. Une telle attitude valorise généralement une seule dimension de l'être humain en négligeant toutes les autres ; ce faisant, elle escamote la diversité et la complexité de l'humain.

Ainsi, nous nous demandons avec Michel de Montaigne[3] si chaque individu, en cherchant sa vraie identité, saura « vivre à propos » jusque dans sa mort. Ou, avec René Descartes, si l'homme est essentiellement un être de raison capable des plus hautes certitudes. Ou bien, avec Jean-Jacques Rousseau, si l'homme est davantage un être naturel perfectible doué d'une sensibilité et d'une liberté originaires exceptionnelles que la société a perverti en lui inculquant une culture faite d'hypocrisie et de domination. Est-il produit exclusivement dans son rapport à la société, comme le prétend Karl Marx avec son matérialisme dialectique et historique ? Est-il un être d'instincts, de désirs et de passions qui permettent le dépassement de soi, comme le défend Friedrich Nietzsche ? L'être humain est-il régi par son inconscient ainsi que Sigmund Freud et la psychanalyse le soutiennent ? Comme l'explique l'existentialisme athée de Jean-Paul Sartre, l'être humain est-il plutôt un projet libre qui se définit par ses actes ? Enfin, à l'inverse, l'homme doit-il être considéré comme un être contrôlé par son environnement, ainsi que l'affirme Burrhus Frederic Skinner dans sa théorie behavioriste ?

La thématique du cours

Tout au long de ce travail, nous aurons le souci de montrer les principales implications de chaque perspective par rapport à l'idée de la nature humaine. Faut-il voir cette nature humaine comme supposant un principe **transcendant** ou, au contraire, comme un simple produit **immanent** de l'univers ? Faut-il penser cette nature humaine comme une essence intemporelle, claire et distincte, fixée une fois pour toutes ? Faut-il l'envisager plutôt comme une création constante de la liberté ou, au contraire, comme le résultat toujours provisoire et précaire de forces et de rapports de force à l'œuvre dans l'individu, la société et l'histoire ? Et puis, quelles que soient

Transcendant
Du latin *transcendere*, « s'élever au-dessus de ». Caractère de ce qui est supérieur, de ce qui appartient à un degré plus élevé. Par exemple, Dieu est transcendant au monde et aux êtres immanents.

Immanent
Du latin *in manere*, « rester dans ». Caractère de ce qui est contenu à l'intérieur d'un être. S'oppose à « transcendant ».

2. Nous présenterons brièvement dans le chapitre 2 les principales caractéristiques de l'époque moderne, aussi appelée les Temps modernes.

3. Ayant vécu au XVIe siècle, Montaigne (1533-1592) n'est pas d'un point de vue historique un homme des Temps modernes (XVIIe et XVIIIe siècle). Cependant, sa pensée l'est. On oserait même dire qu'il pourrait être notre contemporain…

les conceptions de l'être humain présentées ici, quelle place est finalement réservée à la liberté et à la responsabilité de notre être-avec-autrui aux prises avec les passions, les multiples conditionnements et les contraintes de la vie en société? Voilà les questions de fond que nous aborderons.

Être interpellé par les philosophies de l'homme

Mais comment se situer par rapport à ces conceptions de l'homme, comment les accueillir? vous demandez-vous peut-être. Nous croyons qu'il ne serait pas approprié de recevoir mécaniquement ces conceptions de l'être humain en cherchant à retenir quelques mots ou quelques phrases qu'on oubliera bien vite! Il ne s'agira pas d'apprendre ce savoir comme on mémorise une formule mathématique ou une loi de la physique.

Afin de retirer de ce cours autre chose qu'un «vernis philosophique» superficiel, et pour rendre ce savoir vivant, il faut que vous vous sentiez engagé par le questionnement fondamental sous-tendant toutes les conceptions de l'homme qui vous seront présentées: que suis-je? Quelle est ma nature profonde? Quel est le sens que je veux donner à mon existence? Est-ce que je suis libre? Étant donné que c'est de vous-même qu'il est ici question, il serait souhaitable que vous vous laissiez imprégner, féconder par ces conceptions de l'homme. Vous devrez vous ouvrir à elles, vous sentir touché par elles, fasciné, bouleversé même, jusqu'à vous remettre en question; ou, à l'inverse, être indigné, révolté ou, tout simplement, amené à penser autrement.

Avoir une attitude ouverte et critique

Une mise en garde paraît ici nécessaire. Ce manuel n'entend surtout pas vous inciter à adhérer sans réflexion à l'une ou l'autre des conceptions philosophiques de l'être humain qui y sont présentées. Chacune d'elles apporte un éclairage intéressant et continue d'alimenter la réflexion de nos contemporains sur l'homme.

Cependant, et malgré les visées totalisantes de ces philosophies, nous croyons qu'aucune ne peut, à elle seule, prétendre épuiser son sujet! Et si certaines philosophies présentées ici se contredisent, d'autres se complètent. Il faut les percevoir dans leur ensemble comme un riche réservoir culturel où l'on peut puiser une nourriture pour sa pensée propre.

N'appauvrissez donc pas l'humain que vous êtes en l'enfermant dans un seul système d'explications et de significations que vous n'auriez pas approfondi! Si vous voulez éviter les pièges du **dogmatisme** ou du réductionnisme, nous vous suggérons d'adopter une attitude ouverte mais critique envers toutes ces conceptions de l'homme.

Dogmatisme
Fait qu'une conception de l'être humain se présente de façon absolue comme si elle correspondait à une vérité incontestable ou comme si elle relevait d'un article de foi.

Encore une remarque! Ce manuel s'adresse avant tout aux étudiants du cégep. Il a été conçu en cherchant à satisfaire à deux exigences. D'abord, la lisibilité: on a cherché à rendre les divers chapitres aussi clairs que possible. Mais cette accessibilité ne dispense pas de l'effort de compréhension requis d'ailleurs pour toutes les disciplines au programme!

Cette lecture devrait constituer pour vous un défi raisonnable à relever. Et quelle fierté de sentir qu'en travaillant régulièrement on ne cesse d'améliorer sa compréhension, et on se rend ainsi progressivement familier avec ce qui pouvait au départ sembler obscur ou déroutant!

Les activités d'apprentissage proposées

Dans le but de vous permettre de développer votre capacité d'analyse, votre jugement critique et votre habileté à comparer les différentes philosophies de l'être humain qui vous sont proposées, ce manuel offre des activités d'apprentissage[4] à la suite de chacun des exposés.

L'ensemble des exercices suggérés vise à vous préparer adéquatement à la réalisation de l'activité de synthèse finale[5] où vous serez invité à expliquer, à commenter et à comparer deux conceptions philosophiques de l'être humain au regard du thème de la liberté.

Globalement, nous pouvons dire que tous les travaux de réflexion contenus dans ce manuel vous donneront l'occasion de vous mesurer à quelques-unes des grandes conceptions modernes et contemporaines de l'être humain. Une telle confrontation aura peut-être comme résultat (c'est ce que nous vous souhaitons) de vous amener à vous questionner sur ce que sont l'être humain et sa condition, et à réfléchir à ce qui fait votre propre humanité.

Bonne réflexion et bonne session!

4. Pour plus de détails, consultez la rubrique « Activités d'apprentissage » dans la section précédente intitulée « Caractéristiques de l'ouvrage ».
5. Cette activité de synthèse finale est présentée à la fin du manuel.

Chapitre 1

L'homme comme être conscient de lui-même

Montaigne ou l'art d'être à soi-même et heureux

Michel de Montaigne

« Apprendre à vivre, à souffrir, à aimer, à vieillir, apprendre les autres, l'amour et l'amitié, apprendre les passions humaines, apprendre le mouvement des choses et du monde, apprendre à regarder les animaux et apprendre des leçons d'eux, apprendre à prier sans courber l'échine, apprendre la vanité de nombre de choses humaines, dont la politique, apprendre à se connaître soi-même, apprendre à aimer les philosophes anciens, apprendre à s'aimer comme il faut, ni trop, ni trop peu, apprendre une sagesse intempestive, apprendre à mourir enfin – voilà ce que nous propose les *Essais*. »

Michel Onfray

Plan du chapitre

Au lecteur[1]

C'est ici un chapitre *de bonne foi, lecteur. Il t'avertit dès l'entrée que* celui-ci, consacré à Montaigne, appelle quelques remarques préliminaires concernant la place et la présentation de cet auteur dans ce manuel.

Montaigne n'a pas cherché à constituer en système ses réflexions sur l'être humain. S'il a revu, corrigé et augmenté périodiquement ses propos, il n'a jamais prétendu t'offrir une doctrine complète et unifiée. À proprement parler, il n'a même pas voulu enseigner ! Ce qu'il te livre au fil des jours, ce sont des réflexions profondes et sincères sur l'homme – tel qu'il l'a expérimenté en lui-même et chez les autres –, des recommandations de bonne vie aussi, qu'il veut partager avec toi comme si tu étais son ami.

Montaigne rappellera à ta mémoire les philosophes de l'Antiquité que tu as étudiés dans ton premier cours de philosophie : par exemple, Socrate, Platon, Aristote, cités plus d'une fois. Par ailleurs, à plusieurs égards, il annonce la pensée moderne, et sa lecture a nourri et stimulé la postérité philosophique, malgré les critiques, les réserves et les oppositions qu'elle a pu susciter : Descartes, Rousseau, Nietzsche et Sartre – pour ne nommer qu'eux – ont « fréquenté » notre homme !

Aussi, dans le chapitre qui ouvre ce livre, il nous est apparu comme pertinent de tenter une présentation de ce penseur qui fut un grand inspirateur. Montaigne fut aussi un merveilleux investigateur de l'âme humaine qui a su trouver les mots appropriés pour raconter la vie. Enfin, souhaitons que la pensée originale de Montaigne réussisse à te toucher dans ce qui fait ta propre humanité.

Adieu donc, ce premier de janvier de l'an deux mille quatorze.

 Montaigne et la Renaissance

La vie de Montaigne

Michel Eyquem[2] naît le 28 février 1533 au château de Montaigne situé dans le Périgord, dans le sud-ouest de la France. Son père, Pierre Eyquem, né d'une famille bourgeoise qui s'était enrichie dans le commerce, a reçu en héritage le château de Montaigne. Ayant fidèlement servi le roi François Ier dans la guerre d'Italie, il a obtenu le titre de sieur de Montaigne. De retour sur ses terres, il a fait agrandir et fortifier sa « maison noble » pour la transformer en une imposante demeure seigneuriale. Il a épousé, en 1528, Antoinette Louppes de Villeneuve, issue d'une famille d'origine juive espagnole (les López) convertie au christianisme. Les Louppes s'étaient installés à Toulouse pour y faire le commerce du pastel et y firent fortune. Au milieu du XVIe siècle, Pierre Eyquem et Antoinette Louppes fondent une famille et vivent « noblement[3] » en terre de Montaigne. Antoinette met au monde sept enfants : les deux fils aînés étant décédés en très bas âge, à la mort de son père, Michel Eyquem hérite à son tour du domaine de Montaigne. Pierre Eyquem aimera profondément ce fils et verra à ce que le jeune Michel ait la meilleure éducation.

1. Les mots mis en italique dans cette page sont de Montaigne. On les trouve dans son avis de l'auteur « Au lecteur » qui introduit les *Essais*.
2. Après la mort de son père en 1568, Michel Eyquem se fera appeler Michel de Montaigne.
3. À cette époque, « vivre noblement » implique de se soumettre au code de vie des nobles, c'est-à-dire, entre autres, de ne pratiquer aucun travail manuel ni commerce direct (sauf vendre le produit de ses terres), de participer aux assemblées de la noblesse, de porter l'épée et d'aller à la guerre si le roi ou son représentant l'exige.

Une éducation inusitée

À peine baptisé, Michel est placé par son père en **nourrice** chez de pauvres bûcherons dans un hameau appartenant à la seigneurie de Montaigne. Son père veut que son fils soit non seulement formé « à la frugalité et à l'austérité », mais aussi élevé à la plus simple et commune manière de vivre. Michel y reste les deux premières années de son existence.

Nourrice
Femme à qui l'on confiait un enfant en bas âge, afin qu'elle l'allaite et lui donne des soins.

De retour au château, le père a prévu pour son fils un environnement fait d'attention et de délicatesse. Par exemple, chaque matin, afin que le jeune enfant ne soit pas brutalement tiré du sommeil, un joueur d'**épinette**, engagé par son père, le réveille en douceur.

Épinette
[...] Instrument de musique à clavier et à cordes pincées (par un bec de plume comparé à une *petite épine*) [...] *(Le Petit Robert).*

Par ailleurs, tenant à ce que son fils – au siècle de l'**humanisme**[4] – puisse s'élever dans les plus hautes sphères de la société, et sachant qu'on ne peut y parvenir sans la connaissance parfaite du latin[5], « le bon père que Dieu [lui] donna » met en scène une expérience fort particulière. Il fait venir au château un précepteur allemand qui ne connaît pas le « périgourdin[6] ». Ce maître doit respecter la consigne d'entretenir l'enfant uniquement en latin ! Quant aux membres de la famille, aux valets et autres domestiques, ils ne doivent prononcer aucun mot de dialecte devant le fils bien-aimé. C'est ainsi que « sans livre, sans grammaire ni préceptes, sans fouet et sans larmes[7] », Michel arrive à parler parfaitement le latin comme première langue maternelle. À l'âge de six ans, il est placé au Collège de Guyenne, à Bordeaux[8]. On y fait l'étude des « humanités » (textes littéraires et philosophiques de l'Antiquité gréco-romaine présentés en langue latine).

Humanisme
L'humanisme de la Renaissance est un courant de pensée qui prône un idéal d'étude, de culture et de sagesse prenant pour principal objet la personne et son épanouissement. Ce courant de pensée puise largement son inspiration chez les penseurs de l'Antiquité gréco-romaine qu'on redécouvre alors.

Puisque Michel connaît déjà la grammaire latine et parle couramment le latin, de peur qu'il ne s'ennuie avec les thèmes (traduction d'un texte français en latin), les versions (traduction d'un texte latin en français) et les commentaires (explications et remarques) sur les textes classiques, son père engage sur place un répétiteur ayant pour mission de lui faire découvrir et aimer les poètes latins. Malgré cette douce diversion, et même si des maîtres renommés lui enseignent, Michel ne garde pas un bon souvenir des huit années passées en ce lieu. Il critique surtout l'obligation de redire sans cesse ce qu'on lui a enseigné.

Alors qu'il est un tout jeune homme – nous sommes aux alentours de l'année 1550 –, Michel quitte sa terre natale pour aller découvrir à Paris les délices, les « lumières » et les contacts utiles pour faire sa marque dans le monde politique (car le père voit grand pour son fiston). Il séjourne pendant quatre années dans cette grande ville et est subjugué par elle. Plus tard, il écrira dans les *Essais* : « Paris a eu mon cœur dès mon enfance. » Qu'est-ce qu'il y fait ? Il y découvre certes des plaisirs gaillards : il dira y avoir vécu sa « saison la plus licencieuse »... Mais il fréquente aussi les salons littéraires qui lui permettent de nouer des relations l'introduisant à la cour. Il fait aussi des études au Collège de la Sorbonne où il suit des cours de langue grecque ainsi que des leçons de maîtres comme l'érudit Adrien Turnèbe, qui lui font découvrir les grands penseurs de la civilisation grecque, tels Socrate et **Plutarque**,

Plutarque fut un biographe et un moraliste grec (v. 47 – v. 125). Auteur fécond, son œuvre est évaluée à plus de deux cent cinquante écrits. Les principaux thèmes sur lesquels il s'est penché sont la justice de la Providence, la piété, la vérité, la sérénité, la nécessité et le pouvoir de la conscience, le bon sens et la modération.

4. L'époque de la Renaissance est décrite un peu plus loin dans ce chapitre.
5. Précisons que le latin est à cette époque la langue de la connaissance et de la culture.
6. Le périgourdin est la langue commune parlée dans le Périgord.
7. Michel de MONTAIGNE, *Essais*, livre I, chapitre 26, p. 136. Toutes les citations reproduites dans ce chapitre proviennent des *Essais* de Michel de Montaigne, mis en français moderne et présentés par Claude Pinganaud, Paris, Arléa, 2002. À l'occasion, nous avons utilisé l'italique pour souligner une expression ou une phrase qui nous est apparue comme particulièrement significative.
8. Le Collège de Guyenne est une institution réputée où les élèves ne sortent que dix jours par an.

particulièrement appréciés par Montaigne. Mais un jour, le bon père – constatant que le séjour parisien de son fils lui coûte bien cher et trouvant ce dernier suffisamment éveillé aux choses de la vie et de l'esprit – le rappelle sur sa terre natale. Notons au passage que c'est lors de ce « stage parisien » que Montaigne apprend à parler le français, « langue de Paris », dont François Ier fera, en 1539, la langue officielle du royaume, lui donnant ainsi préséance sur les dialectes régionaux.

L'entrée dans la vie active

En 1554, Michel Eyquem a vingt et un ans et vient d'être nommé conseiller à la Cour des aides de Périgueux, instance judiciaire chargée des litiges d'ordre fiscal. Il y remplace son père, élu maire de Bordeaux. Trois ans plus tard, il acquiert une charge de conseiller à la Chambre des requêtes du parlement de Bordeaux. Cette institution judiciaire a la responsabilité de mettre en place les ordonnances royales, sans heurter de plein fouet les coutumes locales.

Étienne de La Boétie est né en 1530 à Sarlat, dans le Périgord. Alors qu'il n'a que dix-huit ans, il écrit un fervent réquisitoire contre la tyrannie. Il analyse la légitimité des gouvernants, qu'il appelle « maîtres » ou « tyrans », et il expose les raisons pour lesquelles leur domination perdure. Son *Discours de la servitude volontaire* est un classique.

C'est à Bordeaux, en 1558, « par hasard, en une grande fête, et compagnie de ville », qu'il rencontre **Étienne de La Boétie**, lui aussi conseiller au parlement de Bordeaux. Les deux hommes se connaissaient déjà de réputation. Cette première rencontre donnera naissance à une grande amitié qui deviendra légendaire[9] !

De 1559 à 1565, à titre de délégué du parlement de Bordeaux, jouissant par ailleurs d'une réputation de conciliateur, Michel Eyquem est appelé à remplir des missions de médiation qui, dit-il, le tiennent parfois plusieurs mois hors de chez lui. Il a aussi ses entrées régulières à la cour, à Paris. Il lui arrive même d'accompagner la cour dans ses déplacements en province. Par exemple, en octobre de l'année 1562, il suit la cour à Rouen, en compagnie du roi Charles IX[10] (âgé de douze ans !), où leur sont présentés trois Indiens du Nouveau Monde, qui « trouvèrent étrange que tant de grands hommes, portant barbe, forts et armés, qui étaient autour du roi, se soumissent à un enfant, et qu'on ne choisissait plutôt quelqu'un d'entre eux pour commander ». Montaigne raconte que ces Indiens s'étonnèrent aussi de voir des mendiants « décharnés de faim et de pauvreté » qui gisaient à la porte de leurs maîtres « pleins et gorgés de plein de commodités » et qui acceptaient de « souffrir une telle injustice sans prendre à la gorge leurs maîtres et mettre le feu à leurs maisons[11] ». Qui sont ici les « Barbares » et les « Civilisés » ?

En 1565, Michel a trente-deux ans. Voici venu le temps d'accepter de se « laisser mener au mariage ». Il épouse Françoise de la Chassagne. Le beau-père, influent collègue au parlement de Bordeaux, a muni sa fille d'une dot intéressante. Des sept filles que Françoise mettra au monde, une seule (Léonor) survivra.

Trois ans plus tard, Pierre Eyquem, le « meilleur des pères qui furent jamais », meurt à l'âge de soixante-treize ans. Michel en est profondément attristé. Héritier légitime du domaine de Montaigne, il voudra en porter le nom : désormais, il signera Michel

9. La passion de l'amitié sera traitée plus loin dans ce chapitre.
10. Charles IX (1550-1574), deuxième fils de Catherine de Médicis et d'Henri II, succéda à son frère François II. Héritant de la couronne du roi de France à l'âge de dix ans, c'est sa mère qui, de fait, assuma le pouvoir.
11. *Essais*, livre I, chapitre 31, p. 164.

de Montaigne. Par ailleurs, tenant une promesse faite à son père, Montaigne termine la traduction de la *Théologie naturelle* de Raymond Sebond[12], qu'il publie à Paris, en 1569.

En 1570, Montaigne vend sa charge de conseiller au parlement de Bordeaux. Afin de sauver de l'oubli l'œuvre littéraire d'Étienne de La Boétie, il fait paraître les traductions de Xénophon et de Plutarque ainsi que les vers latins et les poèmes français de son très cher ami disparu.

C'est dans cette magnifique tour que se trouve la « librairie » où Montaigne lisait, méditait et dictait en marchant le fruit de ses réflexions.

Une retraite particulière

En 1571 – à la fin de la trentaine, donc –, Montaigne prend la décision de se retirer sur ses terres. Ayant accompli son devoir civique, et vraisemblablement lassé des tensions haineuses d'origine religieuse qui empoisonnent la vie parlementaire (climat de guerre entre catholiques et protestants), il souhaite désormais se consacrer au travail de l'esprit : lecture, étude, méditation, écriture. À cet effet, il fait aménager une tour de son château : une chapelle au rez-de-chaussée, une chambre au premier étage, une bibliothèque qu'il appelle « librairie » au second. Il y range les livres légués par La Boétie et les siens : au total, plus de mille volumes ! Pour garder un contact direct avec les auteurs grecs et latins dont il s'est nourri depuis l'enfance, il fait graver sur les poutres du plafond de sa librairie une panoplie de **sentences** en grec et en latin telles que celles-ci : « Nul homme n'a su ni ne saura rien de certain » (Xénophon) ; « Je suis homme, rien de ce qui est humain ne m'est étranger » (Térence). Enfin, pour marquer son retrait du monde – la réalité, nous le verrons, sera tout autre –, il fait peindre au mur de sa bibliothèque cette inscription en latin :

Sentence
[...] VIEILLI. Pensée (surtout sur un point de morale) exprimée d'une manière dogmatique et littéraire [...] *(Le Petit Robert)*.

> L'an du Christ 1571, à l'âge de trente-huit ans, la veille des calendes de Mars, anniversaire de sa naissance, Michel de Montaigne, depuis longtemps déjà dégoûté de l'esclavage de la cour du parlement, se sentant encore dispos, vint à part se reposer sur le sein des *doctes vierges*[13] dans le calme et la sécurité ; il y franchira les jours qui lui restent à vivre. Espérant que le destin lui permettra de parfaire cette habitation, ces douces retraites paternelles, il les a consacrées à sa liberté, à sa tranquillité et à ses loisirs[14].

12. Raymond Sebond est un théologien catalan qui vécut au XVe siècle. Montaigne fera l'« Apologie de Raymond Sebond » dans le chapitre 12 du livre II des *Essais*. Cette « apologie » sera une occasion privilégiée de dénoncer les prétentions de la raison et de remettre l'homme parmi les autres animaux.
13. Cette expression désigne les Muses, déesses de la mythologie antique inspirant l'écrivain, et que Montaigne trouve évoquées dans les livres de poésie, de philosophie, d'histoire, dont sa « librairie » est garnie.
14. Michel de MONTAIGNE, *Essais*, édition établie par Albert Thibaudet et Maurice Rat, Paris, Gallimard, coll. « Bibliothèque de la Pléiade », 1967, p. XVI.

Catherine de Médicis[16] a invité à Paris quelque sept cents gentilshommes protestants pour célébrer le mariage de sa fille Marguerite de Valois (dite la reine Margot) avec Henri de Navarre, le futur Henri IV, chef des huguenots (protestants). Des catholiques radicaux, ayant tenté d'assassiner le ministre Coligny, les protestants réclament vengeance. Quelles qu'en soient les motivations exactes, Charles IX, avec l'approbation de sa mère Catherine de Médicis, ordonne le massacre des protestants dans la nuit du 23 au 24 août 1572 (le jour de la fête catholique de Saint-Barthélemy). C'est une véritable hécatombe: près de trois mille victimes à Paris, et la folie meurtrière se répand en région, et à Bordeaux même, donc tout près du lieu de réclusion de Montaigne[17].

Alors que la France plonge dans les horreurs des guerres de Religion, au lendemain du massacre de la **Saint-Barthélemy**, Montaigne commence la rédaction d'un « livre de bonne foi » afin que parents et amis « y puissent retrouver certains traits de [ses] conditions et humeurs ». C'est la naissance de ce qui deviendra ses fameux *Essais*[15] (ainsi nommés par leur auteur en 1578), et dont la première édition, comprenant les livres I et II, sera publiée à Bordeaux chez Simon Millanges, imprimeur ordinaire du roi, le 1er mars 1580.

Le retour aux affaires de son temps

Montaigne reste dans sa forteresse pendant neuf longues années, non sans accepter (peut-il refuser?) quelques missions diplomatiques auprès de ses anciens collègues parlementaires de Bordeaux et quelques activités militaires. Son château est en ordre, ses champs sont productifs, la caisse est bien pleine, les deux premiers livres de ses *Essais* viennent d'être publiés. Le temps est venu pour lui de quitter cette routine rassurante. Le 22 juin 1580, à l'âge de quarante-sept ans, il entreprend un long voyage à cheval de près d'un an et demi. Un jeune frère, son beau-frère, quelques amis, des serviteurs l'accompagnent. D'abord, il se rend à Paris, où il remet un exemplaire de la première édition de ses *Essais* (les deux premiers volumes) au roi Henri III, troisième fils de Catherine de Médicis. C'est une manière indirecte et discrète de conseiller le roi par l'entremise d'exemples tirés de l'Antiquité. Ensuite, il se met en route pour l'Italie, en passant par l'Allemagne et la Suisse. Le motif invoqué: « prendre les eaux » pour soulager sa « gravelle » (calculs biliaires). En fait, il s'agit d'un voyage où semblent s'entremêler des intérêts multiples, y compris le simple goût de se déplacer et d'être « dépaysé ». Il tient un *Journal de voyage,* dont nous parlerons plus loin. Le 7 septembre, alors qu'il est à Rome, il apprend qu'il a été élu, à l'unanimité, sans avoir rien brigué, maire de Bordeaux, pour un mandat de deux années. Après une absence de dix-sept mois et huit jours, Montaigne est de retour en son domaine, le 30 novembre 1581. Il y trouve une lettre du roi Henri III, datée du 25 novembre, confirmant l'élection et lui enjoignant sans délai de se mettre au service de sa charge. Montaigne ne peut refuser l'ordre du roi.

Mentionnons que, dans une France ébranlée par les luttes de pouvoir, à plusieurs reprises, Montaigne fera œuvre de médiation diplomatique entre le roi catholique Henri III et le prétendant protestant Henri de Navarre. Mais son esprit de conciliation se heurtera finalement à l'intransigeance du pouvoir.

Dans le courant de l'année 1586, Montaigne entreprend la rédaction du troisième livre des *Essais*. Deux ans plus tard, il fera une rencontre sentimentalement significative et

15. À l'exception de nombreuses citations en latin – présentées par Montaigne comme des « parements empruntés » et imprimées en italique dès l'édition originale –, les *Essais* sont rédigés en langue vulgaire et non en latin comme on le faisait à l'époque. À ce titre, Montaigne est le premier « penseur » à s'exprimer en français. Du vivant de Montaigne, quatre éditions des *Essais*, sans cesse revus et augmentés, voient le jour. Pour notre part, nous nous référons, pour ce chapitre, à l'édition de 1588, telle que corrigée et encore augmentée de la main de Montaigne dans ce qu'on appelle « l'exemplaire de Bordeaux ».

16. Catherine de Médicis (1519-1589) épousa Henri II (1519-1559) et devint reine de France. Pendant les vingt-six années de leur vie commune, elle régna avec ruse et finesse. Henri II étant mortellement blessé lors d'un tournoi, trois de ses fils en jeune âge deviendront tour à tour rois de France. En fait, c'est Catherine qui contrôlera le pouvoir avec habileté.

17. Sans approuver ces horreurs, notre penseur, humaniste et tolérant, ne jugera pas opportun de les dénoncer nommément. Il ne fut d'ailleurs pas le seul – et même chez les protestants (pourtant alors les victimes) – à adopter cette attitude réservée.

déterminante pour la suite de son œuvre. On lui présente une jeune admiratrice, issue d'une des plus grandes familles de France. Elle porte le nom de Marie de Gournay et elle n'a que vingt-deux ans. Montaigne l'appellera affectueusement sa « fille d'alliance », et dira l'aimer « beaucoup plus que paternellement, et enveloppée en [sa] retraite et solitude comme une des meilleures parties de [son] être[18] ». Après le décès de Montaigne, Marie de Gournay verra à établir onze éditions des *Essais*.

Toile de François Du Bois (1572) montrant la violence extrême du massacre de la Saint-Barthélemy.

Le 1er août 1589, Henri III est assassiné et l'on demande à Montaigne de convaincre Henri de Navarre d'abandonner la religion protestante : ce que ce dernier fera, pour pouvoir devenir roi de France sous le nom d'Henri IV. En attendant, le futur roi de France offre une place de conseiller à notre philosophe, qui la refusera. Montaigne, en tout cas, s'il avait pu vivre un peu plus longtemps, aurait accueilli avec joie et soulagement l'édit de Nantes qui, quelques années plus tard (1598), garantira aux protestants divers droits essentiels et mettra fin à un chapitre sanglant de l'histoire de France.

Michel de Montaigne meurt, en son château, le 13 septembre 1592. Il a cinquante-neuf ans. Une messe est célébrée à son chevet. Il est enterré dans l'église des Feuillants, à Bordeaux.

Cette âme, « la plus libre et la plus vigoureuse qui fût », dira Nietzsche, nous est toujours accessible, aujourd'hui, grâce à ses *Essais*.

La Renaissance

Michel Eyquem de Montaigne est né dans le « beau XVIe siècle » chanté par les historiens : une époque exceptionnelle qui s'est elle-même désignée par la notion de *Rinascità* (« Réveil »). On situe le début de la Renaissance au XVe siècle. Certains historiens l'associent particulièrement à la prise de Constantinople par les Turcs, en 1453, qui obligea les savants de l'Empire romain d'Orient à émigrer en Italie avec leurs trésors littéraires. D'autres considèrent la découverte de l'Amérique par Christophe Colomb, en 1492, comme l'événement symbolique à l'origine de la Renaissance. D'après certains spécialistes, la Renaissance se termine à la fin du XVIe siècle avec la mort sur le bûcher, en 1600, du philosophe italien Giordano Bruno[19]. D'autres situent la fin de la Renaissance au XVIIe siècle en la faisant coïncider avec l'abjuration de Galilée[20], en 1633.

La Renaissance est un mouvement culturel d'une ampleur considérable qui commence au XVe siècle dans les cités-États de l'Italie (Venise, Naples, Gênes, Milan, Florence), pour se propager ensuite en Allemagne, en France, en Angleterre et en

18. *Essais*, livre II, chapitre 17, p. 482.
19. Partisan de la théorie de Copernic (1473-1543), Giordano Bruno (1548-1600) fut arrêté par l'Inquisition, condamné à mort et brûlé vif à Rome. La théorie de Copernic (l'héliocentrisme, explication révolutionnaire de l'univers) est présentée dans le chapitre 2. C'est au XVIIe siècle (à l'époque de Descartes) qu'elle aura toute son influence.
20. Galilée (1564-1642) – dont les recherches astronomiques confirment l'héliocentrisme copernicien – eut, lui aussi, maille à partir avec l'Église catholique romaine… Pour plus de détails, voir le chapitre 2.

Espagne pendant le XVIe siècle et même jusqu'au XVIIe siècle. Un nouvel ordre politique et social permet aux artistes, aux savants et aux penseurs italiens de faire éclore leur génie et de construire une civilisation nouvelle qui s'oppose à l'époque précédente: le Moyen Âge.

L'Antiquité gréco-romaine est la portion de l'histoire politique et culturelle de l'Antiquité, associée à ses débuts à ce qu'on appelle le «miracle grec» et l'avènement de la rationalité, quelques siècles avant notre ère, et se terminant, un millénaire plus tard, avec la fin de l'Empire romain. Cette période est considérée comme la source première d'inspiration des institutions et de la culture occidentales.

À l'origine, le concept de Renaissance suggère donc un *âge nouveau* où l'humanité européenne quitterait la prétendue sclérose de l'époque précédente jugée «obscurantiste», et qu'on appellera plus tard le Moyen Âge. Mais, pour aller de l'avant, il apparaît comme nécessaire de remonter au-delà du Moyen Âge pour retrouver la culture antique qui, venue en particulier de la Grèce, a permis à Rome de fonder la grandeur de sa civilisation. En somme, la Renaissance correspond à la redécouverte de l'**Antiquité gréco-romaine**, où l'on revalorise la culture de la Grèce classique ainsi que la beauté de la langue et de la littérature latines.

Exemple d'une «machine à imprimer» datant du début du XVIe siècle.

Un nouveau programme d'études appelé *studia humanitis* (les «humanités») est créé, et ceux qui suivent ces études portent le nom d'«humanistes».

Les humanistes se sont faits les propagandistes de ce nouvel essor de l'Antiquité, envisagée comme la source toujours vivifiante de la civilisation occidentale. Ils ne voulaient pas reproduire l'Antiquité. Au contraire, tout en s'appuyant sur le matériau de l'Antiquité, ils se sentaient porteurs d'une mission capitale: renouveler, créer, à partir de l'ancien. Ainsi, les humanistes s'intéressèrent à l'homme pour lui-même, en sa qualité de créateur, et non exclusivement en tant que créature de Dieu. Cette nouvelle manière de penser l'être humain découlait d'une conscience et d'une connaissance de soi accrues ainsi que du besoin de le communiquer à ses semblables. Notons que l'invention de l'imprimerie à caractères mobiles à la fin du XVe siècle ne pourra que contribuer à la diffusion de l'esprit et des œuvres de ces «renaissants».

Les Léonard de Vinci[21], Pétrarque[22], Pic de la Mirandole[23] et Érasme[24] – pour ne nommer que ceux-là – voulurent retrouver l'esprit et les valeurs de l'Antiquité pour donner naissance à un monde nouveau par-delà «l'âge des ténèbres» qu'aurait représenté le Moyen Âge. L'objet de réflexion privilégié par les penseurs de la Renaissance était l'homme, sa relation avec la **nature** et le divin.

Avec la Renaissance et le développement des sciences physiques, la nature désigne l'ensemble de tout ce qui existe dans l'univers - sans l'intervention de l'être humain - et qui obéit à des lois générales.

21. Léonard de Vinci (1452-1519) personnifie l'esprit créatif de la Renaissance. Doué de multiples talents, il manifeste une curiosité débordante. Léonard aborde des champs d'activité variés. Il est un peintre génial; un dessinateur qui présente une analyse pénétrante du corps humain et des diverses formes de vie; un ingénieur inventif qui imagine des objets (hélicoptère, sous-marin, mitrailleuse, automobile) dont la réalisation se concrétisera dans des siècles subséquents; etc.
22. Pétrarque (1304-1374), poète et humaniste italien, se passionnait pour l'Antiquité romaine. Il écrivit de nombreuses œuvres en latin qui lui valurent, à l'époque, d'être nommé «Premier poète». Mais, dans les faits, c'est à cause de son œuvre poétique écrite en italien – valorisant l'introspection, exaltant le sentiment amoureux, décrivant la fragilité de l'existence humaine ou la déchirure entre le mysticisme et la raison – qu'on lui donna le titre de «père de l'humanisme».
23. Pic de la Mirandole (1463-1494), jeune Florentin, s'est fait l'ardent défenseur de la dignité humaine. Il proclama qu'il n'est «rien de grand sur la terre sinon l'homme». Pic de la Mirandole a soutenu l'idée d'une essence humaine qui, au début, n'est pas donnée une fois pour toutes, mais qui se construira par l'usage de notre libre arbitre.
24. Érasme (1469-1536), érudit hollandais surnommé le «prince de l'humanisme», essaya avec finesse et prudence d'harmoniser le savoir des Anciens avec l'enseignement des Évangiles. Dans son œuvre maîtresse intitulée *Essai sur le libre arbitre* (1524), il affirma que la philosophie et la raison nous enseignent que l'être humain est libre et, en conséquence, non déterminé.

Montaigne peut être considéré comme l'un des derniers humanistes de la Renaissance. Il s'est nourri de la culture de l'Antiquité dès son plus jeune âge, et il a fréquenté (par la lecture) les humanistes les plus marquants. Mais il ne partage pas – comme nous le verrons plus loin – l'optimisme assez généralisé face à l'homme que ses prédécesseurs humanistes avaient mis en avant[25].

Envisageons donc la Renaissance comme une vaste révolution culturelle[26] (sur tous les plans de la pensée et de l'activité humaine) qui a transformé radicalement l'histoire européenne et qui a permis l'avènement de l'époque dite moderne[27]. Mais il y a plus. Pendant plus de deux siècles, on assiste à une grande entreprise de découverte et de conquête de terres étrangères et lointaines.

Léonard de Vinci fut un écrivain, artiste et savant doté d'un génie universel.

Au cours de la Renaissance, l'image de l'homme et du monde change. La découverte des Amériques est le principal événement qui influera sur les réflexions portant sur la nature humaine.

En 1492, Christophe Colomb découvre l'Amérique caraïbe (du moins officiellement) et fait la rencontre des autochtones. Cette rencontre sera décisive. Les Européens discuteront pendant quelques décennies du statut de ce que l'on nommera les Indiens, ou les «Sauvages» en Nouvelle-France, par référence au fait que plusieurs vivent dans la forêt (du latin *silvaticus*, d'où provient le mot «sauvage», signifiant «de la forêt»). Les autochtones seront perçus soit comme des êtres humains inférieurs (on s'est même d'abord demandé s'ils étaient vraiment humains!) pouvant être décimés sans remords ou réduits en esclavage sans vergogne[28], soit au contraire comme des êtres naturels – et donc plus authentiques – qui pourraient donner des leçons de vie aux Européens.

Ce débat eut des échos chez plusieurs penseurs. Au début de ce chapitre, nous avons souligné la rencontre entre Montaigne et des indigènes d'Amérique du Sud, ramenés en France en 1562 pour être présentés au roi Charles IX. Dans le but de relativiser la prétendue barbarie de ces indigènes, Montaigne écrit:

> Il n'y a rien de barbare et de sauvage en cette nation, à ce qu'on m'en a rapporté, sinon que chacun appelle barbarie ce qui n'est pas de son usage; comme de vrai, il semble que nous avons autre mire [vue] de la vérité et de la raison que l'exemple et idée des opinions et usances du pays où nous sommes [qui est le nôtre][29].

---

25. Rappelons que Montaigne a été, au cours de sa vie active, le témoin de la barbarie des guerres de Religion impliquant catholiques et protestants. Soulignons au passage que Montaigne, quoique d'esprit tolérant, ne manifeste pas de sympathie pour la Réforme protestante… Il se méfie de toute «nouveauté» qui risque d'entraîner des bouleversements sociaux aux conséquences possiblement pires que les maux auxquels on veut remédier.
26. Pour s'en convaincre, il suffit d'établir une courte liste de dix génies créateurs qui ont marqué cette époque exceptionnelle: Léonard de Vinci (1452-1519), Érasme (1469-1536), Machiavel (1469-1527), Copernic (1473-1543), Michel-Ange (1475-1564), More (1478-1535), Ronsard (1524-1585), Shakespeare (1564-1616), Galilée (1564-1642) et Kepler (1571-1630).
27. L'époque moderne, aussi appelée les Temps modernes, est présentée dans le chapitre 2.
28. Cette infériorisation des autochtones entraîna, au XVIe siècle même, les protestations du religieux espagnol Las Casas (1470-1566).
29. *Essais*, livre I, chapitre 31, p. 158.

La découverte des Amériques permettra une critique plus ouverte de la société occidentale et une revendication de la liberté de conscience, et ce, dans le contexte des guerres de Religion qui déchirent l'Europe. De plus, à cause des différences importantes de culture et de traditions entre les autochtones et les Européens, ces discussions sur la nature des indigènes entraîneront un questionnement sur la conception chrétienne de l'homme et sur la nature véritable de ce dernier.

Du bonheur de l'homme

Montaigne donne le sens suivant à la sagesse : un savoir être à soi authentique dans l'art d'être heureux en recherchant la vie bonne.

Les *Essais* se présentent à la manière d'un autoportrait[30]. Au fil des pages, méticuleusement et sans aucune suffisance, Montaigne trace le portrait fluctuant de sa propre personne, avec les pensées qui l'habitent et les conduites qu'il valorise. Dans un même souffle, il décrit aussi et questionne les hommes dans leur quête de la **sagesse :** bref, il fait œuvre de philosophie. Pourquoi se dépeint-il lui-même ? Parce qu'à travers la quête de son moi il atteint « l'humaine condition[31] ». Pourquoi observe-t-il les hommes de son époque et ceux des siècles précédents ? Parce que les autres – dans leurs lumières, leurs excès et leurs dérèglements – l'éclairent sur lui-même, sur la conduite de sa propre vie et sur celle des autres hommes. Pourquoi se réfère-t-il constamment aux figures historiques de sagesse que sont, entre autres, Socrate, Platon ou Épicure ? Parce que les écrits de ces grands philosophes peuvent servir d'étalon afin de se juger soi-même et, ce faisant, de tenter d'évaluer d'un point de vue éthique la condition humaine.

Savoir être à soi

Dès les premières pages des *Essais,* Montaigne fait le constat suivant : « Certes, c'est un sujet merveilleusement vain, divers et ondoyant que l'homme. Il est malaisé d'y fonder jugement constant et uniforme[32]. » Reformulons cette affirmation pour en saisir toute la portée.

Les hommes étant des sujets changeants et variés, il est difficile d'appréhender l'être humain avec certitude et d'une manière unique. Non seulement les « croyances » qui nous façonnent sont diverses dans leur manière de faire voir, sentir, juger et agir, mais chaque individu est lui-même changeant dans ses pensées, ses désirs et ses actes. À quoi bon, par conséquent, chercher une définition de l'homme « en gros » – définition générale qui caractériserait tous les hommes – quand nous avons affaire à des sujets individuels fuyants et instables ? En d'autres mots, l'Homme n'existe pas. Ce que nous rencontrons, ce sont des hommes. Considérant qu'il est impossible de définir l'homme en tant qu'Homme, Montaigne accorde à chaque individu la responsabilité de construire sa propre définition de lui-même. À cet effet, il prône un retour sur soi-même, afin d'y scruter « l'arrière-boutique » de son moi dont la connaissance donnera accès à un « savoir être à soi » authentique.

Se ramener à soi afin d'être totalement et entièrement chez soi, voilà l'entreprise ultime mise en avant par Montaigne dans ses *Essais* :

---

30. Dans l'avis « Au lecteur » de la première édition de 1580, Montaigne ne peut être plus clair : « Je veux qu'on m'y voie en ma façon simple, naturelle et ordinaire, sans contention [effort] ni artifice : car c'est moi que je peins… Ainsi, lecteur, je suis-moi-même la matière de mon livre… »
31. Montaigne énonce cette idée en utilisant la formule suivante : « Chaque homme porte la forme entière de l'humaine condition » (*Essais*, livre III, chapitre 2, p. 587).
32. *Ibid.*, livre I, chapitre 1, p. 18.

> Il y a plusieurs années que je n'ai que moi pour visée à mes pensées, que je ne contrôle et étudie que moi; et, si j'étudie autre chose, c'est pour soudain [aussitôt] le coucher sur moi, ou en moi pour mieux dire[33].

Socrate (-470 à -399), philosophe grec, fréquentait l'agora (place publique) et se présentait comme « celui qui ne sait rien ». De façon incessante, il interrogeait ses disciples, discutait avec eux dans le but avoué d'« accoucher les esprits » de la vérité qu'ils possédaient déjà en eux-mêmes.

N'allons pas croire que Montaigne se préoccupe de lui-même par égocentrisme, orgueil ou complaisance envers soi-même. Au contraire, tout au long des *Essais*, il fait preuve d'une grande modestie. Il manifeste une tendance à s'évaluer sans aucune gloriole, voire à se diminuer. Par ailleurs, il dit connaître la coutume de son époque qui condamne vigoureusement celui qui parle de soi, époque qui qualifie ce dessein de vicieux et tout empreint de vantardise. Montaigne ne partage pas cette vision des choses. Prenant à témoin **Socrate**, penseur qu'il vénère entre tous – le considérant comme « le plus sage homme qui fut jamais[34] » –, Montaigne rappelle que ce dernier – en se cherchant en tout et en cherchant tout en lui-même – n'a, au fond, traité que de lui-même et, qui plus est, n'a incité ses disciples à ne discuter que d'eux-mêmes et de leur âme!

« La plus grande chose du monde, écrit Montaigne, c'est *savoir être à soi*[35]. » Ce *savoir être à soi* permet en quelque sorte de découvrir « en soi, une forme sienne, une forme maîtresse, [...] [de sorte que] je me trouve quasi toujours à ma place, comme le font les corps lourds et pesants. Si je ne suis pas chez moi, j'en suis toujours bien près[36] ». La philosophie traditionnelle aurait plutôt utilisé le concept d'**essence** pour désigner cette *forme sienne,* cette *forme maîtresse* qui me constitue comme être propre. Montaigne n'a cependant pas la prétention de saisir l'essence de l'Homme, c'est-à-dire ce qui serait commun à tous les hommes et qui constituerait, en somme, ce qu'on appelle la nature humaine. Cerner « sa vraie nature », découvrir ce qui le caractérise lui suffit.

Essence
Nature propre, profonde et intime d'une chose ou d'un être. Ensemble des caractères constitutifs faute desquels une chose ou un être ne serait plus ce qu'il est.

Mais qu'est-ce qui nous révèle à nous-mêmes? Où trouvons-nous ce qui fait que nous sommes ce que nous sommes? « Ce ne sont [pas] mes gestes que j'écris, c'est moi, c'est mon essence[37] ». Montaigne informe ici ses lecteurs de son intention de traiter dans ses *Essais* non de ses actions, mais de son moi propre, de son « essence ». Il établit donc une distinction entre ses actions et ce qu'il est profondément. Ce qu'il est ne se résume pas à ce qu'il fait. Sa vraie nature ne se confond pas avec ses occupations professionnelles ou autres. Son moi profond est au-delà de tous les rôles qu'il a à jouer. Dans un même souffle, Montaigne déclare vouloir « publier [ses] valeurs » et « peindre principalement [ses] cogitations[38] ». Et, plus loin, il ajoute: « J'ai mis tous mes efforts à *former ma vie*. Voilà mon métier, et mon ouvrage[39]. » Quel a été le métier, l'ouvrage fondamental auquel Montaigne s'est consacré entièrement? Écrire ses *Essais* où il a tenté de donner une forme à sa vie en la rendant significative, ou si l'on préfère, en lui donnant du sens. Et lorsqu'on s'emploie ainsi à *former sa vie*, n'est-on pas, de fait, en train de *se faire*? Mais comment se fait-on? Fondamentalement par l'incessante réflexion sur soi. Vivre, c'est se penser! Voilà la raison pour laquelle, dans ses *Essais*, Montaigne s'est donné la mission de penser en se racontant. L'écriture, ici, ne traduit pas une pensée déjà faite: elle l'accomplit. Mais pour mener

33. *Ibid.*, livre II, chapitre 6, p. 279. Notons immédiatement que ce retour vers soi n'est pas fermeture sur soi. Montaigne sera un citoyen loyal et dévoué à sa patrie.
34. *Ibid.*, livre II, chapitre 12, p. 367.
35. *Ibid.*, livre I, chapitre 39, p. 184.
36. *Ibid.*, livre III, chapitre 2, p. 591.
37. *Ibid.*, livre II, chapitre 6, p. 280.
38. *Id.*
39. *Ibid.*, livre II, chapitre 37, p. 571.

à bien cette entreprise d'autoréflexion, il faut, dit-il, être prudent et consciencieux, si l'on veut procéder à une estimation juste de soi-même. Ici, la lucidité et l'examen approfondi de soi, sans complaisance, sont de rigueur. Mais sans fausse humilité non plus!

> Si je me semblais bon et sage, ou près de là, je l'entonnerais à pleine tête. De dire moins de soi qu'il y en a, c'est sottise, non modestie. Se payer de moins qu'on ne vaut, c'est lâcheté et **pusillanimité** [...] De dire de soi plus qu'il y en a, ce n'est pas toujours présomption, c'est souvent encore sottise. Se complaire outre mesure de ce qu'on est, en tomber en amour de soi indiscrète, est, à mon avis, la substance de ce vice. Le suprême remède à le guérir, c'est faire tout le rebours [contraire] de ce que ceux-ci [les gens de son époque] ordonnent, qui, en défendant de parler de soi, défendent par conséquent encore plus de penser à soi. L'orgueil gît en la pensée. La langue n'y peut avoir qu'une bien légère part. De s'amuser à [s'occuper de soi], il leur semble que c'est se complaire en soi ; de se hanter et pratiquer, que c'est se trop chérir. Il peut être. Mais cet excès naît seulement en ceux qui ne se tâtent que superficiellement[40] [...].

Pusillanimité
Caractère d'une personne faible qui manque d'audace et craint le risque.

Ainsi, face à l'injonction de se **connaître soi-même**, ceux qui croient y être parvenus parfaitement et totalement font preuve, selon Montaigne, d'une mauvaise évaluation : « Moi qui ne fais autre profession [que de me connaître moi-même] y trouve une profondeur et une variété si infinies que mon apprentissage n'a autre fruit que de me faire sentir combien il me reste à apprendre [sur moi][41]. »

Montaigne fait sans doute référence ici à la plus connue des maximes qui ornaient le fronton du temple d'Apollon (dieu de la lumière, de la mesure et de l'harmonie), à Delphes. Ce « Connais-toi toi-même » avait été repris par Socrate.

À l'évidence, le jugement sur soi requiert un lent et méticuleux apprentissage auquel tout homme sensé doit s'astreindre. Parce qu'il s'agit d'étudier tout de soi : « ce qu'il nous faut fuir, ce qu'il nous faut suivre[42] ». Montaigne dit se juger lui-même avec plus de fermeté que ne le font les autres à son endroit. Et lorsqu'on s'emploie ainsi à s'évaluer d'une manière sévère, mais qui se veut objective, cela nous donne peu à peu la capacité de juger les autres avec justesse. Montaigne reconnaît le faire souvent et avec bonheur : « Il m'advient souvent de voir et distinguer plus exactement les conditions de mes amis qu'ils ne le font eux-mêmes[43]. »

Par ailleurs, Montaigne considère que les personnes qui se risquent à nous juger nous témoignent une grande amitié. En effet, un ami authentique qui ose nous dire nos « quatre vérités » le fait non pour nous blesser, mais dans le but de nous aider à mieux nous comprendre et à évoluer.

Juger de soi-même

Montaigne nous incite, en somme, à nous peindre méticuleusement, comme il le fait pour lui-même. Mais si l'on veut chercher à atteindre la vérité de notre moi, il faut s'y occuper « de jour en jour, de minute en minute », car « moi à cette heure et moi tantôt sommes bien deux[44] », proclame Montaigne. En effet, il se découvre être ceci ou cela selon le moment où il se donne comme objet à sa propre investigation. En toile de fond demeure toujours la conscience que son être change sans arrêt : sa nature (ce qu'il est profondément) n'est qu'incessante variation au fil du temps qui passe. Ce faisant, Montaigne tente de saisir un homme constamment en mouvance, un homme qui se constitue en même temps qu'il se décrit et se réfléchit :

40. *Ibid.*, livre II, chapitre 6, p. 280-281.
41. *Ibid.*, livre III, chapitre 13, p. 771.
42. *Ibid.*, livre III, chapitre 13, p. 772.
43. *Id.*
44. *Ibid.*, livre III, chapitre 9, p. 696.

> Finalement, il n'y a aucune constante existence, ni de notre être, ni de celui des objets. Et nous, et notre jugement, et toutes choses mortelles vont coulant et roulant sans cesse. Ainsi il ne se peut établir rien de certain de l'un à l'autre, et le jugeant et le jugé étant en continuelle mutation et branle [**mouvement**][45].

Ces propos ne sont pas sans rappeler Héraclite, philosophe grec d'Éphèse (v. -540 à v. -480), qui affirme le changement de toutes choses: «On ne peut pas descendre deux fois dans le même fleuve», disait-il.

Comment, en effet, porter un jugement assuré et certain sur soi et sur le monde si tout est en perpétuel changement! Voilà le doute profond devant lequel Montaigne est placé. Ce doute le conduit à adopter une attitude **sceptique**, sans toutefois suspendre son jugement comme le recommandait le scepticisme. Le doute montaignien est, pourrions-nous dire, «existentiel». Une conviction profonde, presque viscérale, anime Montaigne: la certitude sur le plan de la pensée est difficile, voire impossible. Toutefois, cela ne veut pas dire pour autant que Montaigne se refuse à juger. Bien au contraire, il exerce son jugement avec une grande liberté. Ses *Essais* nous le présentent constamment en train d'**opiner** sur tout. Mais il le fait avec prudence. À l'instar des sceptiques, Montaigne doute de la validité de ses connaissances et de la possibilité d'établir définitivement une quelconque «vérité universelle», recevable par tous[46], qui pourrait éclairer notre vérité propre, ou si l'on veut, notre véracité à nous-mêmes. Mais à l'encontre des sceptiques, Montaigne n'en continue pas moins d'utiliser sa raison, afin de poursuivre la quête de son moi en mouvement et aux multiples visages, même si sa faculté de juger est imparfaite et ne lui donne aucune assurance de vérité.

Sceptique
Qui professe le scepticisme. Doctrine d'après laquelle l'être humain ne peut rien connaître avec certitude et, en conséquence, doit refuser d'affirmer ou de nier quoi que ce soit.

Opiner
Donner, énoncer son opinion, son avis.

Résumons-nous. D'abord, Montaigne énonce que son «moi» propre ne se définit pas par les actions mises en avant. Ce moi, comme le reste étant toutefois en perpétuel mouvement, il ne peut considérer le jugement qu'il porte sur lui-même comme infaillible. Qu'à cela ne tienne! Malgré l'instabilité de son moi, malgré la difficulté qu'éprouve sa raison à le connaître, Montaigne essaie d'établir peu à peu le portrait de son être changeant.

Dans ce travail attentif d'écoute et d'étude de soi – entreprise à reprendre sans cesse –, Montaigne dit, par ailleurs, ne pas vouloir s'embarrasser d'opinions savantes ni de pensées générales et universelles: comprenons par là que notre auteur ne veut ni se soumettre aveuglément à une quelconque autorité intellectuelle, ni s'obliger à discuter – en savant commentateur – le sens exact des opinions associées à ces autorités (comme Platon, par exemple). Les opinions qu'il convoite viennent aisément et sont «commodes à la vie[47]». Aussi, il se dit homme à ne pas laisser facilement son jugement s'enfermer dans les préjugés communs, mais à ne pas être orgueilleux au point de vouloir que ses opinions soient considérées comme ayant une importance capitale.

C'est pourquoi, lorsqu'il se trouve convaincu, par la raison d'autrui, de la faiblesse d'une opinion qu'il défendait, il ne s'intéresse pas tant à l'information nouvellement découverte ou à l'ignorance dans laquelle il s'était maintenu jusque-là. Non! Il apprend surtout à se méfier de la solidité de son jugement et se promet d'être à l'avenir davantage sur ses gardes:

> Combien diversement jugeons-nous des choses? Combien de fois changeons-nous nos fantaisies? Ce que je tiens aujourd'hui et ce que je crois, je le tiens et le crois de toute ma croyance; tous mes outils et tous mes ressorts empoignent cette opinion et m'en répondent sur tout ce qu'ils peuvent. Je ne saurais embrasser aucune vérité, ni conserver avec plus de force que je fais celle-ci. J'y suis tout entier,

45. *Ibid.*, livre II, chapitre 12, p. 439.
46. Dans le chapitre 2, nous verrons que Descartes a dépassé le scepticisme de Montaigne en établissant le doute comme méthode de recherche de la vérité.
47. *Essais*, livre III, chapitre 9, p. 687.

> j'y suis voirement [vraiment]; mais ne m'est-il pas advenu, non une fois, mais cent, mais mille, et tous les jours, d'avoir embrassé quelque autre chose avec ces mêmes instruments, et en cette même condition que depuis j'ai jugée fausse[48]?

Cette vigueur à défendre une opinion un jour et son contraire un autre jour indique bien, selon Montaigne, la faiblesse, voire la déficience de notre raison, «instrument de plomb et de cire, allongeable, ployable et accommodable à tous biais et à toutes mesures[49]».

Ce *Que sais-je?* exprime le doute de Montaigne face à la capacité de la raison de connaître avec certitude. Montaigne ne prétend pas posséder la vérité. Il veut simplement communiquer ses opinions, c'est-à-dire ce en quoi il croit et non pas ce qui est à croire.

Cette méfiance par rapport à sa faculté de juger est parfaitement illustrée par la devise ***Que sais-je?***, que Montaigne a fait graver sur une médaille portant une balance en équilibre. Il doute de la capacité réelle de sa raison de ne pouvoir rien connaître avec une garantie d'infaillibilité.

Qui plus est, essayer de connaître les causes de ce qui existe, c'est faire œuvre de présomption[50]. Montaigne définit la présomption comme «une affection inconsidérée, de quoi nous nous chérissons, qui nous présente à nous-mêmes autres que nous sommes[51]». En définitive, être présomptueux consiste à faire preuve d'orgueil en croyant posséder des pouvoirs que nous n'avons pas: «La connaissance des causes appartient seulement à celui [Dieu] qui a la conduite des choses, non à nous qui n'en avons que la souffrance [qui n'avons qu'à les subir][52].»

Par ailleurs, Montaigne craint que «l'opinion de savoir», en d'autres mots la conviction d'avoir raison, d'être possesseur de la Vérité, ne conduise à l'intolérance. En pleines guerres de Religion, un brin de scepticisme, accompagné d'un brin d'ouverture à l'opinion contraire d'autrui, ne pourrait-il pas épargner bien des vies et éviter bien des horreurs? Montaigne lui-même a payé le prix de ses positions modérées[53].

Savoir vivre à propos

Montaigne avoue avoir ses propres règles morales pour juger de lui-même et s'y référer plus souvent qu'à des principes étrangers. Remettons-nous-en donc à un savoir «vivre à propos» qui guidera notre conduite. La responsabilité qu'il incombe à l'être humain de développer, selon Montaigne, c'est de savoir «*méditer et manier*» sa vie.

> *Composer nos* **mœurs** est notre office, non pas composer des livres, et gagner non pas des batailles et provinces, mais l'ordre et la tranquillité à notre conduite. Notre grand et glorieux chef-d'œuvre, c'est *vivre à propos*. Toutes autres choses, régner, **thésauriser**, bâtir n'en sont qu'appendicules [appendices] et **adminicules**[54].

Mœurs
Au XVIe siècle, les mœurs désignent les habitudes de vie, les coutumes, les manières de se comporter d'un peuple ou d'une société particulière. Aucune connotation morale n'est attribuée à ce terme.

Thésauriser
Amasser de l'argent dans le but de se constituer un trésor.

Adminicule
[...] vx. Appui, moyen auxiliaire [...] *(Le Petit Robert)*.

Vivre à propos, méditer et manier sa vie, composer nos mœurs: trois dénominations qui correspondent à une seule et même nécessité, celle de nous construire une sagesse, c'est-à-dire une morale qui gouvernera notre action. Passons en revue les recommandations de bonne vie défendues par Montaigne.

48. *Ibid.*, livre II, chapitre 12, p. 412.
49. *Ibid.*, livre II, chapitre 12, p. 413.
50. Voir plus loin l'analyse que Montaigne fait de la gloire.
51. *Essais*, livre II, chapitre 17, p. 462.
52. *Ibid.*, livre III, chapitre 11, p. 738.
53. Voir, à ce propos, *Ibid.*, livre III, chapitre 12, p. 750.
54. *Ibid.*, livre III, chapitre 13, p. 794-795.

La nature et le bonheur de l'homme

Montaigne pose l'*a priori* suivant : être en vie constitue un bonheur en lui-même qui devrait nous combler. Mais encore nous faut-il trouver la bonne manière de vivre qui permette d'éprouver le bonheur ! Si l'homme est malheureux, et à l'évidence de nombreux hommes le sont, on ne doit pas en accuser faussement la nature qui aurait fait de nous des êtres insatiables, donc incapables d'être heureux. Montaigne croit qu'il n'en est rien, parce que « partout où la pureté de notre grande et puissante mère nature reluit, elle fait une merveilleuse honte à nos vaines et frivoles entreprises[55] ».

A priori
Point de départ, présupposé d'une discussion ou d'une démonstration.

Afin de démontrer que la nature a fait de nous des êtres ayant la capacité d'être heureux, dans un chapitre intitulé « Des Cannibales » et rédigé vers 1580, Montaigne donne l'exemple des aborigènes du Brésil. Il dit tenir les informations qu'il possède d'un homme simple et fiable ayant demeuré plus de dix ans auprès d'eux[56].

L'apologie de la nature originelle de l'être humain exposée ici par Montaigne trouvera preneur au XVIIIe siècle, par exemple avec Rousseau, qui cherchera à faire l'anthropologie de l'*homme originaire.*

Pourquoi Montaigne s'intéresse-t-il ainsi aux peuples de ce Nouveau Monde et veut-il en tracer le portrait ? Parce que, n'ayant pas encore été perverties par la civilisation européenne, ces nations lui semblent encore très imprégnées de leur **nature originelle** et soumises seulement aux lois naturelles. Donnons-en les principaux traits et caractères. Ces peuples ne connaissent ni commerce, ni contrat, ni héritage, ni richesse, ni pauvreté. Ils ne pratiquent aucune agriculture et aucun travail des métaux. Ils n'ont pas à conquérir de nouvelles terres, car la leur est à ce point fertile qu'elle fournit en abondance tout le nécessaire sans travail et sans peine. Ils vivent nus, dansent tout le jour et ne s'adonnent qu'à des occupations oisives, sauf pour les plus jeunes d'entre eux qui vont à la chasse et à la pêche – sans grande souffrance d'ailleurs, car il y a profusion de bêtes et de poissons. Une seule **maxime** guide la vie de ces hommes : celle de faire preuve de courage face aux ennemis et d'être affectueux envers leur femme. Montaigne conclut sa présentation en s'exclamant : « *Ils sont encore en cet heureux point de ne désirer qu'autant que leurs nécessités naturelles leur ordonnent; tout ce qui est au-delà est superflu pour eux*[57]. »

Maxime
Règle, principe de conduite.

Gravure (1592) représentant la tribu amazonienne des Tupinamba, réputée cannibale, dont Montaigne trace un portrait idyllique.

De l'avis de Montaigne, la nature accorde à l'être humain le pouvoir d'être heureux, à condition de se laisser conduire « au conseil de nature » qui enseigne de se contenter du nécessaire et de fuir les aspirations et les besoins illimités. À cet égard, les animaux peuvent nous donner de salutaires leçons. « C'est merveilleux combien peu il faut à la nature pour se contenter, combien peu elle nous a

55. *Ibid.*, livre I, chapitre 31, p. 158.

56. Il s'agit, en fait, des Tupinamba, qui vivaient à proximité de Rio de Janeiro, et que les Français ont visités de 1555 à 1560.

57. *Essais*, livre I, chapitre 31, p. 161.

laissé à désirer[58]. » Que chacun, en désirant trop, se reconnaisse comme l'auteur de son propre malheur ; qu'il apprenne à se recentrer sur soi et à mieux se connaître afin de mieux conduire sa vie.

La nature est l'état où naissent les hommes. En ce sens, elle correspond à tout ce qui est inné, instinctif, spontané chez l'être humain. La nature possède un caractère universel : elle ne change pas au fil du temps et elle s'applique également à tous les êtres humains.

Montaigne confie qu'il suit partout la trace de la nature, quête difficile, s'il en est une. Nous l'avons brouillée en confondant souvent les vraies et justes exigences de la nature avec nos vieilles habitudes sociales que nous finissons par nous imaginer être l'expression même de cette nature. De sorte que *vivre selon la nature* devient difficile à cerner et à correctement définir. Chose certaine, cette maxime ne peut signifier se soumettre aveuglément à ce que les sociétés conçoivent comme conforme à la nature et qui, de fait, varie d'une société à l'autre : ce qui contredit le **principe d'universalité de la nature**. Où donc retrouver cette nature ? À l'exemple des paysans, des peuples du Nouveau Monde, et même des animaux, il faut faire confiance à la sagesse de la nature qui se fait sentir en nous et lui obéir, car « Nature est un doux guide, mais non pas plus doux que prudent et juste[59] ».

Les *règles de nature* et le senti

La nature entre donc en contact avec notre être par l'intermédiaire de la sensation. Même s'il est communément admis que la nature a également pourvu les êtres humains de la capacité de sentir, cela ne veut pas dire pour Montaigne que chacun dirige également et avec le même succès l'action de sentir. En effet, il faut être profondément à l'écoute de ce que nous ressentons pour nous imprégner du langage de la nature. Montaigne avance une hypothèse de départ : si les **inclinations** originelles et les sensations que nous éprouvons sont vécues selon les indications de la nature, elles sont toujours plaisantes ou bénéfiques ; à l'inverse, si elles vont à l'encontre de la nature, elles sont toujours fâcheuses. Nous devons donc étendre le plus possible la joie dans notre vie et en retrancher autant qu'on peut le malheur et tout ce qui y contribue !

Inclination
Tendance, propension, penchant à se porter spontanément vers un objet, une personne ou une fin.

Épicure (-341 à -270), philosophe grec, considère le bonheur comme devant résider dans une vie sage et juste où l'on recherche les plaisirs naturels et nécessaires, seuls capables de nous procurer l'ataraxie, c'est-à-dire l'absence de trouble, en vue d'atteindre un état de sérénité.

Cependant, comment y parviendra-t-on ? Montaigne s'inspire ici, pour une part du moins, de la philosophie d'**Épicure**, qui nous invite à distinguer les désirs qui nous viennent de la nature de ceux qui proviennent du dérèglement de notre fantaisie : les désirs naturels sont simples, faciles à satisfaire et apaisants ; au contraire, les désirs non naturels nous entraînent vers la multiplication des difficultés et des frustrations dans la recherche infinie de leur satisfaction. En outre, ces désirs ne sont pas à notre portée et leur actualisation est peu probable : ils sont donc à éviter. Il faut cesser d'entretenir des désirs et des besoins artificiels et démesurés qui apportent davantage de peines que de joies. La nature nous ayant voulus limités dans nos inclinations, cessons alors de désirer ou de posséder exagérément, car « plus nous amplifions nos besoins et possessions, d'autant plus nous engageons-nous aux coups de la fortune [sort] et des adversités[60] ». C'est pourquoi, selon Montaigne, nos désirs doivent être circonscrits autour d'un ensemble de commodités dont nous avons l'habitude. Ainsi, nous éviterons d'être emportés dans une course folle, en allant toujours au-devant de nous-mêmes.

58. *Ibid.*, livre II, chapitre 12, p. 346.
59. *Ibid.*, livre III, chapitre 13, p. 798.
60. *Ibid.*, livre III, chapitre 10, p. 728.

Le plaisir et la modération

Ne nous méprenons pas sur la position défendue par Montaigne en ce qui concerne le plaisir. Modération n'est pas austérité! Montaigne s'oppose radicalement à toute forme d'**ascétisme**:

> Moi qui ne manie que terre à terre, hais cette inhumaine sapience [sagesse] qui nous veut rendre dédaigneux et ennemis de la culture du corps. J'estime pareille injustice de prendre à contrecœur les voluptés naturelles que de les prendre trop à cœur[61].

Ascétisme

[...] Doctrine de perfectionnement moral fondée sur la lutte contre les exigences du corps.
2. Vie austère, continente, frugale, rigoriste [...] *(Le Petit Robert)*.

Montaigne ne s'interdit pas de jouir et ne condamne pas le plaisir. Au contraire, le plaisir constitue, à ses yeux, une priorité existentielle: «Il faut, dit-il, retenir, avec nos dents et nos griffes, l'usage des plaisirs de la vie que nos ans nous arrachent des poings les uns après les autres[62].» D'ailleurs, dans une page savoureuse de la troisième partie des *Essais* (rédigée alors qu'il a atteint la cinquantaine), Montaigne nous confie que si, dans sa jeunesse, il devait modérer ses ardeurs voluptueuses, il doit maintenant s'opposer aux incitations contraires de son corps vieillissant et malade: «Ce corps fuit le dérèglement et le craint. [...] Je me défends de la tempérance comme j'ai fait autrefois de la volupté[63].»

Montaigne recommande même pour chacune des activités que nous accomplissons de «donner jusqu'aux dernières limites du plaisir, [mais] de garder de s'engager plus avant, où la peine commence à se mêler parmi[64]». Comment arriver ainsi à profiter des plaisirs naturels du corps sans prendre le risque de voir surgir la douleur? En faisant appel à notre âme afin qu'elle y participe et s'y complaise. Plus précisément, quand une volupté nous titille, ne laissons pas notre corps et nos sens en jouir exclusivement! Il s'agit d'y associer notre âme; qu'elle s'y plaise, sans s'y perdre, pour en apprécier et en amplifier le bonheur ressenti, mais sans tomber dans l'excès. Buvons donc à la volupté, mais non jusqu'à l'ivresse. La modération a bien meilleur goût!

> La grandeur d'une âme n'est pas tant de tirer à mont et tirer avant comme de savoir se ranger et circonscrire. *Elle tient pour grand tout ce qui est assez, et montre sa hauteur à aimer mieux les choses moyennes que les éminentes*[65].

En somme, pour éviter le déplaisir qui découle de toutes les formes d'excès, Montaigne fait ici l'éloge de la modération ou «**voie du milieu**». Un homme sage est celui dont l'âme regarde gaiement la volupté du corps en essayant même de l'étendre davantage, mais qui, dans un même élan, juge sévèrement la douleur appréhendée, et tente de l'éviter le plus possible. Gare à l'intempérance: «L'intempérance est peste de la volupté, et la tempérance n'est pas son fléau: c'est son assaisonnement[66].»

Une référence à Aristote (-384 à -322) s'impose ici. Une conduite vertueuse requiert de situer son action dans *le juste milieu*, c'est-à dire dans un équilibre entre deux extrêmes: en faire trop ou n'en faire pas assez.

À la dernière page des *Essais*, Montaigne déclarera que, somme toute, «c'est une absolue perfection, et comme divine, de savoir jouir loyalement de son être[67]».

---

61. *Ibid.*, livre III, chapitre 10, p. 793.
62. *Ibid.*, livre I, chapitre 39, p. 187.
63. *Ibid.*, livre III, chapitre 5, p. 611.
64. *Ibid.*, livre I, chapitre 39, p. 187.
65. *Ibid.*, livre III, chapitre 13, p. 796.
66. *Id.*
67. *Ibid.*, livre III, chapitre 13, p. 800.

L'âme et le corps

L'âme et le corps, tous deux présents au plaisir, et y participant à part entière... Mais doit-il en être toujours ainsi, tant sur le plan de l'agir humain que sur celui de la constitution de l'homme ? Montaigne ne peut être plus clair quant à l'union nécessaire entre l'âme et le corps. D'abord, il affirme que le corps occupe « une grande part à notre être ; il y tient un grand rang ; ainsi sa structure et sa composition sont de bien juste considération[68] ». Il dénonce ensuite avec fermeté ceux qui veulent dissocier l'esprit du corps, et, ce faisant, isoler l'une de l'autre « nos deux pièces principales » dont la « couture est invisible ». Donnons de nouveau la parole à Montaigne :

> Au rebours [au contraire], il les faut raccoupler et rejoindre. Il faut ordonner à l'âme non de se tirer à quartier, de s'entretenir à part, de mépriser et abandonner le corps (aussi ne le saurait-elle faire que par quelque singerie contrefaite), mais de se rallier à lui, de l'embrasser, le chérir, l'assister, le contrôler, le conseiller, le redresser et ramener quand il [se] fourvoie, l'épouser en somme[69] [...].

Âme et corps doivent donc être accordés et joints pour constituer l'homme entier. Aussi, il revient à l'âme de *conseiller*, de *contrôler* et de *redresser* le corps lorsqu'il se trompe, c'est-à-dire quand il se laisse emporter jusqu'à l'excès, et que cet excès constitue un trop... ou un trop peu.

Être présent à ce qui est

L'humaine condition requiert, selon Montaigne, que la plus fondamentale et la plus illustre de nos occupations soit de vivre. Le bonheur simple de vivre sa vie d'homme et de l'aimer comme elle vient. Puisque « la vie est elle-même à soi sa visée », soyons tout simplement là – corps et âme –, présents à nous-mêmes et aux besoins que la nature nous commande :

> Quand je danse, je danse ; quand je dors, je dors, et quand je me promène solitairement en un beau verger, si mes pensées se sont entretenues des occurrences étrangères quelque partie du temps, quelque autre partie je les ramène à la promenade, au verger, à la douceur de cette solitude et à moi[70].

Tout compte fait, il s'agit d'aimer la vie telle qu'il nous est donné de la vivre dans l'instant présent et d'en jouir à la fois par l'esprit et par le corps. Cette totale présence à soi et à la vie nous fera rejeter la « plus commune des erreurs humaines », celle qui consiste à courir après les choses futures, alors que, dans les faits, nous n'avons aucune prise sur ce qui est à venir. Selon Montaigne, une telle attitude fait que « nous ne sommes jamais chez nous, nous sommes toujours au-delà. La crainte, le désir, l'espérance nous élancent vers l'avenir, et nous dérobent le sentiment et la considération de ce qui est, pour nous amuser à ce qui sera, voire quand nous ne serons plus[71] ».

N'outrepassons donc pas le présent et ne servons pas de folles espérances, car – pendant que nous nous agitons et désirons ainsi dans tous les sens – « étant hors de l'être, nous n'avons aucune communication avec ce qui est[72] ».

Une toute dernière maxime sera proposée par Montaigne, celle de s'en remettre à un *savoir mourir*, qui, par choix méthodologique, sera présenté à la fin de cet exposé.

---

68. *Ibid.*, livre II, chapitre 17, p. 467.
69. *Id.*
70. *Ibid.*, livre III, chapitre 13, p. 794.
71. *Ibid.*, livre I, chapitre 3, p. 23.
72. *Ibid.*, livre I, chapitre 3, p. 24.

Pour l'instant, abordons un autre précepte que Montaigne recommande de suivre: ne jamais se laisser définir par les autres.

La liberté face à autrui

« Nature nous a mis au monde libres et déliés ; nous nous emprisonnons en certains détroits[73] », écrit Montaigne. L'un de ces « détroits », pouvant gravement endiguer notre liberté, consiste à vivre en fonction de ce que peuvent penser les autres et de l'approbation qu'on peut ou non en recevoir :

> Qui que ce soit, ou art ou nature, qui nous imprime cette condition de vivre par la relation à autrui, nous fait beaucoup plus de mal que de bien. Nous nous défraudons [privons] de nos propres utilités pour former les apparences à l'opinion commune. Il ne nous chaut [importe] pas tant quel soit notre être en nous et en effet, comme quel il soit en la connaissance publique. Les biens mêmes de l'esprit et la sagesse nous semblent sans fruit s'ils ne sont jouis que de nous, s'ils ne se produisent à la vue et approbation étrangères[74].

« *Vivre par la relation à autrui* » : telle est la problématique abordée ici par Montaigne. Présentons le contenu de ce passage qui, à première vue, peut sembler difficile.

Que l'attitude de *vivre* (c'est-à-dire d'être) *par la relation à autrui* soit innée ou acquise par la pratique (Montaigne ne se prononce pas ici sur cette question), il n'en demeure pas moins qu'elle cause plus de tort que de bien à ceux qui s'y adonnent. Pourquoi ? Parce que nous nous dépouillons alors des traits qui nous caractérisent en propre, pour nous conformer aux attentes des autres. Ce que nous sommes réellement nous importe moins que l'idée que les autres se font de nous. Par exemple, on ne verra aucun intérêt à avoir de l'esprit ou à être sage pour soi-même. On voudra l'être pour le regard des autres qui, en nous octroyant leur assentiment, édicteront leur « sentence » : « Cette personne a de l'esprit ; elle est d'une sagesse exemplaire ! » dira la foule.

Laisser ainsi l'évaluation de son être propre au *regard d'autrui*[75] constitue, selon Montaigne, le pire des abandons. En effet, comment les hommes peuvent-ils tolérer d'être à ce point dépendants de l'opinion des autres, pour laisser au « monde », à la « société », l'attribution de telle « réputation » ou de telle « gloire[76] » ? Seules la faiblesse ou la lâcheté peuvent expliquer que les hommes asservissent à la puissance d'autrui leur liberté d'être.

Au contraire de cette attitude servile et complaisante, « il se faut réserver une arrière-boutique toute nôtre, toute franche, en laquelle nous établissons *notre vraie liberté* », et dans ce lieu intérieur, il faut prendre « notre ordinaire entretien de nous à nous-mêmes, et si privé que nulle accointance ou communication étrangère y trouve place[77] ».

En somme, Montaigne nous invite à adopter une véritable démarche de construction de soi, où seuls, face à face avec nous-mêmes, à l'abri du regard et du jugement d'autrui, nous affirmons notre entière et souveraine liberté d'être ce que nous

---

73. *Ibid.*, livre III, chapitre 9, p. 702.
74. *Ibid.*, livre III, chapitre 9, p. 690.
75. Cette problématique du *regard d'autrui*, qui nous octroie une qualité ou un défaut, sera reprise par Jean-Paul Sartre et présentée dans le chapitre 7.
76. Voir dans la section suivante l'analyse que Montaigne fait de la *gloire*, complément essentiel au présent exposé.
77. *Essais*, livre I, chapitre 39, p. 183. Plus loin dans les *Essais*, Montaigne écrira : « La *vraie liberté*, c'est pouvoir toute chose sur soi » (*Ibid.*, livre III, chapitre 12, p. 751).

voulons être. Ce projet d'émancipation de soi se fonde sur l'exigence incontournable de véracité à soi-même. En fait, une profonde sincérité, accompagnée d'un souci constant d'honnêteté, fera que nous nous évaluerons nous-mêmes (sans l'aide d'autrui) tels que nous sommes en réalité.

On le voit, Montaigne se fait ici le défenseur d'une liberté intérieure s'appuyant sur une authentique indépendance de jugement. D'ailleurs, il se dit être « tant jaloux de la liberté de [son] jugement que malaisément la [peut-il] quitter pour passion que ce soit[78] ». Plus loin, Montaigne avoue s'abstenir d'« être homme de bien selon la description [qu'il] voit faire tous les jours », car ce qui est considéré comme un vice, aujourd'hui, peut être évalué, demain, comme une conduite vertueuse. À l'inverse, tenons-nous-en donc à notre propre jugement pour nous évaluer nous-mêmes :

> Il n'y a que vous qui sachiez si vous êtes lâche et cruel, ou loyal et dévotieux ; les autres ne vous voient point ; ils vous devinent par conjonctures incertaines ; ils voient non pas tant votre nature [être] que votre art [paraître]. Par ainsi, ne vous tenez pas à leur sentence [jugement], tenez-vous à la vôtre[79].

Ajoutons encore que cette liberté à l'endroit du jugement d'autrui devra également se manifester dans le souci d'en dépendre le moins possible dans la satisfaction de tous ses besoins. Il faut savoir cultiver l'« autarcie » : « J'essaie à n'avoir exprès besoin de nul [personne]… Il fait bien piteux et hasardeux dépendre d'un autre[80] ».

La liberté face aux coutumes

Cela étant, on ne se surprendra guère de l'attitude de Montaigne en ce qui concerne les coutumes et les traditions. Montaigne considère que les **civilités** et les coutumes en vigueur dans son propre pays peuvent devenir pénibles quand obligation lui est faite de les suivre à la lettre. Il dit oublier souvent ces « vains offices » et éliminer toutes cérémonies en sa maison. « Quelqu'un s'en offense ? Qu'y ferais-je ? Il vaut mieux que je l'offense pour une fois qu'à moi tous les jours. Ce serait une **sujétion** continuelle[81]. »

Civilité
[…] AU PLUR., VIEILLI. Démonstration de politesse. *Présenter ses civilités à qqn*, ses compliments, ses devoirs, ses hommages, ses salutations […] *(Le Petit Robert)*.

Sujétion
État de l'individu qui est soumis à une autorité, à une domination souveraine. Synonyme d'« assujettissement », de « dépendance » ou d'« oppression ».

Quant aux « mœurs et fantaisies différentes[82] » des siennes, Montaigne dit s'en instruire plutôt que s'en déplaire. Il déclare avoir un tempérament flexible et non entêté. Avec peu d'efforts, il se dit être en mesure de se détourner d'habitudes et de coutumes acquises, pour agir – *s'il le faut* – d'une autre façon dans un contexte différent.

Ainsi, Montaigne se montre sensible et ouvert aux coutumes inconnues et nouvelles qu'il découvre en terres étrangères. Le *Journal de voyage en Italie par la Suisse et l'Allemagne*[83] nous donne à voir un Montaigne s'émerveillant des façons de faire et de penser des autres qu'il juge parfois supérieures à celles en vigueur dans son propre pays. D'ailleurs, il se plie volontiers aux habitudes et aux usages des peuples visités. En Allemagne, par exemple, il boit son vin « à l'allemande », c'est-à-dire sans être coupé avec de l'eau. Franchissant la frontière italienne, il se met à écrire son

---

78. *Ibid.*, livre II, chapitre 17, p. 481.
79. *Ibid.*, livre III, chapitre 2, p. 589.
80. *Ibid.*, livre III, chapitre 9, p. 699.
81. *Ibid.*, livre I, chapitre 13, p. 47.
82. *Ibid.*, livre II, chapitre 12, p. 378.
83. Ce voyage se fit du 22 juin 1580 au 30 novembre 1581. Ces notes de voyage furent retrouvées au fond d'une malle, cent soixante-huit ans après la mort de Montaigne. Voir *Journal de voyage en Italie par la Suisse et l'Allemagne*, édité et présenté par Claude Pinganaud, Paris, Arléa, 1998.

journal en italien! Il ne fait aucune discrimination face aux lieux de culte visités: églises catholiques, temples luthériens ou calvinistes, synagogue juive où il assiste à une circoncision.

On le voit, Montaigne manifeste une sincère ouverture d'esprit face aux diverses manières de vivre dont il a été le témoin pendant ce voyage. Cela dit, ne nous méprenons pas ici sur cette ouverture d'esprit, cette souplesse d'adaptation et la relativisation des coutumes et des mœurs qu'on rencontre chez l'auteur des *Essais*. Montaigne n'a rien d'un anarchiste ou d'un révolutionnaire! Au contraire, il a en horreur ces esprits-là! Il apprécie ce qui se conserve[84] tout en se voulant partisan d'une souplesse, voire d'une certaine distanciation par rapport aux coutumes et aux croyances établies dans son propre pays. Pourquoi? Parce que, sans recul critique, il est facile de vénérer (y ayant été conditionné) les opinions et les mœurs approuvées et reçues par la coutume. Cet asservissement aux règles de vie et aux usages communs au groupe auquel nous appartenons peut nous amener à considérer «que ce qui est hors des gonds de la coutume, on le croit hors des gonds de la raison[85]». À ce propos, il recommande à tout jeune homme d'apprendre à modifier au besoin ses règles de vie rigides, s'il ne veut se voir totalement détruit lorsque, à la moindre défaillance, il n'aura pu suivre ses habitudes inflexibles.

Plus loin, se disant vieillissant, Montaigne avoue que la coutume en vigueur dans sa propre contrée a déjà imprimé en lui plusieurs habitudes dont le rejet lui apparaîtrait comme excessif. En conclusion, il recommande de suivre les meilleures règles communes, mais non de s'y asservir. Quel critère nous permet de les reconnaître? Montaigne affirme que, pour être acceptable, une coutume se doit d'être raisonnable et juste.

Au regard des divers lieux de culte visités et des coutumes religieuses rencontrées lors du voyage en Italie, de toute évidence, Montaigne a manifesté un libéralisme religieux peu commun pour l'époque. Soyons-en assurés, cette ouverture aux différentes pratiques religieuses trouve un appui sur une profonde et sincère acceptation de la liberté de conscience de tout un chacun.

La liberté de conscience

Ennemi des fanatismes, des dogmatismes et des fondamentalismes de tout acabit, Montaigne se fait l'apôtre de la tolérance. Rappelons qu'à l'époque la France est agitée par des guerres civiles issues d'une crise religieuse profonde. Des violences inouïes, des cruautés sans bornes se parent du «glorieux titre de justice et de dévotion». Dans ce monde «où la méchanceté vient à être légitime», Montaigne dénonce d'abord ceux qui profitent de la situation pour déployer leurs vengeances personnelles, cultiver leur propre cupidité ou courtiser les bonnes grâces des princes. Ensuite, il juge sévèrement «les gens de bien [qui] par vrai zèle envers leur religion, sainte affection à maintenir la paix et l'état de leur patrie», manquent pourtant de modération. Il s'en trouve plusieurs, écrit-il, «que la passion pousse hors des bornes de la raison[86]» et les conduit à prendre des décisions inéquitables, colériques et risquées.

---

84. Les citations suivantes nous en convaincront: «Non par opinion mais en vérité, l'excellente et meilleure police [gouvernement] est à chacune nation celle sous laquelle elle s'est maintenue» (*Essais*, livre II, chapitre 9, p. 691); «Toutes grandes mutations ébranlent l'État et le désordonnent» (*Ibid.*, livre II, chapitre 9, p. 692).

85. *Ibid.*, livre I, chapitre 23, p. 95.

86. *Ibid.*, livre II, chapitre 19, p. 488.

Faisant sienne la volonté de l'empereur romain Julien dit l'Apostat[87] « que chacun sans empêchement et sans crainte servit à [serve] sa religion[88] », Montaigne défend avec fermeté la liberté de conscience, c'est-à-dire la liberté de croire et de pratiquer sa religion, pour autant que cette dernière n'entraîne pas l'intolérance et la cruauté et ne contrevienne pas au bon ordre social.

Les passions humaines

Dans cette quête incessante de lui-même, qui correspond, nous l'avons vu, à une véritable recherche de l'autonomie, Montaigne décrit les diverses **passions** qui animent les humains. À l'encontre d'autres philosophes, plus ou moins inspirés par le **stoïcisme**, il ne condamne pas *a priori* les passions. Pour l'essentiel, il nous recommande d'en mesurer les effets pour ne pas nous y aliéner. Passons en revue quelques-unes des passions traitées par Montaigne.

Passion
Du latin *passio*, action de souffrir et de supporter. Sous l'effet d'un agent extérieur, tout état affectif ou intellectuel qu'un individu subit.

Doctrine philosophique à laquelle Zénon de Citium (v. -335 à v. -264) donna naissance en Grèce, et qui se répandit dans tout le bassin méditerranéen jusqu'aux deux premiers siècles de l'ère chrétienne. Selon l'école stoïcienne, on doit apprendre à se rendre indifférent aux « accidents » de la vie, en les considérant comme le fruit du destin, et en soumettant inconditionnellement nos désirs, nos colères et nos craintes à la Raison, qui se manifeste, en particulier, dans les lois universelles et implacables du Monde.

Le repentir

La relation que Montaigne entretient avec lui-même est exempte de repentir. S'il y consacre un essai entier, c'est pour mieux illustrer son incrédulité quant à une quelconque perfectibilité de l'homme. Tout au long des *Essais*, Montaigne étale à tous vents ses faiblesses, ses insuffisances, ses défauts et ses lacunes. « Je suis loin d'être parfait ! » semble-t-il nous dire. Qui plus est, il avoue sans vergogne n'avoir jamais tenté de corriger par la raison ses inclinations naturelles. En définitive, il prône ici une sorte d'acceptation de soi. « Si j'avais à revivre, écrit-il, je revivrais comme j'ai vécu ; ni je ne plains le passé, ni je ne crains l'avenir[89]. » Au lieu de se repentir – de se sentir coupable, si l'on veut – d'avoir été ou d'être ceci ou cela, Montaigne cultive ce qu'on pourrait appeler la « fidélité à soi-même ». Il affirme ne pouvoir « désirer en général être autre[90] », ses actions étant réglées et conformes à ce qu'il est et à sa condition. Quant à l'évaluation des décisions qu'il a prises dans sa vie, il dit avoir généralement procédé après un examen conscient et réfléchi :

> Je trouve qu'en mes délibérations passées, j'ai, selon ma règle, sagement procédé pour l'état du sujet qu'on me proposait ; et en ferais autant d'ici à mille ans en pareilles occasions. Je ne regarde pas quel il est, à cette heure, mais quel il était quand j'en consultais[91].

En somme, Michel de Montaigne n'éprouve aucun remords ni contrition face à ce qu'il a été et face à ce qu'il est devenu. Le seul regret qu'il dit éprouver, c'est celui de voir sa sagesse de jeunesse « verte gaie, naïve, capable d'exploits et de meilleure grâce » s'être transformée à la vieillesse en une sagesse « croupie, grondeuse et laborieuse[92] ».

---

87. Julien (en latin Flavius Claudius Julianus), dit l'Apostat, est né à Constantinople en 331 et est mort en Mésopotamie en 363. Empereur romain de 361 à 363, Julien instaura un gouvernement ouvert à la tolérance religieuse.
88. *Essais*, livre II, chapitre 19, p. 490.
89. *Ibid.*, livre II, chapitre 2, p. 595.
90. *Ibid.*, livre II, chapitre 2, p. 592.
91. *Ibid.*, livre II, chapitre 2, p. 593.
92. *Ibid.*, livre III, chapitre 9, p. 595.

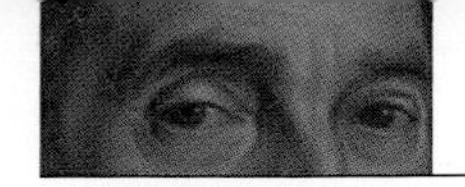

La gloire

La gloire – entendre aussi la renommée, la réputation, les honneurs – est vue par Montaigne comme une sorte d'écran ou de falsification qui empêche l'être humain de se révéler à lui-même et aux autres tel qu'il est en vérité. En fait, la gloire est une passion insidieuse, qui se bâtit sur un fond de **vanité**.

Vanité

[...] Défaut d'une personne vaine, satisfaite d'elle-même et étalant cette satisfaction [...] *(Le Petit Robert).* Synonyme de « complaisance », d'« orgueil », de « prétention », de « suffisance ».

« La présomption (synonyme de vanité) est notre maladie naturelle et originelle. La plus calamiteuse et frêle de toutes les créatures, c'est l'homme, et en même temps la plus orgueilleuse[93]. » Cette attitude prétentieuse se révèle d'abord dans la manière dont l'être humain – comme espèce – se considère par rapport à l'ensemble de la nature et, plus particulièrement, à l'endroit des autres animaux :

> C'est par la vanité de cette imagination qu'il s'égale à Dieu, qu'il s'attribue des conditions [qualités] divines, qu'il se trie [se distingue] soi-même [...] des autres créatures. Taille les parts aux animaux ses compères et compagnons, et leur distribue telle portion de félicités [aptitudes] et de forces que bon lui semble. Comment connaît-il, par l'effort de son intelligence, les branles [opérations] internes et secrets des animaux ? Par quelle comparaison d'eux à nous conclut-il la bêtise qu'il leur attribue[94] ?

Bien entendu, cette prétention vaniteuse si fortement enracinée dans l'homme apparaîtra aussi à l'endroit d'autrui. Il est extrêmement difficile, nous dit Montaigne, de ne pas désirer être couvert de gloire. Car il faut bien admettre qu'une grande renommée – qui vient toujours de l'approbation d'autrui – entraîne toujours à sa suite certains avantages comme la bienveillance et l'admiration des autres. Et cela ne manque pas d'intérêt ! En effet, qui ne voudrait pas être connu, faire parler de soi et en tirer profit ? Mais n'est-il pas déraisonnable de régler nos actions sur l'opinion que les autres se font de nous ? Puis-je me fier au regard qu'autrui porte sur moi et qui m'accordera ou non une renommée ? Montaigne aurait sûrement répondu négativement à cette question. D'une part, l'individu ne peut se résumer à ce qu'on dit de lui. Il n'est jamais identique à sa réputation. Qu'elle soit bonne ou mauvaise, la réputation que la foule attribue à l'individu ne le définit pas entièrement comme personne. Ce que l'on voit et ce que l'on dit de lui n'épuise pas la totalité de son être.

S'il est une matière difficile, et la plus importante qui soit, aux yeux de Montaigne, c'est bien l'évaluation de ses inclinations et de ses actions. Or, comment peut-on, en restant sensé, remettre ce jugement dans les mains de la foule, cette « mère d'ignorance, d'injustice et d'inconstance », ce « guide si dévoyé et si déréglé[95] » qui se base uniquement sur des apparences extérieures ? Au contraire, Montaigne estime qu'il ne revient qu'à l'individu seul de s'octroyer ou non une valeur, qu'il n'en tient qu'à nous et à nous seuls de trouver notre voie parce que nous l'avons expérimentée nous-mêmes comme étant la plus heureuse et la plus utile. En d'autres mots, ce n'est pas pour la galerie qu'on se doit d'agir, mais parce que notre âme nous le recommande « chez nous, au-dedans, où nuls yeux ne donnent que les nôtres[96] ».

Et Montaigne termine son plaidoyer par ce cri du cœur :

> Je ne me soucie pas tant quel je sois chez autrui, comme je me soucie quel je sois en moi-même. Je veux être riche [de possibilités] par moi, non par emprunt. Les étrangers ne voient que les événements et apparences externes ; chacun peut faire

93. *Ibid.*, livre II, chapitre 12, p. 331-332.

94. *Id.*

95. *Ibid.*, livre II, chapitre 16, p. 456.

96. *Id.*

bonne mine par dehors, plein au-dedans de fièvre et d'effroi. Ils ne voient pas mon cœur, ils ne voient pas mes contenances[97].

La tristesse

Montaigne avoue ne pas être enclin à cette passion, ni l'aimer ni l'estimer. « Il faut, dit-il, étendre la joie, mais retrancher autant qu'on peut la tristesse[98] ». Pourtant, nous apprend-il, les gens de son époque considèrent comme allant de soi de l'honorer. Ces derniers vont jusqu'à coiffer la sagesse, la vertu et la conscience d'une auréole de tristesse. En fait, selon Montaigne, la tristesse « est une qualité toujours nuisible, toujours folle et, comme toujours **couarde** et basse, les stoïciens en défendent les sentiments à leurs sages[99] ».

Couard
Qui est lâche et peureux.

Lorsque les événements nous accablent et nous dépassent, au lieu d'être tristes, Montaigne recommande de cultiver un certain détachement afin de ne pas nous affliger de « cette morne et sourde stupidité qui nous transit ». Il dit haïr au plus haut point « un esprit hargneux et triste qui glisse par-dessus les plaisirs de sa vie et s'empoigne et paît aux malheurs[100] ».

Il faut avouer que Montaigne n'a pas toujours réussi, semble-t-il, à respecter cette maxime ! En effet, lorsqu'il perdit son très cher et unique ami, il fut envahi par une grande tristesse.

Montaigne considérait que son ami Étienne de La Boétie était affligé d'une « laideur qui revêtait une âme très belle ».

L'amitié

L'amitié décrite dans le livre I, chapitre 28 des *Essais* est celle que Montaigne et Étienne de La Boétie[101] ont nourrie, « si entière et si parfaite que certainement il ne s'en fit guère de pareilles, et, entre nos hommes [contemporains], il ne s'en voit aucune trace[102] ».

D'abord, Montaigne dit tenir l'amitié en très haute estime, la considérant même comme ce qu'il y a de plus parfait que la nature ait produit. Car l'amitié véritable ne recherche qu'elle-même, alors que les autres passions poursuivent d'autres fins qu'elles-mêmes : par exemple, la volupté (le sexe) sera vécue pour obtenir de la jouissance, alors que le profit sera recherché dans le but d'amasser de l'argent pour se constituer un trésor ou, au contraire, pour consommer davantage. L'amitié véritable est, pour notre penseur, le rapport le plus libre, le plus égalitaire et le plus satisfaisant qui se puisse rencontrer entre les humains.

97. *Ibid.*, livre II, chapitre 16, p. 457.
98. *Ibid.*, livre III, chapitre 9, p. 706.
99. *Ibid.*, livre I, chapitre 2, p. 20.
100. *Ibid.*, livre III, chapitre 5, p. 614.
101. Montaigne confie qu'Étienne de La Boétie fut le plus grand homme qu'il ait « connu au vif, je dis des parties naturelles de l'âme, et le mieux né... » (*Ibid.*, livre II, chapitre 17, p. 481). Notons que l'amitié qui a uni Montaigne et La Boétie fut brève (à peine plus de quatre années), qu'elle fut précisément abrégée par le décès de ce dernier à trente-trois ans, et qu'ils se sont, somme toute, peu vus. Ils se sont surtout écrits.
102. *Ibid.*, livre I, chapitre 28, p. 142.

Ensuite, Montaigne passe en revue certaines relations avec autrui, relevant dans quelle mesure ces dernières ne correspondent pas à l'amitié véritable.

1. La relation des enfants avec leur père : selon Montaigne, il ne peut être question d'amitié ici. Ce rapport commande plutôt le respect, dit-il. À cause de la trop grande différence d'âge et de statut entre l'enfant et son père, aucune communication profonde ne peut s'établir, alors que cette dernière constitue le fondement de toute grande amitié. Par ailleurs, les pensées intimes d'un père ne peuvent être partagées avec les enfants par crainte de donner naissance à une familiarité excessive. À l'inverse, les conseils et les remontrances réciproques – que commande l'amitié – ne peuvent être exercés des enfants aux pères.

2. La relation fraternelle : un autre rapport à autrui qui n'aurait rien à voir avec l'amitié est la relation fraternelle. Deux frères peuvent avoir des personnalités dissemblables, voire opposées, à tel point qu'aucune amitié ne devient possible. D'autre part, l'alliance fraternelle se heurte et s'étiole facilement lorsque, à la mort du père, survient le moment du partage des biens familiaux. Selon les coutumes du XVIe siècle, le fils aîné est l'héritier privilégié. Aucune relation fraternelle ne peut survivre quand la richesse de l'un entraîne la pauvreté de l'autre ! Qui plus est, une caractéristique fondamentale distingue la relation fraternelle de la relation amicale : on ne choisit pas son frère (ce dernier peut être mauvais, violent ou sot), alors qu'on choisit toujours volontairement et librement son ami.

3. La relation amoureuse : qu'en est-il de la relation amoureuse versus la relation d'amitié ? Montaigne décrit l'amour comme un feu « cuisant », « âpre », « téméraire » [aveugle], « volage » et « ondoyant », un « feu de fièvre [qui] n'est qu'un désir forcené après ce qui nous fuit[103] ». Aussitôt que ce désir est partagé et qu'il est consommé par l'homme et la femme – ayant connu la jouissance corporelle à satiété –, celui-ci s'affaiblit peu à peu[104]. Plus loin dans les *Essais*, Montaigne déclare que « la passion amoureuse prête des beautés et des grâces au sujet qu'elle embrasse, et fait que ceux qui en sont pris, trouvent, d'un jugement trouble et altéré, ce qu'ils aiment autre et plus parfait qu'il n'est[105] ».

   Au contraire, l'amitié se manifeste comme quelque chose de calme, de modéré, de constant et de « spirituel », et, tandis que dans l'amour voluptueux les satisfactions sensuelles tendent à en diminuer l'intérêt, l'amitié ne cesse de s'accroître par les satisfactions intellectuelles et morales qu'elles apportent.

   En l'amitié, c'est une chaleur générale et universelle, tempérée au demeurant et égale, une chaleur constante et rassise, toute douceur et polissure, qui n'a rien d'âpre ni de poignant [...] L'amitié est jouie à mesure qu'elle est désirée ; ne s'élève, se nourrit, ni ne prend accroissement qu'en la jouissance, comme étant spirituelle, et l'âme s'affinant par l'usage[106].

4. L'homosexualité grecque : l'amitié véritable établit une relation purement spirituelle entre deux êtres. Mais étant donné qu'une dimension corporelle peut s'ajouter à cette dernière, Montaigne poursuit son analyse en abordant la pédérastie permise dans l'Antiquité grecque, alors qu'elle est, dit-il, détestée au plus haut point en son époque. D'entrée de jeu, il affirme que la pédérastie grecque ne convient pas aux critères de « la parfaite union et convenance » recherchée ici. Pourquoi ? Parce que cette pratique reposait sur une différence marquée d'âge et de charge publique – entendons de statut social – entre les amants. Or, Montaigne

103. *Ibid.*, livre I, chapitre 28, p. 144.
104. Le sentiment que Montaigne décrit ici pourrait correspondre à ce que nous appelons, aujourd'hui, le « coup de foudre ».
105. *Essais*, livre II, chapitre 17, p. 462.
106. *Ibid.*, livre I, chapitre 28, p. 144.

Éphèbe
Jeune garçon arrivé à l'âge de la puberté.

croit que la passion démesurée qu'un homme âgé porte à un **éphèbe** s'appuie exclusivement sur la beauté du corps du jeune homme. La qualité de son esprit n'entrerait pas en ligne de compte puisque, n'ayant encore pu se développer, elle reste cachée au vieil amant. On aurait affaire ici à un engouement basé sur la beauté externe du garçon et non sur sa beauté interne.

Cela est à mille lieues de l'amitié véritable, ce sentiment profond qui unit deux adultes dont les caractères sont déjà formés et qui ont des affinités spirituelles d'une manière égalitaire. Voyons comment Montaigne évoque son amitié avec Étienne de La Boétie – amitié si intense, si impétueuse, si totale!

> En l'amitié de quoi je parle, les âmes se mêlent et se confondent l'une en l'autre d'un mélange si universel qu'elles effacent et ne retrouvent plus la couture qui les a jointes. Si on me presse de dire pourquoi je l'*aimais* [La Boétie], je sens que cela ne peut s'exprimer qu'en répondant: «*Parce que c'était lui; parce que c'était moi.*» Il y a, au-delà de tout mon discours et de ce que j'en puis dire particulièrement, [je] ne sais quelle force inexplicable et fatale, médiatrice de cette union. Nous nous cherchions avant que de nous être vus [...] Et à notre première rencontre, [...] nous nous trouvâmes si pris, si connus, si obligés entre nous, que rien dès lors nous fut si proche que l'un à l'autre. [...] Nos âmes ont charrié si unanimement ensemble, elles se sont considérées d'une si ardente affection, et de pareille affection découverte, jusqu'au fond des entrailles l'une de l'autre, que non seulement je connaissais la sienne comme la mienne, mais je me fusse certainement plus volontiers fié à lui de moi qu'à moi[107].

À l'évidence, il est question ici d'une profonde complicité entre ce que les deux amis ressentent et d'une union si complète des âmes que nous pourrions qualifier cette relation d'«amitié-fusion». Cette connivence exceptionnelle va même jusqu'à accorder plus de crédibilité au jugement que l'ami porte sur soi qu'à l'évaluation que l'on fait de sa propre personne. Cela semble, avouons-le, mettre à mal le principe d'indépendance de jugement dont nous avons parlé précédemment, au bénéfice de la confiance mutuelle. L'amitié véritable se fonde donc sur une confiance mutuelle totale dans la capacité de penser et de juger de son ami. En effet, selon Montaigne, l'amitié véritable établit un espace de réflexion et d'évaluation critique où les deux amis, ne se ménageant pas, disent ce qu'ils pensent vraiment: les mots proférés reflètent la pensée! Il n'y a pas de place, ici, pour la mièvrerie et la complaisance. Montaigne – La Boétie: voilà deux hommes faits et assez solides pour penser de manière autonome, supporter la critique et évoluer ensemble!

D'ailleurs, malgré son aspect fusionnel, l'amitié de Montaigne a su s'approfondir et s'enrichir à travers l'expérience de l'éloignement physique – d'abord les voyages, puis la mort de La Boétie – qui a vraisemblablement appris au penseur à mieux concilier un très grand attachement avec un «laisser-être» qui permet de sauvegarder l'autonomie et la créativité de chacun. D'aucuns ont même soutenu que c'est la disparition prématurée de La Boétie qui a rendu possible la création des *Essais* – Montaigne étant habité par le souvenir de l'ami, certes, mais non moins farouchement animé d'une puissante revendication d'indépendance.

Bien sûr, cette amitié singulière, que Montaigne qualifie de «souveraine et maîtresse amitié», de «noble commerce», de «divine liaison [rencontrée] qu'une seule fois en trois siècles», n'a rien à envier à ces autres «amitiés ordinaires et coutumières». Montaigne dit se méfier de ces amitiés qui «ne sont qu'accointances et familiarités nouées par quelque occasion ou commodité[108]». Parce que, toutes empreintes de «division et de différence» entre les partenaires, ces «amitiés molles et régulières»

107. *Ibid.*, livre I, chapitre 28, p. 145-146.
108. *Ibid.*, livre I, chapitre 28, p. 145.

sont chargées d'obligations, de demandes et de « paiements en retour ». Au contraire, ceux qui vivent une amitié véritable mettent tout en commun : pensées, jugements, biens, honneur et vie. Il y a une telle affinité entre les deux amis qu'on y rencontre une seule « âme en deux corps[109] ».

Enfin, Montaigne en vient à comparer sa vie entière aux quatre années de félicité que lui apporta la profonde amitié vécue avec Étienne de La Boétie. Dans un cri d'une immense tristesse, il considère qu'en dehors de ces quatre années toute sa vie « n'est que fumée, ce n'est qu'une nuit obscure et ennuyeuse. Depuis le jour que je le perdis, [...] je ne fais que traîner languissant ; et les plaisirs mêmes qui s'offrent à moi, au lieu de me consoler, me redoublent le regret de sa perte[110] ». À l'évidence, Montaigne a aimé profondément Étienne de La Boétie et il a énormément souffert de sa perte. On le trouve ici déchiré, dévasté par la mort de son très cher ami.

L'appétit de thésauriser

Le fait d'avoir de l'argent peut conduire celui qui y prend goût à vouloir se constituer des réserves toujours plus importantes et craindre les dépenses. C'est ce que fit Montaigne... après avoir vécu, de son propre aveu, une période de grande insouciance à cet égard. Il raconte avoir alors justifié sa conduite par la crainte de ne pas avoir les économies nécessaires pour faire face à des « inconvénients » éventuels ou à des « accidents » inopinés. Cette « ridicule et honteuse prudence » – mélange de peur et d'avidité – l'amena à garder secret l'argent qu'il possédait ou à mentir à son sujet, donc le conduisit à la dissimulation. Pendant ses voyages, la méfiance à l'endroit d'autrui lui faisait appréhender les voleurs de grand chemin, douter de la fidélité des hommes qui transportaient ses bagages, ou encore il se tourmentait pour l'argent qu'il avait laissé dans son château. Plus Montaigne s'enrichissait, plus sa relation avec les autres semblait se détériorer. De cette fortune, « j'en tirais peu ou rien : pour avoir plus de moyen de dépenser, elle n'en pesait pas moins[111] ». Malgré ces constats, notre homme n'en continuait pas moins d'accumuler de l'épargne et de n'oser l'entamer de crainte qu'elle ne s'écroule. Quel vice tout de même que de se plaire ainsi à manier, à peser et à recompter sans cesse son argent... en cherchant à l'utiliser le moins possible et en se méfiant sans cesse d'autrui !

> On va toujours grossissant cet amas et l'augmentant d'un nombre à autre, jusqu'à se priver vilainement de la jouissance de ses propres biens, et l'établir toute en la garde et à n'en user point[112].

Voyager à l'époque de Montaigne, c'est s'exposer aux brigands qui, se tenant en embuscade, attaquent les gentilshommes afin de les voler.

Mais vint un jour (à partir du voyage d'Italie) où l'immense plaisir que prenait Montaigne à voyager (c'est-à-dire à prendre la route, à découvrir des contrées inconnues, à quitter le nid douillet de ses propres habitudes et coutumes) eut raison – malgré les grandes dépenses engagées – de son

109. *Ibid.*, livre I, chapitre 28, p. 147.

110. *Ibid.*, livre I, chapitre 28, p. 149.

111. *Ibid.*, livre I, chapitre 14, p. 58.

112. *Id.*

avarice, « cette maladie si commune aux vieux, et la plus ridicule de toutes les humaines folies[113] ».

C'est alors qu'il se remit à vivre au jour le jour, mais en faisant dorénavant coïncider ses dépenses avec ses recettes, et en se contentant d'avoir l'argent nécessaire aux besoins présents et ordinaires. Pas question, toutefois, de manquer d'argent au point de devoir vivre aux crochets des autres, ni de sacrifier son indépendance à la **prodigalité**. De toute façon, il faut reconnaître qu'aucune provision au monde ne saurait suffire aux besoins extraordinaires ! Et s'il lui est arrivé encore d'amasser de l'argent, ce n'est pas, dit Montaigne, par prévoyance d'une dépense prochaine, « mais pour acheter du plaisir » !

Prodigalité
[...] Caractère, défaut d'une personne prodigue [...] *(Le Petit Robert)*. Synonyme de « générosité démesurée » ou de « dépense excessive ».

Savoir mourir

La philosophie de Montaigne pourrait être résumée par la phrase suivante : le *savoir être à soi* (la connaissance de soi) permet de *vivre à propos*, c'est-à-dire de « bien vivre » (vivre d'une manière bonne), et nous apprend à « bien mourir », c'est-à-dire à mourir avec sérénité.

Dans le chapitre « Que philosopher c'est apprendre à mourir », Montaigne nous invite à considérer la mort du point de vue de « mère nature » :

> Votre mort est une des pièces de l'ordre de l'univers ; c'est une pièce de la vie du monde... C'est la condition de votre création, c'est une partie de vous que la mort... Le premier jour de votre naissance vous achemine à mourir comme à vivre[114].

Adoptant la célèbre formule de Socrate « Philosopher, c'est apprendre à mourir » (*Phédon* [67e]) et rejoignant les propos de **Cicéron**, Montaigne affirme que « toute la sagesse et discours du monde se résolvent enfin à ce point de nous apprendre à ne craindre point à mourir[115] ».

Cicéron (-106 à -43), homme politique, grand orateur et philosophe latin, chercha à concilier les écoles épicurienne, stoïcienne et platonicienne en présentant une éthique en harmonie avec les exigences de la cité.

Or, les hommes ont une curieuse attitude face à la mort : parce que la mort les effraie, ils laissent cette dernière empoisonner leur vie. À quoi bon, se demande Montaigne, craindre la mort, ce « quart d'heure de passion [souffrance] sans conséquence, sans nuisance [qui] ne mérite pas de préceptes particuliers[116] » ? C'est par ces mots que Montaigne reconnaît, en quelque sorte, la normalité de la mort.

Il est naturel, dit Montaigne, de craindre la douleur – cette « avant-coureuse coutumière de la mort[117] » –, mais non la mort en soi, car c'est une partie de notre être non moins essentielle que le vivre. En fait, quand on y songe, la vie est une mort continuelle : constamment en vieillissant, le corps abandonne ses états antérieurs et ces « petites morts » se font sans douleur ni effroi ! « Nous ne sentons, écrit Montaigne, aucune secousse quand la jeunesse meurt en nous, qui est en essence et en vérité, une mort plus dure que n'est la mort entière d'une vie languissante, et que n'est la mort de la vieillesse[118]. » D'ailleurs, pour quelle raison, se demande Montaigne, la nature nous aurait donné la mort en horreur, alors qu'elle lui est d'une grande utilité pour assurer la continuité de la Vie, puisqu'ainsi place est faite à d'autres vies ? « Faites place aux autres, comme d'autres vous l'on faite[119]. »

113. *Ibid.*, livre I, chapitre 14, p. 59.
114. *Ibid.*, livre I, chapitre 20, p. 78.
115. *Ibid.*, livre I, chapitre 20, p. 70.
116. *Ibid.*, livre I, chapitre 31, p. 158.
117. *Ibid.*, livre I, chapitre 14, p. 52.
118. *Ibid.*, livre I, chapitre 20, p. 77.
119. *Ibid.*, livre I, chapitre 20, p. 79.

Cela dit, puisque à notre mort ultime «nous entraînerons tout avec nous[120]» (c'est pour nous une sorte de «fin du monde»), les hommes n'acceptent pas facilement de devoir quitter la vie. D'autant plus que, faisant grand cas de nous-mêmes, nous croyons à tort que le monde entier souffrira de notre perte!

Considérons plutôt la mort comme «le bout», «l'extrémité» de la vie, mais non pas son but. Et si nous apprenions à *savoir mourir* pour apprendre à *savoir vivre*, non seulement notre fin serait plus légère, mais l'ensemble de notre vie en profiterait grandement! «Qui apprendrait les hommes à mourir, énonce Montaigne, leur apprendrait à vivre[121].» En sachant apprivoiser la mort, nous ne craindrions pas de vivre intensément et en toute liberté: redouter la mort, c'est ouvrir la porte à toutes les lâchetés, à tous les esclavages. «Le savoir-mourir nous affranchit de toute sujétion et contrainte[122].

Puisque la mort est une nécessité naturelle qu'on ne peut éviter, Montaigne recommande de nous y préparer de bonne heure, et de la combattre en lui ôtant son plus grand avantage contre nous: son étrangeté. Il s'agit en fait d'envisager la mort comme faisant partie, en permanence, de notre vie. Accoutumons-nous donc – nous dit Montaigne – à notre propre mort en l'ayant constamment en tête et sous toutes ses formes possibles, parce qu'à la manier et à la repasser de long en large dans notre imagination nous apprendrons à l'apprivoiser. Ne sachant où la mort nous attend, nous saurons sereinement l'attendre partout.

Il nous faut vivre continuellement dans la perspective de la mort: non seulement, comme nous venons de le voir, pour ne pas la craindre, mais parce qu'elle représente le moment décisif qui jugera de l'authenticité de notre vie. Manifestement, Montaigne octroie un rôle capital à la mort: celui d'être «le maître jour, [...] le jour juge de tous les autres, [celui] qui doit juger de toutes [ses] années passées[123]». Plus de place ici pour les masques, la parade ou la tricherie! Voilà l'heure de vérité toute nue! À l'instant même où la vie nous quittera, nous devrions être en mesure de proclamer: «Voilà ce qu'a été ma vie!» «Si j'avais à revivre, écrit Montaigne, je revivrais comme j'ai vécu[124]».

À cause de «l'incertitude et variété des choses humaines qui, d'un bien léger mouvement, se changent d'un état en autre tout divers», on ne doit se permettre d'appeler un homme heureux avant qu'il ait «joué le dernier acte de sa comédie; et sans doute le plus difficile[125]». Ainsi en va-t-il pour tout homme qui ne peut, avant son dernier jour, juger ultimement du bonheur ou du malheur de sa vie.

Terminons ces considérations en disant que, malgré cette conscience aiguë de la mort, Montaigne souhaitait conserver jusqu'à la fin sa manière habituelle de vivre et d'agir et désirait «que la mort le trouve plantant ses choux, mais nonchalant d'elle [la mort] et encore plus de son jardin imparfait[126]». Par ailleurs, il espérait que sa mort ne surviendrait pas à un âge d'une extrême vieillesse[127], car cela serait trop abuser de la nature! Il quittera ce monde à la fin de la cinquantaine.

120. *Ibid.*, livre II, chapitre 13, p. 442.
121. *Ibid.*, livre I, chapitre 20, p. 76.
122. *Ibid.*, livre I, chapitre 20, p. 74.
123. *Ibid.*, livre I, chapitre 19, p. 69.
124. *Ibid.*, livre III, chapitre 2, p. 595.
125. *Ibid.*, livre I, chapitre 19, p. 68.
126. *Ibid.*, livre I, chapitre 20, p. 75.
127. Montaigne avance le chiffre de soixante-dix ans comme étant un âge d'une extrême vieillesse!

 Montaigne aujourd'hui

Montaigne et l'amitié

Rappelons-nous à quel point Montaigne accorde de l'importance à l'amitié. Ce sentiment correspond à ce qu'il y a de plus parfait dans la nature. À ses yeux, l'amitié véritable instaure une relation spirituelle et affective entre deux êtres qui ont des affinités. Une profonde et sincère complicité s'établit alors entre les deux amis, ce qui permet une union complète de leurs âmes. Ce lien précieux se fonde sur une confiance mutuelle totale dans la capacité de penser et de juger de son ami, ce qui suppose en chacun la plus grande liberté de juger.

Les adeptes du réseau social Facebook se sentent valorisés, appréciés et aimés par leurs « amis » virtuels. Par ailleurs, ils avouent trouver la gestion de ces relations un peu lourde – la compétition y étant féroce...

Aujourd'hui, trouvons-nous sur les sites Internet de socialisation tels que Facebook[128] une correspondance avec les propos tenus par Montaigne sur l'amitié, ou, au contraire, sommes-nous en train de changer radicalement la définition traditionnelle de l'amitié ? Facebook est le plus populaire site de réseautage social du monde où l'on présente ce que chacun y diffuse : ce qu'on fait dans la vie, ce qu'on aime, ce qu'on écoute, ce qu'on photographie, ce qu'on fréquente, etc. On y dévoile aussi ses états d'âme et ses menus gestes quotidiens. Mais ce qu'on y découvre également, c'est que bon nombre des profils des utilisateurs indiquent plus de trois cents « amis » ! Que certains sollicitent même des inconnus pour qu'ils deviennent leurs « amis ». Que d'autres ajoutent de nouveaux noms d'« amis » à leur liste, alors qu'ils n'ont « discuté » ensemble qu'une seule fois !

En collectionnant ainsi des « amis » comme s'ils étaient de simples pièces de monnaie, n'est-on pas en train de banaliser – pire, de dégrader – l'amitié ? Peut-on honnêtement discuter de « sujets intimes[129] » – c'est là, selon une étude, le critère permettant de définir, aujourd'hui, l'amitié – avec trois cents personnes ? Cette quête frénétique de nouveaux « amis » indiquerait-elle que nous avons tout bonnement perdu, aujourd'hui, la capacité d'entrer en relation d'amitié véritable avec une personne réelle, d'y être fidèles et loyaux parce que nous l'aimons, de partager nos secrets, nos peurs, nos forces, nos faiblesses aussi, parce que nous avons confiance en elle ?

Les adeptes de Facebook disent pourtant se sentir valorisés, appréciés et aimés par leurs « amis » virtuels ! Mais peut-on considérer un ami virtuel comme un ami véritable avec lequel on « fait des choses ensemble » dans le monde réel ? Est-ce à dire que les utilisateurs de ce *réseau social* ne sont pas aimés dans la vraie vie par des personnes réelles, avec lesquelles ils construisent des relations amicales réciproques de longue durée ? Le phénomène Facebook mettrait-il en

---

128. Facebook compte plus d'un milliard d'usagers actifs et plus de 141 milliards d'« amitiés » sur son réseau. En règle générale, ces très nombreux utilisateurs ignorent que Facebook devient l'unique propriétaire de ce qu'on lui confie, et que ce dernier analyse le tout afin d'établir des traits communs aux utilisateurs, qui deviendront des clientèles cibles pour les annonceurs publicitaires ! Afin d'augmenter son chiffre d'affaires (1,18 milliard de dollars en juillet 2012), Mark Zuckerberg, fondateur et PDG de Facebook, confiait à la revue *BusinessWeeek* (septembre 2012) : « Pour les cinq à dix prochaines années, la grande question n'est pas de savoir si Facebook atteindra les deux ou trois milliards d'abonnés. C'est plutôt de savoir quels services nous pourrons concevoir pour aider toutes les grandes entreprises à déterminer qui se trouve dans le réseau d'amis de leurs clients. »

129. L'*American Sociological Review* rapporte qu'un Américain sur quatre avoue n'avoir plus aucun confident ! (Nicolas RITOUX, « Veux-tu être mon ami ? », *La Presse*, 8 février 2008 [page consultée le 7 juin 2013]. http://techno.lapresse.ca/nouvelles/internet/200802/08/01-8440-veux-tu-etre-mon-ami.php)

lumière l'immense solitude dans laquelle les individus sont actuellement enfermés? Et cette solitude serait-elle, en quelque sorte, mise en veilleuse par la fausse impression de complicité et de proximité avec les nombreuses relations qu'on trouve sur notre liste? Un sondage réalisé en 2011 par Léger Marketing auprès de 29 016 Québécois, issus de 150 localités différentes, révélait que 23 % des jeunes adultes de 18 à 29 ans disaient se sentir seuls tout le temps ou souvent (contre 15 % chez l'ensemble des Québécois)[130]! Se pourrait-il que, malgré le grand nombre de «relations» entretenues sur les sites de socialisation, les jeunes n'aient pas pour autant de vraies relations affectives? Dans les années 1970, les prophètes des «nouvelles technologies» promettaient que, grâce à ces dernières, il y aurait rapprochement entre les humains… Au contraire, les nouveaux outils de communication ne sont-ils pas aujourd'hui en train de nous éloigner les uns des autres? Se pourrait-il que les amitiés «intéressées» qu'on entretient dans les réseaux sociaux n'aient rien à voir avec l'amitié véritable?

Montaigne et la problématique de l'authenticité et du paraître

Tout au long des *Essais*, Montaigne récuse les apparences trompeuses. Il dénonce l'artifice et le déguisement. Il condamne son siècle et la comédie continuelle qui s'y joue. Il juge sévèrement son époque, la disant depuis longtemps imprégnée du vice de la dissimulation: «La dissimulation, écrit-il, est des plus notables qualités de ce siècle[131].»

En fait, Montaigne reproche à ses contemporains de se dissimuler derrière des rôles et des apparences qui masquent ce qu'ils sont vraiment. Il condamne aussi les divers subterfuges, ruses et simulacres utilisés par les princes qui se présentent plus grands que nature à leur cour et à leur peuple. Bref, en ce monde trouble où tout croule autour de lui, Montaigne accuse les hommes de tromperie, d'imposture et d'hypocrisie:

> Cette nouvelle vertu de feintise et de dissimulation qui est à cette heure fort en crédit, je la hais capitalement et, de tous les vices, je ne trouve aucun qui témoigne tant de lâcheté et de bassesse de cœur. *C'est une humeur couarde et servile de s'aller déguiser et cacher sous un masque, et de n'oser se faire voir tel qu'on est.* Par là nos hommes se dressent à la perfidie[132] […].

Deux siècles plus tard, Rousseau critiquera encore avec virulence cette tendance lourde du comportement humain en société.

Le paraître d'aujourd'hui

Ne pourrions-nous pas établir un rapport entre ce monde d'artifices et de faux-semblants décrié par Montaigne et la conduite d'un nombre de plus en plus grand d'individus qui, aujourd'hui, consacrent la majeure partie de leur existence à se faire valoir? Ce faisant, ils privilégient le paraître par rapport à la quête d'une authenticité propre.

Ces personnes investissent toutes leurs énergies dans l'image projetée d'une réussite professionnelle accomplie. Horaires chargés, prévisions, planification aux multiples visages ne visent qu'un but: atteindre un statut financier et social envié ou en donner l'impression. Ces personnes acceptent sans résistance de s'intégrer dans un monde d'images, d'apparences, de conventions, pour autant que ce monde leur octroie un

130. «Les jeunes au Québec: solitude, mal de vivre à l'époque actuelle», Hebdos Québec, 17 octobre 2011 (page consultée le 7 juin 2013). www.hebdos.com/home/Actualites/Les-jeunes-au-Quebec---solitude--mal-de-vivre-a-l-.aspx

131. *Essais*, livre II, chapitre 18, p. 486.

132. *Ibid.*, livre II, chapitre 17, p. 473. C'est nous qui soulignons.

statut. Ils consentent à se nourrir d'artifices, à vivre superficiellement, à orienter leur vie en fonction de l'appât du gain, de l'accumulation de tous les gadgets électroniques à la mode, etc.

Les jeunes loups du commerce, de la finance, de l'informatique ou du multimédia qui fréquentent les cinq-à-sept de n'importe quelle rue branchée pourraient, entre autres, servir d'exemple. Ils se pavanent au volant de rutilantes BMW ou Mercedes sport, sont vêtus de costumes Armani, portent des montres Rolex. S'affichant aux terrasses des bars et des restaurants, ils ont des conversations ostentatoires à leur téléphone cellulaire dernier cri. Ils ont l'air d'en « mener large », d'être des gens importants qui « brassent de grosses affaires » et sur qui il faut compter.

L'apparence et le culte de la personnalité

Ainsi, à force de cultiver le paraître au détriment de l'être authentique, on en est arrivé à instaurer, dans notre monde actuel, un culte de la personnalité basé sur le vedettariat.

Les médias, complices de cette tendance, nous proposent constamment des modèles fabriqués sur des apparences, bien plus que sur un contenu véritable. Sans cesse, on porte aux nues des « artistes » populaires sans grand talent dont l'œuvre ne passera pas l'épreuve du temps. On vante les mérites d'hommes d'affaires ou d'entrepreneurs pour autant que leurs fortunes soient grandes, sans se demander si elles ont été acquises honnêtement. On raffole des frasques des vedettes de tout acabit qui exposent leur vie privée avec impudeur. Et ainsi de suite. Toute notre attention est tournée vers l'ampleur de la réussite matérielle et le niveau du statut de ces « vedettes », et rarement vers un questionnement de fond sur la valeur ou la portée humaine de leurs réalisations.

La quête de l'être

À l'opposé du monde de l'avoir et du paraître s'est développée au Québec une culture de l'être défendue par des penseurs tels que Fernand Dumont[133], Charles Taylor[134] et Jacques Grand'Maison[135].

En dénonçant certains caractères de l'avoir et du culte de l'apparence (efficacité, rentabilité et performance à tout prix, confort satisfait, divertissement vulgaire, infantilisme, valorisation du high-tech, etc.) et en suggérant des orientations et des valeurs autres (le non-conformisme, l'authenticité, la « véracité à soi-même », la recherche de la spiritualité, etc.), ces esprits critiques poursuivent, chacun à leur façon, cette quête de l'être à soi-même déjà entreprise par Montaigne, et qu'un autre grand philosophe – René Descartes – reprendra au siècle suivant, quoique dans des perspectives et avec des préoccupations propres.

---

133. Fernand Dumont (1927-1997) fut sociologue, essayiste et philosophe. Il s'est surtout intéressé au phénomène de la culture dans nos sociétés modernes. L'individu – appartenant à la culture ambiante et étant submergé par elle – doit s'en distancier pour se révéler à lui-même d'abord et au monde ensuite.

134. Voir une brève biographie ainsi qu'un texte de Charles Taylor présentés à la fin du chapitre 5.

135. Jacques Grand'Maison (né en 1931) est un sociologue, théologien et penseur de notre temps. Il propose à tous les individus de bonne volonté une réflexion autour d'un nouvel humanisme répondant au pluralisme de nos sociétés contemporaines. Cet humanisme s'appuie sur des enjeux communs que sont la liberté, la fraternité et la spiritualité.

Montaigne

Montaigne est à la **recherche du bonheur**, c'est-à-dire de la manière bonne de vivre heureux. Pour y parvenir, il préconise de scruter «l'arrière-boutique» de notre moi toujours en mouvement et aux multiples visages. La découverte de notre «essence» permettra un **savoir être à soi** authentique menant à une **connaissance de soi-même.** Puis, nous pourrons accéder à un **savoir vivre à propos** qui gouvernera notre action: nous **suivrons la nature** qui enseigne de **privilégier les inclinations accessibles**; nous **désirerons et posséderons avec modération, corps et âme associés dans le plaisir,** mais **en évitant l'excès** qui mène toujours à la douleur. En somme, nous aimerons la vie en **étant présents à ce qui est** au lieu de courir après ce qui sera.

Nous établirons alors notre **vraie liberté face à autrui** en **évaluant nous-mêmes notre être propre**, tout en nous montrant **ouverts et tolérants à l'endroit des autres.**

Dans cette quête de l'authenticité à soi-même, Montaigne fait l'**analyse des passions** qui habitent les humains. Il recommande d'**en mesurer les effets pour ne pas s'y aliéner.**

Comme il faut apprendre à savoir vivre pour être heureux, Montaigne pense qu'il faut apprendre aussi à **savoir mourir** avec sérénité. Il importe de **ne pas craindre la mort** en la **considérant comme le bout de la vie** (et non son but), de **l'apprivoiser en l'attendant partout**, et de **la voir comme le «maître jour»**, c'est-à-dire le moment décisif qui jugera de ce qu'a été notre vie.

Réseau de concepts

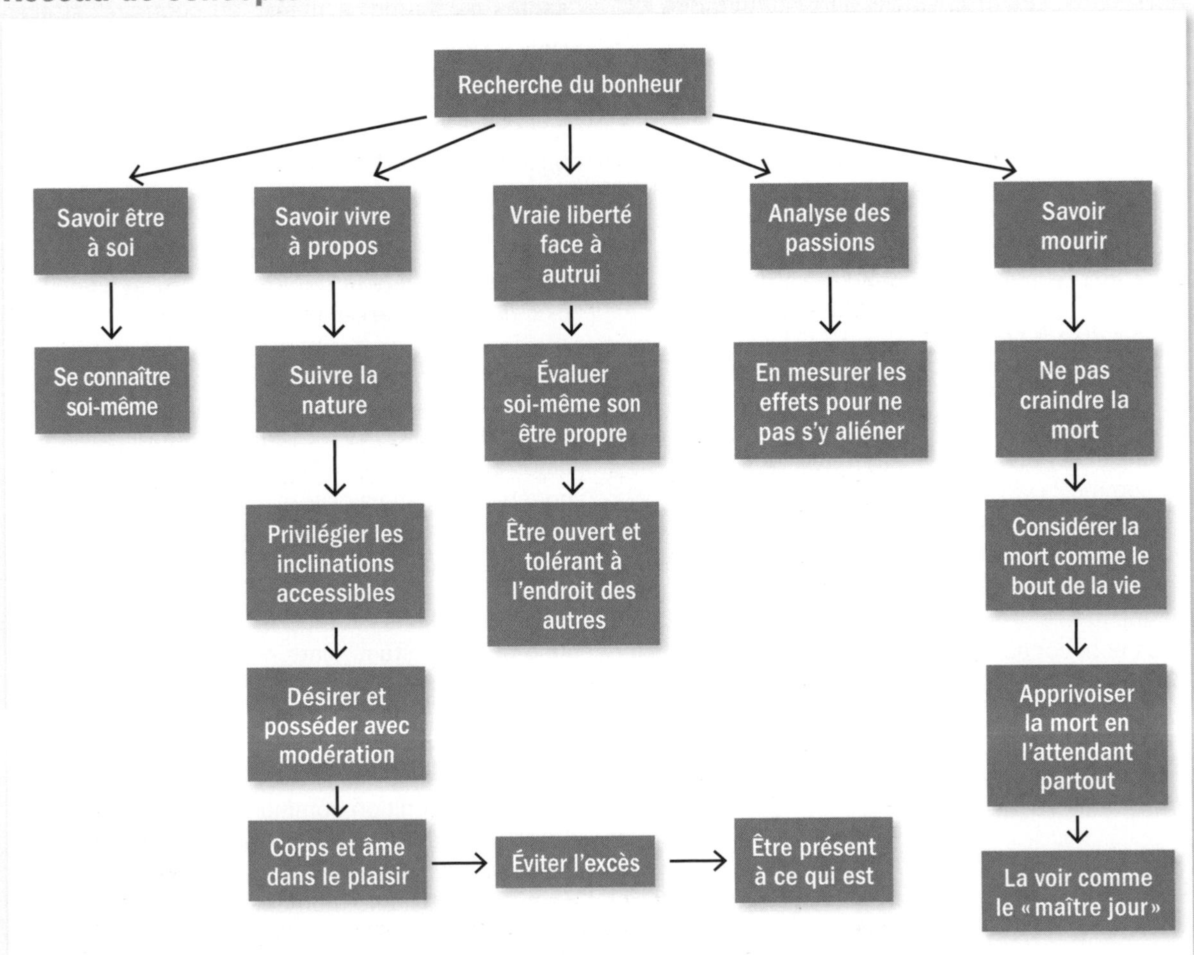

Résumé de l'exposé

Montaigne et la Renaissance

La vie de Montaigne

Michel de Montaigne (1533-1592) fut un politique-conciliateur profondément engagé dans son époque et honoré à de multiples occasions. Il a fréquenté quatre rois qui se sont succédé à la tête d'une France affligée par des luttes de pouvoir issues des guerres de Religion. Montaigne fut surtout l'auteur-philosophe d'un seul livre, les *Essais*, auquel il consacra la majeure partie de sa vie. Ce « livre de bonne foi » – qui annonce la pensée moderne – inspirera les philosophes des siècles suivants.

La Renaissance

La Renaissance est un vaste mouvement culturel qui se développe en Europe au XVe et au XVIe siècle. Les artistes, les savants et les penseurs quittent le prétendu « obscurantisme » du Moyen Âge pour accéder à un âge nouveau où ils redécouvrent l'Antiquité gréco-romaine considérée comme la source de la civilisation occidentale.

Une autre découverte importante est celle des Amériques. Les discussions sur la nature des indigènes ont suscité un questionnement sur la nature véritable de l'homme.

Du bonheur de l'homme

Dans ses *Essais*, Montaigne se met à la recherche de son moi véritable. Ce faisant, il interroge sa propre conduite ainsi que celle des autres hommes dans leur recherche du bonheur.

Savoir être à soi

Montaigne propose un *savoir être à soi* qui permet la découverte de son être propre.

À la question « qu'est-ce qui me définit en tant qu'homme ? », Montaigne répond : ce ne sont pas les actes que j'accomplis qui composent mon moi profond, et qui, en conséquence, constituent ma nature intime. Ce que je suis ne se résume pas à ce que je fais. Il faut aller au-delà des gestes et des rôles pour connaître ce que je suis essentiellement.

Juger de soi-même

Se peindre méticuleusement – tel a été le projet de Montaigne dans ses *Essais* – nécessite une saisie de soi dans l'instant présent.

Mais puisque, selon Montaigne, tout change perpétuellement, le moi appréhendé est en mouvance continuelle. Ce constat entraîne chez lui un doute profond quant à la capacité de la raison de connaître avec certitude. Adoptant ainsi une attitude sceptique par rapport au savoir en général, Montaigne met aussi en doute sa faculté de juger, avec une totale assurance de vérité, son moi, qui se transforme sans cesse dans le temps.

Savoir vivre à propos

La responsabilité que nous devons faire nôtre est de « composer nos mœurs », c'est-à-dire nous construire une morale qui régira notre conduite. Les recommandations de bonne vie défendues par Montaigne peuvent être résumées de la façon suivante :

La nature et le bonheur de l'homme

La nature a doté l'être humain de la capacité d'être heureux à condition de vivre selon la nature, c'est-à-dire de se contenter du nécessaire, et donc de fuir les désirs et les besoins superflus et illimités.

Les *règles de nature* et le senti

Si les inclinations et les sensations, qui nous mettent en contact avec la nature, sont vécues selon les *règles de nature*, elles sont toujours plaisantes ou du moins utiles ; au contraire, si elles vont à l'encontre de la nature, elles sont toujours affligeantes et nuisibles.

Mais quelles sont ces règles de nature ?

Règle 1. Il faut se limiter aux désirs qui nous sont accessibles, parce qu'eux seuls sont naturels et bons.

Règle 2. Il ne faut pas entretenir de désirs et de besoins artificiels et démesurés, car ils apportent plus de peine que de joie.

Le plaisir et la modération

Afin qu'on puisse profiter au maximum des plaisirs du corps, Montaigne recommande d'y associer son âme. Elle appréciera et amplifiera même le bonheur ressenti, mais évitera de dépasser la limite où le déplaisir – qui découle de toute forme d'excès – surgira.

L'âme et le corps

Âme et corps étant joints pour constituer l'homme entier, le rôle de l'âme est de conseiller, de contrôler et de redresser le corps quand il tombe dans l'abus.

Être présent à ce qui est

L'humaine condition commande que notre occupation fondamentale soit de vivre, c'est-à-dire d'être totalement présents à nous-mêmes et à ce que nous vivons dans le moment présent.

La liberté face à autrui

Montaigne propose un projet de construction et d'émancipation de soi.

Seul, face à face avec soi-même, sans se préoccuper du jugement d'autrui, l'individu affirme sa souveraine liberté d'être ce qu'il veut être.

La liberté face aux coutumes

Montaigne recommande qu'on prenne un recul critique par rapport aux coutumes et aux croyances établies dans notre propre contrée. On se doit de les suivre (non d'en devenir esclave) pour autant qu'elles semblent raisonnables et justes. Cependant, il faut apprendre à se détourner des habitudes et des coutumes acquises lorsqu'on se trouve dans un contexte nouveau et différent.

La liberté de conscience

Apôtre de la tolérance, Montaigne défend la liberté de conscience et son respect, c'est-à-dire la liberté de croire et de pratiquer sa religion, pourvu qu'elle n'entraîne pas l'intolérance et la cruauté.

Les passions humaines

Dans une quête constante de l'autonomie, Montaigne fait une analyse de diverses passions que les hommes vivent. Pour ne pas s'y aliéner, il conseille de les évaluer et d'en mesurer les effets.

Le repentir

Montaigne n'éprouve aucun remords ni contrition d'avoir vécu selon ses inclinations naturelles. En outre, il évalue ses délibérations passées comme ayant été sages et appropriées.

La gloire

La gloire est une passion qui se construit sur un fond de vanité.

Laisser à autrui le soin de nous accorder une valeur, voire une grandeur, est déraisonnable, parce que l'évaluation que les autres se font de nous s'appuie généralement sur des apparences.

La tristesse

Au lieu d'être tristes et de succomber stupidement au malheur, Montaigne nous suggère de cultiver le détachement face à ce qui nous accable et nous dépasse.

L'amitié

L'amitié ne cherchant qu'elle-même, Montaigne la considère comme ce qu'il y a de plus parfait dans la nature. Elle doit être distinguée des relations familiales et amoureuses ou de n'importe quelle forme de rapports opportunistes, inégalitaires ou à caractère purement sexuel (comme la pédérastie grecque).

L'amitié véritable est un sentiment profond qui unit d'une manière égalitaire deux adultes dont les caractères sont déjà formés et qui ont des affinités spirituelles et affectives. Elle génère une jouissance toute spirituelle et les âmes, par elle, deviennent plus fines et délicates.

L'appétit de thésauriser

L'appétit de thésauriser est un vice qui consiste à accumuler sans cesse de l'épargne et à n'oser l'entamer de crainte qu'elle ne s'écroule. L'avarice est «cette maladie si commune aux vieux, et la plus ridicule de toutes les humaines folies».

Savoir mourir

Il me faut apprendre à ne pas craindre la mort, car celle-ci fait partie de ma vie.

Je me dois d'apprivoiser ma mort en l'attendant partout et sous toutes ses formes possibles.

Ce *savoir mourir* me libérera de la domination que la mort pourrait exercer sur ma vie en m'empêchant d'agir en toute liberté et en m'exposant à la servitude.

La mort est le moment décisif qui jugera de ce qu'a été véritablement ma vie. Face à la mort, les masques tombent.

Montaigne aujourd'hui

Montaigne et l'amitié

L'amitié est, selon Montaigne, le sentiment le plus abouti que deux êtres puissent vivre. Une relation spirituelle et affective unique s'établit alors entre deux âmes, relation qui repose sur des affinités, sur une profonde complicité et sur une confiance mutuelle.

Qu'en est-il de l'amitié, aujourd'hui, quand un site Internet de réseautage comme Facebook présente des profils d'utilisateurs ayant collectionné plus de trois cents «amis»? Cette quête frénétique d'«amis» serait-elle l'indice de l'incapacité actuelle d'entrer en relation d'amitié véritable avec une personne réelle avec laquelle nous puissions discuter de sujets intimes?

Montaigne et la problématique de l'authenticité et du paraître

Montaigne accuse ses contemporains de tromperie, d'imposture et d'hypocrisie. Il leur reproche de se dissimuler derrière des rôles et des apparences qui masquent ce qu'ils sont vraiment.

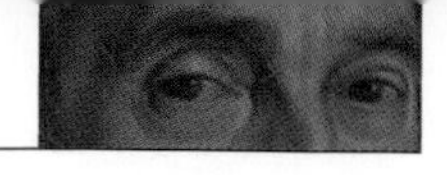

Le paraître d'aujourd'hui

Peut-on établir un lien entre ce monde d'artifices et de faux-semblants décrit par Montaigne et ces individus qui, aujourd'hui, consacrent l'essentiel de leur existence à se faire valoir en projetant une image de réussite ? Qui sont-ils vraiment derrière les apparences et les artifices dont ils s'affublent ?

L'apparence et le culte de la personnalité

Qui plus est, n'est-on pas en train d'instaurer, aujourd'hui, un culte de la personnalité basé sur des modèles de héros établis sur des apparences ? En valorisant l'ampleur de la réussite matérielle de ces « vedettes », on néglige de s'interroger sur la valeur ou la portée humaine de leurs réalisations.

La quête de l'être

À l'opposé du monde de l'avoir et du paraître, des penseurs d'aujourd'hui poursuivent, chacun à leur façon, une quête de l'être-à-soi déjà entreprise par Montaigne.

Activités d'apprentissage

A Vérifiez vos connaissances

1 Montaigne a appris à parler le latin avant d'apprendre le français. VRAI ou FAUX ?

2 Montaigne peut être considéré comme l'un des premiers humanistes de la Renaissance. VRAI ou FAUX ?

3 Selon Montaigne, l'homme est un « sujet stable, constant et uniforme ». VRAI ou FAUX ?

4 Tout au long des *Essais*, Montaigne fait preuve d'un orgueil démesuré qui l'incite constamment à se surévaluer. VRAI ou FAUX ?

5 Selon Montaigne, nos actions suffisent-elles à nous définir ?

6 Montaigne est aux prises avec la problématique suivante : saisir un homme constamment en mouvance, un homme qui se constitue en même temps qu'il se décrit. VRAI ou FAUX ?

7 Quelle devise Montaigne a-t-il fait graver sur une médaille portant une balance en équilibre ?

8 Selon Montaigne, quelle responsabilité incombe-t-il à l'être humain de développer ?

9 Selon Montaigne, suivre les *règles de nature*, c'est – à l'image de la prodigalité de mère nature – nous laisser librement emporter par nos désirs et nos besoins. VRAI ou FAUX ?

10 Nommez l'un des rôles que Montaigne attribue à l'âme humaine dans son rapport au corps.

11 Montaigne recommande d'aimer la vie telle qu'il nous est donné de la vivre dans l'instant présent et d'en jouir à la fois par l'esprit et par le corps. VRAI ou FAUX ?

12 Montaigne affirme que « notre vraie liberté [consiste] à prendre notre ordinaire entretien de nous à nous-mêmes, et si privé que nulle accointance ou communication étrangère y trouve place ». VRAI ou FAUX ?

13 Donnez le nom complet de celui à qui Montaigne accorda une très grande amitié, exprimée par la formule : « Parce que c'était lui ; parce que c'était moi. »

14 Montaigne se veut le partisan d'une véritable liberté de conscience, c'est-à-dire de la liberté de croire, de penser et d'agir comme bon nous semble. VRAI ou FAUX ?

15 À partir de ce que vous avez appris sur Montaigne, indiquez laquelle des citations suivantes n'a pas été écrite par lui.

a) « La *vraie liberté*, c'est pouvoir toute chose sur soi. »

b) « En fait, nous sommes une liberté qui choisit, mais nous ne choisissons pas d'être libres : nous sommes condamnés à la liberté. »

c) « La préméditation de la mort est préméditation de la liberté. Qui a appris à mourir a désappris à servir. »

B Débat sur la problématique de l'authenticité et du paraître

Compétence à acquérir

Démontrer sa compréhension de la problématique de l'authenticité et du paraître en participant, en classe, à l'activité qui suit.

Contexte de réalisation

1 La classe est divisée en équipes composées de quatre étudiants qui se nomment un porte-parole.

2 Chacun des étudiants : a) répond, par écrit, à la question suivante : « Qu'est-ce qu'une attitude ou un comportement authentique ? » ; b) illustre sa réponse par un exemple.

3 Dans chacune des équipes, à tour de rôle, chaque étudiant fait la lecture de sa réponse et présente son exemple. Une discussion est engagée afin de parvenir à la rédaction d'une réponse et d'un exemple communs.

4 Les porte-parole écrivent au tableau la réponse et l'exemple (quelques mots le décrivant) auxquels leur équipe est arrivée.

5 Sous la supervision de l'enseignant, la classe privilégie l'une des réponses inscrites au tableau ou parvient à s'entendre sur une réponse qui ferait la synthèse de ce qu'est une attitude ou un comportement authentique et sur un exemple approprié.

C Analyse et critique de texte

Cette activité exige la lecture préalable de l'extrait des *Essais* présenté à la page suivante.

Compétences à acquérir

- Démontrer sa compréhension d'un texte de Montaigne en transposant dans ses propres mots une partie de ce texte philosophique.
- Évaluer le contenu, c'est-à-dire exprimer son accord ou son désaccord (et en donner les raisons) sur les idées de Montaigne qui ont été présentées dans le texte.

Questions

1 À l'instar de Montaigne, croyez-vous « qu'il y a plus de distance de tel à tel homme qu'il n'y a de tel homme à telle bête » ? (Minimum suggéré : une demi-page.)

2 Répondez aux deux questions que pose Montaigne : « Pourquoi de même n'estimons-nous un homme par ce qui est sien ? », et son corollaire : « Pourquoi, estimant un homme, l'estimez-vous tout enveloppé et empaqueté ? » (Minimum suggéré : une demi-page.)

3 a) Reformulez, dans vos propres mots, le passage suivant : « [...] l'aveuglement de notre usage est tel que [...] si nous considérons un paysan et un roi, un noble et un vilain, un magistrat et un homme privé, un riche et un pauvre, il se présente soudain à nos yeux une extrême disparité [entre eux] qui ne sont différents par manière de dire qu'en leurs chausses. »

Commentaire critique

b) Êtes-vous d'accord avec les propos soutenus ici par Montaigne ? Vous devez fonder votre jugement, c'est-à-dire défendre votre point de vue, en apportant deux arguments pour appuyer vos affirmations. (Minimum suggéré : une page.)

D Analyse et critique d'un texte comparatif

Cette activité exige la lecture préalable de l'extrait des *Pensées* de Pascal présenté à la page 44.

Compétence à acquérir

Évaluer le contenu, c'est-à-dire exprimer son accord ou son désaccord (et en donner les raisons) sur des critiques formulées à l'endroit de Montaigne par Pascal.

Questions

Texte n° 1

1 En se «racontant» au lecteur, Montaigne surestime-t-il son importance comme personne? Fait-il montre de vanité, d'un souci de paraître que, par ailleurs, il dénonce? (Minimum suggéré: une demi-page.)

2 À votre avis, quelles seraient les «sottises» dites par Montaigne dans les *Essais*? (Minimum suggéré: une demi-page.)

Texte n° 2

3 En cherchant à apprivoiser la mort, Montaigne ne cherche-t-il pas à se cacher le caractère «tragique» de cette réalité et à éviter «lâchement» l'angoissant affrontement avec le *bout de la vie*? (Minimum suggéré: une demi-page.)

Extraits de textes

Montaigne ▪ «De l'inégalité qui est entre nous»

Plutarque dit en quelque lieu qu'il ne trouve point si grande distance de bête à bête, comme il en trouve d'homme à homme. Il parle de la suffisance [vanité] de l'âme et qualités internes. À la vérité, [...] j'enchérirais volontiers sur Plutarque, et dirais qu'il y a plus de distance de tel à tel homme qu'il n'y a de tel homme à telle bête,

quelle distance d'un homme à un autre!
(Térence, *L'Eunuque*, 11, 3, 1)

Brasse
Ancienne mesure de longueur égale à 1,60 mètre environ.

et qu'il y a autant de degrés d'esprit qu'il y a d'ici au ciel de **brasses**, et autant innombrables.

Mais, à propos de l'estimation des hommes, c'est merveille que, sauf nous, aucune chose ne s'estime que ses propres qualités. Nous louons un cheval de ce qu'il est vigoureux et adroit,

nous louons un cheval pour sa vitesse,
Pour les palmes nombreuses remportées dans le cirque
Sous les applaudissements des foules hurlantes.
(Juvénal, *Satires*, VIII, 57)

non de son harnais; un lévrier de sa vitesse, non de son collier; un oiseau de son aile, non de ses longes et sonnettes [courroies et grelots des oiseaux de volerie]. Pourquoi de même n'estimons-nous un homme par ce qui est sien? Il a un grand train [de vie], un beau palais, tant de crédit, tant de rente: tout cela est autour de lui, non en lui. [...] Si vous marchandez un cheval, vous lui ôtez ses bardes [harnachement], vous le voyez nu et à découvert, ou, s'il est couvert, comme on les présentait anciennement aux princes à vendre, c'est par les parties moins nécessaires, afin que vous ne vous amusiez pas à la beauté de son poil ou

largeur de sa croupe, et que vous vous arrêtiez principalement à considérer les jambes, les yeux et le pied, qui sont les membres les plus utiles.

Quand ils achètent des chevaux, les rois ont coutume
de les examiner couverts
De peur, si l'animal a belle tête mais pied faible, comme c'est souvent le cas,
D'être séduit et trompé par une large croupe, une tête fine ou
une haute encolure.
(Horace, *Satires*, I, 2, 86)

Pourquoi, estimant un homme, l'estimez-vous tout enveloppé et empaqueté ? Il ne nous fait montre que des parties qui ne sont aucunement siennes, et nous cache celles par lesquelles seules on peut vraiment juger de son estimation. C'est le prix de l'épée que vous cherchez, non de la gaine [étui] : vous n'en donnerez à l'aventure pas un quatrain [quart d'un sou] si vous l'avez dépouillé. Il le faut juger par lui-même, non par ses atours. Et, comme dit très plaisamment un ancien : « Savez-vous pourquoi vous l'estimez grand ? Vous y comptez la hauteur de ses patins [semelles]. » La base n'est pas la statue. Mesurez-le sans ces échasses ; qu'il mette à part ses richesses et honneurs, qu'il se présente en chemise. A-t-il le corps propre à ses fonctions, sain et allègre ? Quelle âme a-t-il ? Est-elle belle, capable et heureusement pourvue de toutes ses pièces ? Est-elle riche du sien ou de l'autrui ? [...] Est-il

sage et maître de lui,
Tel que pauvreté, fers [captivités], *mort ne peuvent faire trembler ?*
A-t-il le courage de résister à ses passions ? De mépriser les honneurs ?
En lui-même tout entier reclus, rond, lisse, sans prise aucune,
Comme une boule que rien ne peut empêcher de rouler,
Est-il hors d'atteinte de la fortune ?
(Horace, *Satires*, II, 7, 83)

Un tel homme est cinq cents brasses au-dessus des royaumes et des duchés : il est lui-même à soi son empire.

Le sage, par Pollux ! est l'artisan de son propre bonheur
(Plaute, *L'Homme aux trois écus*, II, 16)

Que lui reste-t-il à désirer ?

Ne voyons-nous pas que nature
N'exige rien d'autre pour nous que la paix du corps,
L'absence de douleur et la possibilité, pour l'esprit,
Sans souci ni crainte, de jouir de sensations agréables ?
(Lucrèce, *La Nature des choses*, II, 16)

Comparez-lui la **tourbe** de nos hommes, stupide, basse, servile, instable et continuellement flottante en l'orage des passions diverses qui la poussent et repoussent, pendant [dépendant] toute d'autrui : il y a plus d'éloignement que du ciel à la terre ; et toutefois l'aveuglement de notre usage est tel que nous en faisons peu ou point d'état là où si nous considérons un paysan et un roi, un noble et un **vilain**, un magistrat et un homme privé, un riche et un pauvre, il se présente soudain à nos yeux une extrême disparité [entre eux] qui ne sont différents par manière de dire qu'en leurs **chausses**.

Tourbe
Foule, multitude.

Vilain
Paysan et, en général, toute personne n'appartenant pas à la noblesse.

Chausse
[...] vx. Partie du vêtement masculin qui couvrait le corps depuis la ceinture jusqu'aux genoux [...] *(Le Petit Robert)*.

MONTAIGNE, Michel de. *Essais*, Paris, Arléa, 2002, p. 195-196.

Pascal ▪ *Pensées*

Blaise Pascal (1623-1662), savant et penseur français, avait rédigé dès l'âge de trente ans des remarques diverses plus ou moins élaborées en vue de défendre la religion chrétienne face à l'incrédulité de son temps. En 1669, les héritiers de Pascal publièrent ses notes sous le titre *Pensées de M. Pascal sur la religion et sur quelques autres sujets qui ont été trouvés après sa mort parmi ses papiers.* On y trouve ses positions face aux grands problèmes de la philosophie et ses jugements sur de grands penseurs.

[Texte n° 1 – Fragment 780]

De la confusion de Montaigne, qu'il avait bien senti le défaut d'une droite méthode. Qu'il l'évitait en sautant de sujet en sujet, qu'il cherchait le bon air. Le sot projet qu'il a de se peindre et cela non pas en passant et contre ses maximes, comme il arrive à tout le monde de faillir, mais par ses propres maximes et par un dessein premier et principal. Car de dire des sottises par hasard et par faiblesse, c'est un mal ordinaire. Mais d'en dire par dessein, c'est ce qui n'est pas supportable et d'en dire de telles que celles-ci.

PASCAL, Blaise. « Pensées », dans *Œuvres complètes*, présentation et notes de Louis Lafuma, Paris, Éditions du Seuil, 1964, p. 599.

[Texte n° 2 – Fragment 680]

Les défauts de Montaigne sont grands. Mots lascifs [...] Il inspire une nonchalance du **salut**, « sans crainte et sans repentir ». Son livre n'étant pas fait pour porter à la piété, il n'y était pas obligé ; mais on est toujours obligé de n'en point détourner. On peut excuser ses sentiments un peu libres et voluptueux en quelques rencontres de la vie, mais on ne peut excuser ses sentiments tout païens sur la mort. Car il faut renoncer à toute piété si on ne veut au moins mourir chrétiennement. Or il ne songe qu'à mourir lâchement et mollement par tout son livre.

Salut
Doctrine chrétienne selon laquelle l'homme ne peut parvenir à son ultime réalisation sans une aide spéciale de Dieu.

PASCAL, Blaise. « Pensées », dans *Œuvres complètes*, présentation et notes de Louis Lafuma, Paris, Éditions du Seuil, 1964, p. 590.

Lecture suggérée

La lecture de l'œuvre suivante est suggérée dans son intégralité ou en extraits importants :

- MONTAIGNE, Michel de. *Essais*, Paris, Arléa, 2002, 813 p.

Chapitre 2

L'homme comme être de raison

Descartes ou le premier rationalisme moderne

René Descartes

« René Descartes est de fait le véritable initiateur de la philosophie moderne en tant qu'il a pris le penser pour principe [...]. On ne saurait se représenter dans toute son ampleur l'influence que cet homme a exercée sur son époque et sur les temps modernes. Il est ainsi un héros qui a repris les choses entièrement par le commencement, et a constitué à nouveau le sol de la philosophie sur lequel elle est enfin retournée après que mille années se soient écoulées. »

Friedrich Hegel

Plan du chapitre

Descartes et le siècle de la raison

La vie de Descartes

René Descartes naît le 31 mars 1596 à La Haye, un village de Touraine, en France. Le père de Descartes, Joachim de son prénom, est conseiller du roi au parlement de Rennes, en Bretagne. Sa mère, Jeanne Brochard – qui meurt un an après la naissance de René –, est la petite-fille d'un magistrat de Poitiers. René sera élevé par sa grand-mère.

Scolastique (la)

Du latin *schola*, « école ». La scolastique ou « philosophie de l'École » désigne l'enseignement philosophique et théologique donné au Moyen Âge. Cherchant à concilier foi et raison, cet enseignement était donné à partir des Écritures saintes et de la philosophie d'Aristote revue, corrigée et augmentée par les théologiens du Moyen Âge (Thomas d'Aquin, entre autres).

Prémisse

[...] LOG. Chacune des deux propositions placées normalement au début d'un raisonnement et dont on tire la conclusion [...] *(Le Petit Robert)*.

À l'âge de dix ans, Descartes est mis en pension au collège des Jésuites de La Flèche, réputé pour être « l'une des plus célèbres écoles de l'Europe ». La langue d'enseignement est le latin. Le jeune Descartes y apprend les humanités classiques. Au programme d'études se trouvent le latin, bien sûr, mais aussi le grec. Les matières (histoire, droit, géographie, physique, astronomie et mathématiques – ces dernières appréciées particulièrement par Descartes « à cause de la certitude et de l'évidence de leurs raisons ») sont enseignées à partir des textes anciens tels que ceux d'Aristote (–384 à –322), d'Euclide (IIIe siècle av. J.-C.) ou de Cicéron (–106 à –43). L'éducation religieuse y est omniprésente. Par la pratique de la danse et de l'escrime, on ne néglige pas l'éducation du corps. Les trois dernières années sont surtout consacrées à la philosophie **scolastique** (Aristote et saint Thomas d'Aquin [1225-1274]). Cette philosophie, disons-le d'emblée, ne suscitera aucun intérêt chez notre philosophe en herbe : beaucoup de raisonnements, mais avec des **prémisses** et des conclusions incertaines ; beaucoup de débats, mais plein d'obscurités et de malentendus, finalement sans profit[1].

Descartes quitte le collège en 1614 et, deux ans plus tard, il obtient une licence en droit à l'Université de Poitiers. Toutefois, il n'embrasse pas la carrière juridique. Afin de découvrir le monde et d'étudier les mœurs des hommes, il rejoint, en 1618[2], l'armée du prince de Nassau stationnée en Hollande. Profitant d'une période d'accalmie, Descartes dispose, selon ses propres mots, d'un « grand loisir » où il fait surtout des mathématiques et écrit l'*Abrégé de musique*, dans lequel il explique la musique par un calcul de proportions. En 1619, il quitte la Hollande pour le Danemark et s'engage dans les troupes du duc de Bavière. Descartes ne participe à aucune bataille. C'est l'hiver et l'armée est immobilisée. Reclus dans une chambre chauffée par un poêle, Descartes fait trois rêves, durant la nuit du 10 au 11 novembre, qu'il interprète comme une révélation des « fondements d'une science admirable » devant unifier toutes les connaissances et à laquelle il devra consacrer sa vie.

Descartes rentre en France. Lors de la traversée en bateau, il est attaqué par des marins hollandais. Avec bravoure, il se défend à coups d'épée, sauve sa propre vie et celle de son serviteur.

Inquisition (l')

Organisme judiciaire ecclésiastique créé par la papauté pour lutter contre l'hérésie, c'est-à-dire toute doctrine, opinion ou pratique contraire aux dogmes de l'Église catholique.

En 1622, Descartes a vingt-six ans. Grâce à la liquidation de l'héritage maternel, il bénéficie d'une rente confortable qui le dispense de gagner sa vie. Il vit à Paris, en Bretagne et au Poitou… mais le temps des voyages n'est pas achevé ! Fin 1623, il reprend la route, celle de l'Italie. Il est en mesure de constater les purges de l'**Inquisition**, qui brûle sur la place publique les femmes et les hommes accusés d'hérésie. De retour en France, fin 1625, il s'installe à Paris et fait la rencontre du père Marin Mersenne, érudit de sciences et de philosophie, avec lequel il entretiendra

1. Notons que, malgré tout, Descartes empruntera à la scolastique de nombreux concepts et distinctions.
2. La guerre de Trente Ans éclate en 1618. Ce conflit d'une violence extrême ensanglantera l'Europe entière et anéantira le tiers de la population allemande.

Descartes déambulant dans les rues d'Amsterdam.

une correspondance pendant vingt ans. L'abbé Mersenne jouera un important rôle d'intermédiaire entre Descartes et d'autres grands chercheurs et penseurs de l'époque. D'autre part, Descartes poursuit ses travaux en mathématiques, en astronomie et en optique. En 1628, il rédige les *Règles pour la direction de l'esprit*.

En 1628, il fuit la vie mondaine de Paris et le climat sociopolitique tourmenté de la France. Il se réfugie aux Pays-Bas parce qu'il y trouve une liberté et une tranquillité plus grandes qui sont nécessaires à ses travaux. Il y demeurera plus de vingt ans, changeant souvent de ville (Amsterdam, Leyde, Deventer, Utrecht) et de résidence. Il y travaille à la physique mathématique, taille des verres optiques et pratique de nombreuses dissections sur des animaux afin de mieux comprendre le fonctionnement de l'organisme humain. C'est d'ailleurs sur ces terres étrangères que Descartes composera ses œuvres majeures. Il songeait d'abord à publier un *Traité du Monde*, rédigé en 1632-1633, traité dans lequel il soutenait, entre autres, la thèse de la rotation de la Terre autour du Soleil. Mais, à la suite de la condamnation de Galilée par l'Église, en 1633, Descartes, prudemment, renonce à publier... tant que les temps seront risqués.

Ne manquons pas de souligner que notre philosophe, homme aussi fait de chair et capable de sentiments, fait la connaissance d'Hélène Jans, servante d'un libraire d'Amsterdam. Nous sommes en l'an 1632. Hélène lui donnera une fille appelée Francine, qui mourra à l'âge de six ans d'une mauvaise fièvre. Descartes en éprouvera un grand chagrin.

À l'époque de Descartes, la langue utilisée en sciences et en philosophie est le latin. Toutefois, pour être compris par toute personne de bonne volonté, il publie en français, le 8 juin 1637, trois courts ouvrages scientifiques intitulés *Dioptrique, Météores* et *Géométrie*: ce sont, pour ainsi dire, des échantillons de ses travaux! Une préface accompagne ces œuvres, préface qui deviendra un «classique» de la philosophie: le *Discours de la méthode*. Les trois premiers exemplaires sont remis au prince d'Orange, au roi Louis XIII et au cardinal de Richelieu. Descartes connaît la gloire. Il ne quitte pas pour autant la Hollande, où il rédige, en latin, les *Méditations métaphysiques* (1641), *Les Principes de la philosophie* (1644) dédiés à la jeune princesse Élisabeth de Bohême (1618-1680) et, en français, le traité des *Passions de l'âme* (1649), composé à la demande de la même princesse à propos de laquelle Descartes écrira: «Je n'ai jamais rencontré personne qui ait si généralement et si bien entendu [compris] tout ce qui est contenu dans mes écrits[3].»

En 1649, sur l'invitation pressante de la reine Christine, Descartes se rend non sans quelque appréhension à la cour de Suède pour initier la jeune souveraine à sa philosophie. C'est l'hiver et il fait froid. En outre, le philosophe doit se lever à cinq heures du matin pour donner ses cours. Descartes attrape une pneumonie et meurt à Stockholm, le 11 février 1650, à l'âge de cinquante-trois ans. Sa dernière lettre, adressée au vicomte de Brégy, ambassadeur de France en Pologne, moins d'un mois avant sa mort, est fort suggestive: «Je ne suis pas ici en mon élément et je ne désire que la

3. Lettre-dédicace à la princesse Élisabeth des *Principes de la philosophie*. René DESCARTES, *Les Principes de la philosophie*, p. 553. Toutes les citations reproduites dans ce chapitre proviennent des *Œuvres et Lettres* (Paris, Gallimard, coll. «Bibliothèque de la Pléiade», 1953).

tranquillité et le repos, qui sont des biens que les plus puissants rois de la terre ne peuvent donner à ceux qui ne savent pas les prendre d'eux-mêmes[4]. »

Cartésien
Qui se rapporte à la philosophie de Descartes. Se dit aussi d'un esprit qui, à l'exemple de ce penseur, aime procéder avec clarté, distinction et ordre.

Théologie
[...] Étude des questions religieuses fondée principalement sur les textes sacrés, les dogmes et la tradition [...] *(Le Petit Robert)*.

Subjectivité
Ce qui appartient au sujet seul : sa conscience, son moi.

Le Grand Siècle ou l'avènement de la modernité

Le XVIIe siècle, que l'on qualifie de siècle de la raison, voit éclore la philosophie **cartésienne**. En ce siècle, aussi appelé le Grand Siècle, l'esprit change, dit-on. Nous assistons dès lors à un bouleversement radical des mentalités que plusieurs historiens associent au début de la modernité.

La modernité, que l'on nomme aussi les Temps modernes, peut être définie comme l'avènement d'une nouvelle manière de penser l'homme et la place qu'il occupe dans l'univers. En opposition avec l'autorité du passé et la tradition (l'Antiquité gréco-romaine – avec, à son sommet, Aristote – revue, corrigée et augmentée par la **théologie** catholique médiévale), les Temps modernes se caractérisent par l'élaboration d'une conscience, d'une pensée trouvant en elle-même son fondement. Somme toute, ce qui définit essentiellement les Temps modernes, c'est l'instauration de la **subjectivité** dans le processus de la connaissance, autrement dit la croyance en la capacité d'un individu-sujet de saisir la réalité grâce aux pouvoirs de sa raison. On accorde donc à la raison le pouvoir de rendre le réel intelligible en l'observant, le pensant, le nommant et le théorisant à partir de principes rationnels clairement établis.

Christine de Suède et sa cour, par Pierre Dumesnil (détail de la reine et de Descartes).

Cette foi dans les pouvoirs de la raison humaine inaugure une ère nouvelle, en instaurant le principe d'une raison « individualisée » qui croit au progrès de l'esprit humain. Cette notion de progrès empruntée au développement des sciences du XVIIe siècle colorera toute la pensée philosophique moderne. À l'instar du développement d'un individu, il y aurait progrès, évolution de l'esprit humain, et donc de l'humanité, allant de la jeunesse à la maturité. L'Antiquité correspondrait à l'enfance de la pensée humaine et les Temps modernes, à sa maturité.

À partir du début du XVIIe siècle, les Temps modernes manifestent donc une nouvelle manière de penser l'être humain et le monde, manière qu'annonçait déjà, à vrai dire, la Renaissance[5] (XVe et XVIe siècle) et dont Descartes s'inspirera pour élaborer sa conception de l'homme et sa vision de l'univers.

La révolution scientifique du XVIIe siècle

Le ciel fut le lieu privilégié où le regard des savants du XVIe et du XVIIe siècle se posa. En effet, des découvertes importantes en astronomie vont transformer à tout jamais la représentation que l'être humain se fait de l'univers et de la place qu'il y occupe. Des terres nouvelles de l'Amérique, on passe à un ciel nouveau !

4. *Lettres choisies*, p. 1346-1347.
5. L'époque de la Renaissance est présentée dans le chapitre 1.

L'hypothèse de l'héliocentrisme, formulée par le Polonais **Nicolas Copernic** (1473-1543) dans son ouvrage *Sur les révolutions des corps célestes* (publié tout juste après sa mort) et reprise par plusieurs savants, remet en cause le géocentrisme – et la conception de l'homme qui y est attachée – admis par l'Église catholique romaine et l'Occident chrétien depuis sept cents ans.

> Copernic, au XVIe siècle, osa modifier le géocentrisme antique érigé en une sorte de dogme, par la triple autorité d'Aristote, de l'astronome Ptolémée et de l'Église. À partir de données mathématiques, il émit l'hypothèse que le Soleil constitue le centre du monde, que la Terre exécute un mouvement de rotation sur elle-même et qu'elle tourne autour du Soleil. L'*héliocentrisme* était né.

Le *géocentrisme* affirmait que l'univers était formé de sphères concentriques faites d'une substance éthérée et cristalline, au centre desquelles se trouvait la Terre, sphère de matière solide, domaine de l'imparfait, de l'éphémère et du périssable. Toutes ces sphères tournaient autour de la Terre et contenaient les corps célestes: la Lune, Mercure, Vénus, le Soleil, les planètes lointaines et, enfin, les étoiles: toutes parfaites, éternelles, impérissables. Le Soleil, comme n'importe quelle autre planète, tournait donc autour de la Terre (centre fixe et immuable de l'univers). Ce modèle, élaboré par Ptolémée d'Alexandrie (90-168), astronome grec, s'harmonisait avec la conception que la religion chrétienne se faisait de l'homme: créé par Dieu (Lui-même fait homme dans le Christ), il était au «centre» de cette Terre, créée pour lui, et elle-même située au centre de l'univers. Cette vision mythique de l'univers où le centre est **sacré** et où la périphérie est **profane**, où donc la Terre et l'homme sont sacrés, manifestait bien l'ordre cosmique et la hiérarchie du vivant, bref, le «Plan divin». Et, faut-il le préciser, cette vision paraissait bien s'accorder avec les apparences et le bon sens: n'est-ce pas le Soleil – et non la Terre – qui semble en mouvement?

Le monde selon Ptolémée (1559): la Terre au centre, puis les sept planètes et, au bord, le firmament et le primum mobile, les astres fixes, disposés dans leur signe zodiacal.

Il fallut attendre un siècle après la mort de Copernic pour que se produise une véritable révolution de l'astronomie. Le développement des mathématiques (l'invention de la **mécanique**, entre autres) et des méthodes d'observation améliorées permirent de dépasser les travaux de Copernic.

Johannes Kepler (1571-1630), Galileo Galilei (1564-1642), dit Galilée, et René Descartes fondent une nouvelle science du monde et de l'homme qui s'oppose radicalement aux vérités acquises depuis l'Antiquité grecque.

Johannes Kepler, mathématicien allemand de talent et astronome réputé, complète la thèse de Copernic en découvrant les trois lois mathématiques du mouvement des planètes autour du Soleil. Présentons-les sommairement. Premièrement, les planètes décrivent non des cercles – figures antiques de la perfection –, mais des ellipses autour du Soleil. Deuxièmement, les planètes ne tournent pas autour du Soleil à une vitesse constante, mais elles se déplacent plus rapidement lorsque leur trajectoire s'en approche. Troisièmement, une relation mathématique invariable existe entre la distance qui sépare une planète du Soleil et la durée de sa révolution autour de cet astre[6]. Les travaux de Kepler démontrent que les mathématiques peuvent servir à décrire l'univers concret de la matière. L'astronomie moderne vient de voir le jour.

Sacré
Qui appartient à un domaine supérieur, séparé du profane, et fait l'objet d'une révérence religieuse.

Profane
[...] DIDACT ou LITTER. Qui est étranger à la religion (opposé à *religieux, sacré*) [...] *(Le Petit Robert)*.

Mécanique
Partie des mathématiques qui étudie le mouvement et l'équilibre des corps (choses matérielles) dans l'espace.

6. En langage mathématique, cela donne la formule suivante: le carré de la durée est proportionnel au cube de la distance.

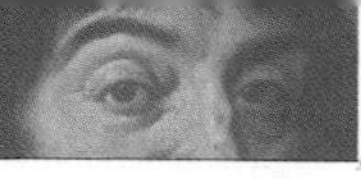

Galilée, professeur émérite de mathématiques, inventeur et producteur d'instruments scientifiques, physicien et astronome renommé, consolide la thèse de l'héliocentrisme copernicien. Observant les astres avec une lunette astronomique, récemment inventée par le Hollandais Hans Lippershey mais perfectionnée par lui-même, Galilée découvre en 1610 quatre satellites de Jupiter. Cette découverte sert à étayer la plausibilité de l'héliocentrisme : la Terre ne serait-elle pas, par rapport au Soleil, comme les satellites par rapport à leur planète ? Chose certaine, cette observation prouve que, dans notre ciel, il existe des corps qui possèdent un autre centre de rotation que la Terre. Par ailleurs, par ses observations des cratères de la Lune et des taches solaires, Galilée contredit l'idée reçue de la perfection du monde céleste ! Enfin, en appliquant le calcul mathématique à deux phénomènes terrestres (la chute et la propulsion des corps), notre chercheur montrera que les mêmes principes mathématiques de connaissance peuvent s'appliquer à la Terre et au ciel.

Les découvertes de Galilée menaçaient tout le système traditionnel d'explication de l'univers qui englobait la religion, la philosophie et la science de l'époque. Galilée subira les foudres des autorités de l'Église catholique romaine qui, tout en s'intéressant aux « nouvelles conceptions », avaient beaucoup de difficulté à les concilier, entre autres, avec une certaine lecture de la Bible.

L'*héliocentrisme* bouleverse, en effet, la représentation symbolique de la place de l'homme dans l'univers que véhiculait le géocentrisme. Le Soleil devenant le centre de l'univers, la Terre est désormais à la périphérie ; ce faisant, elle perd son caractère sacré. L'homme devient le « gérant » d'un univers profane. Cette « décentration de l'homme », cet exil d'un ordre divin prédéterminé, n'est-ce pas pour lui une invitation à s'inventer en se « recentrant » sur rien d'autre que lui-même, avec sa liberté et sa raison ? Il faut aussi comprendre que, en mettant en cause l'autorité d'Aristote en ces matières, Galilée jette le discrédit sur le philosophe chez qui l'Église avait cru trouver la légitimation rationnelle de son discours : si Aristote se trompe dans sa compréhension du monde céleste, pourquoi n'erre-t-il pas en d'autres régions de sa pensée ? Menace à l'horizon pour toute la théologie !

Galilée est condamné en 1633 par l'Inquisition pour avoir défendu l'héliocentrisme, thèse hérétique, c'est-à-dire opposée à « l'Écriture sainte et divine ». On exige de lui qu'il se rétracte et on le force à vivre en résidence surveillée.

Ces considérations expliquent, entre autres, la réaction de l'Église catholique romaine à la théorie de l'héliocentrisme et les diverses condamnations dont il a été l'objet par la suite. Ce ne sera qu'à la fin du XVIIe siècle qu'elle admettra ce modèle. Entre-temps, la théorie héliocentrique permettra à des chercheurs et à des philosophes d'essayer de concevoir l'être humain en dehors de la vision chrétienne traditionnelle (largement marquée, répétons-le, par des présupposés philosophiques grecs et notamment aristotéliciens). Dans ce contexte, Descartes décide de refonder la philosophie sur d'autres principes que ceux qui étaient alors en vigueur.

Descartes et le premier rationalisme moderne

Au beau milieu de ce foisonnement d'idées nouvelles sur les plans scientifique et philosophique, que vient faire précisément Descartes, ce philosophe dont on aurait pu dire que rien de ce qui est humain ne lui était étranger ? D'abord, il est lui aussi un grand savant: mathématicien, anatomiste et physicien. Retenons surtout de l'œuvre scientifique de Descartes deux apports majeurs: l'invention de la géométrie analytique et la formulation de la loi de la réfraction de la lumière.

Le rationalisme est la doctrine d'après laquelle toute connaissance certaine provient de la raison. Conséquemment, selon cette philosophie, l'esprit humain possède la faculté de former des concepts et des principes rationnels lui permettant de rendre intelligibles et compréhensibles les choses et les êtres. Les idées et les jugements seraient soit innés, soit construits par l'esprit; ils ne proviendraient pas des données de l'expérience.

D'un point de vue purement philosophique, Descartes est considéré comme le fondateur du **rationalisme** moderne. Il accorde à l'esprit en tant que raison – et à lui seul – le pouvoir de connaître, pour autant qu'il se mette en quête d'évidences. Pour utiliser un langage plus philosophique, nous pourrions dire que, en exigeant que l'on s'en tienne uniquement à ce qui est évident à l'esprit du sujet pensant, Descartes instaure la souveraineté de la raison individuelle. Cette volonté de s'affranchir de toute autorité étrangère à la raison et de ne reconnaître pour vrai que ce qui est évident constitue une véritable révolution philosophique.

Descartes, vainqueur d'Aristote.

En cela, Descartes rompt avec l'esprit scolastique du Moyen Âge qui respectait la tradition aristotélicienne et qui ne s'était pas encore dégagé de la théologie de l'Église catholique romaine. Le rôle attribué à la philosophie au Moyen Âge consistait à fonder rationnellement l'enseignement théologique chrétien. La philosophie médiévale, «servante de la Théologie», cherchait à penser Dieu, l'homme et le monde en recourant certes à la raison, mais, de manière générale, en étroite relation avec la doctrine catholique dont il s'agissait de montrer qu'elle ne contredisait pas la raison (même si la raison se montrait incapable de s'expliquer certaines «vérités» religieuses). On empruntait à l'Antiquité, plus particulièrement à l'**aristotélisme**, des arguments ou des concepts dans la mesure où ceux-ci paraissaient corroborer la parole divine (tirée de la Bible) et l'enseignement de l'Église. Le monde médiéval renvoyait ultimement à des vérités (*doctrina*) révélées, immuables et transmises par la voie hiérarchique de l'Église; le monde moderne qu'institue Descartes renvoie à une quête de certitude que l'homme se doit de découvrir par lui-même rationnellement et d'acquérir méthodiquement. Explicitant et défendant ce point de vue, la philosophie cartésienne a exercé une influence décisive non seulement sur la science de son temps, mais sur l'ensemble de la philosophie moderne[7].

À travers ses recherches diverses, Descartes se dit lui-même en quête d'une «science admirable» – il en a même rêvé! – qui unifierait toutes les connaissances. Or, il finira par établir que la science elle-même a besoin d'être fondée sur des bases philosophiques qui en garantissent l'absolue certitude et qui, du reste, permettent de comprendre en profondeur ce qu'il en est de l'homme, de sa nature, de son pouvoir de

Aristotélisme
Doctrine philosophique d'Aristote et de ses disciples, les *aristotéliciens*. Les traités d'Aristote, en particulier l'*Organon* (la logique) et la *Métaphysique*, qui attribue à Dieu, «acte suprême», l'origine du mouvement dans le monde, furent surtout étudiés au Moyen Âge. Saint Thomas d'Aquin, par exemple, lui empruntera le cadre de son système philosophico-théologique.

Empiriste
Se dit de la doctrine philosophique selon laquelle toutes les connaissances proviennent de l'expérience. Conséquemment, tout savoir doit être fondé sur l'expérience et l'observation.

7. Des philosophies comme celles de Blaise Pascal (1623-1662), Baruch Spinoza (1632-1677), Nicolas Malebranche (1638-1715), Gottfried Wilhelm Leibniz (1646-1716), John Locke (1632-1704) et les **empiristes** anglais, Jean-Jacques Rousseau (1712-1778), Emmanuel Kant (1724-1804), Auguste Comte (1798-1857), Georg Wilhelm Friedrich Hegel (1770-1831) et Edmund Husserl (1859-1938) se sont constituées à partir de problématiques cartésiennes, soit pour les confirmer, soit pour les combattre.

Métaphysique
Du grec *meta ta phusika*, « ce qui est au-delà des questions de la physique ». Partie de la philosophie, aussi appelée « philosophie première », qui s'intéresse – au-delà des données de l'expérience – aux premières causes, aux premiers principes, aux fondements de la réalité (Dieu, l'esprit, les vérités éternelles, etc.).

connaître et d'agir en ce monde. Bref, la recherche cartésienne débouchera sur une **métaphysique**. Mais tout au long de son parcours, cette investigation se voudra indéfectiblement fidèle à une unique et simple méthode inspirée de ce qui s'est révélé si fécond dans le domaine des mathématiques.

Descartes prend donc comme modèle de démonstration ce qu'il appelle la « mathématique universelle », c'est-à-dire la méthode utilisée par les mathématiques non seulement qui offre la plus grande rigueur pour l'esprit, mais qui serait applicable, selon lui, à tous les objets de la connaissance humaine. La philosophie, si elle veut être une science, doit s'inspirer de l'exactitude inflexible et stricte des mathématiques. En conséquence, le philosophe procédera d'une manière ordonnée en enchaînant les pensées, comme le géomètre déduit ses propositions les unes après les autres jusqu'à ce que son théorème soit démontré[8].

 Descartes et la recherche de certitudes

Pour Descartes, le seul et nécessaire guide dans cette monumentale entreprise, c'est la raison, qu'il appelle aussi « bon sens ». Voyons comment, en des termes simples, il la définit, d'abord ; il la présente, ensuite, comme également partagée par les hommes ; il nous avertit, enfin, que la simple présence de la raison, sans un judicieux mode d'emploi (une méthode), ne suffit pas.

> Le bon sens est la chose du monde la mieux partagée. [...] Cela témoigne que la puissance de bien juger et de distinguer le vrai d'avec le faux, qui est proprement ce qu'on nomme le bon sens ou la raison, est naturellement égale en tous les hommes ; et ainsi que la diversité de nos opinions ne vient pas de ce que les uns sont plus raisonnables que les autres, mais seulement de ce que nous conduisons nos pensées par diverses voies, et ne considérons pas les mêmes choses. *Ce n'est pas assez d'avoir l'esprit bon, mais le principal est de l'appliquer bien*[9].

La raison est donc présente en chacun de nous. Nous possédons tous la capacité de connaître et de comprendre, à condition d'asseoir la connaissance sur des bases solides qui ne peuvent être mises en doute. En conséquence, il y a nécessité de suivre une méthode particulière pour aboutir à ce résultat.

La méthode cartésienne

Justement, dans le *Discours de la méthode*, Descartes livre, entre autres, à ses lecteurs sa propre méthode « pour bien conduire sa raison et chercher la vérité dans les sciences ». Et il la présente, parce qu'à l'exemple des géomètres et mathématiciens il en a éprouvé lui-même la fécondité.

La méthode cartésienne comprend quatre règles qui vont guider toute la recherche ultérieure :

1. La règle de l'évidence : la raison doit éviter la *précipitation* et la prévention (le préjugé), et n'accepter aucune chose pour vraie à moins qu'elle ne soit *évidente*, c'est-à-dire à moins qu'elle ne se présente à l'esprit avec tant de *clarté* et de *distinction* qu'elle ne laisse planer aucun doute. Expliquons ces termes.
   - Se *précipiter*, en matière de raisonnement, c'est conclure avec hâte, sans un examen suffisant.

---

8. Nous verrons bientôt quatre règles qu'il propose à ce sujet.
9. *Discours de la méthode*, première partie, p. 126. Nous avons mis en italique la dernière phrase de cette citation, car cette affirmation montre l'intérêt qu'a eu Descartes pour la méthode.

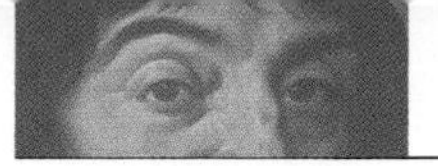

- Ce qui est *évident* correspond à une vérité qui apparaît directement à l'esprit par une *intuition* rationnelle. L'évidence naît donc uniquement des lumières de la raison et sa principale caractéristique consiste à être indubitable, c'est-à-dire sûre et certaine (qui ne peut être mise en doute).
- Une idée est *claire* quand on discerne tous ses éléments ; elle est *distincte* quand elle est précise et différente de toutes les autres idées. Par exemple, je vois clairement qu'un triangle comporte trois côtés et que son idée n'est pas celle d'un cercle.

2. La règle de l'analyse : la raison doit *diviser* chacune des difficultés examinées en questions élémentaires et séparées afin de mieux les résoudre pour en arriver à la clarté et à la distinction exigées par la première règle.
   - À l'image de la résolution d'un problème mathématique, il s'agit de disséquer un ensemble complexe en ses éléments simples. Plus particulièrement, l'analyse déterminera les éléments fondamentaux d'une situation et leurs propriétés essentielles. Par exemple, Descartes détermine l'élément fondamental de l'univers comme étant la matière, dont la propriété essentielle est d'être étendue et donc soumise aux principes de la géométrie, qui est la science de l'étendue.
3. La règle de la synthèse : la raison doit aller des objets les plus simples aux objets plus complexes par un enchaînement rigoureux et ordonné[10].
   - En partant d'un principe certain (le plus simple étant considéré par Descartes comme le plus certainement connu), il s'agit de voir les implications selon un ordre croissant de complexité, et d'établir un ensemble de conséquences qui découlent nécessairement les unes des autres (comme la succession de théorèmes dans un manuel de géométrie ou de mathématiques).
4. La règle du dénombrement : la raison doit, sans rien omettre, faire une revue générale de tous les résultats obtenus selon les règles précédentes afin de s'assurer que tous les enchaînements sont rigoureusement faits, qu'il n'y a pas de « sauts » injustifiés.
   - Le dénombrement interne vient de la pratique de la démonstration en géométrie où toutes les étapes des théorèmes sont dénombrées, c'est-à-dire numérotées et placées dans le plus strict ordre logique, afin de vérifier que « rien ne manque », que tous les maillons de la chaîne sont bien en place.

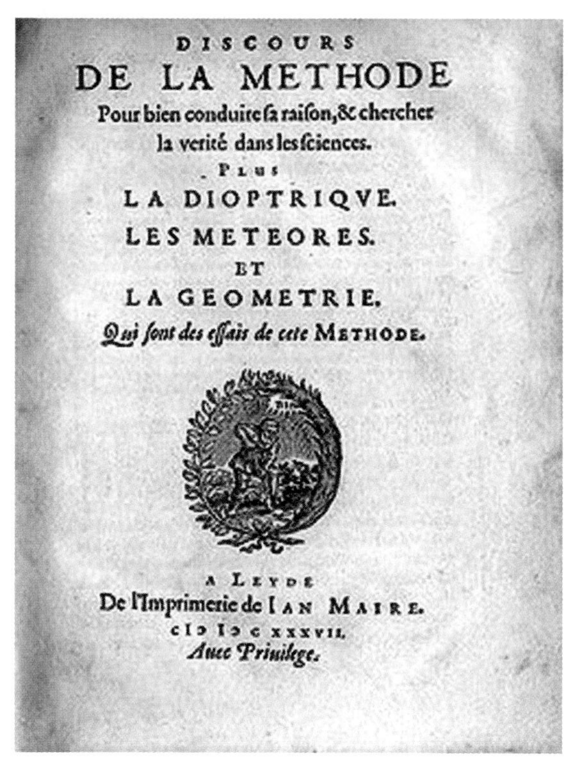

DISCOURS
DE LA METHODE
Pour bien conduire ſa raiſon, & chercher
la verité dans les ſciences.
PLUS
LA DIOPTRIQVE.
LES METEORES.
ET
LA GEOMETRIE.
Qui ſont des eſſais de cete METHODE.

A LEYDE
De l'Imprimerie de IAN MAIRE.
CIↃ IↃ C XXXVII.
Avec Privilege.

Frontispice de l'édition originale du *Discours de la méthode* (1637).

Essayons de transposer – du moins en son esprit – la méthode cartésienne dans un contexte actuel et montrons par un exemple que cette dernière constitue encore aujourd'hui la méthode privilégiée dans toute recherche digne de ce nom. Un professeur de sciences appliquées demande à ses étudiants de faire un travail sur la dépollution d'un lac. Ce dernier est infesté par une plante nuisible. On veut connaître les causes de cette prolifération de plantes afin d'y remédier et de rendre de nouveau le lac accessible aux usagers. Les étudiants ont encore intérêt à se servir de la méthode proposée par Descartes.

10. Si la deuxième règle a pour but de faire disparaître, par l'analyse, la « complexité » embrouillée, la troisième règle a comme objectif d'élaborer une « complexité » progressive, ordonnée et claire.

Premièrement, si la source ou les sources de prolifération de cette plante aquatique ne sont pas évidentes, la méthode cartésienne exige l'établissement « clair et distinct » de tous les éléments qui peuvent agir sur la présence, la croissance et la prolifération de cette plante, indépendamment du lac particulier où l'étude se déroule.

Deuxièmement, à la lumière des connaissances acquises dans la première étape de la méthode, s'ajoute l'analyse des conditions de l'habitat de la plante, c'est-à-dire les conditions qui caractérisent ce lac. On cherchera à distinguer tous les facteurs qui contribuent à la prolifération de cette plante dans ce lac (température de l'eau, oxygénation, degré d'acidité, quantité de phosphate, etc.).

Troisièmement, on établira comment ces derniers facteurs sont liés entre eux (certains pouvant être l'effet d'autres facteurs : inutile d'intervenir sur un effet tant qu'on n'a pas établi la cause préalable). Ainsi, on pourra en déduire le ou les facteurs qui ont l'incidence la plus forte sur la pollution.

Quatrièmement, on vérifiera (d'une manière ordonnée et sans rien omettre) tous les résultats obtenus dans les étapes précédentes afin, d'une part, de s'assurer qu'on n'a pas « sauté des étapes » et qu'on n'est pas parvenu à des conclusions injustifiées et, d'autre part, de trouver des solutions à la contamination du lac en agissant par ordre d'importance sur les éléments qui ont permis la prolifération de cette plante dans ce lac.

Les étapes du doute méthodique

Revenons à la première règle de la méthode cartésienne : n'accepter comme vrai que ce dont l'évidence est telle qu'il s'avère impossible d'en douter. Mais comment m'assurer de cette impossibilité... à moins de chercher à douter, par tous les moyens possibles, de ce qui me semble évident et vrai ? Par ailleurs, comme Descartes tente de fonder l'ensemble des connaissances sur des bases absolument certaines, ne devrait-il pas chercher, par le doute justement, à tester la prétendue vérité de tous les prétendus savoirs ? Et en doutant ainsi radicalement, Descartes ne pourrait-il pas trouver une première vérité-certitude inébranlable susceptible de servir de fondement à toutes les autres ?

> Le sceptique fait du doute une fin en soi, il doute pour douter, alors que Descartes utilise le doute comme un moyen de parvenir à la vérité.

Ne nous méprenons pas, il ne s'agit pas ici d'un doute **sceptique**. Il n'est pas question, comme chez Montaigne, de conclure à l'impossibilité d'atteindre une vérité définitive. Le doute de Descartes se veut provisoire. Descartes, en effet, utilise sciemment le doute comme méthode pour atteindre la vérité. Montaigne doute, lui aussi. Mais son doute est d'un autre ordre : il a quelque chose de définitif. Montaigne se méfie de son jugement et des inventions de son esprit : il ne croit pas au pouvoir de la raison humaine de connaître avec exactitude les causes de ce qui existe. Notre raison devrait seulement nous servir, dit-il, à mieux nous connaître et à vivre une vie bonne, sans prétendre à la vérité absolue.

Précisons que le doute cartésien est essentiellement un doute théorique et non pratique. C'est le doute volontaire et lucide de quelqu'un qui sereinement veut savoir, et non pas le doute subi – et peut-être maladif – de quelqu'un qui est en train d'agir. Soyons clair : il ne s'agit pas de se demander, en traversant la rue, si on est bien réveillé !

Mais comment Descartes procédera-t-il pour cette vaste mise-en-doute ? Il serait impossible, et parfaitement inutile, de vérifier le bien-fondé de chaque prétendue connaissance. Il suffira de remonter aux sources mêmes de toute connaissance – les sens et la raison – et d'en tester la validité. Et Descartes de préciser que tout ce dont il peut ainsi douter, il le considérera *provisoirement* comme faux, pour ne pas être tenté de s'accommoder de la première incertitude venue.

1. Mise en doute de la fiabilité des sens : Descartes révoque d'abord le témoignage de ses sens. Il les soumet au doute méthodique parce que nos sens nous abusent parfois (par exemple, l'eau tiède paraît fraîche à la personne qui fait de la fièvre ; les astres nous paraissent petits, alors qu'ils ne le sont pas). Les informations fournies par les sens ne sont donc pas toujours fidèles à la réalité extérieure. « J'ai observé plusieurs fois, écrit Descartes, que des tours, qui de loin m'avaient semblé rondes, me paraissaient de près être carrées, et que des colosses, élevés sur les plus hauts sommets de ces tours, me paraissaient de petites statues à les regarder d'en bas[11]. » Ainsi, les jugements fondés sur les sens sont trompeurs. En effet, nous pouvons être trompés par ce que nos sens nous font voir, entendre, goûter, toucher et sentir. Qui plus est, nous rêvons ! Or, dans le rêve, non seulement nous sommes trompés dans toute notre conscience (toutes les choses vues, entendues, senties dans cet état sont illusoires), mais nous n'avons aucun moyen de nous détromper pendant que nous rêvons !
2. Mise en doute de la fiabilité des raisonnements : ce qui, en second lieu, est mis en cause par Descartes, c'est la valeur même ou la sûreté même de la logique humaine qui est à l'origine des démonstrations apparemment certaines des mathématiques. Il arrive, en effet, que je me trompe, sans m'en apercevoir, en raisonnant en mathématiques ou en d'autres domaines. Bien plus, pense Descartes, ne se pourrait-il pas (c'est une pure hypothèse !) que je sois manipulé par un esprit plus puissant que moi (un « mauvais génie ») qui me trompe autant dans ma raison que sur le plan de mes sens ? Dans ce cas, les raisonnements mathématiques, par exemple, n'auraient qu'une simple apparence subjective et illusoire de validité.

> Je supposerai donc qu'il y a [...] un certain mauvais génie, non moins rusé et trompeur que puissant, qui a employé toute son industrie à me tromper. Je penserai que le ciel, l'air, la terre, les couleurs, les figures, les sons et toutes les choses extérieures que nous voyons, ne sont que des illusions et tromperies, dont il se sert pour surprendre ma crédulité. Je me considérerai moi-même comme n'ayant pas de mains, point d'yeux, point de chair, point de sang, comme n'ayant aucun sens, mais croyant faussement avoir toutes ces choses[12].

Avec cette dernière supposition, c'est tout l'univers de la connaissance – sensible et rationnelle – qui est frappé d'incertitude et doit donc être au moins provisoirement rejeté comme faux !

Le *cogito* ou la découverte du moi pensant

Descartes part donc d'un doute intégral sur toutes choses et découvre que, dans le doute le plus radical, il ne peut douter de son existence comme être pensant. En effet, peut-être le mauvais génie lui fait-il croire à tort qu'il y a un monde et qu'il a un corps. Mais pour croire pareilles choses, Descartes doit bien être pensant au moins le temps de la tromperie.

La **pensée** représente la première évidence à laquelle Descartes arrive. C'est le célèbre *cogito* : « Je pense, donc je suis[13]. » C'est donc dans l'acte même de penser que Descartes s'assure de sa propre existence.

La doctrine rationaliste de Descartes enseigne que c'est la raison (et non les sens) qui, utilisée avec méthode, permet d'atteindre les fondements des choses et de la connaissance. Nous sommes alors en présence d'une indubitable manifestation de l'existence d'un sujet pensant.

11. *Méditation sixième*, p. 322.
12. *Méditation première*, p. 272. L'appel au mauvais génie est un artifice utilisé par Descartes pour maintenir son doute systématique.
13. *Discours de la méthode*, quatrième partie, p. 147. La traduction latine de « Je pense, donc je suis » est *Cogito ergo sum*.

« J'existe en tant qu'être pensant. » Voilà une première vérité dont Descartes ne saurait douter. Pourquoi ? Parce que même l'hypothétique malin génie devrait, pour pouvoir le tromper, le faire exister comme être pensant au moins le temps qu'il le trompe ! Descartes affirme voir ainsi clairement et distinctement l'inébranlable certitude de son être pensant : la première règle de sa méthode tient la route ! « Mais moi, qui suis-je ? » se demande Descartes. Et Descartes de répondre : « Je ne suis, précisément parlant, qu'une chose qui pense, c'est-à-dire un esprit, un entendement ou une raison[14]. » Pourquoi ? Parce que même si, par hypothèse, le corps n'était qu'une illusion, « Je » demeurerait « être pensant ».

Esprit, entendement, raison, trois mots qui renvoient à une seule et même chose : la pensée. Le *cogito* implique que, si c'est par ma pensée que je peux avoir la certitude de mon existence, c'est donc ma pensée qui me définit essentiellement comme homme.

C'est mon âme qui pense

Je suis « une substance dont toute l'essence ou la nature n'est que de penser [...] En sorte que ce moi, c'est-à-dire l'âme par laquelle je suis ce que je suis, est entièrement distincte du corps[15] ». Je suis pensée pure et rien d'autre, et c'est mon âme qui pense. En effet, dans les *Réponses aux cinquièmes objections*, Descartes précise « que le nom d'*âme* [...] doit seulement être entendu de ce principe par lequel nous pensons : aussi l'ai-je le plus souvent appelé du nom d'*esprit* [...] car je ne considère pas l'esprit comme une partie de l'âme, mais comme l'âme tout entière qui pense[16] ».

D'après Descartes, la pensée constitue l'être de l'homme, son essence. Le propre de la nature humaine est de penser. Tout être humain est « une chose qui pense ». Mais qu'est-ce qu'une chose qui pense ? C'est « une chose qui doute, qui conçoit, qui affirme, qui nie, qui veut, qui ne veut pas, qui imagine aussi et qui sent[17] ». Cela ne veut pas dire que l'être humain ne vit que pour penser, qu'il ne fait que penser. Descartes affirme seulement que l'homme est un être dont le caractère fondamental est l'esprit, c'est-à-dire cette faculté d'être conscient, de se représenter des choses existantes ou non et de vouloir. La découverte du *cogito* mène donc à une conception **spiritualiste** de l'être humain.

Spiritualiste
Se dit de la doctrine d'après laquelle l'esprit ou l'âme constitue une dimension essentielle et autonome de la réalité. La philosophie spiritualiste considère l'esprit comme une entité distincte de la matière en général et du corps en particulier et supérieure à ceux-ci.

La primauté du sujet pensant

En établissant l'existence sûre et certaine de l'homme en train de penser et, ce faisant, en le définissant comme un être qui se caractérise par la pensée, Descartes instaure, à l'époque moderne, la raison comme fondement exclusif de la recherche de la vérité. En effet, si la raison n'est pas le tout de la pensée, c'est elle qui fait voir à Descartes l'inébranlable vérité du *cogito* et reconfirme ici la valeur méthodologique de *la règle de la clarté et de la distinction* : c'est elle qui pourra le conduire vers d'autres vérités. Mais il fait plus encore : il affirme la primauté du moi pensant, du sujet individuel comme dépositaire unique de la raison. Et la raison est pour lui la connaissance pure du réel « clairement » et « distinctement » conçu, c'est-à-dire entièrement « présent à l'esprit » de la personne qui pense indépendamment de l'expérience sensible. Descartes accorde à l'humain le pouvoir de rationaliser, c'est-à-dire la capacité de formuler une pensée vraie à partir de principes distincts de la réalité

---

14. *Méditation seconde*, p. 278.
15. *Discours de la méthode*, quatrième partie, p. 148. Le rapport entre l'âme et le corps sera présenté plus loin, après que Descartes aura démontré que son corps, faisant partie du monde matériel, existe.
16. *Réponses aux cinquièmes objections*, p. 482.
17. *Méditation seconde*, p. 278.

extérieure. Toutefois, Descartes ne pourra arriver à une certitude que dans la mesure où il se servira de sa méthode rigoureuse qui pose la nécessité de l'évidence et de la clarté. Cela ne signifie pas que Descartes peut y parvenir toujours. La clarté est donnée par Descartes comme un idéal à atteindre au prix de multiples efforts, idéal jamais totalement conquis par l'esprit humain. Mais il n'en reste pas moins que c'est par ses propres moyens (entre autres, un esprit bien conduit) que le sujet humain réussira à acquérir et à fonder des certitudes indubitables, et pourra en affirmer l'évidence. Dès lors, le rationalisme cartésien propose à chaque humain la responsabilité de penser par lui-même. Désormais, c'est le sujet humain, seul, qui doit poser en lui-même et par lui-même les bases et les critères d'établissement de toute certitude et de toute vérité.

Le *Penseur* d'Auguste Rodin (1840-1917) représente la quintessence de l'individu qui s'appréhende comme être pensant.

La pensée, les idées et le monde matériel

L'être humain est un sujet pensant dont l'existence est certaine. C'est la seule existence dont Descartes est, à ce moment de sa démarche, certain. Mais, à supposer qu'il existe un monde matériel, comment ce sujet pensant peut-il comprendre ce que sont les choses matérielles qui sont susceptibles de prendre des apparences diverses? En d'autres mots, comment pouvons-nous reconnaître une chose matérielle malgré les différentes formes qu'elle est susceptible de prendre? Nous le faisons par le moyen d'idées, « lorsque nous concevons une chose, de quelque manière que nous la concevions[18] ».

Descartes en fait la démonstration en utilisant l'exemple d'« un morceau de cire qui vient d'être tiré de la ruche ». Un observateur peut distinctement en percevoir la figure, la grandeur, la couleur, l'odeur, la dureté, la froideur, etc. Mais voilà que, au contact du feu, le morceau de cire se transforme radicalement. « Ce qui y restait de saveur s'exhale, l'odeur s'évanouit, sa couleur se change, sa figure se perd, sa grandeur augmente, il devient liquide, il s'échauffe, et quoiqu'on le frappe, il ne rendra plus aucun son. La même cire demeure-t-elle après ce changement? Il faut avouer qu'elle demeure; et personne ne peut le nier[19]. » Mais ce ne sont certes pas les sens ni l'imagination qui permettent de reconnaître le morceau de cire, malgré ses transformations. S'il est possible de se représenter ce liquide comme étant le morceau de cire initial, c'est grâce à l'entendement (la raison) qui, seul, est en mesure de concevoir une chose matérielle malgré les diverses formes et apparences sensibles qu'elle peut prendre. Insistons: l'« entendement » et non les « sens »! C'est par une « inspection de l'esprit » qu'il est possible de reconnaître et d'affirmer qu'il s'agit encore de la cire. Selon Descartes, toute chose matérielle est saisie par l'esprit à travers l'idée d'**étendue**, et une telle idée n'est pas dérivée du sensible, mais constitue plutôt une idée innée[20] de la raison humaine. Quelle que soit la forme que la cire puisse prendre, Descartes peut l'appréhender comme une substance étendue (spatiale), et uniquement telle, comme c'est le cas pour toute substance matérielle éventuelle. S'il existe,

Étendue
Qualité que possède toute chose matérielle d'être située dans l'espace et d'en occuper une partie. Il s'agit de l'étendue géométrique: « Tout ce qui a longueur, largeur et profondeur » (René DESCARTES, *Règles pour la direction de l'esprit*, p. 98).

18. « À Mersenne, juillet 1641 », dans *Lettres choisies*, p. 1124.
19. *Méditation seconde*, p. 280.
20. Le nom d'innéisme a été donné à cette théorie. Notons que Descartes pose comme idée innée toute idée qui représente les essences immuables et éternelles: par exemple, l'idée de Dieu, l'idée de l'âme, l'idée du corps et l'idée du triangle.

le monde matériel n'est en soi ni chaud, ni froid, ni coloré... Il n'est fait que de grandeurs et formes « géométriques » diverses.

La cire existe-t-elle réellement comme chose matérielle ? Descartes ne l'a pas encore démontré[21]. Ce qu'il vient de confirmer, c'est la force de la raison capable d'avoir une idée d'un objet quel qu'en soit l'aspect extérieur. Il faudra s'en souvenir : ce qui nous permet de comprendre une éventuelle réalité matérielle, ce n'est pas le sensible et ses images ! Et si la pensée peut connaître le monde matériel, c'est grâce aux idées innées que possède l'esprit humain. Descartes affirme que ces idées ne sont pas des fictions inventées par notre imagination, mais qu'elles correspondent à « tout ce qui est conçu immédiatement par l'esprit[22] ».

De l'idée de Dieu à l'existence de Dieu

Parvenu à ce stade, Descartes se demande si, parmi toutes ces idées en lui, il n'y en aurait pas une qui ne puisse avoir été « créée » par lui. Cette démarche l'amène à sa deuxième certitude : l'existence de Dieu.

Retenons des « preuves » cartésiennes[23] de l'existence de Dieu celle qui met en rapport l'idée de parfait avec ma propre imperfection. J'ai en moi, argumente Descartes, l'idée d'une « substance infinie, éternelle, immuable, indépendante, toute connaissante, toute-puissante, et par laquelle moi-même, et toutes les autres choses qui sont (s'il est vrai qu'il y en ait qui existent) ont été créées et produites[24] ». Mais je suis moi-même un être imparfait et fini, puisque je doute, j'ignore... et c'est d'ailleurs justement l'idée de perfection qui me permet d'avoir conscience de mon imperfection ! Par conséquent, je ne peux être la cause de la présence en moi de cette idée : il faut qu'une cause parfaite et infinie – Dieu Lui-même – soit à l'origine de cette idée.

La cause de l'erreur : une utilisation incorrecte de la volonté (libre arbitre)

Descartes poursuit sa démarche ou, comme il se plaît à l'appeler, son « ordre des raisons » en affirmant que Dieu, n'étant sujet à aucun défaut ni à aucune imperfection, ne peut le tromper, car « vouloir tromper témoigne sans doute de la faiblesse ou de la malice. Et, partant, cela ne peut se rencontrer en Dieu[25] ». Donc, notons-le bien, l'hypothèse du « mauvais génie » est maintenant ainsi écartée, et Descartes peut faire totalement confiance aux idées claires et distinctes comme étant garanties par Dieu. C'est dire que s'il existe un monde matériel, il devra être conforme à ces fameuses idées.

Ayant ainsi réfuté son hypothèse du *mauvais génie* à laquelle il avait précédemment fait appel dans la première méditation afin de radicaliser le doute, Descartes en arrive au raisonnement suivant : si je ne peux tenir Dieu pour responsable du fait « qu'il

21. Il s'attaquera à cette démonstration dans la *Méditation sixième*.
22. Réponse à l'objection cinquième sur la *Méditation troisième*, p. 407.
23. Une autre « preuve » dite **ontologique** sera présentée dans la *Méditation cinquième*. Celle-ci reprend la célèbre démonstration de saint Anselme (1033-1109). L'idée d'un être parfait implique nécessairement qu'Il existe, car si on niait cela, on se contredirait : l'être parfait ne serait pas parfait sans son existence. Emmanuel Kant (1724-1804) fera, au siècle suivant, une critique de l'« argument ontologique » de Descartes.
24. *Méditation troisième*, p. 294.
25. *Méditation quatrième*, p. 301.

Ontologique
Relatif à l'ontologie, cette partie de la philosophie qui recherche l'être en tant qu'être indépendamment de ses déterminations particulières.

m'arrive que je me trompe[26] », il s'ensuit que je ne peux en imputer la cause qu'à moi-même. Mais de quelle cause précise à l'intérieur de moi-même provient l'erreur ?

L'erreur ne dépend pas de l'entendement (« la puissance de connaître »), car ce dernier ne fait que proposer des idées, il « n'assure ni ne nie aucune chose[27] ». C'est la volonté (« la puissance d'élire, le libre arbitre ») qui affirme ou nie l'exactitude des idées, comme elle peut s'abstenir de juger ! Descartes considère que la principale perfection de l'homme est d'avoir un libre arbitre, car la nature de la volonté est « très ample et très parfaite en son espèce ». La volonté est une faculté à ce point parfaite qu'elle fait que je porte en moi « l'image et la ressemblance de Dieu ». La volonté n'étant pas limitée « dans aucunes bornes », elle ne peut être une source d'erreur : je ne suis pas prédestiné à me tromper inévitablement. L'erreur vient donc plutôt d'un mauvais usage que je fais de ma volonté.

La volonté et la liberté

Donnons une description plus complète de cette faculté humaine aux pouvoirs infinis que l'on nomme « volonté » et que nous utilisons parfois fort mal. Descartes affirme d'abord que la volonté et la liberté sont une seule et même chose : « La volonté étant, de sa nature, très étendue, ce nous est un avantage très grand de pouvoir agir par son moyen, c'est-à-dire librement[28]. »

Ensuite, Descartes dit que « la liberté de notre volonté se connaît sans preuve, par la seule expérience que nous en avons[29] ». En d'autres termes, l'expérience vécue nous montre clairement que nous possédons tous une « liberté si grande » qu'il nous est toujours permis de choisir, c'est-à-dire d'accepter ou de refuser, d'agir ou de ne pas agir, et ainsi de nous déterminer nous-mêmes selon ce que nous propose notre raison ou, au contraire, à l'encontre de notre raison.

En conséquence, la volonté est définie par Descartes comme le pouvoir de faire ou de ne pas faire (« c'est-à-dire affirmer ou nier [la vérité d'une idée ou d'une proposition], poursuivre ou fuir [une action] ») ce que l'entendement nous suggère sans y être contraints par aucune force extérieure.

Le libre arbitre et l'indifférence

Descartes précise bien que nous sommes d'autant plus libres que nous voyons clairement et distinctement ce à quoi nous devons adhérer. Nous trouver dans un état d'indifférence par rapport à ce que nous présente la raison, c'est, au contraire, fort mal assumer notre liberté !

En fait, l'état d'indifférence (l'*indifférence d'inclination*) « que je sens lorsque je ne suis point emporté sur un côté plutôt que vers un autre par le poids d'aucune raison [est] le plus bas degré de la liberté[30] ». Car la personne qui choisit alors un côté plutôt que l'autre tout en étant indifférente aux deux côtés le fait par ignorance. Cette indifférence indique un « défaut dans la connaissance ». C'est par manque de lumières qu'un individu choisit sans trouver aucune raison de prendre telle décision ou telle autre. Celui qui sait possède une volonté capable de choisir quel jugement il doit privilégier et quelle action il doit entreprendre.

26. *Ibid.*, p. 302.
27. *Ibid.*, p. 304.
28. *Les Principes de la philosophie*, première partie, art. 37, p. 587.
29. *Ibid.*, art. 39, p. 588.
30. *Méditation quatrième*, p. 305.

Plus tard, Descartes précisera sa pensée en présentant une deuxième forme d'indifférence : l'*indifférence d'élection*. Celle-ci correspond au pouvoir de la volonté de décider gratuitement « de nous retenir de poursuivre un bien clairement connu ou d'admettre une vérité évidente, pourvu que nous pensions que c'est un bien d'affirmer par là notre libre arbitre[31] ». Descartes fait ici le constat que l'être humain éprouve parfois le besoin d'affirmer à un tel point sa liberté que sa volonté décidera de ne pas agir dans tel sens alors que sa raison sait qu'il serait bien de le faire, ou encore de refuser de porter tel jugement tout en sachant que ce dernier serait vrai. Ainsi l'être humain peut-il faire sciemment un acte dont, par ailleurs, il voit clairement l'immoralité : dans ce cas, il ne peut alléguer ni l'ignorance ni la précipitation.

L'indifférence d'élection comme l'indifférence d'inclination ne représentent pas, selon Descartes, la liberté par excellence. N'étant contrainte par rien d'extérieur à elle-même, la liberté parfaite n'est ni ignorante, ni étourdie, ni pervertie, mais éclairée par la raison.

Le juste choix

Que faut-il choisir au juste ? Même si la liberté de l'homme est immense, je ne dois pas choisir n'importe quoi. Ma volonté ne doit pas privilégier des choix inconsidérés ou aveugles. Descartes croit que j'utilise mal ma volonté quand je donne « mon jugement sur les choses dont la vérité ne m'est pas clairement connue » ou que je me détermine à agir de telle façon sans y avoir pensé rigoureusement ou en allant à l'encontre de ce que je vois nettement. Il s'agit donc de faire preuve d'un pouvoir de choix éclairé où ma volonté choisit pour des raisons où « le bien et le vrai s'y rencontrent », où le mal et le faux sont donc exclus.

Si la raison propose à la volonté des idées ou des actions bien comprises parce qu'elles sont bien analysées, alors je pourrai juger et choisir sans risque d'erreur. Descartes affirme cette règle par la formule suivante : « La lumière naturelle nous enseigne que la connaissance de l'entendement doit toujours précéder la détermination de la volonté[32]. »

Descartes peut maintenant faire confiance à sa raison, puisque Dieu ne le trompe pas. Pour autant que sa raison lui présente des connaissances claires et distinctes, Descartes est assuré désormais qu'il est en mesure de choisir le jugement pertinent et l'action appropriée pour privilégier le vrai et le bien.

De l'existence des choses matérielles

Dans la sixième et dernière méditation, Descartes se sent prêt à démontrer que la matière (choses, objets, corps matériels) existe réellement. Nous avons vu précédemment que Descartes a déjà défini l'étendue comme étant l'idée innée qui nous permet de connaître une chose matérielle même si elle change d'apparence. La matière est alors essentiellement conçue comme une « substance étendue » à laquelle s'appliquent toutes les lois de la géométrie. Mais cela ne prouve pas encore qu'il existe effectivement de la matière hors de l'esprit dans lequel se trouve l'idée d'étendue. Cela ne fait que suggérer la possibilité qu'il existe des choses conformes à cette idée.

Descartes se demande ensuite dans quelle mesure « la faculté d'imaginer qui est en moi, et de laquelle je vois par expérience que je me sers lorsque je m'applique à la considération des choses matérielles, est capable de me persuader [de] leur

31. *Lettre au Père Mesland du 9 février 1645*, p. 1177.

32. *Méditation quatrième*, p. 307.

existence[33] ». À ce propos, il observe deux choses. D'abord, l'imagination n'est pas essentielle au *cogito* : je pourrais très bien « être pensant » sans « être imaginant ». Ensuite, lorsque j'imagine, j'éprouve une sorte de difficulté à me représenter en images ce que pourtant je conçois clairement et distinctement en idées rationnelles. Par exemple, il est impossible d'imaginer un polygone à mille côtés en visualisant mentalement ses mille côtés (pas un de moins !), alors que, par ma raison, je conçois sans aucune difficulté – clairement et distinctement – ce que veut dire « figure à mille côtés » : je comprends parfaitement sans pouvoir imaginer adéquatement. Ces deux arguments amènent Descartes à penser qu'il y a probablement dans l'imagination l'indice d'une réalité étrangère (le corps, le monde ?) qui interagirait avec l'esprit. Cependant, cette probabilité ne lui permet de « tirer aucun argument qui conclue avec nécessité l'existence de quelque corps[34] ».

Qu'en est-il maintenant des images qui semblent venir des sens, images « beaucoup plus vives, plus expresses, et même à leur façon plus distinctes, qu'aucune de celles que je pouvais feindre [imaginer] de moi-même [...], ou bien que je trouvais imprimées dans ma mémoire[35] » ? Elles ne viennent pas directement de moi, dit Descartes, car ces images-là « me sont souvent représentées sans que j'y contribue en aucune sorte, et même souvent contre mon gré[36] ». Par exemple, je ne choisis pas de « voir » devant moi telle ou telle personne : j'en subis l'image ! Les images que j'ai des choses sensibles proviennent donc d'une substance distincte de moi-même. Cette substance peut être la chose matérielle réelle et objective ou une autre conscience. Or, puisque j'ai une forte tendance à croire que les images que j'ai des choses matérielles « partent des choses corporelles », Dieu serait trompeur s'Il me disposait à penser ainsi alors que ces images ne seraient pas véritablement produites par des choses matérielles. Dieu, être parfait, me garantit donc ainsi l'existence des choses matérielles[37]. En d'autres mots, la véracité divine me prouve l'existence des choses matérielles.

Avec son *cogito,* Descartes s'est d'abord assuré qu'il était une substance dont l'essence est la pensée et que c'est l'âme qui pense. Puis, après avoir démontré l'existence de Dieu, il vient de démontrer que le monde matériel existe. Or, dans ce monde, il y a une réalité – le corps – avec laquelle « je » suis dans un rapport particulier.

Le rapport entre l'âme et le corps

À l'évidence, l'esprit entretient une relation intime et exclusive avec le corps. D'une part, c'est lui qui explique la présence du sensible dans la conscience pensante. D'autre part, le sujet pensant ressent le corps d'une manière particulière, en sorte qu'à des modifications physiques dans la substance du corps correspondent, dans l'esprit, des sensations déterminées (par exemple, un certain état physique de l'estomac provoque dans la conscience une sensation de douleur). Finalement, l'intime liaison corps-esprit permet à l'esprit d'agir directement sur le corps (par exemple, le bras se lève quand, dans une salle de cours, je décide de poser une question).

33. *Méditation sixième*, p. 318.
34. *Ibid.*, p. 320.
35. *Ibid.*, p. 321.
36. *Ibid.*, p. 324.
37. Les choses matérielles devront, cependant, être conformes aux idées de l'entendement. Car si les sens me révèlent l'existence des choses matérielles, c'est l'entendement et ses idées qui m'apprennent ce que sont les choses.

Le niveau de l'existence concrète

L'expérience vécue témoigne de l'union substantielle de l'âme et du corps « et comme du mélange de l'esprit avec le corps ». Reprenant une formule d'Aristote et de Thomas d'Aquin, Descartes dit : « La nature m'enseigne aussi par les sentiments de douleur, de faim, de soif, etc., que je ne suis pas seulement logé dans mon corps, ainsi qu'un pilote en son navire, mais outre cela, que je lui suis conjoint très étroitement et tellement confondu et mêlé, que je compose comme un seul tout avec lui[38]. »

Lorsque Descartes affirme cette union totale de l'âme (esprit) et du corps, il se situe sur le plan de la vie concrète. Sur ce plan, l'homme est composé d'une âme et d'un corps. L'âme et le corps lui permettent d'être en vie, d'exister. Bref, l'être humain agit comme un composé vital qui unit l'âme au corps pour la durée d'une existence humaine. Ainsi, lorsque mon corps éprouve des sentiments, des sensations, des besoins ou des passions, mon âme unie à mon corps[39] en a conscience et en est troublée. Par exemple, lorsque mon corps éprouve la passion d'amour (cœur qui bat la chamade, mains moites, etc.), mon âme en est aussi « agitée » et elle doit veiller à ce que son jugement ne soit pas affaibli.

Les passions humaines

Considérant comme défectueuses les explications léguées par les Anciens quant aux passions humaines et voulant rendre compte davantage de l'union de l'âme et du corps sur le plan de la vie concrète, Descartes publie à Paris, en 1649, son célèbre traité des *Passions de l'âme*. Il utilise l'expression « passions de l'âme » parce qu'il dit vouloir expliquer les passions « qui se rapportent à l'âme même[40] ».

Les passions de l'âme résultent de causes corporelles : les mouvements des « esprits animaux ». Descartes utilise l'exemple de la peur pour nous faire comprendre son affirmation. En présence d'un objet effroyable (par exemple, un chien méchant qui nous attaque), il y a sécrétion dans l'organisme humain de particules de matière – appelées « esprits animaux » – qui vont vers les nerfs et qui causent divers mouvements du sang qui agissent à leur tour sur les muscles : cela incite à remuer les jambes pour fuir. En même temps, un autre mouvement des esprits animaux vers le cerveau permet à l'âme d'être consciente de cette fuite et de ressentir la peur. On peut donc dire que c'est le corps qui est d'abord touché par les passions et qui en est la source ; c'est d'abord lui qui les « vit » (quoique mécaniquement) en réaction contre le monde. Cependant, les passions sont ressenties dans notre âme (esprit), c'est-à-dire qu'elles « l'agitent et l'ébranlent si fort[41] » que l'âme en est touchée en les faisant accéder à la conscience[42].

Descartes précise que les passions « ne sont données à l'âme qu'en tant qu'elle est jointe avec lui [le corps][43] ». Et dans une lettre adressée à Chanut, il ajoute : « En les

38. *Méditation sixième*, p. 326.
39. Descartes situe le « point de rencontre » des deux substances dans la glande pinéale (ancien nom de l'épiphyse), laquelle est logée en dessous du cerveau.
40. *Les Passions de l'âme*, I, art. 25, p. 708.
41. *Ibid.*, I, art. 28, p. 709.
42. À ce propos, on pourrait se demander quelle est, selon Descartes, la situation des animaux. Certes, ils ont comme les humains des organes sensoriels (yeux, oreilles, etc.). Bien sûr, leur corps peut être agité par des « émotions ». Mais comme ils sont simplement des machines sans « substance pensante », ils ne peuvent être conscients de leurs perceptions ou émotions physiques. En fait, ils sont, dira Descartes, dans la situation hypothétique d'un homme qui serait perpétuellement « distrait » (on ne remarque pas quand on est distrait : on perçoit alors… comme si on ne percevait pas !).
43. *Les Passions de l'âme,* II, art. 137, p. 759.

examinant [les passions], je les ai trouvées presque toutes bonnes, et tellement utiles à cette vie, que notre âme n'aurait pas sujet de vouloir demeurer jointe à son corps un seul moment, si elle ne les pouvait ressentir[44]. » Imaginons en effet qu'on ne sentirait rien alors que brûle notre main… L'union corps-âme ne survivrait pas à une telle absence d'interaction !

Descartes relève six passions « primitives » : la joie, l'amour, la tristesse, la haine, l'admiration et le désir. Les passions ne sont pas mauvaises en soi. Au contraire, Descartes considère « qu'elles sont toutes bonnes de leur nature, et que nous n'avons rien à éviter que leurs mauvais usages ou leurs excès[45] ». Car il revient à la raison de contrôler les mouvements du corps, y compris les mouvements affectifs. Pour ne pas succomber à leur excès, c'est-à-dire les vivre de façon démesurée, en devenir l'esclave, et ainsi s'éloigner de la sagesse et de la liberté, il ne s'agit pas de les extirper de son corps, mais seulement de « s'en rendre tellement maître et [de] les ménager avec tant d'adresse, que les maux qu'elles causent sont fort supportables, et même qu'on tire de la joie de tous[46] ». Mais qu'est-ce que cela veut dire au juste ? Tout simplement ceci : si nous voulons que notre âme s'appartienne en propre, c'est-à-dire qu'elle parvienne à se distinguer de la passion (par exemple, la haine) qu'elle éprouve et qui l'émeut, elle devra apprendre à se distancier de cette passion. Ainsi, pour ne pas se confondre avec la passion qui l'assaille, l'esprit doit (en se servant de sa capacité d'**intellection**) se centrer sur lui-même et ainsi se situer à l'extérieur de la passion, car la passion est à sa base un mouvement du corps, et non de l'âme. Bref, il s'agit de procéder un peu comme au théâtre, où l'acteur réussit à se mettre à distance pour ne pas être totalement bouleversé par les émotions que vit le personnage qu'il incarne sur la scène.

Intellection
Acte par lequel l'esprit conçoit. Correspond à la faculté de connaître en tant que telle.

Le niveau métaphysique

Nous venons de constater que, selon Descartes, l'âme est jointe au corps en cette vie. Cependant, se situant sur un autre plan – celui de la connaissance –, il affirme « la réelle distinction entre l'âme et le corps de l'homme ». L'âme (substance pensante) et le corps (substance étendue) doivent être appréhendés distinctement par l'entendement. Descartes établit donc une séparation radicale (dualisme) entre l'âme et le corps, puisque, selon lui, leur nature et leurs fonctions diffèrent d'une manière inconciliable.

L'homme se définit essentiellement par son âme qui est différente du corps. L'être de l'homme, c'est son âme. Il est son âme, et cette âme – qui le caractérise en propre – a pour fonction de penser. L'âme est donc la pensée. Descartes, qui réduit l'âme à l'esprit pensant, ne voit pas en elle un principe vital qui animerait ou dirigerait le corps. L'âme possède une nature purement spirituelle et elle peut penser sans le corps. Sur le plan métaphysique, l'âme est donc indépendante du corps.

Le corps, quant à lui, ne définit pas l'être humain. « Je ne suis pas cet assemblage de membres qu'on appelle le corps humain[47]. » L'être humain n'est pas son corps, puisque le corps n'est pas nécessaire pour penser. Il faut même s'en méfier, car, comme nous l'avons constaté, les sens peuvent nous fournir de fausses informations. Le corps est « cette machine composée d'os et de chair, telle qu'elle paraît en un cadavre[48] ». À l'image d'un **automate**, l'homme en tant que corps obéit aux règles de la mécanique. En effet, Descartes perçoit le corps humain comme une

Automate
Toute machine qui est animée par un mécanisme intérieur et qui se meut par elle-même.

44. « À Chanut, 1er novembre 1646 », dans *Lettres choisies*, p. 1248-1249.
45. *Les Passions de l'âme*, III, art. 211, p. 794.
46. *Ibid.*, III, art. 212, p. 795.
47. *Méditation seconde*, p. 277.
48. *Ibid.*, p. 276.

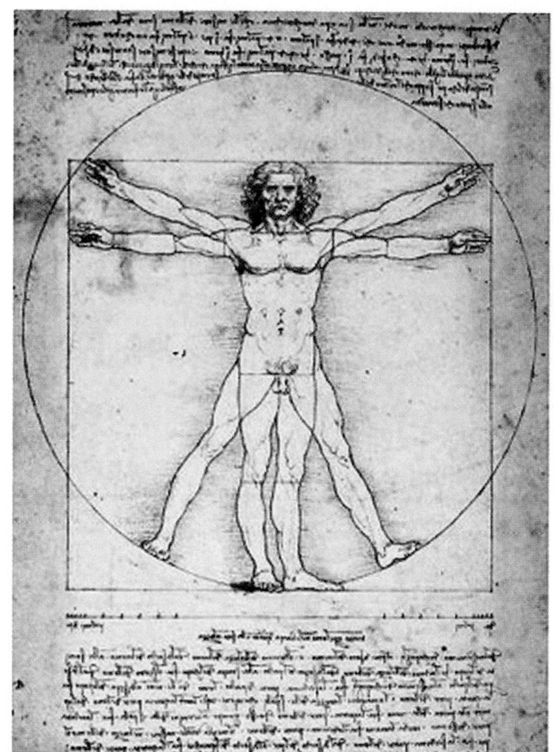
À l'instar de son prédécesseur Léonard de Vinci (1452-1519), Descartes considère que le corps humain constitue une machine bien ordonnée et bien disposée.

espèce de machine ou de mécanique qu'on peut remonter pour la faire se mouvoir. Les membres du corps sont mus par les « esprits animaux » (qui n'ont rien, rappelons-le, de spirituel !) sans l'aide de l'âme « en même façon que le mouvement d'une montre est produit par la seule force de son ressort et la figure de ses roues[49] ». Nous avons affaire ici à une explication essentiellement mécaniste du corps et de ses fonctions. Aux yeux de Descartes, le corps est une machine pouvant être entièrement expliquée par les lois physiques du mouvement. Quoi qu'il en soit, tout ce que produit le corps – sensations, émotions, sentiments et images – peut être expliqué mécaniquement de la même manière que nous le ferions pour une bille qui roule sur un plan incliné. Le corps assume, seul, les fonctions vitales qui, d'après Descartes, sont avant tout mécaniques. Le corps est donc la matière mécanique. Gardons en mémoire que le corps, et ce qu'il produit, possède, selon Descartes, une parfaite autonomie[50] et constitue une machine bien ordonnée et bien disposée dont les organes continueraient de fonctionner à merveille même s'il n'y avait en lui aucun esprit, comme cela se passe chez les animaux[51]. En conséquence, il ne revient pas à l'âme d'animer le corps ou d'en gérer le fonctionnement physiologique. Elle peut alors se consacrer totalement à la fonction première pour laquelle Dieu l'a créée : penser et vouloir selon la raison.

La morale provisoire et la règle du meilleur jugement

Descartes définit l'homme comme étant essentiellement un être de pensée qui doit conduire son esprit avec méthode et rigueur s'il veut accéder à la vérité et s'il veut agir selon le bien. Mais, dans la vie de tous les jours, il arrive souvent qu'on doive agir sans disposer d'un temps de réflexion approfondie. Il faut alors, selon Descartes, se munir d'une « morale par provision », c'est-à-dire se donner des maximes de conduite provisoires et s'y soumettre résolument même si, faute de temps, ces dernières n'ont pu être examinées d'une manière stricte et serrée.

Dans le domaine de l'agir, Descartes ne tolère pas l'indécision, qu'il appelle « irrésolution ». Une décision quelconque vaudra toujours mieux, selon lui, que l'indécision lorsqu'on n'est pas encore en mesure de bien juger. En conséquence, Descartes se donne pour sa propre gouverne les maximes[52] suivantes : il faut « obéir aux lois et aux coutumes de son pays [...] suivant les opinions les plus modérées et les plus éloignées de l'excès » ; il faut être le plus ferme et le plus résolu possible dans ses actions une fois qu'on s'y est déterminé ; il faut changer ses désirs et ses pensées plutôt que d'essayer inutilement de changer l'ordre du monde[53].

49. *Les Passions de l'âme*, I, art. 16, p. 704.
50. Par exemple, c'est le corps lui-même qui voit par « automatisme » à se nourrir et à se mouvoir.
51. *Méditation sixième*, p. 329.
52. Ces maximes constituent la base d'une morale provisoire en attendant la construction d'une morale définitive. Voir *Discours de la méthode*, troisième partie, p. 141-143.
53. Descartes s'inspire ici du détachement propre aux stoïciens (IVe siècle av. J.-C.-IIe siècle apr. J.-C.), qui enseignaient de ne pas essayer de changer ce qui ne dépend pas de nous et de l'assumer avec force d'âme.

Précisons que ces règles morales provisoires ne remplacent pas la règle d'action ultime retenue par Descartes et que l'on pourrait appeler la « règle du meilleur jugement » : « Il suffit de bien juger pour bien faire, et de juger le mieux qu'on puisse pour faire aussi tout son mieux, c'est-à-dire acquérir toutes les vertus[54]. »

Agir selon le meilleur jugement demeure pour Descartes la résolution la plus sage et la plus assurée pour régler nos mœurs. Voilà la règle ou le principe fondamental de toute morale digne de ce nom. Notre esprit devra donc chercher prioritairement à connaître la juste valeur des choses en utilisant « ses propres armes », c'est-à-dire en posant « des jugements fermes et déterminés touchant la connaissance du bien et du mal, suivant lesquels l'esprit a résolu de conduire les actions de sa vie[55] ».

En affirmant « que mon essence consiste en cela seul, que je suis une chose qui pense ou une substance dont toute l'essence ou la nature n'est que de penser[56] », Descartes privilégie la dimension rationnelle de l'être humain, mais on ne trouve chez lui aucune condamnation morale du monde sensible ni du corps. Si Descartes valorise l'*intelligible* au détriment du *sensible*, c'est uniquement parce que le monde sensible peut nous tromper dans notre quête de certitudes et que, de son point de vue méthodique, l'existence du « je » n'implique pas nécessairement l'existence du monde sensible et du corps. Seul l'entendement, c'est-à-dire cette faculté de pure intellection (et non les sens et l'imagination), peut nous permettre de concevoir les choses de façon explicite et séparée, et ainsi d'arriver à des connaissances sûres et certaines. Et la volonté libre de l'être humain devra viser cet ultime but : atteindre l'indubitable ! Et l'indubitable ne pourra s'acquérir que par la méthode.

Descartes aujourd'hui

Demandons-nous quelles résonances peut avoir encore aujourd'hui le rationalisme cartésien.

Descartes et l'esprit scientifique contemporain

Peut-on reconnaître l'esprit cartésien dans les bases mêmes de l'esprit scientifique contemporain ? Bien sûr ! La science actuelle s'inspire des recommandations prescrites par Descartes au XVIIe siècle afin de connaître la réalité avec certitude. Notamment, la science d'aujourd'hui estime qu'il faut toujours utiliser une méthode exacte et précise si l'on veut arriver à un résultat objectif. À l'instar de Descartes, la science d'aujourd'hui défend le principe de causalité dans toute démonstration. Elle valorise aussi la déduction mathématique comme modèle du raisonnement rigoureux. Elle fait appel d'une manière nécessaire aux preuves irréfutables avant de conclure. Et ainsi de suite.

Descartes et notre manière de penser

Plus généralement, Descartes influence de nos jours notre pensée en nous recommandant de nous en remettre exclusivement à ce que la raison comprend, de retenir ce que la raison a appréhendé avec certitude, de nous affranchir des idées reçues, de nous méfier des préjugés et des lieux communs, de développer l'esprit critique, etc. N'est-ce pas là des attitudes de l'esprit que notre culture actuelle valorise et que l'éducation essaie encore aujourd'hui de cultiver ?

---

54. *Discours de la méthode*, troisième partie, p. 144.
55. *Les Passions de l'âme*, I, art. 48, p. 720.
56. *Méditation troisième*, p. 323.

Descartes et la primauté de la raison instrumentale

Selon Descartes, notre raison doit être conduite par une méthode rigoureuse; on doit penser d'une manière claire et précise et arriver ainsi, par le chemin le plus simple, à un résultat indubitable.

Certaines critiques reprochent à Descartes d'avoir tracé ainsi la voie à ce qu'on nomme aujourd'hui la « raison instrumentale ». Dans *Grandeur et Misère de la modernité*, Charles Taylor qualifie cette raison instrumentale de « raison "désengagée"[57] ». En définissant l'être humain comme étant essentiellement un pur esprit désincarné et détaché des choses qu'il appréhende, Descartes aurait été le propagandiste d'une *raison désengagée* « que nous utilisons lorsque nous évaluons les moyens les plus simples de parvenir à une fin donnée[58] ». Cette raison instrumentale contemporaine atteint son objectif lorsqu'elle permet une efficacité et une productivité maximales.

Bien au-delà de l'univers économique, cette raison instrumentale pénètre désormais la sphère de nos vies privées. Aujourd'hui, nous mesurons notre réussite, notre bien-être, notre rapport aux autres, bref notre bonheur à l'aune de coûts-bénéfices comme si aucune humanité, aucune recherche de sens ne devait guider notre vie.

Selon Charles Taylor, « la primauté de la raison instrumentale se manifeste aussi dans le prestige qui auréole la technologie et qui nous fait chercher des solutions technologiques alors même que l'enjeu est d'un tout autre ordre[59] ». Ainsi, la raison instrumentale envahit les domaines de la politique, de la santé, de l'environnement et de la vie sociale. Aujourd'hui, les partisans d'une raison instrumentale, ardents défenseurs du contrôle, de l'efficacité et de la rentabilité à tout prix, préconisent, par exemple, de privatiser les pratiques médicales en oubliant souvent que le patient est une personne! Ils recommandent la vente de l'eau potable, le développement accéléré des organismes génétiquement modifiés (OGM), etc. En s'appuyant sur un calcul économique simpliste, ces partisans de la raison instrumentale rejettent les mesures visant à protéger l'environnement. Par exemple, les États-Unis d'Amérique et le Canada refusent de signer le protocole de Kyoto parce que les dispositions retenues pour réduire les émissions de gaz à effet de serre feraient ralentir l'économie nord-américaine!

Bref, sans aucun souci d'humanité, les tenants de la raison instrumentale envisagent tout comme une marchandise nécessaire au bon fonctionnement de l'économie.

Descartes et l'enseignement de la tradition

Dans la première partie de son *Discours de la méthode*, Descartes critique l'éducation qu'il a reçue au collège de La Flèche. L'enseignement consistait alors à transmettre l'héritage du passé. Certes, il est intéressant, dit Descartes, de « converser avec ceux des autres siècles », mais « lorsqu'on est trop curieux des choses qui se pratiquaient aux siècles passés, on demeure ordinairement fort ignorant de celles qui se pratiquent en celui-ci[60] ». En outre, les trois dernières années d'études étaient consacrées au savoir officiel de l'époque: la philosophie scolastique. Descartes reproche à cette doctrine d'avoir des fondements peu solides, de sorte qu'elle ne peut conduire à des énoncés sûrs et certains:

---

57. Charles TAYLOR, *Grandeur et Misère de la modernité*, traduction Charlotte Melançon, Montréal, Bellarmin, 1992, p. 128.
58. *Ibid.*, p. 15.
59. *Ibid.*, p. 17.
60. *Discours de la méthode*, première partie, p. 129.

C'est pourquoi, sitôt que l'âge me permit de sortir de la sujétion de mes précepteurs, je quittai entièrement l'étude des lettres. Et me résolvant de ne chercher plus d'autre science que celle qui se pourrait trouver en moi-même, ou bien dans le grand livre du monde. [...] Car il me semblait que je pourrais rencontrer beaucoup plus de vérité dans les raisonnements que chacun fait touchant les affaires qui lui importent, et dont l'événement le doit punir bientôt après s'il a mal jugé, que dans ceux que fait un homme de lettres dans son cabinet, touchant des spéculations qui ne produisent aucun effet, et qui ne lui sont d'autre conséquence, sinon que peut-être il en tirera d'autant plus de vanité qu'elles seront plus éloignées du sens commun, à cause qu'il aura dû employer d'autant plus d'esprit et d'artifice à tâcher de les rendre vraisemblables. Et j'avais toujours un extrême désir d'apprendre à distinguer le vrai d'avec le faux, pour voir clair en mes actions, et marcher avec assurance en cette vie[61].

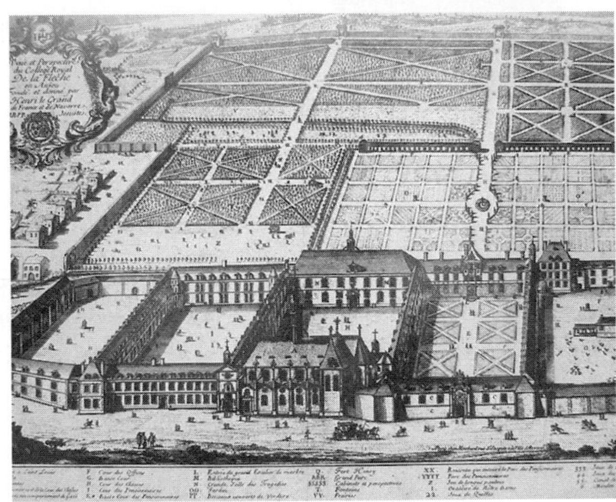
Le collège des Jésuites à La Flèche au XVIIIe siècle.

Cette critique que fait Descartes d'un enseignement exclusivement fondé sur des savoirs érudits appartenant à la tradition a été reprise aujourd'hui par les systèmes d'éducation. Il ne s'agit plus d'enseigner aux jeunes l'héritage du passé en lui-même et pour lui-même, mais de leur apprendre à penser par eux-mêmes, à raisonner, à discerner le vrai du faux en estimant d'après le critère de vérité la valeur des connaissances acquises.

Descartes et l'appel à la rationalité tous azimuts

Toute l'œuvre cartésienne nous dit qu'il faut penser clairement, sinon il n'y a pas de pensée du tout. Cette recommandation ne convient-elle pas en particulier à notre temps où il semble si difficile d'établir un **discours** rigoureux et cohérent sur le monde et sur soi-même? Devant un tel constat, parents et enseignants exhortent les jeunes à se servir de leur raison. Ils leur demandent d'être rationnels, c'est-à-dire d'accéder à la compréhension raisonnée du monde et d'eux-mêmes en formant des concepts et en produisant des raisonnements argumentés et fondés. Mais on fait souvent cet appel à la rationalité, présentée comme une source nécessaire et incontournable de la connaissance, en condamnant un autre monde perçu comme inférieur ou dégradé: celui des instincts, des émotions, des sentiments, de l'affectivité, bref le monde du *cœur*. Nous parlons ici de tout ce qui apparaît d'abord comme étranger à la représentation rationnelle, qui s'exprime souvent par des «je sens que...», «j'ai le sentiment que...» et que l'on appelle communément le «monde du vécu». En voyant toujours la nécessité – puisque nous sommes des êtres de raison – de soumettre ce monde du vécu à la lumière de la raison, n'avons-nous pas tendance à désavouer celui-ci sans réserve ni nuance? Ce faisant, ne valorisons-nous pas de façon parfois abusive la pensée froide et désincarnée?

Discours
Expression de la pensée qui appréhende le réel en procédant d'une manière logique, méthodique et démonstrative.

En assujettissant toutes les dimensions de la vie humaine aux impératifs de la raison, le **cartésianisme** n'a-t-il pas contribué à étouffer la voix du cœur? Qui plus est, le cartésianisme n'affermit-il pas l'éternelle opposition entre l'univers de la raison et celui des sentiments?

Le cartésianisme désigne les philosophies qui, succédant à celle de Descartes, ont prolongé la pensée cartésienne. Les philosophies de Spinoza, de Malebranche et de Leibniz ont développé une attitude ultrarationaliste qui est devenue si répandue chez les élites intellectuelles qu'on nommera le siècle suivant le siècle des Lumières (de la raison).

Il a fallu attendre Jean-Jacques Rousseau pour que soit réhabilité «le sentiment de soi-même et de sa propre existence», et pour que nous puissions passer du sujet pensant de Descartes (sujet sans dimension temporelle ni sociale) au sujet «sensible» perfectible et historique de Rousseau.

61. *Ibid.*, p. 131.

L'essentiel

René Descartes

Le **doute méthodique** cartésien rejette provisoirement comme fausses les sources possibles d'erreur (témoignages des sens, démonstrations logiques, opinions). Puisque je ne peux douter que je doute, le doute permet de poser avec certitude le ***cogito*** (je pense, donc je suis). Le *cogito* conduit à cette première évidence: je suis une **substance pensante.** Et c'est mon **âme** qui pense grâce aux **idées innées.** L'idée innée de Dieu mène à l'**existence de Dieu**, être parfait qui ne peut me tromper. L'**erreur** vient d'un **mauvais usage de ma volonté** (**libre arbitre**) qui choisit le faux et le mal. Dieu, créateur de l'**idée** claire et distincte **de l'étendue** se présentant à mon esprit, me garantit la **conformité des choses matérielles** à leur idée. En conséquence, j'ai la certitude que mon **corps** (**substance étendue**) existe et qu'il assume seul les fonctions vitales. Mais moi, je suis une âme (substance pensante). Mon âme qui pense constitue mon essence. C'est mon corps qui ressent d'abord les **passions**, mais celles-ci touchent aussi l'âme. L'âme doit maîtriser les passions.

Réseau de concepts

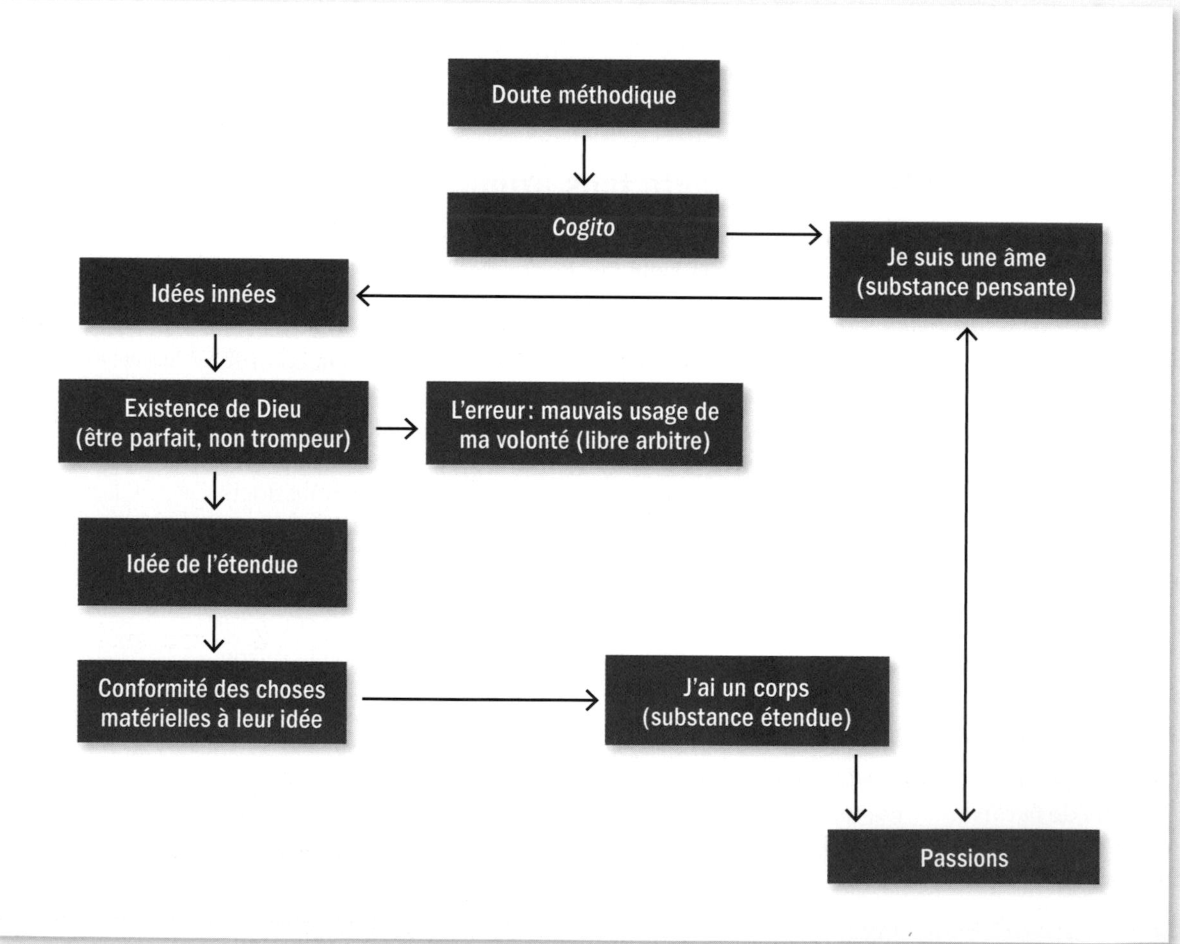

Résumé de l'exposé

Descartes et le siècle de la raison

La vie de Descartes

René Descartes naît le 31 mars 1596 à La Haye en France. Il fait des études au collège des Jésuites de La Flèche et obtient une licence en droit de l'Université de Poitiers. Descartes se fait soldat afin de voyager et d'étudier les mœurs des hommes. Profitant d'une rente confortable, il se consacre entièrement à la recherche. Il publie des ouvrages scientifiques et philosophiques qui contribueront à la construction de la pensée moderne du XVIIe siècle. Descartes meurt à Stockholm le 11 février 1650.

Le Grand Siècle ou l'avènement de la modernité

La modernité, aussi appelée les Temps modernes, s'oppose à l'autorité du passé et à la tradition (l'Antiquité gréco-romaine revue, corrigée et augmentée par la théologie catholique médiévale).

Les Temps modernes se caractérisent par la croyance en la capacité de l'individu-sujet de connaître le réel grâce à sa raison. Ils se caractérisent aussi par la croyance dans le progrès de l'esprit humain.

La révolution scientifique du XVIIe siècle

Grâce à Copernic, suivi de Kepler, Galilée et Descartes, qui, tous, rejettent le géocentrisme antique, nous assistons à une nouvelle compréhension et à une nouvelle représentation du monde: l'héliocentrisme. Le Soleil devenant le centre de l'univers, la Terre et l'homme qui y habite perdent leur caractère sacré.

Descartes veut définir, avec la plus grande exactitude possible, l'homme et le monde. À cette fin, il utilise la «mathématique universelle» comme modèle de démonstration parce que les mathématiques offrent une rigueur inflexible et stricte.

Descartes et le premier rationalisme moderne

Descartes est le premier philosophe moderne à accorder à la raison de l'individu le pouvoir de connaître, pour autant qu'elle soit dirigée avec rigueur et méthode.

Descartes et la recherche de certitudes

La méthode cartésienne

Afin que notre raison soit bien menée, Descartes nous propose de suivre sa propre méthode qui obéit à quatre règles: l'évidence, l'analyse, la synthèse et le dénombrement.

Les étapes du doute méthodique

Pour arriver à une première vérité indubitable, Descartes met tout en doute: les informations fournies par ses sens, parce qu'elles peuvent être fausses; les démonstrations mathématiques et les raisonnements déjà faits, parce qu'il a pu se tromper en les établissant; ses opinions, qui peuvent être aussi fausses que celles qui proviennent de ses rêves.

Le *cogito* ou la découverte du moi pensant

«Je pense, donc je suis.»

Le *cogito* cartésien peut être reformulé de la façon suivante: si je doute, c'est que je suis en train de penser, et si je pense, c'est que j'existe.

«Mais qui suis-je?» se demande Descartes. Une «chose qui pense, c'est-à-dire un esprit, un entendement ou une raison».

C'est mon âme qui pense

L'homme est «une substance dont toute l'essence ou la nature n'est que de penser». D'après Descartes, la pensée constitue donc l'être de l'homme, son essence. Et c'est «l'âme tout entière qui pense».

La primauté du sujet pensant

En définissant l'être humain comme un «je» pensant, Descartes donne à chaque humain la responsabilité de penser par lui-même et de poser en lui-même et par lui-même les bases et les critères d'établissement de toute certitude.

La pensée, les idées et le monde matériel

Malgré les différentes formes qu'une chose matérielle peut prendre, Descartes affirme que son entendement (sa raison) peut la concevoir grâce à l'idée innée de l'étendue.

De l'idée de Dieu à l'existence de Dieu

Si j'ai en moi l'idée de la perfection et de l'infini alors que je suis moi-même un être imparfait et fini, une cause parfaite et infinie doit être à l'origine de cette idée; donc, Dieu existe.

La cause de l'erreur : une utilisation incorrecte de la volonté (libre arbitre)

Dieu ne pouvant me tromper et la volonté étant une faculté parfaite, l'erreur vient d'un mauvais usage que je fais de ma volonté (le libre arbitre).

La volonté et la liberté

La volonté et la liberté sont une seule et même chose.

La liberté de notre volonté se connaît sans preuve, par la seule expérience que nous en avons.

La volonté est définie par Descartes comme le pouvoir du libre arbitre d'affirmer ou de nier, de faire ou de ne pas faire ce que la raison propose sans y être obligé par aucune force extérieure.

Le libre arbitre et l'indifférence

Descartes critique les deux formes d'indifférence :

- l'*indifférence d'inclination*, où je choisis (par ignorance) indistinctement un côté ou un autre, ce qui est « le plus bas degré de la liberté » ;
- l'*indifférence d'élection*, où, dans l'unique but d'affirmer ma liberté, je ne choisis pas une action que je sais pourtant bonne ou un jugement que je sais pourtant fondé.

Le juste choix

Que faut-il choisir? Il faut faire preuve d'un pouvoir de choix éclairé par la raison où la volonté de l'être humain choisit le vrai et le bien (non le faux et le mal).

De l'existence des choses matérielles

Ni l'entendement ni l'imagination ne donnent l'assurance de l'existence des choses matérielles.

Les images que je perçois des choses matérielles doivent avoir une cause distincte de moi.

Cette cause ne peut être que les choses réelles et objectives. Car Dieu, être parfait, qui ne peut me tromper, n'aurait pu me disposer à juger réelles les images que j'ai des choses sensibles, si elles ne correspondaient pas à des choses matérielles qui existent réellement.

Le rapport entre l'âme et le corps

Le niveau de l'existence concrète

Sur le plan de la vie concrète, l'homme est composé d'une âme (esprit) et d'un corps parfaitement conjoints.

Les passions humaines

Les passions illustrent l'union intime de l'âme et du corps : c'est le corps qui vit d'abord les passions, mais l'âme en est aussi touchée en les rendant conscientes.

Descartes relève six passions « primitives » : la joie, l'amour, la tristesse, la haine, l'admiration et le désir.

Les passions sont naturellement bonnes. Mais il ne faut pas les vivre de façon excessive. Il faut apprendre à les maîtriser.

Afin que l'âme ne devienne pas la passion qu'elle éprouve et qui l'émeut, elle devra se distancier de cette passion.

Le niveau métaphysique

Sur le plan de la connaissance, Descartes établit un dualisme radical entre l'âme et le corps. L'homme se définit essentiellement par son âme (substance pensante) qui est différente du corps (substance étendue). L'âme seule pense, et le corps assume seul les fonctions vitales.

La morale provisoire et la règle du meilleur jugement

Puisque, dans la vie quotidienne, il faut souvent agir sans délai, Descartes recommande de nous munir d'une « morale par provision », c'est-à-dire de nous donner des préceptes de conduite et de nous y soumettre avec fermeté même si nous n'avons pas eu le temps de les examiner avec rigueur.

Cependant, agir selon le meilleur jugement demeure la résolution la plus sage et la plus assurée pour régler nos actions.

Descartes aujourd'hui

Descartes et l'esprit scientifique contemporain

L'esprit scientifique contemporain suit les recommandations cartésiennes : utiliser une méthode exacte et précise, défendre le principe de causalité, valoriser la déduction mathématique et n'accepter que des preuves irréfutables à l'intérieur d'une démonstration si l'on veut arriver à des résultats sûrs et certains.

Descartes et notre manière de penser

Descartes influence notre manière actuelle de penser en nous recommandant de nous en tenir à ce que la raison comprend afin de nous affranchir des préjugés et de développer notre esprit critique.

Descartes et la primauté de la raison instrumentale

En nous recommandant de penser d'une manière claire, simple et efficace pour arriver à un résultat indubitable, Descartes aurait contribué à mettre en avant les premiers jalons de ce qu'on appelle aujourd'hui la «raison instrumentale».

Cette raison instrumentale fait que nous choisissons les moyens les plus simples pour parvenir à une efficacité et à une productivité maximales dans des domaines où une recherche de sens et d'humanité devrait pourtant guider nos choix.

Descartes et l'enseignement de la tradition

Descartes condamne l'enseignement exclusivement fondé sur des savoirs érudits appartenant à la tradition. Cette critique est aujourd'hui reprise par les systèmes d'éducation, qui tentent d'apprendre aux élèves à raisonner et à développer leur jugement critique.

Descartes et l'appel à la rationalité tous azimuts

L'appel cartésien à la pensée claire et distincte encourage parents et enseignants à demander aux jeunes de se servir de leur raison. Toutefois, en soumettant toutes les dimensions de la vie humaine aux impératifs de la raison, le cartésianisme ne contribue-t-il pas à étouffer la voix du cœur?

Activités d'apprentissage

A Vérifiez vos connaissances

1 Le projet d'unification de toutes les connaissances auquel Descartes consacrera sa vie entière commence par un rêve. VRAI ou FAUX?

2 À quarante et un ans, Descartes publie trois courts ouvrages scientifiques en latin. VRAI ou FAUX?

3 Quelle est cette époque au cours de laquelle naît une nouvelle manière de penser l'homme et la place qu'il occupe dans l'univers et à laquelle participe Descartes?

4 Quel titre porte la préface qui accompagne les trois courts ouvrages scientifiques de Descartes publiés en 1637 et grâce à laquelle il connaîtra la gloire?

5 À la Renaissance, une découverte majeure a transformé à jamais la représentation que l'être humain se fait de l'univers et de la place qu'il y occupe. Quelle est-elle?

6 Descartes s'inspire de la méthode théologique pour définir avec la plus grande exactitude possible l'homme et sa situation dans le monde. VRAI ou FAUX?

7 Pour avoir instauré la souveraineté de la raison individuelle, Descartes est considéré comme le père de quelle doctrine?

8 Tout comme les sceptiques de l'Antiquité, Descartes fait du doute une fin en soi. VRAI ou FAUX?

9 Quelle est la première évidence à laquelle parvient Descartes?

10 Selon Descartes, l'être humain ne vit que pour penser. VRAI ou FAUX?

11 L'exemple du morceau de cire permet à Descartes de dire que toute chose matérielle est saisie par l'esprit à travers l'idée d'étendue. VRAI ou FAUX?

12 L'être humain se trompe parce qu'il fait un mauvais usage de sa volonté, affirme Descartes. VRAI ou FAUX?

13 Le degré de liberté le plus élevé, aux yeux de Descartes, c'est celui d'être indifférent à toute chose. VRAI ou FAUX?

14 Selon Descartes, pour bien conduire notre esprit et accéder à la vérité tout en agissant selon le bien, nous devons nous fier à nos passions primitives. VRAI ou FAUX?

15 À partir de ce que vous avez appris sur Descartes, indiquez laquelle des citations suivantes n'a pas été écrite par lui.

a) « Comme de vrai, il semble que nous n'avons de la vérité et de la raison que l'exemple et l'idée des opinions et usances du pays où nous sommes. »

b) « [...] la diversité de nos opinions ne vient pas de ce que les uns sont plus raisonnables que les autres, mais seulement de ce que nous conduisons nos pensées par diverses voies, et ne considérons pas les mêmes choses. »

c) « La lumière naturelle nous enseigne que la connaissance de l'entendement doit toujours précéder la détermination de la volonté. »

B Débat sur Descartes et l'appel à la rationalité

Compétence à acquérir

Démontrer sa compréhension de la problématique *monde de la raison / monde du vécu* en participant à un jeu de rôle.

Contexte de réalisation

Pendant une grande partie de son existence active, Descartes a entretenu une correspondance nombreuse avec les plus grands de ses contemporains. Dans les lettres adressées à Descartes, reines, princesses, savants et érudits apportaient des objections aux théories cartésiennes. Et, à son tour, Descartes répliquait en précisant et en justifiant sa pensée.

1 La classe est divisée en deux.

2 La moitié des élèves, regroupés en équipes de quatre personnes, jouent le rôle des correspondants de Descartes. Ils rédigent une lettre dans laquelle ils s'opposent à l'appel constant à la rationalité lancé par Descartes. Ces oppositions sont argumentées.

3 La moitié des élèves, regroupés en équipes de quatre personnes, jouent le rôle de Descartes. Ils rédigent une lettre dans laquelle ils défendent, arguments à l'appui, la nécessité de soumettre le monde du vécu à la lumière de la raison.

4 Une fois le travail terminé, un membre de chaque équipe lit à la classe la lettre rédigée par son groupe. L'ordre suivant est respecté : un porte-parole d'une équipe de correspondants, puis un porte-parole d'une équipe de Descartes.

C Analyse et critique de texte

Cette activité exige la lecture préalable de l'extrait du *Discours de la méthode* présenté à la page 74.

Compétences à acquérir

- Démontrer sa compréhension d'un texte de Descartes en transposant dans ses propres mots une partie de ce texte philosophique.
- Évaluer le contenu, c'est-à-dire exprimer son accord ou son désaccord (et en donner les raisons) sur la conception de l'homme avancée par Descartes dans ce texte.

Questions

1 Dans ce texte, Descartes dit qu'il désire « vaquer seulement à la recherche de la vérité ». Dites dans vos propres mots ce qu'il entreprend pour y parvenir.

2 Nommez et expliquez « le premier principe de la philosophie » auquel Descartes arrive dans ce texte.

3 a) Selon Descartes, quelle est la définition de l'être humain dans ce qu'il est essentiellement ? Présentez cette définition telle qu'elle est formulée dans le texte.

Commentaire critique

b) Êtes-vous d'accord avec cette définition de l'homme ? Prononcez-vous sur les trois parties de la définition de l'être humain présentée par Descartes. Vous devez fonder votre jugement, c'est-à-dire défendre votre point de vue, en apportant trois arguments pour appuyer vos affirmations. (Minimum suggéré : une page.)

4 Formulez dans vos propres mots la « règle générale » prise par Descartes afin de s'assurer de la vérité d'une proposition.

D Analyse et critique d'un texte comparatif

Cette activité exige la lecture préalable de l'extrait de *L'Éthique* de Spinoza présenté à la page 75.

Compétences à acquérir

- Faire un résumé de la pensée de Descartes relativement aux propos tenus par Spinoza dans ce texte.
- Évaluer le contenu, c'est-à-dire exprimer son accord ou son désaccord (et en donner les raisons) sur les critiques avancées par Spinoza à l'endroit de la philosophie cartésienne.

Questions

1 Dans ce texte, Spinoza interroge Descartes: « Qu'entend-il, je le demande, par l'union de l'Âme et du Corps? Quelle conception claire et distincte a-t-il d'une pensée très étroitement liée à une certaine petite portion de l'étendue? » Répondez à Spinoza en faisant un résumé de ce que Descartes dit de l'union de l'âme et du corps.

2 Spinoza semble trouver que Descartes s'est mis en difficulté, d'un côté, en unissant l'âme et le corps et, d'un autre côté, en concevant l'âme distincte du corps. En vous servant de l'exposé présenté dans ce chapitre, tentez d'expliquer à Spinoza qu'il n'y a aucune contradiction entre ces deux théories cartésiennes.

Commentaire critique

3 Êtes-vous d'accord avec les critiques que Spinoza formule à l'endroit de Descartes? Vous devez fonder votre jugement, c'est-à-dire défendre votre point de vue, en apportant deux arguments pour appuyer vos affirmations. (Minimum suggéré: une page.)

E Exercice comparatif: Montaigne et Descartes

Compétence à acquérir

Procéder à une comparaison entre deux conceptions de l'être humain à propos d'un même thème.

Contexte de réalisation

Individuellement, dans un texte d'environ 350 mots (une page et demie), examinez les rapports de ressemblance et de différence entre Montaigne et Descartes au regard du thème suivant: le doute.

Étapes suggérées

1 a) Caractérisez la manière dont Montaigne envisage le doute. Par exemple, demandez-vous dans quelle mesure, pour Montaigne, le doute s'exprime par son célèbre « Que sais-je? ».

b) Caractérisez la manière dont Descartes se sert du doute. Par exemple, demandez-vous en quoi et comment, pour Descartes, le doute est utilisé comme moyen de parvenir à la vérité.

2 a) S'il y a lieu, précisez les liens ou les similitudes entre la manière de Montaigne et celle de Descartes de concevoir le doute.

b) S'il y a lieu, dégagez les oppositions ou les antagonismes entre la manière de Montaigne et celle de Descartes de considérer le doute.

Extraits de textes

Descartes ■ *Discours de la méthode*

Quatrième partie

Je ne sais si je dois vous entretenir des premières méditations que j'y ai faites; car elles sont si métaphysiques et si peu communes, qu'elles ne seront peut-être pas au goût de tout le monde. Et, toutefois, afin qu'on puisse juger si les fondements que j'ai pris sont assez fermes, je me trouve en quelque façon contraint d'en parler. J'avais dès longtemps remarqué que, pour les mœurs, il est besoin quelquefois de suivre des opinions qu'on sait être fort incertaines, **tout de même que** si elles étaient **indubitables**, ainsi qu'il a été dit ci-dessus[62]; mais, pour ce qu'alors je désirais **vaquer** seulement à la recherche de la vérité, je pensai qu'il fallait que je fisse tout le contraire, et que je rejetasse comme absolument faux tout ce en quoi je pourrais imaginer le moindre doute, afin de voir s'il ne resterait point, après cela, quelque chose en ma **créance** qui fût entièrement indubitable. Ainsi, à cause que nos sens nous trompent quelquefois, je voulus supposer qu'il n'y avait aucune chose qui fût telle qu'ils nous la font imaginer. Et, parce qu'il y a des hommes qui se méprennent en raisonnant, même touchant les plus simples matières de géométrie, et y font des **paralogismes**, jugeant que j'étais sujet à faillir autant qu'aucun autre, je rejetai comme fausses toutes les raisons que j'avais prises auparavant pour démonstrations. Et enfin, considérant que toutes les mêmes pensées que nous avons étant éveillés, nous peuvent aussi venir quand nous dormons, sans qu'il y en ait aucune pour lors qui soit vraie, je me résolus de **feindre** que toutes les choses qui m'étaient jamais entrées en l'esprit n'étaient non plus vraies que les illusions de mes songes. Mais, aussitôt après, je pris garde que, pendant que je voulais ainsi penser que tout était faux, il fallait nécessairement que moi, qui le pensais, fusse quelque chose. Et remarquant que cette vérité: *je pense, donc je suis*, était si ferme et si assurée que toutes les plus extravagantes suppositions des sceptiques n'étaient pas capables de l'ébranler, je jugeai que je pouvais la recevoir sans scrupule pour le premier principe de la philosophie que je cherchais.

Tout de même que
Comme.

Indubitable
Sûr et certain, dont on ne peut pas douter.

Vaquer
S'occuper de.

Créance
Le fait de croire en la vérité de quelque chose.

Paralogisme
Faux raisonnement fait de bonne foi.

Feindre
Simuler, imaginer, faire comme si.

Puis, examinant avec attention ce que j'étais, et voyant que je pouvais feindre que je n'avais aucun corps, et qu'il n'y avait aucun monde ni aucun lieu où je fusse; mais que je ne pouvais pas feindre pour cela que je n'étais point; et qu'au contraire, de cela même que je pensais à douter de la vérité des autres choses, il suivait très évidemment et très certainement que j'étais; au lieu que, si j'eusse seulement cessé de penser, encore que tout le reste de ce que j'avais imaginé eût été vrai, je n'avais aucune raison de croire que j'eusse été: je connus de là que j'étais une **substance** dont toute l'essence ou la nature n'est que de penser, et qui, pour être, n'a besoin d'aucun lieu, ni ne dépend d'aucune chose matérielle. En sorte que ce moi, c'est-à-dire l'âme par laquelle je suis ce que je suis, est entièrement distincte du corps, et même qu'elle est plus aisée à connaître que lui, et qu'encore qu'il ne fût point, elle ne laisserait pas d'être tout ce qu'elle est.

Substance
Réalité qui existe en soi-même et se conçoit indépendamment de toute autre.

62. Descartes fait référence à la deuxième maxime de la morale par provision énoncée dans la troisième partie du *Discours de la méthode*: «Ma seconde maxime était d'être le plus ferme et le plus résolu en mes actions que je pourrais, et de ne suivre pas moins constamment les opinions les plus douteuses, lorsque je m'y serais une fois déterminé, que si elles eussent été très assurées» (p. 142).

Après cela, je considérai en général ce qui est requis à une proposition pour être vraie et certaine; car, puisque je venais d'en trouver une que je savais être telle, je pensai que je devais aussi savoir en quoi consiste cette certitude. Et ayant remarqué qu'il n'y a rien du tout en ceci: *je pense, donc je suis*, qui m'assure que je dis la vérité, sinon que je vois très clairement que, pour penser, il faut être, je jugeai que je pouvais prendre pour règle générale, que les choses que nous concevons fort clairement et fort distinctement sont toutes vraies, mais qu'il y a seulement quelque difficulté à bien remarquer quelles sont celles que nous concevons distinctement.

DESCARTES, René. «Discours de la méthode», dans *Œuvres et Lettres*, Paris, Gallimard, coll. «Bibliothèque de la Pléiade», 1953, p. 147-148.

Spinoza ▪ *L'Éthique*

Baruch Spinoza (1632-1677), philosophe hollandais, s'est beaucoup intéressé à l'œuvre de Descartes. Dans son premier ouvrage, *Les Principes de la philosophie de Descartes*, publié en 1663, Spinoza ne se borne pas à une simple exposition des principes de la philosophie cartésienne, il les juge, les examine de manière critique et parfois polémique.

Cinquième partie

«De la puissance de l'entendement ou de la liberté de l'homme»

Préface

En vérité je ne puis assez m'étonner qu'un Philosophe, après s'être fermement résolu à ne rien déduire que de principes connus d'eux-mêmes, et à ne rien affirmer qu'il ne le perçût clairement et distinctement, après avoir si souvent reproché aux Scolastiques de vouloir expliquer les choses obscures par des qualités **occultes**, admette une hypothèse plus occulte que toute qualité occulte. Qu'entend-il, je le demande, par l'union de l'Âme et du Corps? Quelle conception claire et distincte a-t-il d'une pensée très étroitement liée à une certaine petite portion de l'étendue? Je voudrais bien qu'il eût expliqué cette union par sa cause prochaine. Mais il avait conçu l'Âme distincte du Corps, de telle sorte qu'il n'a pu assigner aucune cause singulière ni de cette union, ni de l'Âme elle-même, et qu'il lui a été nécessaire de recourir à la cause de tout l'univers, c'est-à-dire Dieu. Je voudrais, de plus, savoir combien de degrés de mouvement l'Âme peut imprimer à cette glande pinéale et avec quelle force la tenir suspendue. Je ne sais en effet si cette glande est mue par l'Âme de-ci de-là plus lentement ou plus vite que par les esprits animaux et si les mouvements de Passions que nous avons joints étroitement à des jugements fermes ne peuvent pas en être disjoints par des causes corporelles; d'où suivrait qu'après s'être fermement proposé d'aller à l'encontre des dangers et avoir joint à ce décret des mouvements d'audace, à la vue du péril la glande se trouvât occuper une position telle que l'Âme ne pût penser qu'à la

Occulte
Qui est caché, secret, inconnu par nature.

fuite; et certes, n'y ayant nulle commune mesure entre la volonté et le mouvement, il n'y a aucune comparaison entre la puissance – ou les forces – de l'Âme et celles du Corps; conséquemment les forces de ce dernier ne peuvent être dirigées par celles de la première. Ajoutez qu'on cherche en vain une glande située au milieu du cerveau de telle façon qu'elle puisse être mue de-ci de-là avec tant d'aisance et tant de manières, et que tous les nerfs ne se prolongent pas jusqu'aux cavités du cerveau.

SPINOZA, Baruch. *Œuvres*, t. III – *L'Éthique*, traduction et notes par Charles Appuhn, Paris, Garnier-Flammarion, 1965, p. 305.

Lectures suggérées

La lecture de l'une des œuvres suivantes est suggérée dans son intégralité ou en extraits importants:

- DESCARTES, René. *Discours de la méthode*, Paris, Flammarion, coll. «GF Philosophie», 2000.
- DESCARTES, René. *Méditations métaphysiques*, Paris, Flammarion, coll. «GF Philosophie», 2009.

Chapitre 3

L'homme comme être perfectible

Rousseau ou le rapport entre l'état de nature et l'état de société

Jean-Jacques Rousseau

« La pénétration de ce rare et puissant esprit devait ébranler le monde. Car, partout où il a porté sa lente attention, l'attaque est directe. Mais je dis plus, je dis que l'invention en cet auteur a de quoi nourrir les siècles. »

Alain

Plan du chapitre

Rousseau et les Lumières

La vie de Rousseau

Jean-Jacques Rousseau naît le 28 juin 1712 à Genève, cité-État alors constituée en une république indépendante. Sa mère meurt quelques jours après lui avoir donné la vie. Son père Isaac, inconsolable et désemparé, demande l'aide de sa sœur Suzanne. Cette dernière accepte de vivre dans le logis familial situé au-dessus de l'atelier d'horlogerie de son frère. « Tante Suzon » s'occupe tendrement du petit Jean-Jacques ainsi que d'un frère aîné âgé de sept ans. Mais en 1722, à la suite d'une querelle, son père, réputé pour avoir une forte tête, doit s'enfuir de Genève. Jean-Jacques, âgé de dix ans, est alors confié, avec son cousin Abraham, au pasteur Lambercier qui a pour mission de parfaire leur éducation. Jean-Jacques y demeure pendant deux années. Il est ensuite placé en apprentissage chez un huissier, M. Masseron. Ce dernier ne saura lui donner le goût d'être un homme de loi. Le 26 avril 1725, il se trouve du travail chez le graveur Abel Ducommun. À seize ans, Jean-Jacques quitte Genève, fuyant son patron décrit dans *Les Confessions* comme un maître cruel.

« Ma mère avait laissé des romans […] ; nous lisions tour à tour sans relâche, et passion… Nous ne pouvions jamais quitter qu'à la fin du volume » (*Les Confessions,* livre I). Cette période de bonheur où le père et le fils partagent une passion commune sera de courte durée.

Le 21 mars 1728, Jean-Jacques se trouve à Annecy, en France. On lui présente Mme de Warens. Il tombe sous le charme de cette dame au « visage pétri de grâces, de beaux yeux pleins de douceur, un teint éblouissant, le contour d'une gorge enchanteresse[1] ». Mais pour l'heure, ayant un urgent besoin de gagner sa vie, Jean-Jacques parcourt les routes à la recherche d'un emploi. Il sera, tour à tour, musicien, professeur de musique, serviteur…

Fin 1731, on le retrouve aux Charmettes, près de Chambéry, dans la maison secondaire de Mme de Warens. Lorsque Jean-Jacques atteint l'âge de vingt et un ans, il devient l'amant de Madame. Elle sera sa protectrice et il l'appellera affectueusement « maman ». Fréquentant le cercle d'amis de Mme de Warens, Jean-Jacques s'imprègne des idées du temps et rédige ses premiers textes. Un jour, Mme de Warens lui préfère un nouvel amant… Âme généreuse, Madame laisse à Jean-Jacques l'usage de sa propriété. Nous sommes en l'an 1738. Jean-Jacques connaît aux Charmettes une période studieuse des plus fécondes. Il y acquiert, en autodidacte, ses connaissances en musique et en latin. Il y étudie les mathématiques. Il y lit les philosophes Platon, Montaigne, Descartes, etc.

Précepteur
Maître chargé de l'instruction et de l'éducation d'un enfant d'une famille aisée. Cette éducation a lieu dans la demeure de l'enfant.

Le 1er mai 1740, Jean-Jacques devient **précepteur** de deux enfants : M. de Condillac et M. de Sainte-Marie. Ils sont tous les deux sous la protection de M. de Mably prévôt

1. Jean-Jacques ROUSSEAU. *Les Confessions*, livre II. Toutes les citations reproduites dans ce chapitre proviennent des *Œuvres complètes* (Paris, Gallimard, coll. « Bibliothèque de la Pléiade », 1959-1995). Nous avons veillé à rectifier l'orthographe du texte original afin qu'elle corresponde à celle d'aujourd'hui.

général à Lyon. De l'aveu même de Rousseau, ce ne sera pas un grand succès: « J'étais un diable quand les choses allaient de travers[2]. » Inspiré par sa nouvelle fonction, Jean-Jacques s'empresse d'écrire un *Mémoire sur l'éducation de Monsieur Sainte-Marie.* La thèse principale qu'il défend peut se résumer ainsi: il faut conserver l'excellence du cœur de l'enfant si l'on veut qu'il développe un jugement de raison et ait un esprit bien formé. On trouve ici les germes de son futur *Émile*[3]. Cette thèse avant-gardiste ne semble pas avoir plu à son employeur. M. de Mably remercie Jean-Jacques après une année de loyaux services.

En 1742, Jean-Jacques a trente ans. Il se trouve de nouveau à Paris. Ressentant plus que jamais l'urgence d'être reconnu, il fréquente l'intelligentsia de l'heure dans les cafés et les salons. Il y rencontre, entre autres, Denis Diderot avec qui il joue quelques parties d'échecs dont il sort régulièrement vainqueur. Lorsqu'il rentre dans sa « vilaine rue, [son] vilain hôtel, [sa] vilaine chambre », Jean-Jacques met la dernière main à un nouveau système de notation musicale sur lequel il travaille depuis plus d'un an. Il le présente enfin à l'Académie des sciences de Paris, le 22 août. Le projet est jugé « ni neuf, ni utile » par les membres de l'Académie. Cette critique, pour le moins sévère, n'empêche pas Rousseau de publier l'année suivante une *Dissertation sur la musique moderne* où il explique et défend sa nouvelle méthode d'écriture musicale. N'ayant de nouveau presque plus de ressources financières, Rousseau consent à quitter Paris pour occuper une place de secrétaire auprès de l'ambassadeur de France à Venise. Il ne garde ce poste qu'une année, car il se brouille avec l'ambassadeur, lequel est envieux, semble-t-il, du savoir-faire remarquable de son subalterne. Rousseau quitte Venise le 22 août 1743.

Denis Diderot (1713-1784), philosophe et écrivain français, consacra vingt-cinq années de sa vie (de 1751 à 1772) à la réalisation de l'*Encyclopédie*[4] dont le libraire Le Breton lui avait confié la direction.

De retour à Paris, Rousseau se heurte à une dure réalité. Alors qu'il désire ardemment faire reconnaître ses talents, il ne rencontre pas dans le monde musical le succès espéré. Son opéra-ballet *Les Muses galantes* doit affronter l'hostilité du grand et illustre compositeur Jean-Philippe Rameau[5]. Ou encore, appelé (quel honneur!) à remanier, en vue d'une nouvelle présentation, un opéra du même Rameau écrit sur un livret de Voltaire[6], Rousseau se voit priver d'une juste reconnaissance de sa contribution.

En l'année 1745, Rousseau fait la connaissance de Thérèse Levasseur, une jeune femme de vingt-trois ans, lingère de son métier et sans instruction (elle sait à peine lire, écrire, compter): cette « relation improbable » – qui étonnera beaucoup les amis de Rousseau – n'en sera pas moins durable et réconfortante pour notre homme. De

2. *Les Confessions*, livre VI, p. 267.
3. Nous présenterons plus loin *Émile* ou le modèle d'éducation de l'être humain.
4. Voir, plus loin, *L'Encyclopédie*: une illustration du progrès de l'esprit humain.
5. Jean-Philippe Rameau (1683-1764) est le compositeur, entre autres, de trente-deux opéras. Il est aussi un grand théoricien de la musique qui eut à défendre son style d'opéra contre ses adversaires, le « clan des philosophes » (Diderot, d'Alembert, Grimm et Rousseau), tous partisans de la musique italienne.
6. Voltaire (François Marie Arouet, dit) est né à Paris en 1694 et y est décédé en 1778, à l'âge de quatre-vingt-quatre ans. Poète, dramaturge, pamphlétaire, polémiste, auteur de contes philosophiques, moraliste de haute valeur, Voltaire fut un défenseur de la liberté et de la tolérance. Cela ne l'empêcha pas de ridiculiser Rousseau à plusieurs reprises.

cette union naîtront cinq enfants. Tous seront placés à l'hospice des Enfants-Trouvés «par crainte, se dit-il, d'une destinée pour eux mille fois pire et presque inévitable par toute autre voie[7] ».

Jusqu'à la fin de sa vie, Rousseau s'est défendu d'avoir été un «père dénaturé». Éprouvant remords et tristesse, il a cherché à justifier cette décision en concédant que si ce n'était pas une faute, c'était une erreur[8].

Dans le *Discours sur les sciences et les arts*, Rousseau démontre que le progrès des sciences et des arts a développé et perfectionné l'extérieur, la surface de l'être humain, mais qu'au fond ce progrès, qui a corrompu la nature intime de la personne, n'a pas contribué à améliorer les conduites humaines, nourrissant, au contraire, les pires passions et participant au déclin de la moralité.

Rousseau essaie de nouer des relations plus étroites avec Diderot et son collègue Condillac[9]. Une fois la semaine, ils se rencontrent tous les trois pour un dîner. Le 24 juillet 1749, Diderot – que Rousseau considère comme son ami – est arrêté et enfermé à la prison de Vincennes[10] pour avoir publié sa *Lettre sur les aveugles à l'usage de ceux qui voient*, où il dénonce les faux pouvoirs et défend des thèses matérialistes qui, bien sûr, ne font pas référence à l'existence de Dieu. C'est lors d'une de ses visites à Diderot emprisonné que Rousseau lit dans le journal *Le Mercure de France* une «Question posée par l'Académie de Dijon pour le prix de l'année suivante: si le progrès des sciences et des arts a contribué à corrompre ou à épurer les mœurs». Rousseau y participe, soutenu par les encouragements de Diderot, et son ***Discours sur les sciences et les arts***, critique à l'endroit de leurs prétendus bienfaits, remporte le premier prix, le 9 juillet 1750. Fin décembre, le *Discours* est publié: il est lu et on en parle – pour le plus grand bonheur de Rousseau.

En octobre 1752, un opéra, *Le Devin du village* – que Rousseau a composé en quelques jours –, est joué devant le roi Louis XV. Son opéra est fort bien accueilli par l'assistance et, fait d'une importance capitale, le roi a aimé! La gloire est enfin au rendez-vous... Cette œuvre, d'ailleurs, continuera à être appréciée par les générations suivantes. Sur cette lancée, Rousseau offre à son public une pièce, *Narcisse*, qui est mise en scène au Théâtre-Français. L'œuvre est jouée le 18 décembre 1732 et essuie un échec total!

Mais il n'y a pas que la musique qui intéresse Rousseau. En novembre 1753, l'Académie de Dijon soumet la question suivante à son concours annuel: «Quelle est l'origine de l'inégalité parmi les hommes et si elle est autorisée par la loi naturelle?» Rousseau y participe et présente le *Discours sur l'origine et les fondements de l'inégalité parmi les hommes* (qui sera appelé le *Deuxième Discours*). Globalement, il défend la thèse suivante: les différences naturelles existant entre les hommes ne peuvent, à elles seules, expliquer les inégalités de conditions qu'ils ont à vivre dans une société donnée. C'est dans le cours de l'Histoire de l'humanité que se trouve la véritable explication... Le *Deuxième Discours* n'est pas couronné. Toutefois, les juges de l'Académie accueillent avec intérêt la nouveauté et la vigueur des théories soutenues concernant l'origine et le développement de la société, la puissance et l'éclat de ses **invectives** contre les excès de la civilisation, etc. Nous y reviendrons plus loin.

Invective
Suite de paroles agressives lancées sans relâche.

7. *Les Rêveries du promeneur solitaire*, neuvième promenade, t. I, p. 1087.
8. *Émile*, t. IV, livre I, p. 262-263. Sans vouloir excuser ce qui apparaît aujourd'hui comme inacceptable, force est de reconnaître qu'à l'époque l'habitude de remettre ses enfants à la «crèche» semble avoir été une coutume répandue et tolérée socialement. Rappelons-nous que le jeune enfant n'a pas toujours bénéficié de l'attention affectueuse particulière qu'on lui porte de nos jours.
9. Étienne Bonnot de Condillac (1715-1780) est un philosophe qui publia des essais traitant de philosophie de la connaissance, de logique, de mathématiques et d'économie politique. À l'époque où il fréquenta Rousseau, en plus de participer à l'*Encyclopédie*, il écrivit l'*Essai sur l'origine des connaissances humaines* (1759) et le *Traité des sensations* (1755).
10. Diderot y sera prisonnier pendant cent quatre jours.

En octobre 1754, le libraire Marc Michel Rey, ayant boutique à Amsterdam, accepte de publier le *Deuxième Discours* de Rousseau. On reçoit le texte plutôt froidement. On juge son approche philosophique trop radicale. Même ses amis – dont les visites se font rares – ne partagent pas ses idées et prêtent une oreille complaisante aux critiques qui ont cours. La critique la plus acrimonieuse et sarcastique vient de Voltaire: «J'ai reçu, Monsieur, votre nouveau livre contre le genre humain. [...] On n'a jamais tant employé d'esprit à vouloir nous rendre bête. Il prend envie de marcher à quatre pattes quand on lit votre ouvrage.» Rousseau se sent de plus en plus seul à Paris.

En 1756, Rousseau accepte l'invitation de Mme d'Épinay – une amie qui régnait au cœur de la vie intellectuelle de Paris – de venir s'installer avec Thérèse à Montmorency, à l'Ermitage. Dans cette «demeure isolée dans une solitude charmante», Rousseau connaît une période d'écriture très féconde. C'est là qu'il rédige *Julie ou la nouvelle Héloïse*. Ce roman d'amour, présenté au public en février 1761, met en scène les amants Julie et Saint-Preux. À défaut de pouvoir actualiser leur amour, ils l'écriront. Ce roman est une suite de lettres d'une grande beauté qui exaltent l'amour pur et tragique. Le public sera bouleversé par une telle sensibilité et une telle sincérité du cœur. *Julie ou la nouvelle Héloïse* triomphera à Paris et connaîtra un très grand succès de librairie.

Consécutivement à un différend avec son hôtesse Mme d'Épinay, Rousseau s'avise de quitter l'Ermitage. Il s'installe avec Thérèse à Montlouis, dans une vieille maison délabrée que M. le maréchal duc de Luxembourg – qui s'est pris d'affection pour lui – fera rénover. Entre 1758 et 1761, Rousseau travaille sans relâche à ses œuvres maîtresses, l'*Émile* et *Du contrat social*. L'*Émile* mettra en scène les conditions et les étapes nécessaires à l'éducation du futur citoyen afin qu'il puisse adhérer et participer à un nouveau *Contrat social*, lequel assurera la liberté et l'égalité de tous et chacun. À l'évidence, un tel projet ne pourra que menacer les pouvoirs de l'époque... Les premiers exemplaires du *Contrat social* arrivés à Rouen, en avril 1762, sont confisqués. L'*Émile ou De l'éducation*, publié le 22 mai 1762, provoque un véritable scandale, à cause non seulement de la révolution de l'éducation proposée, mais surtout de la *Profession de foi du vicaire savoyard* (livre IV) qui défend le **déisme**. La police confisque l'*Émile*; l'ouvrage est dénoncé à la Sorbonne; l'archevêque de Paris et le Parlement le condamnent; il est même brûlé à Paris. À la suite d'un décret ordonnant son arrestation, Rousseau s'enfuit à Genève. Même là, les autorités ne manifestent pas plus de tolérance à l'endroit de l'œuvre de Rousseau. L'*Émile* et le *Contrat social* sont brûlés devant les portes de l'hôtel de ville de Genève. Rousseau doit s'enfuir de nouveau.

Déisme
Position philosophique qui admet l'existence de Dieu, mais qui se dégage de tout dogme et de toute religion instituée. Plus particulièrement, la *Profession de foi du vicaire savoyard* recommande l'accès à Dieu par les seules voies du cœur sans l'apport de textes ou des intermédiaires sacrés.

Chassé de toutes parts, laissant Thérèse sous la protection de M. et Mme de Luxembourg, Rousseau entreprend un périple forcé. Il demeure, d'abord, en Suisse, puis, dans la principauté prussienne de Neuchâtel et, enfin, à l'île Saint-Pierre. En fin d'année 1765, on le retrouve séjournant à Strasbourg. Puis, il revient à Paris où la police ne tarde pas à lui rappeler qu'il est toujours proscrit... Craignant pour sa sécurité, des fidèles lui suggèrent de partir. Le 4 juillet 1766, en compagnie de Hume[11], Rousseau quitte Paris pour l'Angleterre.

À Londres, l'accueil est bon. Un riche ami de Hume propose à Rousseau une maison confortable. Thérèse l'y rejoint. Rousseau peut se consacrer en toute quiétude à la rédaction de ses *Confessions*. Un bonheur tranquille semble enfin pouvoir s'établir... Mais les lubies et les obsessions de Rousseau ne cessent de le tourmenter. Il accuse

11. David Hume est un philosophe britannique (1711-1776) qui, lors de son premier séjour en France (1734-1737), rédigea son *Traité de la nature humaine*. Hume fréquenta Rousseau à l'occasion de son second séjour à Paris (1763-1766), en tant que secrétaire d'ambassade.

Rousseau herborisant: « Il y a dans cette oiseuse occupation un charme qu'on ne sent que dans le plein calme des passions mais qui suffit seul alors pour rendre la vie heureuse et douce... » (*Les Rêveries du promeneur solitaire*, septième promenade).

Hume de comploter contre lui et se brouille avec ce dernier. Thérèse tombe malade. Rien ne va plus. Le 21 mai 1767, Rousseau décide de rentrer.

De retour en France, Rousseau, toujours « décrété de prise de corps », entreprend un périple forcé en se dissimulant sous un faux nom: M. Renou. Il ne supporte guère de devoir ainsi se cacher comme s'il était un malfaiteur. Pendant sa cavale, fin novembre 1767, paraît son *Dictionnaire de musique*, fruit d'un long travail commencé dès 1737 à travers sa collaboration à l'*Encyclopédie*. Le 30 août 1768, il officialise devant témoins sa longue union avec Thérèse: « J'ai cru, écrira-t-il dans *Les Confessions*, ne rien risquer de rendre indissoluble un attachement de vingt-cinq ans que l'estime mutuelle, sans laquelle il n'est point d'amitié durable, n'a fait qu'augmenter incessamment[12] ». Le 10 avril 1770, il reprend son nom de Rousseau et, accompagné de son épouse, il rentre à Paris.

Rousseau reprend son ancien logement de la rue Plâtrière (aujourd'hui rue Jean-Jacques Rousseau). Il reste enfermé et, durant tout l'hiver 1770-1771, il rédige un ouvrage politique soutenant la lutte du peuple polonais dans sa quête d'indépendance[13]: *Considérations sur le gouvernement de Pologne*.

Se croyant l'objet d'un complot visant à discréditer sa personne et ses idées, Rousseau entreprend sa défense. De 1772 à 1776, il travaille à rétablir la vérité en écrivant *Rousseau juge de Jean-Jacques*. Pour vivre, il copie de la musique; pour fuir l'hostilité générale dont il se croit l'objet, il **herborise** dans la campagne entourant Paris. Il ressent une telle passion pour cette activité qu'il écrit un ensemble de *Lettres sur la botanique*. En outre, il termine la rédaction de deux grands ouvrages autobiographiques dans lesquels il raconte l'histoire de sa vie en s'appuyant sur « l'histoire de son âme »: *Les Confessions* et *Les Rêveries du promeneur solitaire*. Dans *Les Rêveries*, qui seront ses derniers textes, Rousseau semble avoir atteint une certaine sérénité: « Tout est fini pour moi sur la terre, écrit-il, on ne peut plus m'y faire ni bien ni mal, il ne me reste plus à espérer ni à craindre en ce monde, et m'y voilà tranquille... »

Herboriser
Recueillir des plantes là où elles poussent naturellement afin de les faire sécher et de les collectionner entre des feuillets à des fins d'étude.

Panthéon (le)
Temple-monument de Paris, situé sur la montagne Sainte-Geneviève, au centre du Quartier latin. Depuis les funérailles de Victor Hugo (1885), le Panthéon est dédié au souvenir des grands hommes de la nation française.

En ce 2 juillet 1778, Jean-Jacques est seul avec Thérèse. Il éprouve un malaise et s'éteint doucement.

La Révolution française de 1789 fait de Rousseau un héros. On lui attribue la paternité des grands idéaux de la Révolution: liberté, égalité et fraternité. Il entre dans la mythologie: on lui voue un culte exceptionnel. En juillet 1790, le buste de Rousseau est promené triomphalement dans Paris. À sa mémoire, une statue y est érigée. Ses cendres – qui avaient été inhumées dans l'île des Peupliers, à Ermenonville – sont transférées au **Panthéon** en 1794.

12. Voir, à ce propos, la notice de l'éditeur dans *Les Confessions*, t. I, p. 474.
13. Cette contribution lui avait été demandée par un certain M. Wielhorski, émissaire polonais venu le rencontrer à Paris.

Les principales caractéristiques du XVIIIe siècle

Les lumières de la raison

En ce beau milieu du XVIIIe siècle, dit le siècle des Lumières, la raison humaine et ses réalisations sont saluées par l'Europe occidentale tout entière comme « la suprême faculté de l'homme ». La raison est alors installée comme l'instance supérieure permettant le jugement et la critique. Le philosophe allemand Emmanuel Kant (1724-1804), qui sera influencé par Rousseau[14], parle des Lumières en ces termes :

> Les *Lumières*, c'est la sortie de l'homme hors de l'état de tutelle dont il est lui-même responsable. L'état de tutelle est l'incapacité de se servir de son entendement sans la conduite d'un autre. On est *soi-même responsable* de cet état de tutelle quand la cause tient non pas à une insuffisance de l'entendement mais à une insuffisance de la résolution et du courage de s'en servir sans la conduite d'un autre. [...] Aie le courage de te servir de ton *propre* entendement ! Voilà la devise des Lumières[15].

Cette volonté d'accéder aux lumières de la raison provient en partie du courant **rationaliste** qui s'est développé, au siècle précédent, à la suite de Descartes et qui a permis à l'être humain de conquérir son autonomie sur le plan de la pensée, par l'entremise de la valorisation de la raison. Le XVIIIe siècle poursuivra cette volonté d'autonomie à sa manière, non sans critiquer cependant certains présupposés de la philosophie cartésienne et en proposant de nouveaux idéaux et objets de réflexion.

Rationaliste
Se dit de la doctrine d'après laquelle toute connaissance certaine provient de la raison. Conséquemment, selon cette philosophie, l'esprit humain possède la faculté autonome de former des concepts et des principes rationnels non dérivés d'une quelconque expérience. Ces concepts et ces principes permettent de rendre intelligibles et compréhensibles les choses et les êtres. Par opposition, l'approche empiriste fonde essentiellement le savoir et ses principes sur l'expérience et l'expérimentation.

Les idéaux des Lumières

Dans le domaine religieux, l'idéal de tolérance est mis en avant. Cet idéal s'incarnera dans la lutte contre la superstition, le dogme, le fanatisme et dans la défense du déisme. Rousseau sera un fervent défenseur de la liberté de croyance et du déisme.

Sur le plan politique, on remet en question la légitimité des pouvoirs existants. Des philosophes comme John Locke (1632-1704), David Hume et Montesquieu (1689-1755) fondent des théories politiques qui contestent la **monarchie absolue**. Rousseau reprend et radicalise la critique sociale et politique en vigueur à son époque en soumettant l'idée d'un contrat social qui promulgue la liberté, l'égalité et la défense de l'intérêt commun.

Monarchie absolue
Régime politique dirigé par un roi héréditaire qui possède sur ses sujets un pouvoir entier et une autorité sans restriction ni réserve.

Sur le plan philosophique, un autre idéal des Lumières est défendu par le **naturalisme** philosophique : celui qui consiste à voir dans l'homme un être naturel et à valoriser le nouveau **paradigme** nature-bonheur terrestre. Rousseau est un des philosophes qui ont le plus contribué à imposer l'idée de nature perçue comme maternelle et innocente, et à y intégrer l'humain. Dans le sillage de cette nature bienveillante, il contribue également à la réhabilitation des sentiments et de la sensibilité « naturelle ».

Naturalisme
Doctrine selon laquelle c'est la nature, ses lois, ses exigences vitales qui doivent fournir les critères ultimes de la conduite humaine. Agir contre la nature, c'est agir contre la vraie moralité.

L'avènement du rationalisme expérimental

L'intérêt philosophique à l'endroit de la nature crée une méfiance à l'égard des idées métaphysiques, de la pure spéculation coupée de l'expérience et de l'esprit de système. On soupçonne la raison de produire des chimères, des idées « abstraites » qui

Paradigme
Modèle, cadre ou système de référence qui guide la pensée à une époque particulière.

14. L'influence de Rousseau porta particulièrement sur la conception kantienne de la conscience morale. Selon Rousseau, l'être humain est naturellement, spontanément libre, et la liberté est antérieure à la constitution de toute moralité proprement dite.

15. Emmanuel KANT, *Qu'est-ce que les Lumières et autres textes*, traduction Jean-François Poirier et Françoise Proust, Paris, Garnier-Flammarion, 1991, p. 43. C'est Kant qui souligne.

n'ont aucune réalité. Ainsi naît le rationalisme expérimental, qui apporte de nouveaux principes à la théorie de la connaissance et à la philosophie morale.

Au nom de la raison, on se permet de critiquer la tradition cartésienne ainsi que l'excès de rationalisme prétendant que la raison humaine peut, par ses seules armes que sont le raisonnement et la déduction logique, découvrir les lois de la nature. On a foi dans les capacités de la raison, mais cette dernière doit être assistée et validée par l'expérience.

En s'inspirant de la méthode expérimentale exposée par Francis Bacon (1561-1626) dans son *Novum organum*[16] et de la physique renouvelée par Isaac Newton[17], les philosophes anglais font une critique substantielle du rationalisme cartésien et ouvrent la voie à une nouvelle façon de concevoir l'humain et son monde. En effet, des philosophies comme celles de John Locke et de David Hume trouvent leurs assises dans l'expérience et dans les faits, qui seuls peuvent permettre la connaissance de la nature et de l'homme.

John Locke innove avec un empirisme philosophique qui s'oppose radicalement au rationalisme cartésien. Il rejette la théorie cartésienne des idées innées ou « notions premières ». Selon Locke, l'esprit humain est comme une « table rase » qui acquiert des connaissances (desquelles naîtront des « idées simples ») grâce à l'expérience, dont les deux sources sont la sensation et la réflexion (voir *Essai sur l'entendement humain*, 1690). La principale préoccupation de Locke a trait à « la conduite de notre vie », qu'il étudie sous l'angle de l'anthropologie philosophique, de la morale et de la philosophie politique (voir *Lettre sur la tolérance*, 1689, et *Traité sur le gouvernement civil*, 1690).

David Hume critique, lui aussi, la philosophie de Descartes. Chez Hume, cette critique concerne non seulement la question de l'origine et de la validation des idées et des connaissances, mais aussi l'importance de la fonction rationnelle elle-même. Selon lui, c'est l'imagination – et non la raison – qui « associe » les idées simples (par exemple, j'associe l'idée de feu à l'idée de chaleur). À ce propos, Hume pense que l'établissement des rapports de causalité repose non pas sur l'exigence rationnelle d'un rapport nécessaire entre l'effet et la cause, mais sur la simple habitude (celle de voir se répéter une même suite d'événements : par exemple, je dis que le feu « cause » la chaleur parce que j'ai l'habitude de voir le feu et la chaleur régulièrement associés dans l'expérience). Avec de telles affirmations, il ne reste plus une grande part dévolue à la raison ! Hume détrône la raison également dans les domaines de la morale et de la religion : nos jugements moraux et notre motivation morale sont basés sur les sentiments, nos convictions religieuses ne sont que des croyances et s'appuient elles aussi sur le sentiment. Considérant, à l'instar de Locke, que l'expérience seule fonde le savoir, Hume observe donc l'être humain dans la vie concrète afin de cueillir les impressions et les sensations issues de la réalité qui forment le contenu de son entendement. Cette philosophie empiriste influencera la philosophie de Rousseau.

---

16. À propos de cet ouvrage, Voltaire (1694-1778) écrit dans ses *Lettres philosophiques* : « C'est l'échafaud avec lequel on a bâti la nouvelle philosophie [...] Le chancelier Bacon [...] est le père de la philosophie expérimentale » (Douzième lettre, t. I, Paris, Hachette, p. 154 et suivantes).

17. Isaac Newton (1642-1727) est un grand astronome, mathématicien et physicien anglais. Son œuvre maîtresse, *Philosophiæ naturalis principia mathematica*, publiée en 1687, expose sa théorie de l'attraction universelle. Elle fut traduite et commentée, à l'époque, par Émilie du Châtelet, esprit remarquable, avide de science et amie de Voltaire.

L'*Encyclopédie* : une illustration du progrès de l'esprit humain

En France, les lumières de la raison se posent sur l'ensemble des connaissances humaines lorsque Diderot et d'Alembert[18], aidés de plus de deux cents collaborateurs, dont Rousseau[19], publient l'*Encyclopédie ou Dictionnaire raisonné des sciences, des arts et des métiers*. Ce dictionnaire universel, « œuvre de progrès », veut donner à voir la réalité telle qu'elle est. On désire y répertorier et y analyser toutes les connaissances de l'époque, prévoir les progrès que connaîtra l'esprit humain, dissiper les préjugés, critiquer les institutions établies et diffuser les idéaux des Lumières. Sous l'égide de Diderot et d'Alembert se constitue alors ce qu'on a appelé le « clan des philosophes ». Étienne Bonnot de Condillac, Julien Offray de La Mettrie, Paul Henri d'Holbach, pour ne nommer que ceux-là, adoptent des philosophies **matérialistes** qui ne visent qu'à mieux connaître et comprendre la nature humaine.

L'*Encyclopédie*, dont les vingt-huit volumes grand format furent publiés entre 1751 et 1772, constitue, toutes proportions gardées, l'un des plus ambitieux projets de diffusion des connaissances d'une époque.

Matérialiste
Se dit du courant philosophique qui n'admet d'autre substance ou réalité que la matière. Cette doctrine soutient que notre pensée fait partie intégrante de la matière en tant que produit de son évolution. Le matérialisme s'oppose au spiritualisme. L'origine de cette doctrine remonte à l'Antiquité grecque. Par exemple, Épicure (-341 à -270), s'opposant à l'idéalisme de Platon (-427 à -347), estimait que le monde physique était antérieur à la pensée et possédait une existence propre.

Rousseau et le XVIIIe siècle

Les Lumières firent de la raison et de la science[20] les fondements de la civilisation européenne du XVIIIe siècle, le « siècle le plus éclairé qui fût jamais » (Voltaire). Nous assistons alors au règne de la raison dans les sciences, les techniques et les arts, facteurs de progrès et d'évolution de l'humanité. On croit fermement qu'en développant toutes les facultés de son esprit l'être humain atteindra une perfection jamais égalée et qu'il assurera ainsi son bien-être et son bonheur.

Rousseau ne partageait pas entièrement cette croyance. Dès son *Premier Discours*, il avait lancé un foudroyant réquisitoire contre les sciences, les techniques et les arts de son époque en soutenant que le « progrès » qui leur était associé n'amenait ni perfectionnement moral ni bonheur aux hommes, mais contribuait plutôt au développement du paraître[21]. D'ailleurs, dans une lettre à Voltaire, Rousseau écrira que l'erreur, engendrée par la « fureur de savoir » et ses prétentions, est plus dangereuse pour l'humanité que la simple ignorance.

---

18. Jean Le Rond d'Alembert (1717-1783) est l'auteur de nombreux et importants ouvrages scientifiques. À vingt-neuf ans, il est nommé membre associé de l'Académie des sciences de Paris. On lui doit aussi l'article « Genève » dans l'*Encyclopédie* auquel Rousseau répondit avec vigueur dans sa *Lettre à d'Alembert sur les spectacles*.
19. Rousseau, associé au projet dès le commencement, contribuera surtout, par de nombreux articles, au contenu musicologique de l'œuvre, mais on doit noter son important article « Économie politique », paru en 1755 dans le tome V de l'*Encyclopédie*. Rousseau y traite les idées de gouvernance et de souveraineté. Pour la première fois, il aborde la notion de volonté générale, qu'il associe à celle de la vertu. Le modèle économique privilégié est, en grande partie, celui de l'agriculture – accusant l'industrie et le commerce d'être responsables du luxe, du vice et de l'oisiveté qu'on trouve dans les villes.
20. La philosophie des Lumières, dans son ensemble, peut donc être qualifiée de rationalisme expérimental.
21. Nous reviendrons plus loin sur ce concept de paraître.

Dans le *Discours sur l'origine et les fondements de l'inégalité parmi les hommes*, Rousseau contestera encore la vision optimiste des Lumières au sujet du progrès de la civilisation humaine: il y présentera une interprétation de l'histoire des hommes montrant au contraire tous les maux qui accompagnent ce progrès.

Le *Discours sur l'origine et les fondements de l'inégalité parmi les hommes* n'est ni un traité historique dans le sens habituel du terme, ni un ouvrage scientifique; il constitue plutôt une critique sociale et éthique de la civilisation, qui, selon Rousseau, cache le vrai visage de l'être humain. Cet être humain naturel, tel qu'il aurait pu exister au commencement de l'humanité, et les conditions expliquant sa lente dénaturation, Rousseau en avait eu l'intuition lors d'une randonnée dans la forêt, autour de Saint-Germain:

> Tout le reste du jour, enfoncé dans la forêt, j'y cherchais, j'y trouvais l'image des premiers temps dont je traçais fièrement l'histoire; je faisais main basse sur les petits mensonges des hommes, j'osais dévoiler à nu leur nature, suivre le progrès du temps et des choses qui l'ont défigurée, et comparant l'*homme de l'homme* avec l'*homme naturel*[22], leur montrer dans son perfectionnement prétendu la véritable source de ses misères[23].

 L'état de nature et l'état de société

La notion d'état de nature avait déjà été traitée par les grands théoriciens du droit naturel comme hypothèse permettant de comprendre l'origine de la société: comment penser l'homme avant toute société et ce qui pourrait expliquer la formation du lien social? À l'époque de Rousseau, deux conceptions philosophiques de l'état de nature étaient en vigueur: celle de Thomas Hobbes (1588-1679) et celle de John Locke. Hobbes considérait l'état de nature comme un état primitif où des brutes sanguinaires se livraient une guerre continuelle. En conséquence, il défendait un pacte de soumission et d'abdication de la souveraineté individuelle: l'avènement de la société était la réponse et le remède à une violence primitive généralisée par l'abandon à l'autorité de l'usage de la force. Locke, au contraire, se représentait l'homme naturel comme un animal prédisposé à la sociabilité, bienveillant, vivant en paix et portant assistance à son semblable. Se basant sur cet état de nature, Locke préconisait un pacte d'association et de limitation du pouvoir de l'autorité politique.

Rousseau s'oppose aux conceptions de l'état de nature avancées par Hobbes et Locke. Il reproche à Hobbes d'avoir décrit un état de société naissant, sinon déjà avancé, et non l'état de nature avant toute œuvre civilisatrice. Il repousse aussi l'idée de Locke voulant qu'un « instinct social » inné amène les humains à nouer des liens sociaux. Aux yeux de Rousseau, l'être humain est davantage mû par l'instinct de conservation, à certaines modalités duquel il doit renoncer s'il veut entrer en société. Et l'individu indépendant qui pense d'abord à se conserver n'acceptera pas facilement les contraintes ni les obligations qu'impose toujours la société, à moins d'y trouver son intérêt propre. Telle sera la problématique soulevée par le *Contrat social* que nous verrons un peu plus loin.

L'état de nature

Mais qu'inclut donc Jean-Jacques Rousseau dans cette notion d'état de nature? L'homme « tel que l'a formé la Nature », recherché par Rousseau, n'est pas celui qui aurait objectivement existé au début de l'humanité; il représente l'être de l'homme (« la Nature de l'homme ») au-delà de tous les masques qui le dissimulent.

22. Nous aborderons ces deux concepts dans les deux prochaines parties de ce chapitre.
23. *Les Confessions*, t. I, livre VIII, p. 388.

Rousseau explique que cet état de nature est une hypothèse à laquelle on arrive en dépouillant l'être humain tel qu'on le connaît des caractéristiques qui sont dues aux influences de la société. Mais cette entreprise n'est pas facile, et Rousseau l'avoue lui-même dans la préface de son *Discours sur l'origine et les fondements de l'inégalité parmi les hommes* en déclarant que « ce n'est pas une légère entreprise de démêler ce qu'il y a d'originaire et d'artificiel dans la Nature actuelle de l'homme, et de bien connaître un état qui n'existe plus, qui n'a peut-être point existé, qui probablement n'existera jamais, et dont il est pourtant nécessaire d'avoir des notions justes pour bien juger de notre état présent[24] ».

Voyons de plus près cet état originaire de l'*homme naturel*, qui s'oppose à l'état artificiel de l'homme tel qu'il est devenu (*l'homme de l'homme*), c'est-à-dire de l'homme que la civilisation a modelé et transformé au cours des siècles.

Avatar
Synonyme de « mésaventure » ou de « malheur ».

Rousseau appelle « état de nature » les « routes oubliées et perdues » de l'humanité avant qu'elle soit soumise aux **avatars** de la société organisée (« **état de société** ») et structurée en fonction d'une culture. L'état de nature correspond somme toute à la nature originelle de l'homme avant que la civilisation en ait défiguré l'être profond. Il s'agit donc de la nature humaine oubliée, enfouie sous l'artifice et le paraître de la civilisation ; une nature humaine non encore altérée par les croyances, les préjugés, les lieux communs, les coutumes, les normes sociales et politiques, bref une nature humaine envisagée dans toute sa pureté.

L'expression « état de société », elle, s'applique à la vie des hommes ayant accédé à une organisation sociale et, en conséquence, à la transmission d'une culture.

Précisions préliminaires

Avant d'aborder les cinq caractéristiques fondamentales de l'état de nature, Rousseau apporte quelques précisions afin que nous puissions mieux les comprendre. D'abord, Rousseau imagine l'homme naturel (il l'appelle aussi l'*homme originaire*) comme étant solitaire et non sociable. Il veut décrire les « facultés naturelles » de cet homme originaire avant qu'il s'associe avec ses semblables.

Il ne faut donc pas confondre l'état de nature rousseauiste avec ce qu'ont pu connaître les premières sociétés humaines. L'existence des hommes primitifs ou des sauvages, nous le savons aujourd'hui, est déjà marquée par une organisation sociale fondée sur des coutumes et des traditions, alors que Rousseau présente l'état de nature comme un état d'isolement.

Mais, quels autres caractères Rousseau attribue-t-il à l'homme originaire ? Il voit en lui un animal oisif, indolent :

> Il est inconcevable, dit Rousseau, à quel point l'homme est naturellement paresseux. On dirait qu'il ne vit que pour dormir, végéter, rester immobile ; à peine peut-il se résoudre à se donner les mouvements nécessaires pour s'empêcher de mourir de faim [...] Les passions qui rendent l'homme inquiet, prévoyant, actif, ne naissent que de la société. Ne rien faire est la première et la plus forte passion de l'homme après celle de se conserver[25].

Par ailleurs, Rousseau considère l'homme originaire comme n'étant ni bon ni méchant. On a souvent simplifié sa pensée en ne retenant de lui que cette phrase : « L'homme est né bon et la société le corrompt. » Rousseau ne tient pas l'homme originaire pour nécessairement bon. Ne connaissant pas encore les notions de bien et de mal, l'homme naturel ne peut être bon ou méchant. Tout au plus, on peut dire de lui qu'il est innocent : « Il paraît d'abord, écrit Rousseau, que les hommes dans cet

24. *Discours sur l'origine et les fondements de l'inégalité parmi les hommes*, t. III, préface, p. 123.
25. *Essai sur l'origine des langues*, t. V, p. 401.

état n'ayant entre eux aucune sorte de relation morale, ni de devoirs connus, ne pouvaient être ni bons, ni méchants, et n'avaient ni vices ni vertus[26].

Rousseau nous livre aussi ce mot magnifique: «Tant qu'ils ne devinrent pas méchants, les hommes furent dispensés d'être bons[27].»

Enfin, toujours selon Rousseau, l'homme originaire vit au jour le jour. Ses besoins sont très simples et il se suffit à lui-même. Il n'entretient aucune espèce de commerce continu avec ses semblables et ne vit pas en famille. Il ne connaît pas la notion de propriété ni celle de la dépendance à l'égard d'autrui, et, conséquemment, il ignore la servitude.

Dernière précision: dans l'état de nature, l'existence de l'homme originaire correspond à «la vie d'un animal borné aux pures sensations»; il développe d'abord ses «fonctions purement animales: apercevoir et sentir[28]». Il ne possède pas encore une raison développée et effective ni n'utilise un langage élaboré.

Les caractéristiques fondamentales de l'état de nature

■ La liberté

L'homme originaire diffère toutefois de l'animal, puisque face aux commandes de la nature, l'homme est un «agent libre [qui] se reconnaît libre d'acquiescer ou de résister [et qui a la] puissance de vouloir, ou plutôt de choisir[29]». À l'opposé de Descartes, Rousseau voit dans la liberté – et non pas dans la raison qui viendra plus tard ou dans la pensée que l'animal partage jusqu'à un certain point avec l'homme – la marque distinctive de l'être humain. Les comportements de l'animal dépendent entièrement de son instinct: l'animal ne fait que reproduire ce qui est déjà établi par sa programmation instinctuelle. Au contraire, l'homme possède la liberté d'accepter ou de refuser les commandes de son instinct. C'est dire que seul l'être humain peut choisir d'actualiser ou, à l'inverse, de reporter la réalisation de ses besoins fondamentaux. Qui plus est, l'homme, insiste Rousseau, a la conscience de posséder cette liberté. S'il en est ainsi, notons-le au passage, ni l'esclavage ni son éventuelle acceptation ne correspondent à l'être de l'homme. Rousseau y voit plutôt une violence et une dégradation.

Rousseau fait de cette liberté face à l'instinct la définition essentielle de l'homme naturel. Cette liberté constitue un don que l'être humain tient de la nature. Elle caractérise donc fondamentalement l'homme.

■ La perfectibilité

Puisque l'homme originaire – «dont le cœur est en paix, et le corps en santé[30]» – est libre, il a la «faculté de se perfectionner»: il fait preuve de perfectibilité. Ce caractère, qui concerne l'humanité tout entière et qui définit tout individu, désigne «la faculté qui, à l'aide de circonstances, développe successivement toutes les autres, et réside parmi nous tant dans l'espèce que dans l'individu[31]». Cette faculté n'existe pas

---

26. *Discours sur l'origine et les fondements de l'inégalité parmi les hommes*, t. III, première partie, p. 152-154.
27. *Fragments politiques*, t. III, p. 476. Notons que cette manière de considérer l'homme naturel plaçait Rousseau en opposition directe avec la doctrine religieuse chrétienne, selon laquelle l'être humain naît avec une inclination au mal, héritage du péché de ses premiers parents: Adam et Ève. L'Église réagira vivement…
28. *Discours sur l'origine et les fondements de l'inégalité parmi les hommes*, t. III, seconde partie, p. 164.
29. *Ibid.*, t. III, première partie, p. 141-143.
30. *Ibid.*, p. 152.
31. *Ibid.*, p. 142.

chez l'animal: parce qu'il vit sous le joug de l'instinct, sa nature reste immuable. L'homme, au contraire, est transformable. Ce qu'il adviendra de l'être humain dépend donc des situations[32] dans lesquelles il est mis et de ce qu'il saura en faire; en d'autres mots, ce que devient l'homme est fonction de son apprentissage, bref de sa propre histoire. L'animal déterminé par sa nature instinctuelle n'a pas d'histoire. Seul l'humain s'inscrit dans une histoire où il développe, selon les conjonctures, les situations et les événements extérieurs, des propriétés (savoirs, connaissances, techniques, attitudes, mauvaises habitudes, etc.) qui, à l'état de nature, n'étaient que des **virtualités** indéterminées. Par exemple, l'être humain a appris à maîtriser et à conserver le feu en léguant ce « savoir-faire » aux générations subséquentes.

Virtualité
Ce qui est à l'état de puissance, de possibilité chez un être. Synonyme de « potentialité ».

À cause de sa nature « plastique » ou malléable, l'homme originaire s'est modifié au fil des siècles. Comment cette transformation s'est-elle opérée? Qui s'est employé à modifier l'homme? Rousseau croit que c'est la société qui s'est chargée de transformer l'homme naturel, c'est-à-dire de lui inculquer des traits de civilisation (langage, croyances, idéologies, conduites morales ou immorales, etc.). En conséquence, la perfectibilité, cette faculté d'acquérir des éléments que la nature ne donne pas au départ, est considérée par Rousseau comme « la source de tous les malheurs de l'homme; [...] c'est elle qui le tire, à force de temps, de cette condition originaire, dans laquelle il coulerait des jours tranquilles, et innocents; [...] c'est elle qui, faisant éclore avec les siècles ses lumières et ses erreurs, ses vices et ses vertus, le rend à la longue le tyran de lui-même, et de la Nature[33]. »

Résumons le tout. L'homme naturel était un être perfectible, c'est-à-dire qu'il était libre de se transformer. Certes, il aurait pu se transformer pour le mieux; il aurait pu s'améliorer et progresser. Au contraire, Rousseau fait le constat que les sociétés dans lesquelles l'homme a vécu lui ont inculqué des traits de civilisation qui l'ont dénaturé et perverti. Siècle après siècle, et pour son plus grand malheur, l'homme s'est développé pour le pire.

Rousseau ne voit pas, comme Descartes, l'être humain comme une essence immuable, complètement définie une fois pour toutes. Ce que nous attribuons à la prétendue nature humaine correspond en fait à un devenir, est le résultat d'une histoire. Rousseau fait de l'individu un sujet historique: l'homme est devenu tel que les sociétés l'ont fait. L'être humain d'aujourd'hui n'est donc plus un être de nature – et Rousseau le regrette. Souvent à son préjudice, l'homme naturel est devenu un être de culture: c'est la société qui lui a légué des attributs (beaucoup plus néfastes que bénéfiques) qu'il ne possédait pas naturellement. C'est aussi la société qui, au fil du temps, a dépossédé l'être humain de sa liberté naturelle[34].

■ L'amour de soi

Revenons à l'homme originaire au moment où il ne possède pas encore une raison développée. « Le premier sentiment de l'homme, écrit Rousseau, fut celui de son existence, son premier soin celui de sa conservation[35]. » L'amour de soi, élan naturel, est défini par Rousseau comme ce qui « intéresse ardemment notre bien-être et la

---

32. La liberté, selon Rousseau, est une *liberté en situation*: l'être humain se « reconnaît libre d'acquiescer, ou de résister » à ce qui lui est donné de vivre.
33. *Discours sur l'origine et les fondements de l'inégalité parmi les hommes*, t. III, première partie, p. 142.
34. Nous présenterons, dans la section « Le contrat social ou la liberté et l'égalité retrouvées » (*voir la page 95*), le pacte politique et social que Rousseau propose afin que l'être humain retrouve la liberté et l'égalité perdues.
35. *Discours sur l'origine et les fondements de l'inégalité parmi les hommes*, t. III, seconde partie, p. 164.

conservation de nous-mêmes[36]». En fait, l'amour de soi correspond à ce que nous appelons l'instinct de conservation.

L'amour de soi, c'est en quelque sorte s'aimer soi-même et chercher «à étendre son être et ses jouissances, et à s'approprier par l'attachement ce [que l'on] sent devoir être bien pour [soi][37]». Selon Rousseau, l'homme naturel ne connaît et ne cherche à combler que les seuls besoins de nourriture, de reproduction et de repos. En tant que passion primitive et innée, l'amour de soi fait partie de la nature profonde de l'homme et ne le quitte jamais tant qu'il est en vie.

Cet amour de soi «est bon et utile et comme il n'a point de rapport nécessaire à autrui, il est à cet égard naturellement indifférent...» (*Émile ou De l'éducation*, t. IV, livre II, p. 322).

Rappelons que Rousseau voit l'individu appartenant à l'état de nature comme un être solitaire qui a très peu de rapports avec ses semblables. Afin de subsister et de se conserver, cet homme naturel porte intérêt à lui-même: il prend soin de lui-même. Il ne se préoccupe que de lui seul et il tente de combler ses besoins fondamentaux. Rousseau n'attribue aucune connotation morale à l'amour de soi: il n'est ni bien ni mal de veiller à se conserver quand on **s'aime soi-même** assez pour ne pas se laisser mourir.

■ La pitié

Considérons maintenant l'autre sentiment naturel, «la seule vertu naturelle [...] que les mœurs les plus dépravées ont encore peine à détruire[38]»: la pitié. L'homme originaire ressent de la pitié avant même qu'il soit capable de réfléchir. La pitié lui «inspire une répugnance naturelle à voir périr ou souffrir tout être sensible et principalement [ses] semblables[39]».

Aux yeux de Rousseau, la pitié – ce sentiment qui dort au cœur de tout homme et que l'on nomme aujourd'hui «compassion» – est une vertu naturelle universelle et fort utile dans la mesure où elle tempère l'amour de soi qui pourrait ne voir qu'à la conservation exclusive et abusive de sa propre personne. Parce qu'il est capable d'éprouver de la pitié pour autrui, l'homme naturel n'est pas porté à faire du mal à un autre homme ou à un animal, à moins que sa vie ne soit en danger:

> C'est elle [la pitié] qui, dans l'état de Nature, tient lieu de Lois, de mœurs, et de vertu, avec cet avantage que nul n'est tenté de désobéir à sa douce voix. *C'est elle qui détournera tout Sauvage robuste d'enlever à un faible enfant, ou à un vieillard infirme, sa subsistance acquise avec peine, si lui-même espère pouvoir trouver la sienne ailleurs*[40].

D'autre part, la pitié fait que l'individu peut être touché par les malheurs d'autrui. En effet, la vue d'une personne malheureuse ou misérable peut nous attendrir, alors que celle d'une personne heureuse risque en certains cas de faire naître en nous de l'envie:

> La pitié est douce, parce qu'en se mettant à la place de celui qui souffre on sent pourtant le plaisir de ne pas souffrir comme lui. L'envie est amère, en ce que l'aspect d'un homme heureux loin de mettre l'envieux à sa place lui donne le regret de ne pas y être. Il semble que l'un nous exempte de maux qu'il souffre et que l'autre nous ôte les biens dont il jouit[41].

---

36. *Ibid.*, t. III, préface, p. 126.
37. *Dialogues*, t. I, dialogue deuxième, p. 805-806.
38. *Discours sur l'origine et les fondements de l'inégalité parmi les hommes*, t. III, première partie, p. 155.
39. *Ibid.*, t. III, préface, p. 126.
40. *Ibid.*, t. III, première partie, p. 156. C'est nous qui soulignons.
41. *Émile*, t. IV, livre IV, p. 504.

L'amour de soi est centré sur soi-même; la pitié est dirigée vers autrui. L'homme naturel est capable de s'aimer lui-même assez pour voir à sa propre conservation et, en même temps, il peut s'émouvoir de la misère ou de la difficulté éprouvée par plus faible que lui. À travers ces deux sentiments inscrits au cœur de l'homme, la nature assure la préservation de l'individu comme celle de l'espèce.

■ L'égalité

L'homme naturel possède une autre caractéristique fondamentale: l'égalité. Il est égal à son semblable dans la mesure où aucune inégalité de fait ne vient troubler de façon sensible son existence:

> Il y a dans l'état de Nature une égalité de fait réelle et indestructible, parce qu'il est impossible dans cet état que la seule différence d'homme à homme soit assez grande pour rendre l'un dépendant de l'autre[42].

Rousseau ne suggère pas ici que l'un est identique à l'autre dans l'état de nature, mais qu'il ne peut être question chez les hommes naturels de différences notoires qui donneront lieu à l'instauration d'une domination et d'un asservissement des uns par les autres. En effet, c'est une chose de courir plus vite qu'un autre; c'en est une autre de fonder sur ce fait la domination du plus rapide sur le plus lent!

Comprenons bien que l'homme originaire de Rousseau est un être indépendant, ayant des besoins très simples qu'il arrive à combler par lui-même et qui a donc peu de commerce avec ses semblables. Il rencontre ses compères au hasard de ses déplacements et n'entretient avec eux aucun rapport durable. Or, «les liens de la servitude n'étant formés que de la dépendance mutuelle des hommes[43]», il apparaît comme impossible, dans un tel contexte, que les plus forts physiquement ou les plus rusés oppriment les plus faibles sur une base permanente. Bien sûr, l'un peut enlever à l'autre le fruit qu'il vient de cueillir ou la proie qu'il vient de tuer, mais le plus faible peut aisément fuir celui qui l'assaille. Par ailleurs, puisqu'il n'y a alors aucune propriété et aucune sédentarité, le plus fort ne peut faire du plus faible son esclave. À la question de l'Académie de Dijon qui demandait si l'inégalité entre les hommes reposait sur une «loi» de la nature, Rousseau répondit qu'il n'existe pas d'inégalité significative dans l'état de nature.

L'état de société

L'homme naturel était un être solitaire et non sociable qui n'avait pas de rapport continu avec ses semblables... Mais quelle a été la cause du groupement en société des premiers humains? se demande Rousseau. C'est à la suite de cataclysmes de toutes sortes que les individus ont été contraints à mettre en commun leurs forces, donc à se regrouper:

> Les associations d'hommes sont en grande partie l'ouvrage des accidents de la nature; les déluges particuliers, les mers extravasées, les éruptions des volcans, les grands tremblements de terre, les incendies allumés par la foudre et qui détruisaient les forêts, tout ce qui dut effrayer et disperser les sauvages habitants d'un pays dut ensuite les rassembler pour réparer en commun les pertes communes. Les traditions des malheurs de la terre si fréquentes dans les anciens temps montrent de quels instruments se servit la **providence** pour forcer les humains à se rapprocher[44].

Providence
[...] Sage gouvernement de Dieu sur la création [...] *(Le Petit Robert)*.

42. *Ibid.*, p. 524.
43. *Discours sur l'origine et les fondements de l'inégalité parmi les hommes*, t. III, première partie, p. 162.
44. *Essai sur l'origine des langues*, t. V, p. 402.

Il ne faut pas se faire d'illusion sur les causes des premiers regroupements humains. C'est parce qu'il n'arrivait pas à surmonter seul les catastrophes naturelles que l'individu s'est uni aux autres. Les premières « associations d'hommes » naissent donc de leurs incapacités, de leurs misères, de leurs faiblesses individuelles, et non, comme le croyait Locke, d'une tendance à la socialisation.

Dans la seconde partie du *Discours sur l'origine et les fondements de l'inégalité parmi les hommes*, Rousseau trace le portrait des premières sociétés humaines. Résumons ce qu'il en dit.

La première forme d'association humaine

Comme nous l'avons mentionné précédemment, ce sont des besoins passagers, correspondant à un « intérêt présent et sensible » de l'individu pour assurer sa survie, qui ont donné naissance à la première forme d'association humaine. Devant compter sur l'assistance de ses semblables, l'individu originaire s'unit temporairement aux autres, sans aucune obligation réciproque, afin de répondre à des besoins immédiats. Sa vie est encore errante et vagabonde.

La deuxième forme d'association humaine

La deuxième forme d'union entre les humains correspond « à l'établissement et à la distinction des familles ». Les hommes vivent alors dans des huttes faites de branchages et enduites de boue. C'est l'époque des cabanes.

La famille est la première société humaine, « la plus ancienne de toutes les sociétés, et la seule naturelle[45] », dira Rousseau. Grands-parents, mari, femme et enfants constituent une petite société qui se maintient par attachement réciproque et qui se caractérise par un choix volontaire de rester ensemble.

C'est là, selon Rousseau, que s'établit la différenciation des sexes en fonction des tâches. Les femmes gardent la cabane et s'occupent des enfants pendant que les hommes vont chercher la nourriture permettant à toute la famille de survivre. C'est à cette époque aussi que les gens commencent à s'habituer à des commodités qui deviendront des besoins dont ils ne voudront plus se passer. « Ce fut là le premier joug qu'ils s'imposèrent sans y songer, et la première source de maux qu'ils préparèrent à leurs descendants[46]. »

La troisième forme d'association humaine

La troisième forme de groupement humain survient lorsque, devenant sédentaires, des familles différentes se fixent dans un même lieu. Les gens s'assemblent « devant les cabanes ou autour d'un grand arbre ». On y chante et on y danse. Et alors :

> Chacun commença à regarder les autres et à vouloir être regardé soi-même, et l'estime publique eut un prix. Celui qui chantait ou dansait le mieux ; le plus beau, le plus fort, le plus adroit ou le plus éloquent devint le plus considéré, et ce fut le premier pas vers l'inégalité [...], la vanité et le mépris [...], la honte et l'envie[47].

---

45. *Du contrat social*, t. III, livre I, chap. II, p. 352. S'il en est ainsi, il ne saurait être question d'en proposer l'abolition... même si Rousseau considère que la famille, au XVIIIe siècle, se porte mal. Notons que Rousseau se fera le défenseur de la différenciation et de la complémentarité des rôles entre les époux.

46. *Discours sur l'origine et les fondements de l'inégalité parmi les hommes*, t. III, seconde partie, p. 168.

47. *Ibid.*, p. 169-170.

Ainsi placés en présence d'autrui, les individus commencent à se mesurer entre eux, à se comparer les uns avec les autres, à voir leurs intérêts réciproques se croiser et s'entrechoquer, à cultiver leurs ambitions personnelles, à vouloir obtenir la première et la meilleure place, à vouloir recevoir de la considération des autres :

Les ornements dont s'affublent les hommes pendant leurs danses tribales rituelles servent à démontrer d'une manière souvent ostentatoire leur rang social, leur force, leur virilité, leur beauté, etc.

> Sitôt que les hommes eurent commencé à s'apprécier [évaluer] mutuellement et que l'idée de la considération fut formée dans leur esprit, chacun prétendit y avoir droit; et il ne fut plus possible d'en manquer impunément pour personne. De là sortirent les premiers devoirs de la civilité, même parmi les Sauvages, et de là tout tort volontaire devint un outrage, parce qu'avec le mal qui résultait de l'injure, l'offensé y voyait le mépris de sa personne souvent plus insupportable que le mal même. C'est ainsi que chacun punissant le mépris qu'on lui avait témoigné d'une manière proportionnée au cas qu'il faisait de lui-même, les vengeances devinrent terribles, et les hommes sanguinaires et cruels[48].

■ L'amour-propre

C'est à ce moment que l'*amour de soi* a dégénéré en *amour-propre*. L'amour-propre est la caractéristique fondamentale de l'homme mis en société. « L'amour-propre, écrit Rousseau, n'est qu'un sentiment relatif, **factice**, et né dans la société, qui porte chaque individu à faire plus de cas de soi que de tout autre, qui inspire aux hommes tous les maux qu'ils se font mutuellement[49] » dans la vie en société.

Factice
Synonyme de « faux », « artificiel », « affecté ».

Ne peut-on reconnaître dans cette description de l'amour-propre ce que nous appelons aujourd'hui le rapport individualiste, **égotiste** ou **narcissique** à soi-même ? Car l'individu qui éprouve de l'amour-propre se trouve intéressant, s'accorde de l'importance, se préfère aux autres à un point tel qu'il devient vaniteux, ambitieux et superficiel, se coupant ainsi de toute relation saine et authentique avec autrui (en particulier de l'authentique amitié si chère à Rousseau comme à Montaigne).

Égotiste
[voir *Égotisme*] PAR EXT. Culte du moi, poursuite trop exclusive de son développement personnel [...] *(Le Petit Robert)*.

Narcissique
Se dit de quelqu'un qui porte une attention exclusive à sa propre personne et à ses propres besoins, de sorte que toutes ses énergies affectives sont dirigées sur lui-même, sans se soucier des autres ou des conséquences que peuvent avoir ses actions sur ceux-ci.

La quatrième forme d'association humaine

La quatrième forme de société humaine naît avec l'avènement de la métallurgie et de l'agriculture. « Ce sont le fer et le blé qui ont civilisé les hommes, et perdu le Genre humain[50]. »

À partir du moment où fut inventé l'art de travailler les métaux, ceux qui s'y affairaient durent être nourris par d'autres qui se mirent à cultiver la terre. Ces derniers devinrent plus productifs en utilisant les instruments créés par les artisans. Nous nous trouvons ici devant la première manifestation de dépendance mutuelle entre deux classes d'humains qui donna lieu à la première forme de division du travail (entre les secteurs de l'agriculture et de la métallurgie).

48. *Ibid.*, p. 170.
49. *Ibid.*, t. III, note XV, p. 219.
50. *Ibid.*, t. III, seconde partie, p. 171.

Si la force et les talents des hommes avaient été égaux, les échanges entre ceux qui travaillaient la terre et ceux qui fabriquaient des outils auraient pu être égaux. Mais ce ne fut pas le cas. Tel travailleur de la terre ou tel artisan était plus fort, plus adroit, plus ingénieux qu'un autre, de sorte qu'« en travaillant également, l'un gagnait beaucoup tandis que l'autre avait peine à vivre[51] ».

> La propriété n'apparaît qu'avec la société civile qui en institue la légitimité par le droit. Plus particulièrement, la propriété est liée, selon Rousseau, à la sédentarité et à l'agriculture. La seconde partie du *Discours sur l'origine et les fondements de l'inégalité parmi les hommes* s'ouvre sur cette phrase remarquable : « Le premier qui ayant enclos un terrain, s'avisa de dire ceci est à moi, et trouva des gens assez simples pour le croire, fut le vrai fondateur de la société civile » (p. 164).

Qui plus est, de la culture des terres découlèrent nécessairement les problèmes de partage et de **propriété** ainsi que les premiers droits du cultivateur à s'approprier le fond de terrain sur lequel il travaillait année après année. Les inégalités naturelles ou « physiques » (âge, santé, force, talent, esprit, adresse, etc.) entre les hommes firent donc que tel laboureur produisit plus que tel autre et posséda plus de terre, que tel forgeron, fabriquant plus d'outils et de meilleure qualité, vécut plus à l'aise que tel autre.

Au fil du temps, ceux qui devinrent riches abusèrent de la naïveté des pauvres et des faibles en les soumettant par ruse à des lois protégeant les intérêts et les privilèges des riches. On fit croire à ceux qui n'avaient rien que les lois étaient faites dans l'intérêt et pour la protection de tous, alors que de fait elles venaient « justifier » la domination des possédants et l'oppression de la majorité. C'est donc « l'établissement de la propriété et des Lois[52] » qui constitue la source permanente des inégalités sociales que Rousseau appelle « inégalités morales ou politiques » (les richesses, le rang, les privilèges, le pouvoir) :

> Telle fut, ou dut être, l'origine de la Société et des Lois, qui donnèrent de nouvelles entraves au faible et de nouvelles forces au riche, détruisirent sans retour la liberté naturelle, fixèrent pour jamais la Loi de la propriété et de l'inégalité, d'une adroite usurpation firent un droit irrévocable, et pour le profit de quelques ambitieux assujettirent désormais tout le Genre humain au travail, à la servitude et à la misère[53].

Arrivé à ce stade du développement social, l'esprit humain est pleinement développé, l'individualisme règne en maître, chacun occupe un rang conformément aux biens qu'il possède, aux honneurs, aux privilèges ou aux pouvoirs qu'il a pu obtenir. La société politique étant basée sur la *puissance* et la *réputation*, Rousseau conclut que l'état de société s'inscrit désormais dans le paraître.

Être ou paraître

Constatant à regret que l'état de société a ainsi perverti le cœur de l'homme naturel, Rousseau lance un appel afin que nous puisions aux sources de l'état de nature. En effet, selon lui, l'état de nature est l'être de l'homme : il correspond à sa vérité intérieure, à ce qu'il y a de meilleur en lui. Cela ne constitue cependant pas une invite pour que nous revenions à l'état sauvage, à cette espèce d'âge d'or de l'humanité, car « la nature humaine ne rétrograde pas et jamais on ne remonte vers les temps d'innocence et d'égalité quand une fois on s'en est éloigné[54] ». Il faut plutôt voir dans cet état de nature le modèle ou l'idéal qui nous permet de mettre en lumière, par contraste, les faiblesses, les faussetés et les artifices de la société et de ses conventions :

51. *Ibid.*, p. 174.
52. *Ibid.*, p. 193.
53. *Ibid.*, p. 178.
54. *Dialogues*, t. I, dialogue troisième, p. 935.

> Tous [...] tâchent en vain de donner le change sur leur vrai but; aucun ne s'y trompe, et pas un n'est le dupe des autres [...] Tous cherchent le bonheur dans l'apparence, nul ne se soucie de la réalité. Tous mettent leur être dans le paraître. Tous, esclaves et dupes de l'amour-propre, ne vivent point pour vivre, mais pour faire croire qu'ils ont vécu[55].

Puisqu'en société les individus évaluent leur propre existence d'après l'opinion des autres, ils doivent feindre d'avoir les qualités susceptibles d'attirer de la considération:

> L'homme du monde est tout entier dans son masque. N'étant presque jamais en lui-même, il y est toujours étranger et mal à son aise, quand il est forcé d'y rentrer. Ce qu'il est n'est rien, ce qu'il paraît est tout pour lui[56].

Selon Rousseau, l'état de société n'est que paraître, faux-semblants et mondanités. En société, les hommes veulent être reconnus comme ayant de la valeur. S'ils en ont peu ou n'en ont point, ils doivent faire semblant d'en avoir. Ce faisant, ils dissimulent ce qu'ils sont vraiment. Encore, de nos jours, les maisons que nous habitons, les automobiles que nous conduisons, les vêtements que nous portons, la nourriture que nous mangeons, la musique que nous écoutons, et tant d'autres choses, ne nous servent-ils pas, au-delà de leur utilité et de leur agrément immédiats, à nous identifier, à nous distinguer et à nous faire paraître et valoir socialement (comme « gens de bon goût », « émancipés », « ayant de la valeur », et ainsi de suite)?

En résumé, l'homme naturel a été obligé de s'associer à ses semblables pour affronter les difficultés de la vie des premiers temps. Placés en société, les hommes ont perdu l'innocence, la liberté et le bonheur de l'état de nature. L'état de société a fait de l'homme un être rusé, fourbe, dur, ambitieux, abusant autrui ou s'en faisant craindre, etc. La société, telle que l'observe Rousseau, est devenue le lieu où des hommes ont dû obéir à d'autres hommes, le lieu où des hommes exploitent d'autres hommes, bref le lieu d'une inégalité et d'une servitude profondes. Le *Contrat social* propose un nouveau pacte social et politique qui tente de transformer la réalité que nous venons de décrire.

Le contrat social ou la liberté et l'égalité retrouvées

« L'homme est né libre, et partout il est dans les fers. » C'est par ce constat que s'ouvre le chapitre premier du *Contrat social*. L'homme originaire était libre et la société l'a « dénaturé ». Les hommes mis en société ont été dépouillés de leur liberté naturelle. Ils ont dû obéir aux puissants. Ils ont été trompés par des gouvernants qui, en échange d'une certaine sécurité, les ont asservis et exploités.

Rousseau se demande comment il serait possible de résoudre l'antagonisme apparemment insurmontable entre les conditions d'être et de vie que permettait l'état de nature (liberté, égalité, pitié) et celles qui existent dans l'état de société telles que révélées par l'Histoire au cours des siècles (servitude, inégalité, violence institutionnalisée, etc.). Nous savons que l'Histoire est irréversible, qu'il est impossible de quitter l'état de société pour retourner à l'état de nature primitif, mais peut-on penser une forme d'association sociale qui soit fondée non plus sur la force et la soumission, mais sur la liberté et la raison?

Rousseau essaie donc de trouver une forme d'organisation politique et sociale qui réconcilierait ces deux mondes séparés: les droits de la nature (liberté, égalité) et

55. *Ibid.*, p. 936.
56. *Émile*, t. IV, livre IV, p. 515.

les nécessités, les contingences de la vie civile, comme la propriété privée de certains biens, nécessaire pour assurer l'autonomie, mais devant être limitée et bien répartie. Cela permettra d'éviter l'asservissement des démunis par les riches et la tentation de se vendre aux possédants. En somme, la conception rousseauiste du contrat social tente de répondre à la question suivante : comment les hommes, réunis en société, peuvent-ils retrouver un équivalent de l'état de nature exempt de domination et de dépendance qui leur permette de ne pas renoncer à leur liberté et de se soustraire aux maux (l'inégalité, entre autres) engendrés par la société ? Ce n'est certainement pas en adhérant à un contrat de soumission fondé sur le droit du plus fort, car ce type de contrat, qui nie la liberté essentielle de l'humain, est toujours illégitime[57]. En bref, la puissance ne peut constituer le droit et personne ne peut renoncer à la liberté pour se transformer en esclave d'un autre.

La volonté générale

Dans la conception rousseauiste de l'État, il n'est pas question d'imposer une sujétion à quiconque : le contrat social ne peut être imposé de l'extérieur, chacun doit y adhérer librement et le peuple né de l'association des individus ne peut être soumis à aucune autre autorité que lui-même. Ce sont les volontés des personnes qui doivent librement participer à une « volonté générale ». Cette volonté générale constitue en même temps le fondement et le résultat du pacte social : elle représente la volonté collective des individus qui se sont « associés » et celle de la nouvelle entité qui est formée grâce à cette association, la société elle-même[58]. Il faut comprendre que la volonté générale n'est pas la somme ou la moyenne des volontés particulières « égoïstes » ; au contraire, elle implique que chacun fait entièrement abstraction de ses intérêts, désirs ou passions pour ne considérer que le bien universel, tel que le conçoit la raison.

En somme, la volonté générale représente la « rationalité » humaine et produit une sorte de « conversion » de l'homme, qui, pour devenir citoyen, doit renoncer à sa volonté individuelle, c'est-à-dire à la défense de ses intérêts égoïstes. La participation à la volonté générale ne repose pas sur « l'intérêt bien compris » mais sur le renoncement ; c'est à ce prix que l'humain accède, avec la vie sociale, au droit et à la moralité.

Le législateur

Que recherche cette volonté générale ? Le bien commun. Encore faut-il savoir en quoi consiste ce bien. Les acteurs du contrat social ont besoin d'être éclairés, et ce sera le rôle du législateur de le faire. Le législateur ne gouverne pas, ne décide pas, mais instruit. Il doit être au-dessus des intérêts particuliers de chacun et, de ce point de vue, à défaut d'être un dieu, il ne serait pas mauvais qu'il soit étranger.

Mais, en définitive, qui peut assumer un tel rôle ? Rousseau voit la difficulté. Son personnage tient du génie et du sage, mais il est sans pouvoir (qui appartient absolument au peuple). Comment, sans contrainte, persuader chacun de la justesse d'une vision qui exige le renoncement à sa volonté particulière et à ses intérêts particuliers, et dont l'exacte compréhension pourrait échapper à une intelligence ordinaire ? Ne faut-il pas recourir « à une autorité d'un autre ordre, qui puisse entraîner

57. Nous faisons ici allusion à la critique que Rousseau faisait du pouvoir politique despotique défendu par Hobbes.

58. Rousseau désigne parfois cette entité par l'expression « personne publique », pour bien montrer qu'il s'agit d'un être nouveau, indépendant des individus qui le composent, et à qui l'on attribue une volonté propre (voir *Du contrat social*, t. III, livre I, chap. VI, p. 361).

sans violence et persuader sans convaincre[59] »? Ainsi, selon Rousseau, et à titre d'exemple, l'histoire nous montre comment on a régulièrement recouru à la religion pour légitimer l'œuvre de grands législateurs, et conduire « par autorité divine ceux que ne pourrait ébranler la prudence humaine[60] ».

La loi: expression de la volonté générale

Cette volonté générale, éclairée par le législateur, s'exprime sous la forme de lois qui s'appliquent à tous les individus, et elle a pour seul but le bien commun. C'est la loi qui est garante de la liberté et de l'égalité des individus[61], seule capable de réunir les avantages de l'état de nature et ceux de l'état civil, et c'est à cette fin qu'est instaurée « une forme d'association qui défende et protège de toute la force commune la personne et les biens de chaque associé, et par laquelle chacun s'unissant à tous n'obéisse pourtant qu'à lui-même et reste aussi libre qu'auparavant[62] ».

Mais est-il possible de renoncer volontairement à la liberté individuelle de faire n'importe quoi en vue de l'établissement d'un ordre social, et de rester malgré tout libre? Rousseau croit fermement que oui parce que « **l'obéissance à la loi qu'on s'est prescrite est liberté**[63] », écrit-il. Ce principe permet à Rousseau d'affirmer que chacun ne perd pas véritablement sa liberté à l'intérieur du contrat social, puisqu'il a consenti librement à se départir d'une liberté capricieuse pour l'intérêt commun, qui correspond somme toute à son propre intérêt. De plus, grâce à la loi, chacun est protégé contre la soumission à d'autres individus. Ajoutons que, dans cette perspective, celui qui transgresse la loi non seulement nuit aux autres, mais compromet aussi sa propre liberté citoyenne et doit en subir les conséquences.

Emmanuel Kant fut un lecteur assidu de Rousseau; il voyait en ce dernier le « Newton de la morale ». D'ailleurs, Kant reprendra ce principe et l'appliquera à l'ordre moral: en tant que sujet rationnel, la personne choisit d'être elle-même l'auteur de la loi morale. Ainsi, l'autonomie de la volonté est posée comme fondement de la moralité.

En adhérant au contrat social, l'individu y trouve en quelque sorte un bien supérieur (l'égalité civile qui octroie les mêmes droits et les mêmes devoirs à tout un chacun, qu'il soit fort ou faible, riche ou pauvre) à celui dont il s'est départi (l'égalité naturelle ne lui permettant de combler ses besoins qu'à la mesure de ses moyens propres). Par le contrat social, les individus deviennent tous égaux devant la loi[64], puisque par contrat chacun renonce également à disposer capricieusement de lui-même et des autres[65]. Le pacte social institue donc des conditions égales pour tous, et cette réciprocité assure la liberté de chacun. En d'autres termes, le contrat social remplace l'autorité de l'homme sur l'homme (source de domination et de servitude) par l'autorité de la loi (source de l'égalité garantissant la liberté).

---

59. *Du contrat social*, t. III, livre II, chap. VII, p. 383.
60. *Ibid.*, t. III, livre II, chap. VII, p. 384. S'il faut recourir à de telles légitimations transcendantes, n'y a-t-il pas danger de manipuler et de pervertir la volonté générale? Rousseau comprend bien la difficulté.
61. Chez Rousseau, liberté et égalité vont de pair: l'une ne peut se maintenir sans l'autre. Mentionnons cependant qu'il ne s'agit pas d'une égalité niveleuse (voir *Discours sur l'origine et les fondements de l'inégalité parmi les hommes*, t. III, note XIX), mais d'une égalité de droit: « C'est précisément parce que la force des choses tend toujours à détruire l'égalité que la force de la législation doit toujours tendre à la maintenir » (*Du contrat social*, t. III, livre II, chap. XI, p. 391-392).
62. *Du contrat social*, t. III, livre I, chap. VI, p. 360.
63. *Ibid.*, t. III, livre I, chap. VIII, p. 365.
64. *Ibid.*, t. III, livre II, chap. IV, p. 372-375.
65. *Ibid.*, t. III, livre III, chap. XVI, p. 432.

Le contrat social : une démocratie directe

Le contrat social constitue une sorte de convention de tous avec tous, où chacun – devenant ainsi une partie indivisible du tout – accepte de perdre sa puissance et ses privilèges individuels[66] pour donner naissance à la volonté générale. Ce pacte social se réduit aux termes suivants :

> *Chacun de nous met en commun sa personne et toute sa puissance sous la suprême direction de la volonté générale ; et nous recevons en corps chaque membre comme partie indivisible du tout.* À l'instant, au lieu de la personne particulière de chaque contractant, cet acte d'association produit un corps moral et collectif composé d'autant de membres que l'assemblée a de voix, lequel reçoit de ce même acte son unité, son *moi* commun, sa vie et sa volonté[67].

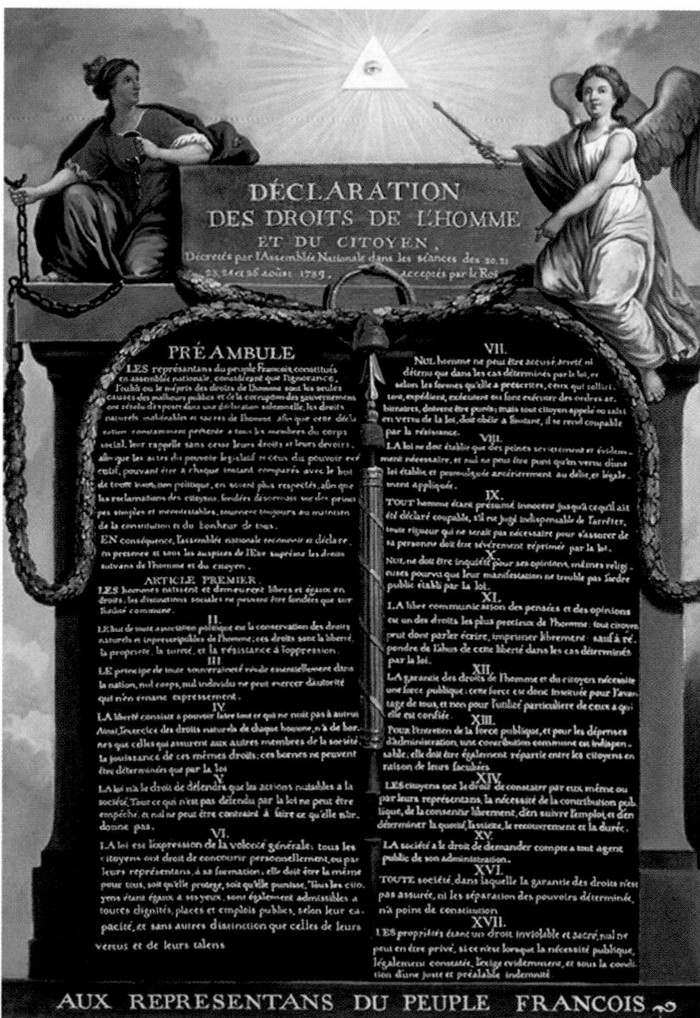

Votée par l'Assemblée constituante, le 26 août 1789, la Déclaration des droits de l'homme et du citoyen énonçait en termes rousseauistes les « droits naturels et imprescriptibles de l'homme » : liberté, propriété, sûreté, résistance à l'oppression (article 2). Et l'article 1 proclamait ceci : « Les hommes naissent et demeurent libres et égaux en droit. Les distinctions sociales ne peuvent être fondées que sur l'utilité commune. »

La dernière partie de cette citation suggère que la volonté générale devra s'exprimer par le corps social dans sa totalité. C'est le peuple tout entier (l'assemblée de citoyens) qui devient souverain. Cette souveraineté ne peut être déléguée à des représentants. À titre d'exemple, Rousseau disait que le peuple anglais – avec son régime parlementaire – n'était libre qu'au moment de l'élection de ses députés : « Le peuple anglais pense être libre, il se trompe fort ; il ne l'est que durant l'élection des membres du parlement ; sitôt qu'ils sont élus, il est esclave, il n'est rien[68]. »

On le constate ici, la loi à laquelle le peuple obéit doit absolument être l'expression de la volonté générale. Le contrat social institue une démocratie directe et non une démocratie représentative. Même si Rousseau considère, par ailleurs, que la forme de gouvernement que se donne le peuple souverain et qui est le simple exécutant de la volonté générale peut varier d'un peuple à l'autre et d'une époque à l'autre.

Il faut croire que Rousseau, citoyen de Genève, a inspiré le système de « démocratie directe » de la Suisse contemporaine. En effet, en Suisse, le dernier mot revient non pas au gouvernement, mais au peuple. Depuis 1874, plus de cinq cents consultations populaires par voie de référendums ont eu lieu. Unique au monde, ce recours à la volonté directe des citoyens a pour conséquence que les idées nouvelles échouent plusieurs fois avant d'obtenir un consensus. Cela a pour effet que les choses ne bougent pas rapidement en Suisse ! Mais, à long terme, cette prudence légendaire

---

66. Rousseau dit : « L'aliénation totale de chaque associé avec tous ses droits à toute la communauté » (*Du contrat social*, t. III, livre I, chap. VI, p. 360).
67. *Du contrat social*, t. III, livre I, chap. VI, p. 361.
68. *Ibid.*, t. III, livre III, chap. XV, p. 430.

du peuple suisse évite au gouvernement de s'engager avec trop d'empressement sur des voies aléatoires et controversées.

La philosophie politique rousseauiste – qui énonce un « devoir être » (ce qui doit se produire pour légitimer le pouvoir politique) – trouva son achèvement dans la Déclaration des droits de l'homme et du citoyen proclamée par la Révolution française de 1789. En décrivant le lien social qui devrait unir l'individu à la collectivité, le *Contrat social* proposait une nouvelle convention qui abolirait les privilèges injustes qu'octroient la naissance, la richesse et la puissance, fondements de toutes les injustices et de tous les malheurs dont a souffert l'humanité. En cela, le *Contrat social* constitue le premier volet d'une philosophie qui s'adresse d'abord au citoyen en voulant faire son éducation politique. L'*Émile ou De l'éducation* correspond au second volet, où Rousseau stipule ce que devrait être l'éducation générale de l'individu, en tant qu'être humain avant tout.

Émile ou le modèle d'éducation de l'être humain

« Tout est bien sortant des mains de l'Auteur des choses, tout dégénère entre les mains de l'homme. » Ces mots ouvrent magistralement l'ouvrage qui occupe une place centrale dans l'œuvre de Rousseau et qui, en fait, représente une sorte de synthèse de sa pensée : *Émile ou De l'éducation*.

Au XVIIIe siècle, on ne reconnaît guère de droits à l'enfance. Les parents de l'aristocratie et de la grande bourgeoisie se déchargent de leurs responsabilités en confiant leurs enfants à une nourrice : l'allaitement maternel est surtout considéré, à l'époque, comme indigne d'une grande dame… Par la suite, les enfants sont enfermés dans des collèges ou des couvents, ou encore laissés sous la domination de maîtres ou de gouvernantes épris de discipline. Jean-Jacques Rousseau invalide les pratiques éducatives de son époque parce qu'elles correspondent à un dressage de l'enfant qui viole sa nature propre. Il publie un « traité d'éducation » révolutionnaire, influencé par les *Essais* de Montaigne, où il défend le droit à une véritable enfance, le droit à la liberté, l'éducation orientée vers la seule humanité plutôt que vers le rang et l'ordre, etc.

On le devine, l'ouvrage – dont l'auteur écrira dans sa correspondance qu'il est le plus utile de ses écrits – n'est pas qu'un simple traité de recettes pédagogiques. Au-delà des visées éducatives, Rousseau y présente une conception philosophique de l'homme. Dans le livre premier de l'*Émile*, il apporte la précision suivante : « Notre véritable étude est celle de la condition humaine. […] Il faut donc généraliser nos vues, et considérer dans notre élève l'homme abstrait, l'homme exposé à tous les accidents de la vie humaine[69]. »

À la faveur d'un traité à la fois philosophique et pédagogique, Rousseau trace le portrait de l'homme idéal, c'est-à-dire de celui qui aurait réussi à conserver les éléments de l'état de nature grâce à une saine éducation, où il aurait appris à résister par lui-même aux vices que la société inculque. *Émile* s'inscrit dans une espèce de trilogie. Les deux premiers *Discours* critiquent avec vigueur l'œuvre de la civilisation, qui dénature l'homme et le prive de la liberté et de l'égalité. Le *Contrat social* présente le « devoir être » sur le plan social et propose la seule forme politique pouvant offrir aux citoyens la liberté et l'égalité civiles.

Émile ou De l'éducation décrit les principes essentiels d'une pédagogie développant chez l'enfant, l'adolescent et le jeune adulte les qualités de l'homme naturel : ce sont ces qualités qui pourront faire de lui un authentique citoyen, libre et préoccupé par le bien commun.

69. *Émile*, t. IV, livre I, p. 252.

Le modèle éducatif rousseauiste

Donnons un aperçu de ce modèle éducatif.

Principe premier : le respect de la liberté naturelle de l'enfant

D'abord, il s'agit d'asseoir sur le principe de la liberté les conditions requises en vue d'une heureuse éducation de l'individu toute orientée vers la vie. Aussi, le précepteur se servira de la nature seule comme inspiratrice et théâtre de l'apprentissage de l'enfant. Il s'abstiendra de lui commander quoi que ce soit, par exemple de lui imposer de l'extérieur des préceptes artificiels comme l'obligation de se servir de « vaines formules de politesse ». Quand le maître accorde quelque chose, il le fait avec plaisir dès la première sollicitation de l'enfant ; quand le maître doit dire non, il le fait avec répugnance, mais son refus est irrévocable.

Dans *Les Rêveries du promeneur solitaire*, Rousseau se présentera comme un homme aimant la compagnie des enfants.

Face à l'ordre naturel et à la nécessité des choses (le maître est fort et l'enfant est faible), l'enfant peut comprendre ses limites tout en restant libre : il apprend à accepter ce contre quoi il ne peut rien et à adapter ses désirs à ses capacités, comme l'enseignait déjà Descartes dans sa morale provisoire. Rousseau considère que « la dépendance des choses n'ayant aucune moralité ne nuit point à la liberté et n'engendre point de vices[70] ». Ce qui n'est pas le cas des menaces et des châtiments, dont se sert un maître cruel, qui maintiendront l'enfant dans un esclavage amer et douloureux qui lui fera perdre son innocence et qu'il tentera de fuir par n'importe quels moyens (comme le mensonge et la dissimulation).

Principe deuxième : le respect de l'évolution naturelle de l'enfant

Rousseau fut le premier penseur à affirmer la spécificité de l'enfant et de son être propre. À l'époque de Rousseau, on avait tendance à réduire l'enfant à la notion vague de « modèle réduit d'adulte ».

Le deuxième principe éducatif demande au maître d'aimer l'enfance en considérant l'enfant comme un **enfant** et non comme un adulte. « Laissez mûrir l'enfance dans l'enfant ! » s'écrie Rousseau. Cela implique qu'il faut respecter l'évolution naturelle de l'individu, c'est-à-dire, pour utiliser un langage contemporain, les étapes ou les stades du développement de l'enfant. Afin de suivre cette progression naturelle, le précepteur recourra à ce que la nature elle-même éveille tour à tour chez l'être humain. En d'autres mots, il adaptera son enseignement aux facultés de chaque âge.

1. De zéro à deux ans : les capacités corporelles devraient faire l'objet d'une attention particulière. L'enfant apprendra d'abord à fortifier son corps par l'exercice physique. Tous les jours, le précepteur conduira l'enfant dans un lieu verdoyant afin qu'il puisse courir, sauter, crier à sa guise, bref s'ébattre en toute liberté. Mais il faudra aussi apprendre à l'enfant à maîtriser son affectivité naissante (par exemple, ses peurs) et le guider dans ses premiers balbutiements langagiers.
2. De deux à douze ans : comme « première » éducation, Rousseau prône une **éducation négative** contre les dangers qui menacent Émile. D'une part, le précepteur empêche que le préjugé (l'erreur de l'esprit, bien plus nocive que l'ignorance) ou le vice (l'erreur du cœur), toujours issus de l'extérieur, ne viennent entraver cet apprentissage. On tiendra donc l'enfant loin des influences pernicieuses de la société et des livres… D'autre part, le précepteur ne donne rien à apprendre, mais se contente de placer Émile dans des conditions (généralement celles de la

« La première éducation doit être purement négative. Elle consiste, non point à enseigner la vertu ni la vérité, mais à garantir le cœur du vice et l'esprit de l'erreur » (*Émile*, t. IV, livre II, p. 323).

70. *Ibid.*, t. IV, livre II, p. 311.

nature) où l'enfant découvrira tout par lui-même et de la manière la moins contraignante et la plus ludique possible; entre autres, il apprendra à lire et à écrire lorsqu'il en éprouvera le besoin… Pendant cette longue période de dix ans, l'accent sera mis sur le développement des sens, « les premières facultés qui se forment et se perfectionnent en nous », facultés qu'il convient de cultiver avant l'intelligence abstraite qui en dépend et qui se développe le plus difficilement et le plus tard, selon Rousseau. Les sensations que procurent la vue, l'ouïe, l'odorat et le toucher sont évaluées par Rousseau comme permettant une perception juste de la réalité et de soi-même, d'autant plus que c'est en comparant ses diverses sensations que l'enfant développe son esprit – ce qui donnera naissance ultérieurement à l'idée. Contrairement à Descartes, Rousseau considère que les idées ne sont pas innées[71] :

> Notre élève n'avait d'abord que des sensations, maintenant il a des idées : il ne faisait que sentir, maintenant il juge. Car de la comparaison de plusieurs sensations successives ou simultanées, et du jugement qu'on en porte, naît une sorte de sensation mixte ou complexe que j'appelle idée[72].

Ajoutons enfin que durant cette période, on fera réaliser à l'enfant qu'on ne saurait être heureux et libre sans harmoniser ce qu'on veut avec ce qu'on peut.

3. De douze à quinze ans : Rousseau croit qu'il ne faut pas précipiter l'apprentissage de la raison, car cette faculté n'est pas appropriée à l'enfance : « de toutes les instructions propres à l'homme, celle qu'il acquiert le plus tard et le plus difficilement est la raison même[73] ».

   Il ne faut donc pas prématurément, alors que l'enfant n'est pas prêt à « entendre raison », exiger de lui qu'il se mesure « aux objets intellectuels ». Un élève contraint par son maître à se servir de sa raison fera souvent semblant de « raisonner » sans pour autant en éprouver le besoin véritable. Répéter machinalement un raisonnement, est-ce vraiment raisonner ?

   Rousseau suggère d'attendre la treizième année de l'enfant avant de considérer le développement plus systématique et méthodique de son esprit et de travailler à l'éveil de sa curiosité proprement intellectuelle. On l'initiera aux sciences et à leurs méthodes, mais également à la société et au monde du travail. On lui fera voir les injustices de la société et, en lui apprenant à travailler de ses mains, on le disposera à la fois à vaincre des préjugés de classe (dirait-on aujourd'hui) et à accroître son indépendance, à l'exemple de Robinson Crusoé dont Émile lira les aventures.

4. À partir de quinze ans : à cet âge où se manifestent, selon Rousseau, les grands bouleversements pubertaires, l'adolescent sera progressivement initié aux sentiments moraux et religieux, en dehors de toute Église ou de tout dogme. Ayant été éduquée d'une bonne manière, la conscience morale d'Émile, qui, somme toute, correspond au sentiment intuitif et immédiat de ce qui est bien, saura être pour lui un guide sûr.

   Tout ce processus d'apprentissage, qui s'échelonne sur une période de vingt ans, sera organisé suivant l'intérêt spontané ressenti par l'élève. La personne n'est-elle pas motivée à apprendre dans la mesure où elle y trouve son intérêt[74] ? La dernière partie de l'ouvrage vise à préparer Émile à entrer dans le monde de

---

71. La théorie rousseauiste de la connaissance s'oppose radicalement au rationalisme classique, dont celui de Descartes, et épouse la philosophie empiriste de Condillac.
72. *Émile*, t. IV, livre III, p. 481.
73. *Julie ou la nouvelle Héloïse*, t. II, cinquième partie, lettre III, p. 562.
74. « À quoi cela sert-il ? » entend-on souvent de la bouche des enfants et même des jeunes adultes d'aujourd'hui.

l'amour et, finalement, du mariage. C'est l'occasion pour Rousseau de présenter sa conception de la femme, qui, avouons-le, n'apparaîtra pas aujourd'hui comme particulièrement progressiste et émancipatrice! Pour notre philosophe, qui cherche tant à affranchir Émile des contraintes séculaires par une pédagogie avant-gardiste, Sophie, la future épouse d'Émile, devra suivre un itinéraire différent en fonction de sa triple vocation à l'amour conjugal, à la maternité et aux soins domestiques[75].

Principe troisième: la prédominance de la conscience sur la science

Le troisième principe de l'éducation rousseauiste consiste à développer la conscience plutôt que d'accumuler de la science. Ce qui importe, c'est d'être bon. Or, pour Rousseau, le lien entre bonté et savoir est si ténu qu'on peut être bon et ignorant comme on peut être savant et malhonnête. Ce n'est pas le savoir en tant que tel qui importe ni la culture en soi, mais l'honnêteté et la sincérité du cœur. «L'homme naturel, s'exclame Rousseau, est honnête, non savant!» Le précepteur verra donc en priorité à empêcher que l'enfant ne tombe sous l'empire des préjugés et des mœurs factices qui viendraient fausser son apprentissage.

Principe quatrième: apprendre à apprendre

Le quatrième principe éducatif repose sur l'hypothèse qu'il vaut mieux apprendre à apprendre que de se bourrer le crâne, car il importe d'avoir «une tête bien faite plutôt que bien pleine!» Au savoir en tant que somme des connaissances acquises, Rousseau, en bon lecteur de Montaigne, préfère la perspicacité, la profondeur et l'ouverture d'esprit:

> Émile a peu de connaissances, mais celles qu'il a sont véritablement siennes; il ne sait rien à demi. Dans le petit nombre de choses qu'il sait et qu'il sait bien, la plus importante est qu'il y en a beaucoup qu'il ignore et qu'il peut savoir un jour, beaucoup plus que d'autres hommes savent et qu'il ne saura de sa vie, et une infinité d'autres qu'aucun homme ne saura jamais. Il a un esprit universel, non par les lumières, mais par la faculté d'en acquérir; un esprit ouvert, intelligent, prêt à tout, et, comme dit Montaigne[76], sinon instruit du moins instruisable. Il me suffit qu'il sache trouver l'*à quoi bon* sur tout ce qu'il fait, et le *pourquoi* sur tout ce qu'il croit. Encore une fois mon objet n'est point de lui donner la science, mais de lui apprendre à l'acquérir au besoin, de la lui faire estimer exactement ce qu'elle vaut, et de lui faire aimer la vérité par-dessus tout[77].

Comme on le voit ici, «apprendre à apprendre» n'est pas une trouvaille de la dernière génération des pédagogues!

Une considération philosophique englobante: faire de l'enfant un homme

Au-dessus des quatre principes de l'éducation que nous venons de présenter, Rousseau formule une considération qui constitue l'objectif ultime de tout processus d'éducation de l'être humain. Cette considération philosophique pourrait se résumer à la maxime suivante: apprendre à être une personne à part entière et apprendre à vivre heureux, tel est le métier de l'être humain.

---

75. À cette conception restrictive s'opposera une amie de Rousseau, Mme Louise d'Épinay, qui proposera pour les filles une pédagogie axée sur le refus de la soumission et la recherche éclairée de leur émancipation. Cette pédagogie, tenant compte des contraintes de l'époque, suggère aux mères un programme d'éducation permettant d'assurer à leurs filles, par l'accès le plus large possible aux divers savoirs, une confiance en soi et une indépendance de pensée plus grandes de même qu'une meilleure contribution à la société.
76. Montaigne recommandait que le précepteur eût lui aussi «la tête bien faite [plutôt] que bien pleine» (*Essais*, livre I, chap. 26, p. 222).
77. *Émile*, t. IV, livre III, p. 487.

> En sortant de mes mains, il [Émile] ne sera, j'en conviens, ni magistrat, ni soldat, ni prêtre; il sera premièrement homme: tout ce qu'un homme doit être, il saura l'être au besoin tout aussi bien que qui que ce soit; et la fortune aura beau le faire changer de place, il sera toujours à la sienne[78].

En conclusion, nous pouvons dire que parce que le précepteur, négligeant le rang et la fortune, n'aura cultivé chez Émile que ce qui le fait homme (comme tous les hommes), parce qu'il aura écarté les influences sociales qui exacerbent les passions et l'amour-propre, parce qu'il n'aura jamais forcé les étapes du développement de ses facultés, Émile sera le plus naturel des hommes éduqués, mais aussi le plus raisonnable. Pour la même raison, Émile sera également le citoyen idéal. Estimant la loi nécessaire, habitué à obéir à la nécessité des choses et à reconnaître sa liberté dans cette soumission « à ce qui est », il sera capable de transposer cette reconnaissance sur le plan politique, sa volonté raisonnable se fondant aisément dans la volonté générale. Sur le plan moral, l'amour de soi non contrarié et non dénaturé sous forme d'amour-propre pourra se prolonger dans l'amour des autres. Émile ne trouvera pas, évidemment, de société à sa mesure, mais il pourra tout de même vivre en paix au milieu de ses concitoyens et, lui qui connaît la liberté de cœur, être leur exemple. (La figure 3.1 met en rapport l'état de nature, l'état de société, le contrat social et l'éducation du citoyen.)

Figure 3.1 Parallèle entre l'état de nature, l'état de société et le contrat social

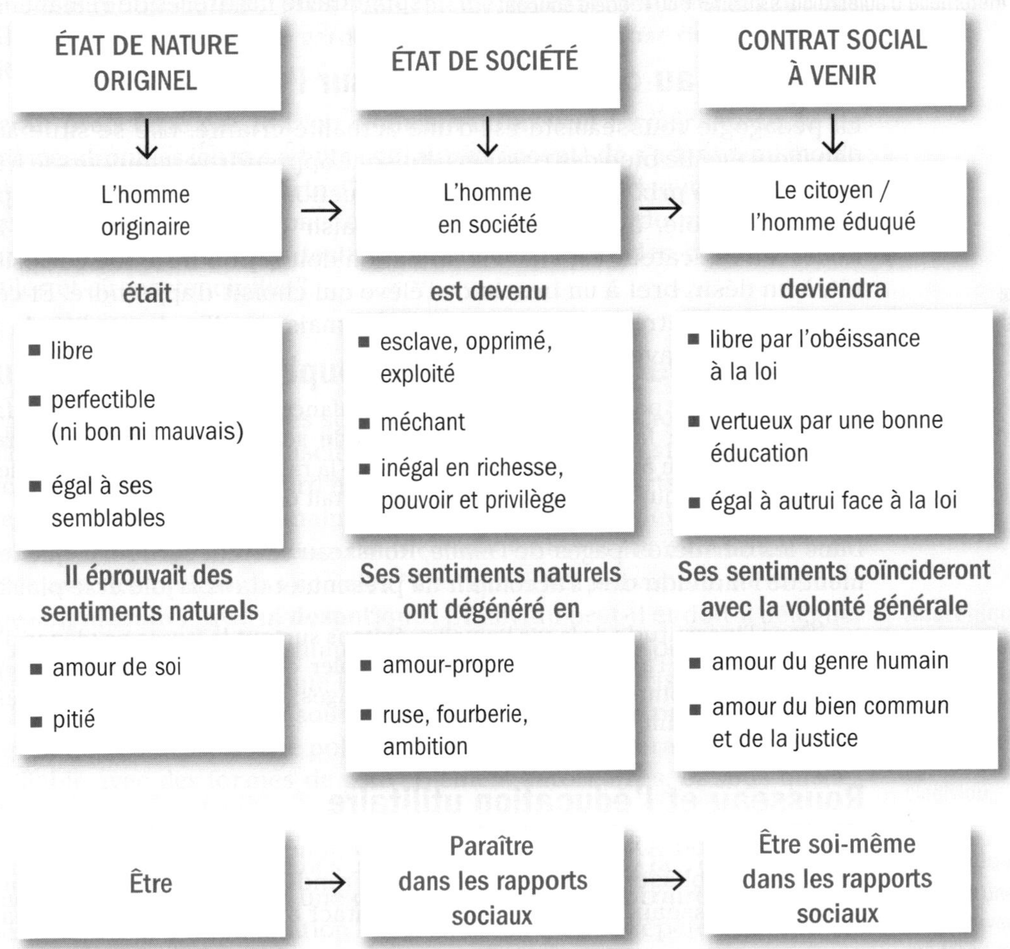

78. *Ibid.*, t. IV, livre I, p. 252.

Résumé de l'exposé

Rousseau et les Lumières

La vie de Rousseau

Jean-Jacques Rousseau naît à Genève, aujourd'hui en Suisse, le 28 juin 1712. Orphelin de mère et n'étant pas soutenu par un milieu privilégié, il exerce divers métiers et acquiert ses connaissances en autodidacte. Rousseau est un créateur aux multiples talents qui produira des œuvres en de nombreux domaines (opéra, théâtre, musique, littérature, philosophie).

Jean-Jacques Rousseau meurt le 2 juillet 1778.

Les principales caractéristiques du XVIIIe siècle

Les lumières de la raison

La raison, qui est considérée comme « la suprême faculté de l'homme », permet l'exercice concret du jugement et de la critique.

Les idéaux des Lumières

Les idéaux des Lumières défendent, entre autres, la tolérance religieuse, la légitimité du pouvoir politique et le paradigme nature – bonheur terrestre – sensibilité.

L'avènement du rationalisme expérimental

Le rationalisme expérimental recourt à la raison, mais dans la seule mesure où elle est assistée, contrôlée et validée par l'expérience.

L'*Encyclopédie* : une illustration du progrès de l'esprit humain

Le progrès de l'esprit humain est illustré à merveille par l'*Encyclopédie*, qui répertorie et analyse toutes les connaissances de l'époque.

Rousseau et le XVIIIe siècle

À l'opposé des encyclopédistes, Rousseau ne croit pas que les sciences, les techniques et les arts soient nécessairement des facteurs de progrès, et qu'ils aient amélioré les conduites des hommes. En conséquence, il propose une critique éthique et sociale de la civilisation qui a dénaturé l'être humain.

L'état de nature et l'état de société

L'état de nature

L'état de nature correspond à la nature originelle de l'homme avant que la civilisation en ait défiguré l'être profond.

Précisions préliminaires

La description de l'état de nature présentée par Rousseau s'appuie sur l'hypothèse que l'homme naturel, étant un être solitaire et non sociable, vit un état d'isolement et, en conséquence, ne connaît pas la dépendance ni la servitude.

Les caractéristiques fondamentales de l'état de nature

- La liberté
  Contrairement à l'animal qui est déterminé par son instinct, l'homme naturel possède la liberté de choisir de répondre ou non à son instinct. C'est la liberté qui définit essentiellement l'homme naturel : être humain, c'est être libre de modifier sa nature.
- La perfectibilité
  L'homme naturel étant libre, il dispose de la faculté de *se perfectionner*, c'est-à-dire de se transformer, d'acquérir, selon les circonstances extérieures, des propriétés créées par l'homme. Ce que la société a inculqué au cours des siècles à l'homme originaire l'a plutôt dénaturé et perverti. En société, l'homme s'est transformé pour le pire en y acquérant plus de vices que de vertus. L'être humain (lorsqu'il est mis en société) est donc un produit de la culture et de l'Histoire.
- L'amour de soi
  L'homme naturel voit à répondre à ses besoins fondamentaux afin de se conserver.
- La pitié
  La pitié est une « vertu naturelle » qui permet à l'homme originaire de s'émouvoir de la misère ou des difficultés éprouvées par plus faible que soi. La pitié fait contrepoids à l'amour de soi.
- L'égalité
  L'homme originaire est égal à son semblable : il n'existe pas dans l'état de nature de différences assez grandes entre les individus pour que l'un domine l'autre de façon permanente.

L'état de société

Afin de survivre aux catastrophes naturelles et de pouvoir triompher de divers dangers, les individus ont été obligés de se regrouper pour ainsi former la première association d'hommes.

La première forme d'association humaine

Il s'agit d'une union temporaire visant à répondre à des besoins immédiats, comme affronter des cataclysmes.

La deuxième forme d'association humaine

Elle consiste en la formation de la famille. On vit dans des cabanes. La première différenciation fonctionnelle des sexes apparaît alors. On s'habitue à des commodités.

La troisième forme d'association humaine

Des familles s'installent dans un même lieu, deviennent sédentaires. Naissent alors la considération et l'amour-propre.

- L'amour-propre

  Aussitôt que les hommes se sont unis aux autres, ils ont commencé à se comparer les uns aux autres et à vouloir obtenir la considération des autres. C'est alors que l'amour de soi a dégénéré en amour-propre. L'amour-propre est la caractéristique essentielle de l'homme vivant en société. C'est un sentiment faux qui amène à s'attacher exclusivement et abusivement à soi-même, et à cacher ce que l'on est vraiment sous le masque que l'on se croit obligé de porter. L'amour-propre est à l'origine de tous les maux de la vie en société.

La quatrième forme d'association humaine

Elle correspond à l'invention de la métallurgie et à l'avènement de l'agriculture, bref à la division du travail et à l'interdépendance généralisée. C'est la naissance de la propriété privée. L'inégalité s'installe parmi les hommes. On instaure des lois protégeant les pouvoirs et les privilèges des riches, et établissant la servitude et la misère des pauvres.

Être ou paraître

L'état de nature est l'être (l'essence) de l'homme. Il correspond à sa vérité intérieure, à ce qu'il y a de meilleur en lui.

L'état de société n'est que paraître. Mis en société, les hommes dissimulent ce qu'ils sont vraiment. Pour être quelqu'un, ils doivent faire semblant de posséder les qualités attirant la considération d'autrui.

Le contrat social ou la liberté et l'égalité retrouvées

Le *Contrat social* veut répondre à la question suivante : comment les hommes peuvent-ils retrouver en société les caractéristiques essentielles de l'état de nature, exempt de domination et de dépendance, tout en acceptant d'être soumis à des lois nécessaires au bon ordre social ?

La volonté générale

Les humains peuvent retrouver les caractéristiques essentielles de l'état de nature en adhérant à un pacte social où chacun, devenant une partie indivisible du tout, accepte de perdre le pouvoir de faire capricieusement n'importe quoi pour donner naissance à la volonté générale.

Le législateur

C'est celui qui, pour un peuple donné et à un moment donné de son histoire, l'instruit et le guide dans l'évaluation du bien commun.

La loi : expression de la volonté générale

La loi, devenant l'expression de la volonté générale, garantit la liberté et l'égalité civiles de tout un chacun.

Le contrat social : une démocratie directe

La volonté générale ne peut être déléguée : c'est le peuple dans sa totalité (démocratie directe) qui assure la souveraineté politique.

Émile ou le modèle d'éducation de l'être humain

Émile ou De l'éducation expose les principes essentiels d'une pédagogie développant chez l'être humain les qualités de l'homme naturel.

Le modèle éducatif rousseauiste

Principe premier : le respect de la liberté naturelle de l'enfant

La liberté et la nature doivent servir de fondements à l'apprentissage.

Principe deuxième : le respect de l'évolution naturelle de l'enfant

L'enfant doit être considéré comme un enfant et non comme un adulte. Il faut donc respecter l'évolution naturelle de l'enfant. Il faut aussi que l'élève éprouve de l'intérêt pour ce qu'on lui propose.

Principe troisième : la prédominance de la conscience sur la science

L'éducation doit développer le sentiment du bien plutôt que la science, c'est-à-dire l'acquisition de savoirs constitués.

Principe quatrième : apprendre à apprendre

Il vaut mieux apprendre à apprendre que d'avoir la tête bien pleine.

Une considération philosophique englobante : faire de l'enfant un homme

Une considération philosophique chapeaute les quatre principes précédents : l'objectif ultime de l'éducation est d'apprendre à l'élève à être une personne à part entière et heureuse.

Rousseau aujourd'hui

Rousseau et l'éducation libertaire

Le modèle éducatif présenté par Rousseau a inspiré le développement des garderies, des maternelles et des écoles alternatives qui défendent le principe de la liberté de l'élève.

Rousseau au cœur d'un débat sur l'éducation

La pédagogie rousseauiste se situe au cœur d'un débat actuel concernant l'éducation. Le développement de l'individu doit-il se faire au présent, dans la joie et le plaisir d'apprendre (ce que défend Rousseau), ou devrait-il, comme le réclame l'école traditionnelle, être soumis strictement à la règle de l'effort et du rendement ?

Rousseau et l'éducation utilitaire

De nos jours, les établissements d'enseignement et les élèves sont, à divers degrés, influencés par un discours utilitariste que Rousseau aurait critiqué. On veut y enseigner – ou étudier – des savoir-faire et des compétences qui servent directement à la future carrière. Mais quel type d'humain risque-t-on de former ainsi ?

Rousseau et les problématiques socioculturelles et politiques

Rousseau a soulevé, au XVIIIe siècle, de nombreuses problématiques socioculturelles et politiques qui sont toujours d'actualité. L'être humain relève-t-il de sa nature propre ou est-il le fruit d'un conditionnement ? Les droits individuels sont-ils conciliables avec les obligations sociales ? L'individu peut-il et doit-il déléguer sa volonté politique ? L'autonomie individuelle peut-elle survivre dans une entité collective ?

Activités d'apprentissage

A Vérifiez vos connaissances

1 Dans son texte célèbre de 1750, *Discours sur les sciences et les arts*, Rousseau défend le progrès des sciences et des arts en soutenant qu'il permet de développer la nature intime de la personne. VRAI ou FAUX ?

2 Quelle est la doctrine défendue par Rousseau dans sa *Profession de foi du vicaire savoyard* en 1762 ?

3 Au XVIIIe siècle, la « suprême faculté de l'homme » est le sentiment. VRAI ou FAUX ?

4 Quelle est la devise des Lumières, selon Kant ?

5 Dans le domaine religieux, Rousseau s'inscrit en faux contre la tendance de son époque en ne défendant pas la liberté de croyance. VRAI ou FAUX ?

6 L'empirisme philosophique marque l'avènement du rationalisme expérimental, trait caractéristique de l'époque de Rousseau. VRAI ou FAUX ?

7 L'homme naturel recherché par Rousseau est celui qui aurait réellement existé au début de l'humanité. VRAI ou FAUX ?

8 Selon Rousseau, la première forme d'association humaine est née d'un « intérêt présent et sensible » correspondant à des besoins passagers. VRAI ou FAUX ?

9 À quoi correspond la deuxième forme d'association humaine, selon Rousseau ?

10 Quelle est la notion centrale de la troisième forme d'association humaine pour Rousseau ?

11 Pour Rousseau, la propriété n'est pas liée à la sédentarité et à l'agriculture. VRAI ou FAUX ?

12 Selon Rousseau, l'état de société pervertit le cœur de l'homme naturel et fait ressortir le paraître au détriment de l'être. VRAI ou FAUX ?

13 Quels sont le fondement et le résultat du pacte social proposé par Rousseau ?

14 Selon Rousseau, le métier de l'être humain consiste à apprendre à être une personne à part entière et à être heureux. VRAI ou FAUX?

15 À partir de ce que vous avez appris sur Rousseau, indiquez laquelle des citations suivantes n'a pas été écrite par lui.

a) « L'obéissance à la loi qu'on s'est prescrite est liberté. »

b) « Ce tribunal que l'homme sent en lui est la conscience. »

c) « C'est précisément parce que la force des choses tend toujours à détruire l'égalité que la force de la législation doit toujours tendre à la maintenir. »

B Débat sur la problématique de l'éducation humaniste versus l'éducation utilitaire

Compétence à acquérir

Démontrer sa compréhension de la problématique de l'éducation humaniste versus l'éducation utilitaire en participant, en classe, à l'activité qui suit.

Contexte de réalisation

1 La classe est divisée en équipes composées de quatre étudiants qui se nomment chacun un porte-parole.

2 Chacun des étudiants répond, par écrit, à la question suivante: « Quel projet éducatif privilégiez-vous: celui qui s'inscrit dans un esprit de gratuité (le plaisir de connaître pour connaître) ou, au contraire, celui qui s'appuie sur la transmission de connaissances techniques et utilitaires (permettant de gagner sa vie)? »

3 Dans chacune des équipes, à tour de rôle, chaque étudiant fait la lecture de sa réponse. Une discussion est engagée afin de peaufiner la réponse et de parvenir à la rédaction d'une réponse commune.

4 Les porte-parole, à tour de rôle, présentent à la classe la réponse à laquelle leur équipe est arrivée.

5 Sous la supervision de l'enseignant, une discussion est engagée visant à faire ressortir les principaux enjeux liés à ces deux types de projets éducatifs.

C Analyse et critique de texte

Cette activité exige la lecture préalable de l'extrait du *Discours sur l'origine et les fondements de l'inégalité parmi les hommes* présenté à la page 113.

Compétences à acquérir

- Comparer des éléments du texte que Rousseau met en parallèle, c'est-à-dire examiner leurs ressemblances et leurs différences.
- Évaluer le contenu des attributs que Rousseau accorde à l'homme civilisé dans ce texte, c'est-à-dire exprimer sur eux son accord ou son désaccord (et en donner les raisons).

Questions

1 Rousseau établit une comparaison entre l'animal et l'homme.

a) Décrivez dans vos propres mots les deux points de ressemblance et les deux points de différence entre l'animal et l'homme qui sont présentés dans la première partie de ce texte.

Commentaire critique

b) Reprenez une à une ces deux ressemblances et ces deux différences, et dites ce que vous en pensez en justifiant vos affirmations. (Minimum suggéré: une page.)

2 Dans la note IX, Rousseau trace le « tableau moral » de l'homme civil vivant dans la société humaine.

a) Décrivez dans vos propres mots six des douze caractères (défauts) que Rousseau attribue à l'homme mis en société.

Commentaire critique

b) Reprenez un à un ces six caractères fondamentaux « sinon de la vie humaine, au moins des prétentions secrètes du cœur de tout humain civilisé », et évaluez-les. (Minimum suggéré: une page.)

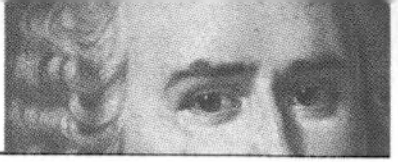

D Analyse et critique d'un texte comparatif

Cette activité exige la lecture préalable de l'extrait de *Idée d'une histoire universelle au point de vue cosmopolitique* de Kant présenté à la page 115.

Compétences à acquérir

- Repérer les deux notions rousseauistes qui correspondent à l'expression « insociable sociabilité » utilisée par Kant dans ce texte.
- Transposer dans ses propres mots l'explication kantienne de l'« insociable sociabilité » de l'homme.
- Comparer l'interprétation kantienne de la problématique nature-culture (société) avec celle de Rousseau, c'est-à-dire examiner leurs différences.
- Évaluer le contenu de l'interprétation kantienne de la problématique nature-culture (société), c'est-à-dire exprimer sur elle son accord ou son désaccord (et en donner les raisons).

Questions

1 L'« insociable sociabilité » de l'homme constitue une réinterprétation kantienne de quelles caractéristiques attribuées par Rousseau à l'état de nature?

2 Transposez dans vos propres mots l'explication que Kant donne de « l'insociable sociabilité » de l'homme.

3 En quoi et comment l'interprétation kantienne de la nature-culture (société) diffère-t-elle de celle de Rousseau?

Commentaire critique

4 Que pensez-vous de l'interprétation que fait Kant du rapport nature-culture (société)? En d'autres mots, êtes-vous d'accord avec l'explication donnée par Kant? Vous devez fonder vos jugements, c'est-à-dire apporter au moins deux arguments pour appuyer vos affirmations. (Minimum suggéré: une page.)

E Exercice comparatif: Descartes et Rousseau

Compétence à acquérir

Procéder à une comparaison entre deux conceptions modernes de l'être humain à propos d'un même thème.

Contexte de réalisation

Individuellement, dans un texte d'environ 350 mots (une page et demie), examinez les rapports de ressemblance et de différence entre la conception cartésienne et la conception rousseauiste de l'être humain à propos du thème du sujet.

Étapes suggérées

1 a) Caractérisez la conception cartésienne de l'être humain au regard du thème du sujet. Par exemple, demandez-vous en quoi et comment, pour Descartes, l'homme est un sujet rationnel, c'est-à-dire un être (un « je ») dont l'essence est la pensée.

b) Caractérisez la conception rousseauiste de l'être humain au regard du thème du sujet. Par exemple, demandez-vous dans quelle mesure l'homme libre et perfectible de l'état de nature est devenu, selon Rousseau, un sujet historique, c'est-à-dire un être de culture qui a été façonné par la société.

2 a) S'il y a lieu, précisez les liens ou les similitudes entre la conception cartésienne et la conception rousseauiste de l'être humain à propos du thème du sujet.

b) S'il y a lieu, dégagez les oppositions ou les antagonismes entre la conception cartésienne et la conception rousseauiste de l'être humain à propos du thème du sujet.

Extraits de textes

Rousseau ▪ *Discours sur l'origine et les fondements de l'inégalité parmi les hommes*

Je ne vois dans tout animal qu'une machine ingénieuse, à qui la nature a donné des sens pour se remonter elle-même, et pour se garantir, jusqu'à un certain point, de tout ce qui tend à la détruire, ou à la déranger. J'aperçois précisément les mêmes choses dans la machine humaine, avec cette différence que la Nature seule fait tout dans les opérations de la bête, au lieu que l'homme concourt aux siennes, en qualité d'agent libre. L'un choisit ou rejette par l'instinct, et l'autre par un acte de liberté; ce qui fait que la bête ne peut s'écarter de la règle qui lui est prescrite, même quand il lui serait avantageux de le faire, et que l'homme s'en écarte souvent à son **préjudice**. C'est ainsi qu'un pigeon mourrait de faim près d'un bassin rempli des meilleures viandes, et un chat sur des tas de fruits, ou de grains, quoique l'un et l'autre pût très bien se nourrir de l'aliment qu'il dédaigne, s'il s'était avisé d'en essayer; c'est ainsi que les hommes dissolus se livrent à des excès, qui leur causent la fièvre et la mort; parce que l'esprit déprave les sens, et que la volonté parle encore, quand la Nature se tait.

Préjudice
Ce qui est nuisible aux intérêts de quelqu'un. Désavantage.

Tout animal a des idées puisqu'il a des sens, il combine même ses idées jusqu'à un certain point, et l'homme ne diffère à cet égard de la bête que du plus au moins: quelques philosophes ont même avancé qu'il y a plus de différence de tel homme à tel homme que de tel homme à telle bête[81]; ce n'est donc pas tant l'**entendement** qui fait parmi les animaux la distinction spécifique de l'homme que sa qualité d'agent libre. La Nature commande à tout animal, et la bête obéit. L'homme éprouve la même impression, mais il se reconnaît libre d'acquiescer, ou de résister; et c'est surtout dans la conscience de cette liberté que se montre la spiritualité de son âme: car la physique explique en quelque manière le mécanisme des sens et la formation des idées; mais dans la puissance de vouloir ou plutôt de choisir, et dans le sentiment de cette puissance on ne trouve que des actes purement spirituels, dont on n'explique rien par les lois de la mécanique.

Entendement
Faculté de comprendre. Esprit. Raison.

Mais, quand les difficultés qui environnent toutes ces questions laisseraient quelque lieu de disputer sur cette différence de l'homme et de l'animal, il y a une autre qualité très spécifique qui les distingue, et sur laquelle il ne peut y avoir de contestation, c'est la faculté de se perfectionner; faculté qui, à l'aide des circonstances, développe successivement toutes les autres, et réside parmi nous tant dans l'espèce que dans l'individu, au lieu qu'un animal est, au bout de quelques mois, ce qu'il sera toute sa vie, et son espèce, au bout de mille ans, ce qu'elle était la première année de ces mille ans. Pourquoi l'homme seul est-il sujet à devenir **imbécile**? N'est-ce point qu'il retourne ainsi dans son état primitif, et que, tandis que la bête, qui n'a rien acquis et qui n'a rien non plus à perdre, reste toujours avec son instinct, l'homme reperdant par la vieillesse ou d'autres accidents, tout ce que sa *perfectibilité* lui avait fait acquérir, retombe ainsi plus bas que la bête même? Il serait triste pour nous d'être forcés de convenir, que cette faculté distinctive, et presque illimitée, est la source de tous les malheurs de l'homme; que c'est elle qui le tire, à force de temps, de cette condition originaire, dans laquelle il coulerait des jours tranquilles, et innocents; que c'est elle, qui faisant éclore avec les siècles ses lumières et ses erreurs, ses vices et ses vertus, le rend à la longue le tyran de lui-même, et de la Nature (IX).

Imbécile
Désigne ici, sans intention blessante, les défaillances mentales qui frappent parfois des personnes âgées.

81. Il s'agit de Montaigne commentant Plutarque.

(Note IX) – Un auteur célèbre[82] calculant les biens et les maux de la vie humaine et comparant les deux sommes, a trouvé que la dernière surpassait l'autre de beaucoup, et qu'à tout prendre la vie était pour l'homme un assez mauvais présent. Je ne suis point surpris de sa conclusion; il a tiré tous ses raisonnements de la constitution de l'homme **civil**: s'il fut remonté jusqu'à l'homme naturel, on peut juger qu'il eût trouvé des résultats très différents, qu'il eût aperçu que l'homme n'a guère de maux que ceux qu'il s'est donnés lui-même, et que la Nature eût été justifiée. Ce n'est pas sans peine que nous sommes parvenus à nous rendre si malheureux. Quand d'un côté l'on considère les immenses travaux des hommes, tant de sciences approfondies, tant d'arts inventés; tant de forces employées; des abîmes comblés, des montagnes rasées, des rochers brisés, des fleuves rendus navigables, des terres défrichées, des lacs creusés, des marais desséchés, des bâtiments énormes élevés sur la terre, la mer couverte de vaisseaux et de matelots; et que de l'autre on recherche avec un peu de méditation les vrais avantages qui ont résulté de tout cela pour le bonheur de l'espèce humaine; on ne peut qu'être frappé de l'étonnante disproportion qui règne entre ces choses, et déplorer l'aveuglement de l'homme qui, pour nourrir son fol orgueil et je ne sais quelle vaine admiration de lui-même, le fait courir avec ardeur après toutes les misères dont il est susceptible, et que la bienfaisante Nature avait pris soin d'écarter de lui.

Civil
Relatif à la vie en société organisée.

Les hommes sont méchants; une triste et continuelle expérience dispense de la preuve; cependant l'homme est naturellement bon, je crois l'avoir démontré; qu'est-ce donc qui peut l'avoir dépravé à ce point sinon les changements survenus dans sa constitution, les progrès qu'il a faits, et les connaissances qu'il a acquises? Qu'on admire tant qu'on voudra la société humaine, il n'en sera pas moins vrai qu'elle porte nécessairement les hommes à se haïr à proportion que leurs intérêts se croisent, à se rendre mutuellement des services apparents et à se faire en effet tous les maux imaginables. Que peut-on penser d'un commerce où la raison de chaque particulier lui dicte des maximes directement contraires à celles que la raison publique prêche au **corps de la société**, et où chacun trouve son compte dans le malheur d'autrui? Il n'y a peut-être pas un homme aisé à qui des héritiers avides et souvent ses propres enfants ne souhaitent la mort en secret; pas un vaisseau en mer dont le naufrage ne fût une bonne nouvelle pour quelque négociant; pas une maison qu'un **débiteur** de mauvaise foi ne voulût voir brûler avec tous les papiers qu'elle contient; pas un peuple qui ne se réjouisse des désastres de ses voisins. C'est ainsi que nous trouvons notre avantage dans le préjudice de nos semblables, et que la perte de l'un fait presque toujours la prospérité de l'autre: mais ce qu'il y a de plus dangereux encore, c'est que les calamités publiques font l'attente et l'espoir d'une multitude de particuliers. Les uns veulent des maladies, d'autres la mortalité, d'autres la guerre, d'autres la famine […] Qu'on pénètre donc au travers de nos frivoles démonstrations de bienveillance ce qui se passe au fond des cœurs, et qu'on réfléchisse à ce que doit être un état de choses où tous les hommes sont forcés de se **caresser** et de se détruire mutuellement, et où ils naissent ennemis par devoir et fourbes par intérêt.

Corps de la société
Groupe social formant un ensemble organisé au point de vue des institutions.

Débiteur
Personne qui doit quelque chose à quelqu'un. Emprunteur.

Caresser
Faire des démonstrations d'affection et de bienveillance plus ou moins sincères. Flatter. Courtiser.

Si l'on me répond que la société est tellement constituée que chaque homme gagne à servir les autres; je répliquerai que cela serait fort bien s'il ne gagnait

82. Rousseau fait allusion à Maupertuis (1698-1759) et à son *Essai de philosophie morale*, dont le deuxième chapitre s'intitule « Que dans la vie ordinaire la somme des maux surpasse celle des biens ».

encore plus à leur nuire. Il n'y a point de profit si légitime qui ne soit surpassé par celui qu'on peut faire illégitimement, et le tort fait au prochain est toujours plus lucratif que les services. Il ne s'agit donc plus que de trouver les moyens de s'assurer l'impunité, et c'est à quoi les puissants emploient toutes leurs forces, et les faibles toutes leurs ruses.

L'homme sauvage, quand il a dîné, est en paix avec toute la Nature, et l'ami de tous ses semblables. S'agit-il quelquefois de disputer son repas ? Il n'en vient jamais aux coups sans avoir auparavant comparé la difficulté de vaincre avec celle de trouver ailleurs sa subsistance ; et comme l'orgueil ne se mêle pas du combat, il se termine par quelques coups de poing. Le vainqueur mange, le vaincu va chercher fortune, et tout est pacifié : mais chez l'homme en société, ce sont bien d'autres affaires ; il s'agit premièrement de pourvoir au nécessaire, et puis au superflu ; ensuite viennent les délices, et puis les immenses richesses, et puis des sujets, et puis des esclaves ; il n'a pas un moment de relâche ; ce qu'il y a de plus singulier, c'est que moins les besoins sont naturels et pressants, plus les passions augmentent, et, qui pis est, le pouvoir de les satisfaire ; de sorte qu'après de longues prospérités, après avoir englouti bien des trésors et désolé bien des hommes, mon héros finira par tout égorger jusqu'à ce qu'il soit l'unique maître de l'univers. Tel est en abrégé le tableau moral, sinon de la vie humaine, au moins des prétentions secrètes du cœur de tout homme civilisé.

ROUSSEAU, Jean-Jacques. *Discours sur l'origine et les fondements de l'inégalité parmi les hommes*, première partie, Paris, Gallimard, coll. « Folio/Essais », 1992, p. 71-72 ; note IX, p. 132-133.

Kant ▪ *Idée d'une histoire universelle au point de vue cosmopolitique*

Emmanuel Kant (1724-1804), philosophe allemand, consacra sa vie à l'étude, à l'écriture et à l'enseignement. Fondateur de la philosophie critique, Kant voulut découvrir ce dont l'esprit humain était capable : ce qu'il peut savoir, ce qu'il doit faire, ce qu'il peut espérer.

Quatrième proposition

L'insociable sociabilité des hommes

Le moyen dont se sert la nature pour mener à bien le développement de toutes ses dispositions est leur **antagonisme** dans la société, pour autant que celui-ci se révèle être cependant en fin de compte la cause d'un ordre légal de celle-ci. J'entends ici par antagonisme l'*insociable sociabilité des hommes*, c'est-à-dire leur tendance à entrer en société, tendance cependant liée à une constante résistance à le faire qui menace sans cesse de scinder cette société. Cette disposition réside manifestement dans la nature humaine. L'homme possède une inclination à s'associer, car dans un tel état il se sent plus homme, c'est-à-dire ressent le développement de ses dispositions naturelles. Mais il a aussi une forte tendance à se *singulariser* (s'isoler), car il rencontre en même temps en lui-même ce caractère insociable qu'il a de vouloir tout diriger seulement selon son

Antagonisme
État d'opposition de deux forces, de deux principes.

Cupidité
Désir immodéré de l'argent et des richesses.

Lumières
Connaissances acquises. Le savoir.

Principe pratique
Règle morale qui oriente l'action, la conduite des hommes.

Arcadie
Région montagneuse de la Grèce antique représentée, à partir de la poésie pastorale grecque et latine, comme le pays du bonheur pur et paisible.

Frugalité
Qualité de celui qui se contente d'une nourriture simple.

Concorde
Paix, harmonie résultant de la bonne entente entre les membres d'une société.

Indolence
Disposition à éviter le moindre effort physique ou moral.

point de vue; par suite, il s'attend à des résistances de toute part, de même qu'il se sait lui-même enclin de son côté à résister aux autres. Or, c'est cette résistance qui éveille toutes les forces de l'homme, qui le conduit à surmonter sa tendance à la paresse et, sous l'impulsion de l'ambition, de la soif de domination ou de la **cupidité**, à se tailler un rang parmi ses compagnons qu'il supporte peu volontiers, mais dont il ne peut pourtant pas non plus se passer. Or c'est précisément là que s'effectuent véritablement les premiers pas qui mènent de l'état brut à la culture, laquelle réside au fond dans la valeur sociale de l'homme; c'est alors que se développent peu à peu tous les talents, que se forme le goût et que, par une progression croissante des **lumières**, commence même à se fonder une façon de penser qui peut avec le temps transformer la grossière disposition naturelle au discernement moral en **principes pratiques** déterminés et, finalement, convertir ainsi en un tout *moral* un accord à la société *pathologiquement* extorqué. Sans ces qualités, certes en elles-mêmes peu sympathiques, d'insociabilité, d'où provient la résistance que chacun doit nécessairement rencontrer dans ses prétentions égoïstes, tous les talents resteraient à jamais enfouis dans leurs germes au milieu d'une existence de bergers d'**Arcadie**, dans un amour mutuel, une **frugalité** et une **concorde** parfaites: les hommes, doux comme les agneaux qu'ils font paître, n'accorderaient guère plus de valeur à leur existence que n'en a leur bétail; ils ne combleraient pas le vide de la création, eu égard à son but en tant que nature raisonnable. Que la nature soit donc remerciée pour ce caractère peu accommodant, pour cette vanité qui rivalise jalousement, pour ce désir insatiable de posséder ou même de dominer. Sans elle, toutes les excellentes dispositions naturelles sommeilleraient éternellement à l'état de germes dans l'humanité. L'homme veut la concorde, mais la nature sait mieux que lui ce qui est bon pour son espèce: elle veut la discorde. Il veut vivre sans effort et à son aise, mais la nature veut qu'il soit obligé de sortir de son **indolence** et de sa frugalité inactive pour se jeter dans le travail et dans les peines afin d'y trouver, il est vrai, des moyens de s'en délivrer en retour par la prudence. Les mobiles naturels qui l'y poussent, les sources de l'insociabilité et de la résistance générale d'où jaillissent tant de maux, mais qui cependant suscitent une nouvelle tension de forces et, par là même, un plus ample développement des dispositions naturelles, trahissent donc bien l'ordonnance d'un sage créateur et non, par exemple, la main d'un esprit méchant qui aurait saboté son magnifique ouvrage ou l'aurait gâté par jalousie.

KANT, Emmanuel. «Idée d'une histoire universelle au point de vue cosmopolitique», traduction Luc Ferry, dans *Critique de la faculté de juger*, Paris, © Éditions Gallimard, coll. «Folio/ Essais», 1996, p. 482-483.

Lectures suggérées

La lecture de l'une des œuvres suivantes est suggérée dans son intégralité ou en extraits importants:

- ROUSSEAU, Jean-Jacques. *Discours sur l'origine et les fondements de l'inégalité parmi les hommes*, Paris, Flammarion, coll. «GF Philosophie», 2012.
- ROUSSEAU, Jean-Jacques. *Du contrat social*, Paris, Flammarion, coll. «GF Philosophie», 2012.

Chapitre 4

L'homme comme être social

Marx ou le matérialisme historique

Karl Marx

« Aucun auteur n'eut plus de lecteurs, aucun révolutionnaire n'a rassemblé plus d'espoirs, aucun idéologue n'a suscité plus d'exégèses, et, mis à part quelques fondateurs de religions, aucun homme n'a exercé sur le monde une influence comparable à celle que Karl Marx a eue au XXe siècle. »

Jacques Attali

Plan du chapitre

- Karl Marx et sa lutte contre le capitalisme du XIXe siècle
- Le matérialisme historique ou l'interprétation dialectique de l'histoire
- L'homme comme être social et historique
- L'être humain et le travail
- Les différentes formes de l'aliénation humaine
- La liberté et la libération collective
- Marx aujourd'hui

Karl Marx et sa lutte contre le capitalisme du XIXe siècle

La vie de Marx

Fondateur de l'Église luthérienne, Martin Luther (1483-1546) a proclamé l'autorité de la seule Écriture sainte et défendu le salut individuel uniquement par la foi.

Karl Marx naît le 5 mai 1818 à Trèves, en Rhénanie[1], dans une famille juive convertie au protestantisme **luthérien**. Trèves est le centre administratif de la région viticole de la Moselle. Même si cette petite ville paisible ne compte alors que douze mille habitants, elle n'est pas à l'abri des grands courants de l'époque. Ainsi, en 1832 et dans les années qui suivent, la bourgeoisie libérale locale et les vignerons de la Moselle revendiquent les conditions permettant d'entrer de plain-pied dans le régime **capitaliste** naissant. Par ailleurs, les premières idées **socialistes** des **saint-simoniens** et des **fouriéristes** se répandent dans la région comme dans le reste de la Prusse. La naissance de ces deux nouveaux courants de pensée opposés (le capitalisme libéral et le socialisme) a exercé une influence sur le développement politique ultérieur de Marx.

Capitaliste
Relatif au capitalisme, système économique et social fondé initialement sur des entreprises possédées par le groupe social appelé la bourgeoisie. Ces entreprises se concurrencent sur un marché libre qui est associé à des institutions politiques libérales.

Socialiste
Relatif au socialisme, théorie de l'organisation sociale qui accorde la priorité au bien de l'ensemble de la collectivité plutôt qu'aux intérêts particuliers. Le socialisme s'oppose au capitalisme et à la propriété privée de tout ce qui entre dans le processus de la production des marchandises.

Karl est le troisième des neuf enfants de Heinrich Marx, homme libéral, cultivé, imprégné du rationalisme du siècle des Lumières[2]. Avocat à Trèves, il a su s'établir une situation honorable confirmée par son titre de conseiller municipal et son poste de **bâtonnier**.

Marx suit les traces de son père. Le 22 octobre 1836, il s'inscrit à l'Université de Berlin et se présente à des cours de droit et d'anthropologie. Un professeur exceptionnel, E. Gans – qui présentait l'étude du droit comme étant intimement liée au développement rationnel de l'histoire –, fait connaître au jeune Marx la philosophie de **Hegel**. Dès le premier semestre à l'université, Marx commence à se désintéresser du droit; il est surtout captivé par la philosophie et par l'histoire. Avec sérieux, il se met à l'étude de la doctrine hégélienne. La philosophie de Hegel est alors la philosophie officielle de l'État prussien. Les principaux postes de professeurs des universités sont accordés aux hégéliens.

En 1836, Marx se fiance secrètement avec une amie d'enfance, Jenny von Westphalen, réputée la plus jolie fille de Trèves, et dont la famille appartient à la riche « aristocratie » rhénane. Il écrit des poèmes dédiés à sa fiancée qu'il lui expédie en gage d'amour. Cependant, lorsque la famille Westphalen apprend l'engagement de Jenny envers le jeune Marx, elle s'y oppose catégoriquement. On n'accepte pas ce Marx, étudiant pauvre à l'avenir incertain et de famille juive. Malgré cette opposition, le mariage de Karl Marx et de Jenny von Westphalen a lieu le 23 juin 1843 – sept années après leurs fiançailles !

Georg Wilhelm Friedrich Hegel (1770-1831) a occupé jusqu'à sa mort la chaire de philosophie de l'Université de Berlin. Il a laissé un immense système philosophique qui a dominé la scène philosophique allemande jusqu'aux environs de 1850.

Saint-simonien
Disciple de la « physiologie sociale » de Claude-Henri de Rouvroy, comte de Saint-Simon (1760-1825), qui défend un industrialisme optimiste où s'harmoniseront dans l'idéal du bien commun les intérêts des propriétaires d'entreprise avec ceux des ouvriers. Ainsi, l'union de tous les individus qui sont engagés dans des activités productives conduira à une nouvelle société solidaire.

Pendant ses études à l'Université de Berlin, Marx fréquente de jeunes docteurs en théologie, en philosophie et en histoire qui sont de fervents adeptes de la philosophie de Hegel. Parmi eux se trouve Bruno Bauer (1809-1882), qui constituera, avec Ludwig Feuerbach (1804-1872) et quelques autres, ce que l'on a appelé la gauche hégélienne. Cette gauche critique et **progressiste** s'élève contre les tendances **réactionnaires** de la Prusse; elle se sert de la doctrine hégélienne pour alimenter

1. La Rhénanie est une région de l'Allemagne située de chaque côté du Rhin. En 1815, le traité de Vienne fit de la Rhénanie une province prussienne – la Prusse étant alors un État endetté et économiquement arriéré. Cependant, la Rhénanie connut au cours du XIXe siècle un développement économique et social qui en fit la province la plus prospère de l'Allemagne.
2. Le siècle des Lumières (le XVIIIe siècle) est décrit dans le chapitre 3.

son propre travail sur les thèmes du dépassement et de la disparition de la religion, ainsi que sur le changement **révolutionnaire** de la société. Ce cercle de « jeunes hégéliens » dont fait partie Marx[3] s'oppose à une droite conservatrice, composée des disciples orthodoxes (les « vieux hégéliens ») qui acceptent sans mot dire la doctrine du maître Hegel.

Au printemps 1840, Frédéric-Guillaume IV, nouveau roi de Prusse, discrédite les hégéliens (plus particulièrement la gauche hégélienne), à qui il reproche leurs tendances libérales et antireligieuses. Dès lors, les hégéliens sont systématiquement écartés de l'enseignement universitaire.

Marx ne peut donc embrasser la carrière universitaire à laquelle il se destinait, même si, en 1841, il obtient, de l'Université d'Iéna, un doctorat en philosophie en soutenant une thèse sur la *Différence des philosophies de la nature de Démocrite et d'Épicure*[4]. Au lieu de cela, il exerce le métier de journaliste politique à la *Gazette rhénane* de Cologne. En octobre 1842, il en devient le rédacteur en chef. Ses articles décrivent et dénoncent la misère de vignerons de la Moselle, défendent la liberté de la presse, condamnent les politiques réactionnaires du gouvernement prussien, etc. En 1843, un interdit gouvernemental met fin à la production et à la diffusion du journal.

À l'automne 1843, Marx s'installe à Paris avec son épouse ; il y fréquente des groupes socialistes et rencontre Friedrich Engels (1820-1895), qui deviendra son ami et le cosignataire de nombreux volumes. À Paris, Marx dirige les *Annales franco-allemandes*, qui publient, en 1844, *Sur la question juive* et *Contribution à la critique de la philosophie du droit de Hegel*. L'année suivante, Marx et Engels écrivent *La Sainte Famille*. En 1847, la Ligue des communistes leur commande le *Manifeste du parti communiste*. Pour Marx et Engels, c'est le début d'une longue et fructueuse collaboration intellectuelle et militante dont le but est d'éduquer, de former et d'organiser le mouvement ouvrier afin que les travailleurs se libèrent de leurs chaînes.

Étant expulsé de France en raison d'activités révolutionnaires, Marx part pour Bruxelles grâce à une souscription organisée par Engels. Cependant, en février 1848, le gouvernement belge, à son tour, le frappe d'expulsion. Sans moyens, il doit se réfugier à Londres en 1849. Maintenant père de trois enfants, il y vit avec sa famille dans une grande pauvreté. La lutte politique occupe une grande part de son temps et de ses énergies, car il est entièrement dévoué à la cause des travailleurs ; ainsi, en 1864, il œuvre à la fondation de la Ire Internationale (Association internationale des travailleurs). Mais, pour survivre, il écrit, entre 1851 et 1862, près de cinq cents articles pour le *New York Daily Tribune* et le *People's Paper*. En outre, il prépare de nombreux « travaux sérieux » en histoire (*Les Luttes de classes en France*, 1848-1850) et en économie (*Contribution à la critique de l'économie politique*, publié en 1859 ; *Le Capital*, tome I, publié en 1867 : les trois autres tomes seront rédigés après sa mort par Friedrich Engels et Karl Kautsky [1854-1938] à partir de notes et de documents laissés par Marx).

Marx meurt à Londres en 1883 assis dans le fauteuil de son bureau où il travaillait.

Fouriériste
Disciple de Charles Fourier (1772-1837), qui critique la société de son temps en la présentant comme une forme sociale inférieure et qui, en contrepartie, préconise une communauté utopique dans laquelle chacun pourra laisser ses passions s'épanouir.

Bâtonnier
Avocat élu par ses confrères pour être le directeur et le représentant de leur confrérie.

Progressiste
Se dit d'une personne, d'une attitude, d'une action ou d'une organisation qui veut transformer la société selon un idéal de progrès économique, social et politique.

Réactionnaire
Se dit d'une personne, d'une attitude, d'une action ou d'une organisation qui s'oppose au progrès social et préconise la conservation ou le rétablissement des institutions traditionnelles.

Révolutionnaire
Se dit d'une personne, d'une attitude, d'une action ou d'une organisation qui est partisane de changements radicaux et soudains dans le domaine social ou dans le domaine politique.

---

3. Marx critiquera plus tard ses compagnons de formation en leur reprochant, entre autres, leur idéalisme (voir *La Sainte Famille* et *Thèses sur Feuerbach*).
4. Démocrite (v. –460 à v. –370), philosophe grec de l'Antiquité, a élaboré une physique matérialiste, l'*atomisme*, qui conçoit la nature comme un mouvement infini de particules matérielles indivisibles et éternelles se combinant entre elles pour produire les corps visibles. C'est là une forme de *déterminisme* (*voir la définition, page 129*) qu'on peut qualifier de mécaniste parce qu'il vise à expliquer toute chose par de simples combinaisons d'atomes et laisse ainsi peu de place à la liberté. Or, dans sa thèse, Marx rejette le déterminisme mécaniste de Démocrite et tente, à l'instar d'Épicure (–341 à –270), de fonder l'existence de la liberté de l'homme.

Le capitalisme du XIXe siècle

Marx a voulu comprendre la société capitaliste de son temps («l'époque bourgeoise»), en expliquer la structure et les lois afin de la transformer[5]. Il propose un nouveau modèle d'organisation économique et sociale qui contribuerait à la réalisation de toutes les capacités humaines, tant intellectuelles que physiques. En somme, c'est l'épanouissement complet de l'être humain qui est visé. Pour ce faire, Marx étudie la modernité de son époque, qu'il décrit de la manière suivante:

> Le bouleversement constant de la production, l'ébranlement incessant de toutes les conditions sociales, l'insécurité et l'agitation perpétuelles distinguent l'époque bourgeoise de toutes les époques antérieures. Tous les rapports bien établis, figés par la rouille, avec leur cortège d'idées et de conceptions surannées et vénérables sont dissous; tous les rapports nouveaux tombent en désuétude avant d'avoir pu se scléroser. Toute hiérarchie sociale et tout ordre établi se volatilisent, tout ce qui est sacré est profané et les hommes sont enfin contraints de considérer d'un œil froid leur position dans la vie, leurs relations mutuelles[6].

L'expression «révolution industrielle» fut utilisée dans les années 1820 pour comparer les bouleversements industriels qui ont alors eu lieu avec les changements politiques produits par la Révolution française de 1789.

Décrivons brièvement les nouvelles conditions d'existence instaurées par la bourgeoisie[7]. À la fin du XVIIIe siècle, l'Angleterre connaît une **révolution industrielle** sans précédent dans les domaines du textile, du charbon et du fer. L'invention d'une machine à filer (*mule-jennies*) et la mise au point de métiers à tisser mécanisés transforment radicalement la production de fils et de tissus de coton. Les propriétaires des manufactures ont besoin d'une main-d'œuvre abondante. Des milliers d'ouvriers s'agglutinent dans les villes. On leur construit des logements insalubres.

On assiste aussi à une exploitation accrue des mines de charbon, lequel sert de combustible destiné à actionner les machines à vapeur ainsi que les hauts fourneaux pour la métallurgie (les fonderies). À partir du milieu du XIXe siècle, ces conditions se propagent sur le continent européen.

Marx observe les ouvriers de son époque, qui font face à un univers éclaté, fragmenté en raison de l'industrialisation débridée, de l'organisation inhumaine du travail et de la misère presque généralisée. Il est difficile de s'imaginer les conditions de vie de la majorité des travailleurs en Angleterre, en Belgique, en Allemagne et en France du milieu à la fin du XIXe siècle. Que l'on pense aux centaines de milliers d'hommes, de femmes et d'enfants qui s'engouffraient dans les mines de charbon ou dans les manufactures de textile, travaillant quatorze heures par jour, six jours par semaine, dans des conditions atroces pour un salaire qui suffisait à peine à leur survie[8]. «Notre

---

5. La notion de *praxis* sert à exprimer ce mouvement qui va de l'explication théorique à l'action modifiant l'état de choses présent. Nous examinerons cette notion dans la section de ce chapitre intitulée «L'être humain et le travail» (*voir la page 132*).
6. Karl MARX et Friedrich ENGELS, *Manifeste du parti communiste*, traduction Émile Bottigelli, Paris, © Flammarion, coll. GF, 1998, p. 77.
7. Des romanciers de grand talent ont tracé le portrait de cette époque trouble. Mentionnons Charles Dickens (1812-1870), qui dénonce l'exploitation capitaliste et les misères sociales de son époque dans *Les Temps difficiles* (1854). Dickens a aussi créé des personnages d'enfants de la rue (Oliver Twist, Nicholas Nickleby, David Copperfield, etc.) qui ont rejoint et ému un vaste public, car ces enfants itinérants, pauvres et bafoués, mais malgré tout débrouillards, finissent, à force de courage et d'honnêteté, par échapper à leurs épouvantables conditions d'existence. Pensons aussi à Victor Hugo (1802-1885), qui a mis en scène la misère des plus pauvres de la société du XIXe siècle dans plusieurs œuvres, dont son roman *Les Misérables* (1862), ou à Émile Zola (1840-1902), qui décrit les conditions de vie pitoyables des mineurs dans *Germinal* (1885).
8. Une étude intitulée *On the Sanitary Condition of the Labouring Population of Great Britain in 1842* indiquait que l'âge moyen de décès pour «les ouvriers et leurs familles» à Manchester (prototype de la ville industrielle britannique) était de dix-sept ans, alors que les travailleurs ruraux décédaient en moyenne à trente-huit ans.

époque, l'époque de la bourgeoisie, a cependant pour signe distinctif qu'elle a simplifié les oppositions de classes. La société entière se scinde de plus en plus en deux grands camps hostiles, en deux grandes classes qui se font directement face: la bourgeoisie[9] et le prolétariat[10].» Cette crise sociale, qui marque profondément la deuxième moitié du XIXe siècle, engendre, aux yeux de Marx, une situation révolutionnaire sans précédent. Il faut changer ce monde! Marx s'y attaque et, bien sûr, il dérange l'ordre établi, c'est-à-dire le système économique, social et politique qui permet l'exploitation d'une classe (le prolétariat) par une autre classe (la bourgeoisie).

Le sort réservé aux enfants des couches populaires entache d'un irrémédiable scandale la révolution industrielle capitaliste. À partir de l'âge de six ans, on les oblige à travailler dans des conditions misérables. Mis à l'amende, emprisonnés, battus, fouettés pour la moindre défaillance, les enfants deviennent les esclaves du capitalisme «sauvage».

Marx laisse à l'humanité une œuvre capitale dont la pensée et l'action ont marqué d'une manière décisive (mais controversée) la fin du XIXe siècle et la majeure partie du XXe siècle. N'oublions pas que près de la moitié de l'humanité a vécu au XXe siècle sous l'**hégémonie** de régimes politiques qui se réclamaient (souvent injustement) de sa philosophie! À titre d'exemple, qu'il suffise de rappeler les partis socialistes d'État des pays qu'on désignait sous le nom de «Bloc de l'Est[11]», qui se sont servis (en le trahissant) du marxisme comme d'une doctrine d'organisation sociale et politique.

Hégémonie
Suprématie, domination, autorité.

Marx a révolutionné la manière de concevoir l'individu et les liens qui l'unissent à la société. Il les a repensés en fonction d'une nouvelle conception ou compréhension du monde et de l'homme qui se voulait scientifique et qu'on a appelée «matérialisme historique» ou, pour utiliser l'expression d'Engels, «dialectique matérialiste». Voyons brièvement de quoi il s'agit.

Fils d'un riche industriel allemand, Friedrich Engels fut le compagnon de route indéfectible de Marx. À maintes reprises, il lui apporta même une aide financière.

9. Dans une note du *Manifeste du parti communiste*, la bourgeoisie est définie comme «la classe des capitalistes modernes qui sont propriétaires des moyens sociaux de production et emploient du travail salarié». Le prolétariat, quant à lui, est décrit comme «la classe des ouvriers salariés modernes qui, ne possédant en propre aucun moyen de production, en sont réduits à vendre leur force de travail pour pouvoir vivre» (p. 73).

10. *Ibid.*, p. 74.

11. Ces pays européens ont vécu sous l'empire de l'Union des républiques socialistes soviétiques ou URSS (avec, pour centre, Moscou, capitale de l'actuelle Russie) jusqu'au 5 septembre 1991. Après soixante-quatorze années passées sous un régime centralisé «communiste», le Congrès des députés a sabordé la fédération soviétique pour instaurer une nouvelle union de républiques souveraines.

Le matérialisme historique ou l'interprétation dialectique de l'histoire

La notion de dialectique, qui jouera un rôle si important dans la pensée de Marx et d'Engels, provient de la philosophie de Hegel. La **dialectique hégélienne** est à la fois la loi de la pensée et la loi du devenir de la réalité (plus précisément de l'Histoire). Hegel considère la pensée et l'Histoire comme dynamiques. Celles-ci s'accroissent constamment de déterminations nouvelles; chacune de ces déterminations, qui est appelée « position » (thèse), recèle déjà en soi son « opposition » (antithèse), et les deux – se niant l'une l'autre – sont « supprimées[12] » en se dépassant (synthèse) dans une nouvelle détermination.

La dialectique hégélienne se résume par le schéma « position/opposition/dépassement ». La formule « thèse/antithèse/synthèse » utilisée couramment est la création de commentateurs de Hegel.

Ainsi, selon Hegel, l'Histoire doit être pensée comme une succession de moments dont chacun s'érige en s'opposant à celui qui l'a précédé. Chaque nouveau moment nie le précédent tout en en conservant des éléments; ce faisant, il le fait passer à un stade plus élevé. Par exemple, la cité grecque de l'**Antiquité** nie les empires asiatiques en refusant que le chef soit considéré comme un dieu. Toutefois, elle leur emprunte l'idée du pouvoir politique. Et en créant la notion de citoyen, la cité grecque dépasse les empires asiatiques.

Antiquité
Époque historique qui fait référence aux anciennes civilisations d'Égypte, de Mésopotamie, de Grèce et de Rome.

Spéculatif
Qui appartient à la théorie, à la recherche abstraite.

Même si Marx et Engels ont été profondément influencés par les concepts hégéliens de dialectique, de contradiction, d'aliénation, de primauté du processus historique, etc., ils n'en ont pas moins condamné vigoureusement l'**idéalisme** de Hegel, qui concevait l'Histoire (le devenir de l'humanité) comme la réalisation progressive de l'Esprit ou de l'Idée[13] (une sorte de « divinité philosophique », diront Marx et Engels). Ces derniers reprochent à Hegel d'avoir remplacé l'homme réel, vivant dans le monde réel, par l'Idée, et la réalité humaine par la « Conscience » qui se découvre elle-même. Par cette critique, Marx et Engels pensent rompre définitivement avec la philosophie **spéculative** et transforment radicalement la pratique de la philosophie en « remettant la dialectique sur ses pieds ». En d'autres mots, Marx et Engels réinterprètent la dialectique en des termes **matérialistes**.

Selon Marx et Engels, est « idéaliste » toute théorie qui considère que les idées (les représentations, les concepts) déterminent les hommes, le monde réel ne devenant alors qu'un produit du monde des idées.

Le matérialisme constitue un courant philosophique soutenant que la matière est la base de toute la réalité, qu'il n'existe pas d'esprit antérieur à la matière et que la pensée humaine elle-même relève de l'univers physique objectif.

La philosophie marxienne[14] comporte deux axes principaux: le *matérialisme dialectique* et le *matérialisme historique*. Donnons-en d'abord une brève explication générale: toute réalité est matière, laquelle n'est pas inerte mais se définit essentiellement en termes de mouvement. La loi fondamentale du mouvement est la dialectique, qu'on peut caractériser comme la lutte de forces opposées qui explique les changements, l'évolution des êtres inanimés et des êtres vivants, la vie et la mort, et même les réalités et les transformations sociales. Cette opposition se réalise selon le schéma emprunté à Hegel: « position/opposition/dépassement ». Si l'on applique cette idée de base à la nature, on parlera de matérialisme dialectique, et si on l'applique à la société, il s'agira de matérialisme historique.

12. Le terme « supprimer » doit ici être pris dans le double sens du mot allemand *aufheben*: « mettre fin à » et « conserver ».
13. Les termes de Concept, d'Absolu et de Totalité sont aussi utilisés par Hegel.
14. Tout au long de cet exposé, nous utiliserons l'expression « philosophie marxienne » pour désigner la pensée de Karl Marx telle qu'elle se révèle dans ses œuvres, le terme « marxiste » servant à nommer les diverses interprétations et applications qui ont dérivé de la théorie marxienne.

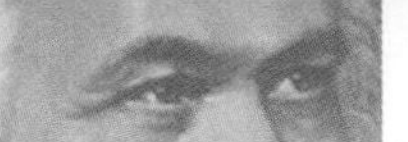

Le matérialisme dialectique de Marx

La « méthode dialectique[15] » se présente comme une théorie de la connaissance de la nature. La vérité n'existant pas en soi – seul un idéaliste pourrait affirmer le contraire –, il faut, selon Marx, mettre en place les conditions concrètes de recherche de la vérité. D'abord, on doit affirmer la primauté et l'indépendance du réel par rapport à sa connaissance: la matière est indépendante de la connaissance que l'on en a. Ensuite, par rapport à chacune des réalités qu'on se propose de connaître – parce que la nature est dialectique –, il y a nécessité de relever et d'analyser les contradictions qui s'y trouvent (par exemple, vie/mort). Enfin, on procédera à une synthèse des éléments analysés afin d'en saisir les mouvements, les transformations – bref, leur passage d'une forme à une autre à travers le temps.

Marx se servira de sa méthode dialectique pour faire une lecture de la marche de l'**histoire de l'humanité**. Il voudra en comprendre les manifestations économiques, sociales et politiques. Cela le conduira naturellement à une démarche matérialiste véritable qu'on nommera « matérialisme historique ».

« Les hommes font leur propre histoire [...] dans des conditions directement données et héritées du passé » (Karl MARX, *Le 18 Brumaire de Louis Bonaparte*, Paris, Éditions Sociales, 1963, p. 13).

Le matérialisme historique de Marx

Le *matérialisme historique* se présente comme une théorie scientifique de l'histoire. Cette conception marxienne de l'histoire est dite matérialiste parce que la base théorique sur laquelle Marx l'appuie correspond aux conditions de vie concrètes, économiques et sociales, qui se sont modifiées au cours de l'histoire à la suite de l'affrontement de deux *classes sociales*[16] défendant des intérêts radicalement opposés, tels que si une classe satisfait ses intérêts, elle le fera au détriment de l'autre (par exemple, la classe bourgeoise/la classe prolétarienne). Selon Marx, les oppositions entre deux classes sociales qui cohabitent à une période donnée permettent de comprendre la succession des sociétés à travers l'histoire. Sa théorie de la *lutte des classes* affirme que, à l'exception de la commune primitive[17], toutes les sociétés subséquentes ont été composées de deux classes en opposition constante, opposition constituant le moteur de l'histoire de l'humanité.

Le matérialisme historique a pour objet d'étude l'ensemble des *modes de production* apparus (et à paraître) au cours du développement de l'humanité. Les modes de production correspondent aux manières de produire les biens et les services au cours de l'histoire (par exemple, les modes de production esclavagiste, féodal et capitaliste). En somme, le matérialisme historique essaie de repérer et de comprendre les formes de transition des divers modes de production à travers l'histoire. Marx découvre que le passage d'un mode de production à un autre résulte d'une lutte de classes entre les possédants des *moyens de production* et les non-possédants[18]. Les moyens de production sont constitués des ressources naturelles (matières premières) et des instruments de production (outils, machineries et technologies permettant la réalisation d'un produit). Dans leur nature, leur usage

15. Notons que l'expression « matérialisme dialectique » n'a jamais été utilisée par Marx, ce dernier décrivant et défendant sa « méthode dialectique ».
16. Les classes sociales regroupent, chacune, des individus qui – jouant un rôle similaire dans la production – sont dans des rapports identiques, partagent un même niveau de revenus et une manière semblable de se le procurer (par exemple, les grands industriels, les commerçants, les ouvriers, les paysans).
17. La commune primitive sera décrite un peu plus loin.
18. Dans la section « La liberté et la libération collective » (*voir la page 139*), nous traiterons de la nécessité pour les travailleurs de s'approprier les moyens de production afin de se libérer de leurs chaînes.

et surtout leur mode de propriété, les moyens de production déterminent le type de société dans lequel vivent les humains. Depuis les plus lointaines origines de l'humanité, la manière dont s'effectue la production matérielle, et par conséquent le travail, engendre des modes particuliers de rapports entre les humains, au sein d'une société donnée. Les *rapports sociaux de production* correspondent à la manière dont les individus entrent en relation avec les autres dans le cadre d'une organisation économique particulière (par exemple, les rapports maître/esclave, seigneur/serf, capitaliste/ouvrier). En fait, les rapports de production sont les relations qui s'établissent entre les individus dans le processus de production; ils concernent les formes de la propriété et celles des échanges et de la distribution des richesses produites. Afin de produire les biens qu'ils estiment nécessaires à leur existence, les humains entrent donc dans des relations bien précises les uns avec les autres. Ce sont ces relations qu'on appelle « rapports sociaux de production » qui se sont développés et transformés au cours des siècles.

Les étapes historiques des relations économiques et sociales entre les hommes

La tribu ou « commune » primitive

La tribu ou « commune » primitive constitue, selon Marx, la première forme d'organisation sociale de l'humanité. Dès l'origine, tous les membres de la communauté, à savoir tous ceux qui en étaient physiquement capables, travaillaient ensemble à la subsistance du groupe. Les moyens de production appartenaient au clan ou à la tribu, c'est-à-dire que leur propriété était collective. Tout le monde était propriétaire des moyens de production, de sorte que tout le monde, sur le plan de la production, était sur le même pied. On peut donc parler de rapports de production égalitaires entre les membres de ces communautés. Même s'il est possible de supposer que, dans ces premières communautés humaines, il se soit déjà créé des rôles et des dépendances, il ne s'agit nullement d'exploitation véritable.

La commune primitive se situe dans une période d'abondance où prédomine l'appropriation de produits naturels tout faits (chasse, pêche, cueillette). Les moyens de production des humains sont alors essentiellement des outils aidant à cette appropriation. Il existe une unité (une symbiose) entre les travailleurs et les moyens de production. À ce stade rudimentaire de développement, la seule division du travail existante est liée à la force physique nécessaire pour chasser, pêcher, élever du bétail ou cultiver un lopin de terre. En somme, nous avons affaire à un élargissement de la division naturelle du travail qui existe déjà dans la famille. Certains pourraient y voir l'apparition d'une première forme de division du travail, c'est-à-dire une division des rôles à l'intérieur et à l'extérieur de la famille en vue d'une plus grande productivité. Mais il n'en demeure pas moins qu'à cette époque de l'humanité chacun contribue dans la mesure de ses moyens à la survie de la communauté et, ce faisant, s'épanouit librement dans son travail qui est, en quelque sorte, le reflet de son identité propre.

Le mode de production esclavagiste

Puis vint un temps où plusieurs tribus se réunirent pour constituer les villages d'abord, et les villes ensuite. Un groupe d'hommes, en utilisant la ruse et la force, s'approprie les moyens de production et – ayant besoin de main-d'œuvre – recourt à l'esclavage, qui se développera selon l'accroissement des besoins, les relations extérieures, la guerre et le troc. La formation de ces deux classes sociales entraîne le bris de l'unité originelle entre le travailleur et ses moyens de travail : une minorité d'individus possède les moyens de production alors qu'une majorité (les esclaves) ne possède rien. Cette forme d'organisation sociale a constitué la base sur laquelle s'est édifiée l'Antiquité. Par exemple, l'esclavage fut une composante essentielle de la société grecque antique. En effet, toutes les tâches autres que politiques[19] étaient confiées à des esclaves. Ce sont les citoyens libres (les maîtres) – actifs économiquement, socialement et politiquement – qui possédaient les esclaves considérés comme de simples instruments de travail. En outre, les maîtres étaient propriétaires de toutes les sources de richesse: les biens meubles (qui peuvent être déplacés) et les biens immobiliers. À ce moment de l'histoire, la division du travail étant déjà bien installée, «les rapports de classes entre citoyens et esclaves ont atteint leur complet développement[20]».

Mais un jour, toute la structure sociale fondée sur l'esclavagisme s'est effondrée lorsque s'est développée d'une manière plus accentuée la **propriété foncière**. Le mode de production esclavagiste a alors été remplacé par le mode de production féodal.

Propriété foncière
Droit d'user, de jouir et de disposer de parcelles de terre.

Le mode de production féodal

On assiste alors à la concentration de la propriété privée entre les mains d'un petit nombre et, en plus des esclaves, à la formation de nouvelles classes d'exploités – les plébéiens (travailleurs à gages), les serfs (les paysans) – ainsi qu'à la formation d'une nouvelle classe d'exploitants – les seigneurs. L'opposition entre ces nouvelles classes sociales d'exploitants et d'exploités subsiste et s'accroît jusqu'à l'époque moderne.

Le mode de production féodal correspond à l'organisation économique et sociale en vigueur au **Moyen Âge**. La classe dominante est la noblesse terrienne. Le seigneur concède à ses serfs («petits paysans asservis qui constituent la classe directement productive[21]») des parcelles de terre que ces derniers cultivent pour leur propre survie. En retour, ils doivent obéissance au seigneur et sont obligés de travailler sans salaire sur ses terres. Ce travail obligatoire dû au seigneur est appelé «corvée».

Moyen Âge
Période historique comprise entre la chute de l'Empire romain d'Occident (476) et la découverte de l'Amérique (1492).

Dans les villes s'organise une hiérarchie semblable à celle de la campagne: des apprentis sont sous l'autorité de maîtres artisans réunis dans des corporations. Petits industriels et petits commerçants, les artisans accumulent peu à peu des capitaux et constituent une nouvelle classe sociale appelée la bourgeoisie. Le mode de production féodal fait alors place au mode de production capitaliste.

Le mode de production capitaliste

Le mode de production capitaliste se caractérise par la constitution de deux nouvelles classes sociales antagonistes: la bourgeoisie – les manufacturiers et les commerçants qui se sont enrichis – et les ouvriers – des paysans, pour la plupart, qui n'arrivent plus à survivre avec le travail de la terre. L'exode rural entraîne donc leur agglomération dans les villes.

Et nous voilà arrivés dans la seconde moitié du XIXe siècle où le mode de production capitaliste crée des conditions d'existence misérables et dégradantes pour des millions de prolétaires, alors qu'une minorité (la classe bourgeoise), parce qu'elle est propriétaire des mines, des industries et de la finance, vit dans l'aisance et la liberté.

---

19. Notons que seule l'activité politique est alors jugée digne d'un citoyen libre.
20. Karl MARX et Friedrich ENGELS, *L'Idéologie allemande*, traduction Henri Auger, Gilbert Badia, Jean Baudrillard et Renée Cartelle, Paris, Éditions Sociales, coll. «Essentiel», 1988, p. 73. Il faut noter que, si Marx croit qu'il existe un mouvement naturel dans l'évolution des modes de production, il ne croit pas qu'il existe des esclaves naturels. Selon lui, tous les êtres humains sont fondamentalement égaux.
21. *Ibid.*, p. 75.

Finalement, la libre concurrence a pour conséquence une augmentation de la demande, qui, à son tour, entraîne l'apparition de la grande industrie moderne et des bourgeois modernes (les capitalistes). À cette étape, les nouveaux rapports de production s'inscrivent dans l'opposition entre bourgeois (capitalistes) et prolétaires (ouvriers).

Droit divin
[...] Doctrine de la souveraineté, forgée au XVIIe s., et d'après laquelle le roi est directement investi par Dieu [...] *(Le Petit Robert)*.

Sur le plan politique, la bourgeoisie rompt définitivement avec les supérieurs dits naturels et le **droit divin**; elle s'empare de la souveraineté politique. Toutefois, bien que les révolutionnaires bourgeois proclament la fraternité et l'égalité, le peuple ne bénéficie pas des privilèges de la bourgeoisie. C'est pourquoi Marx considère que le gouvernement moderne n'est qu'un comité qui gère les affaires communes de la classe bourgeoise. Selon lui, le capitalisme est la forme achevée de l'exploitation de l'homme par l'homme, qui ne pourra être dépassé que par la révolution qui permettra la constitution d'un État ouvrier (étape du «socialisme»). Cette étape transitoire devra conduire à l'édification d'une société sans classes où les humains seront égaux et libres (étape du «communisme»).

Le mode de production communiste

Selon Marx, le communisme suit de façon nécessaire la défaite du capitalisme. Au début, les rapports de production du système capitaliste étaient révolutionnaires: ils ont renversé l'aristocratie et permis l'avènement des grandes industries et le développement des forces productives. Mais, à un moment donné du développement économique, ce système ne pourra plus être assez puissant pour maintenir les forces productives. Le développement de ces dernières conduira à une surproduction démesurée (trop de moyens de subsistance, trop de commerce, trop de concurrence) et la compétition entre capitalistes aura pour effet que la pauvreté deviendra de plus en plus grande. C'est alors que s'ouvrira une ère de révolution sociale qui atteindra son paroxysme avec l'établissement du communisme.

Afin d'éviter un malentendu fréquent, précisons que lorsque Marx parle de «communisme», il ne cherche pas à décrire un programme social ou la manière dont une société de type communiste devrait être organisée. Il réfléchit plutôt aux conditions d'abolition du mode de production capitaliste. Dans *L'Idéologie allemande*, il soutient que «le communisme n'est pour nous ni un *état* qui doit être créé, ni un *idéal* sur lequel la réalité devra se régler. Nous appelons communisme le mouvement *réel* qui abolit l'état actuel.[22]» Dans le *Manifeste du parti communiste* cette fois, il reformule ainsi sa pensée: «Les propositions théoriques des communistes ne reposent nullement sur des idées, des principes inventés ou découverts par tel ou tel utopiste. Elles ne sont que l'expression générale de rapports effectifs d'une lutte de classes qui existe, d'un mouvement historique qui s'opère sous nos yeux.[23]»

Le mode de production communiste correspond à l'abolition des oppositions entre les propriétaires et les non-propriétaires, entre les acheteurs et les vendeurs de la force de travail; il met fin au pouvoir des exploitants d'asservir le travail d'autrui. Dans sa forme achevée, il correspond à la reconstitution de l'unité primitive entre le travailleur, ses moyens de production et le produit de son travail. Cette société établira une propriété collective des moyens de production où les capacités de l'être humain, qui ne seront plus asservies, pourront enfin se développer librement. Cette société sans classes demandera à chacun de contribuer au progrès de la communauté suivant ses capacités propres, et en contrepartie celle-ci donnera à chacun suivant ses besoins (*voir la figure 4.1*).

22. *Ibid.*, p. 95.

23. *Manifeste du parti communiste*, p. 92.

Figure 4.1 **Le schéma marxien de l'évolution des sociétés**

La société communiste
- Propriété collective des moyens de production
- Société sans classes
- Chacun contribue selon ses capacités et reçoit selon ses besoins.

La société capitaliste
- Constitution de deux classes sociales antagonistes: les bourgeois et les prolétaires
- Les bourgeois possèdent les moyens de production et exploitent les prolétaires.

La société féodale
- À la campagne, les seigneurs possèdent les moyens de production et tirent profit des serfs.
- En ville, les maîtres artisans exploitent leurs apprentis.

La société esclavagiste
- Les maîtres possèdent tous les moyens de production (y compris les esclaves).
- Les esclaves sont considérés comme des instruments de travail.

La «commune» primitive
- Première forme d'organisation sociale de l'humanité
- L'esprit communautaire en est la principale caractéristique.
- Unité originelle entre le travailleur et ses moyens de travail
- Chacun contribue à sa tribu selon ses moyens et s'épanouit dans son travail.

La primauté de la vie économique

Marx considère que l'être humain – comme tous les autres animaux – doit assurer sa subsistance. Pour y parvenir, les humains ont mis en place des organisations économiques qui se sont succédé à travers les siècles. En somme, l'économie correspond aux diverses manières qu'ont prises les hommes pour survivre. C'est pourquoi Marx fait reposer la société sur les conditions économiques en vigueur à une époque donnée.

L'apport fondamental de la philosophie marxienne a été justement d'établir que le type d'organisation économique, c'est-à-dire le mode de production matérielle constitue la base sur laquelle se construit l'ensemble de l'édifice social; en d'autres mots, que l'infrastructure économique détermine la superstructure juridique, politique et idéologique:

> Dans la production sociale de leur existence, les hommes nouent des rapports déterminés, nécessaires, indépendants de leur volonté; ces rapports de production correspondent à un degré donné du développement de leurs forces productives

> matérielles. L'ensemble de ces rapports forme la structure économique de la société, la fondation réelle sur laquelle s'élève un édifice juridique et politique, et à quoi répondent des formes déterminées de la conscience sociale[24].

Le mode de production mis en place à une époque donnée est assorti de rapports sociaux, issus de l'organisation du travail, qui déterminent les conditions d'existence particulières des agents de la production. Mais l'influence de l'infrastructure économique ne s'arrête pas là. C'est elle qui détermine la superstructure, c'est-à-dire l'ensemble de l'organisation juridique, politique et idéologique propre à une société donnée. Ainsi, l'État, les lois, les idées, les valeurs et les mœurs que connaît une société ne sont pas des éléments neutres, mais ils découlent de l'infrastructure économique et lui permettent de se reproduire. Plus particulièrement, les conceptions que l'on se fait de l'être humain proviennent du mode de production économique qui les a générées et s'expliquent par lui. En simplifiant un peu, nous pourrions dire que c'est parce que nous vivons dans une infrastructure économique capitaliste que nous trouvons normal de penser l'homme et son existence sous l'angle du « chacun pour soi », du « qui veut peut », du « profit réciproque » et de la « rentabilité obligée ».

Ensemble des idées, des valeurs et des croyances propres à une société ou à une classe donnée. L'idéologie est présentée comme rationnelle, alors qu'elle exprime, en fait, les intérêts de la classe dominante. Elle se traduit en une doctrine politique (par exemple, le libéralisme économique) qui dicte les actions d'un gouvernement, d'un parti, d'une classe sociale, etc.

Par ailleurs, il faut ajouter que, si le type d'organisation économique (l'infrastructure) détermine les activités politiques, juridiques, culturelles, philosophiques, etc. (la superstructure) d'une société donnée, en revanche ces activités viennent consolider, par l'entremise de l'**idéologie**, l'infrastructure économique. En d'autres mots, il existe un va-et-vient constant entre la superstructure et l'infrastructure, les deux s'influençant mutuellement. L'infrastructure économique est l'assise de la société, mais il n'en demeure pas moins que les idées en vigueur renforcent et reproduisent généralement le mode économique de production dans une société particulière (*voir la figure 4.2*). Dans cette perspective, la pensée de Descartes, par exemple, avec son insistance sur le « sujet » rationnel et libre, pourrait être vue comme la justification idéologique de la bourgeoisie montante qui doit lutter contre les vieux modèles sociaux (par exemple, les privilèges des nobles) nuisant à son ascension.

Nous illustrerons encore cette idée maîtresse de Marx en établissant un rapport entre le type d'éducation valorisé dans les collèges classiques du Québec jusqu'en 1968[25] et celui qu'a institué la réforme des cégeps, en 1994, dont les programmes sont toujours en vigueur. Une lecture marxiste nous amènerait à considérer la culture humaniste dite libérale véhiculée dans les collèges classiques comme la chasse gardée d'une élite francophone dédiée exclusivement aux professions libérales (médecine, droit, notariat) étant donné qu'elle ne possédait ni ne dirigeait l'économie capitaliste de l'époque. Poursuivant cette interprétation, nous pourrions dire que les propriétaires de l'industrie québécoise actuelle – porte-parole de l'idéologie dominante – ont fait pression sur le gouvernement afin que l'éducation postsecondaire soit davantage orientée vers les besoins du marché. En conséquence, l'enseignement donné dans les cégeps tente désormais de développer prioritairement des compétences mesurables et utilisables dans le monde du travail capitaliste du début du XXIe siècle.

---

24. Karl MARX, « Critique de l'économie politique », dans *Œuvres (Économie)*, t. I, traduction Maximilien Rubel et Louis Évrard, Paris, © Éditions Gallimard, coll. « Bibliothèque de la Pléiade », 1972, p. 272-273.
25. Les Collèges d'enseignement général et professionnel (cégeps) furent créés en 1968 et remplacèrent les collèges classiques.

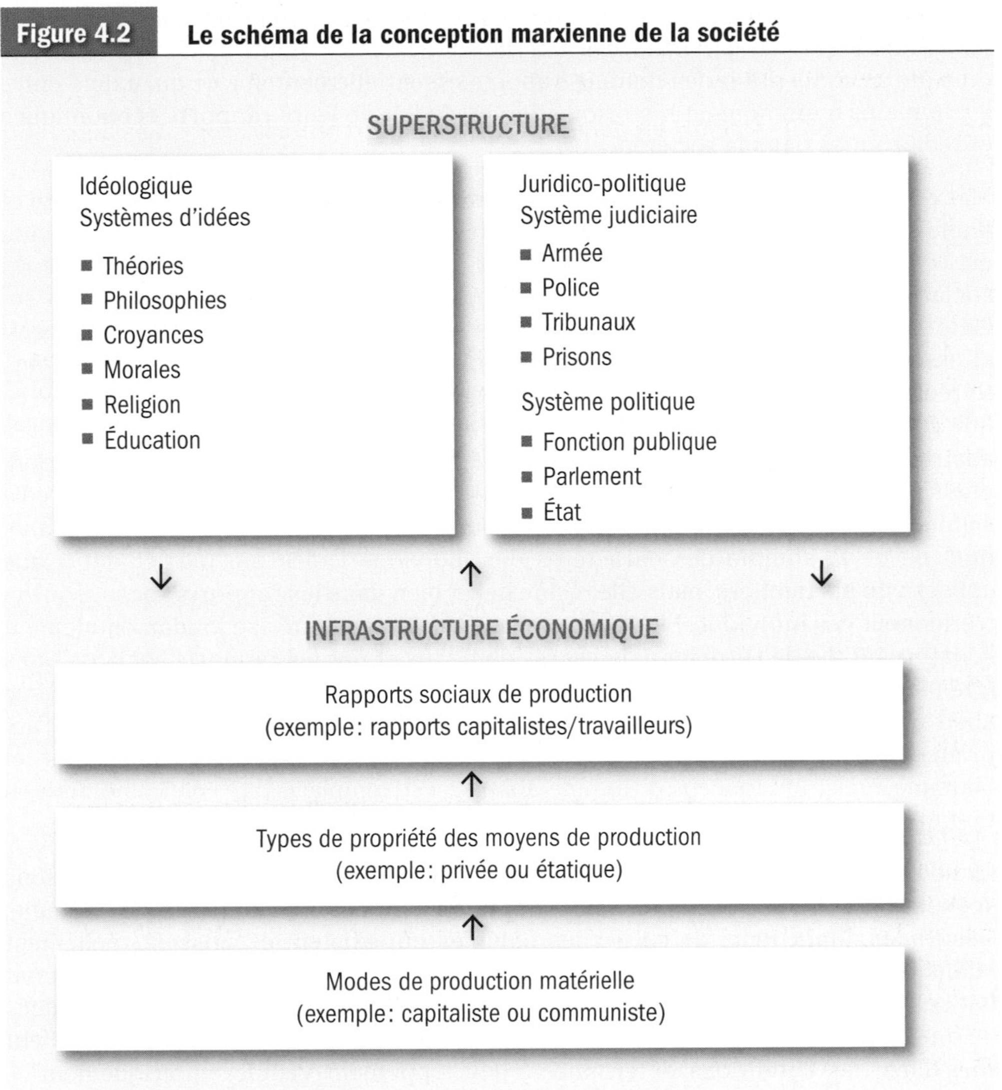

Figure 4.2 **Le schéma de la conception marxienne de la société**

L'homme comme être social et historique

Comme tous les philosophes de la tradition occidentale, Marx se questionne sur la nature humaine. Il se demande ce qu'est l'essence de l'être humain, ce qui le caractérise fondamentalement. Cependant, il ne peut accepter que l'essence de l'homme se trouve dans une idée ou un concept sous lequel se rangeraient tous les individus. Adhérer à une telle vision de l'être humain, c'est croire qu'une abstraction **générique** se loge dans tous les individus comme une qualité ou une puissance qui les fait exister tels qu'ils sont. Or, selon Marx, répétons-le, les idées humaines sont le reflet des choses et des événements réels ; en conséquence, l'idée d'homme, la « conscience » que l'homme a de lui-même, est déterminée par ses activités, ses conditions de vie, ses rapports sociaux. La définition marxienne de l'être humain correspond à une conception **déterministe** de l'être humain.

Générique
Ce qui est commun à un groupe d'êtres ou d'objets et qui en constitue le genre.

Déterministe
Se dit d'une théorie qui considère l'être humain comme résultant de manière nécessaire de causes antérieures et matérielles qui l'ont façonné.

À l'opposé de cette vision marxienne, Descartes, qui est un philosophe idéaliste, accorde à l'être humain une essence *a priori*, soit la raison. Descartes ne tient aucunement compte dans sa définition de l'homme des conditions concrètes d'existence. Marx, qui est un philosophe matérialiste, se trouve à mille lieues de Descartes, puisque sa conception de l'homme s'appuie essentiellement sur ce qui existe entre les humains à un moment historique donné, du fait de leurs rapports économiques et réciproques dans la société.

Marx décrit l'être humain comme un « animal social » qui appartient à une classe et à une société données. Lorsqu'il écrit, dans les *Manuscrits de 1844*, que « l'individu est l'être social », cela signifie que l'individu, puisqu'il s'imbrique dans des rapports sociaux déterminés, se caractérise fondamentalement par sa relation avec la société. La *VI*e *Thèse sur Feuerbach* apporte un éclairage additionnel en affirmant ceci : « L'essence humaine n'est pas une abstraction inhérente à l'individu singulier. Dans sa réalité, c'est l'ensemble des rapports sociaux[26]. » D'une part, cela veut dire que ce qui distingue l'être humain ne peut être trouvé dans un ensemble de caractères abstraits et universels qui conviendraient à tous les individus. Les hommes individuels et réels ne sont pas des exemplaires de la catégorie Homme. D'autre part, cela signifie que l'essence de l'être humain ne provient pas non plus de son moi individuel ou de la somme des caractères des individus isolés qui participent à une collectivité particulière, mais elle réside bel et bien dans les rapports sociaux qu'entretiennent ces individus. En d'autres termes, ce qui caractérise fondamentalement la nature intime de l'être humain est produit dans et par les rapports sociaux. Dans *L'Idéologie allemande*, nous assistons à un rejet catégorique du concept d'Homme abstrait. Ce texte rompt définitivement avec l'attitude purement spéculative d'appréhension du monde et de l'homme, pour mieux faire apparaître le monde et l'homme réels. Le concept d'Homme abstrait est remplacé par celui d'homme en tant qu'être social historiquement déterminé.

En somme, c'est dans le processus de vie réelle, autrement dit dans les conditions sociales objectives d'existence, qu'il faut chercher l'essence concrète de l'homme. Désormais, Marx tente de cerner les hommes qui existent et agissent réellement « dans leur contexte social donné, dans leurs conditions de vie données qui en ont fait ce qu'ils sont[27] ». Ce qui l'intéresse, « ce sont les hommes, non pas isolés et figés de quelque manière imaginaire, mais saisis dans leur processus de développement réel dans des conditions déterminées, développement visible empiriquement[28] ». C'est pour cette raison qu'il faut, selon Marx, ne plus se référer à la philosophie spéculative, qui ne fait qu'interpréter, à l'aide de catégories abstraites, l'homme et le monde, mais enfin présenter une conception scientifique (et, conséquemment, objective) des êtres humains concrets et de leur développement historique.

Marx poursuit l'entreprise amorcée par Rousseau et par Hegel qui consiste à montrer le caractère évolutif et historique de l'être humain. L'homme se définissant comme un être historique, les conditions sociales matérielles d'existence deviennent alors la « base concrète de ce que les philosophes se sont représenté comme "substance" et "essence de l'homme"[29] ». Les caractères sociaux, que les rapports de production transmettent aux individus à un moment précis de l'histoire, les déterminent et les définissent irrémédiablement. Ils forment l'*être de l'homme*.

La façon dont les individus manifestent leur vie reflète exactement ce qu'ils sont. Ce qu'ils sont coïncide donc avec leur production, aussi bien avec ce qu'ils produisent

26. Karl MARX, *Thèses sur Feuerbach*, dans *L'Idéologie allemande*, Éditions Sociales, p. 52.
27. *Ibid.*, p. 85.
28. *Ibid.*, p. 79.
29. *Ibid.*, p. 103-104.

qu'avec la façon dont ils le produisent. Ce que sont les individus dépend donc des conditions matérielles de leur production[30].

Insistons! Les êtres humains, selon Marx, ne sont pas seulement conditionnés par les rapports sociaux, ils sont carrément déterminés par eux, à un point tel que leur conscience même dépend entièrement des conditions de leur vie sociale. «Ce n'est pas la conscience des hommes qui détermine leur existence, c'est au contraire leur existence sociale qui détermine leur conscience[31].»

Prenons comme exemple un ouvrier non spécialisé, marié, père de deux enfants, qui gagne un salaire de 30 000$ par année et qui doit subvenir seul aux besoins de sa famille. Il y a toutes les chances que ses pensées soient exclusivement consacrées à la survie de sa famille et qu'il se perçoive lui-même comme impuissant vis-à-vis des lois du marché. Ainsi, l'augmentation du coût du panier de provisions pourrait s'avérer catastrophique et le budget familial hebdomadaire pourrait en souffrir gravement. Au contraire, cette augmentation sera jugée négligeable par le propriétaire de l'usine où travaille l'ouvrier en question.

Par cet exemple, nous voyons que la conscience n'est pas une activité psychique ou intellectuelle qui s'exerce en dehors de la réalité. Elle découle d'une pratique particulière, d'une manière de vivre propre à une classe particulière dans une société donnée. La conscience est, en quelque sorte, un produit social. Elle se construit dans le concret. La représentation que nous nous faisons des choses, des événements et des êtres humains ne nous vient donc pas de nous-mêmes en tant qu'êtres autonomes de pensée, mais elle provient de notre «processus de vie réelle[32]», c'est-à-dire de la façon dont nous produisons notre vie matérielle. En d'autres termes, ce que nous faisons ou fabriquons pour gagner notre vie et subvenir à nos besoins s'inscrit dans une organisation économique et sociale dont notre conscience est tributaire. Ce que nous appelons fièrement notre propre manière de penser, ce que nous défendons comme nos propres opinions, tout cela n'est en fait que le résultat d'un déterminisme issu de la structure sociale et des conditions de production ambiantes:

> La production des idées, des représentations et de la conscience est d'abord directement et intimement mêlée à l'activité matérielle et au commerce matériel des hommes, elle est le langage de la vie réelle. Les représentations, la pensée, le commerce intellectuel des hommes apparaissent ici encore comme l'émanation directe de leur comportement matériel. Il en va de même de la production intellectuelle telle qu'elle se présente dans la langue de la politique, celle des lois, de la morale, de la religion, de la métaphysique, etc., de tout un peuple. Ce sont les hommes qui sont les producteurs de leurs représentations, de leurs idées, etc., mais les hommes réels, agissants, tels qu'ils sont conditionnés par un développement déterminé de leurs forces productives et du mode de relations qui y correspond[33] [...].

Ainsi en est-il de la conception de l'amour et du mariage qui a changé du tout au tout quand on est passé du mode de production féodal (les mariages arrangés et la nécessité d'unir les terres) au mode de production capitaliste (le couple et la famille nucléaire contemporains comme unités de consommation). Donnons un autre exemple actuel de la détermination de la conscience par le mode de production. Si les habitants

30. *Ibid.*, p. 71.

31. «Critique de l'économie politique», dans *Œuvres (Économie)*, t. I, p. 273.

32. *L'Idéologie allemande*, p. 77-78.

33. *Ibid.*, p. 77.

Quelles sont les idées, les conceptions de l'homme et du monde d'un individu participant à ces grands rassemblements dans la capitale Pyongyang de la Corée du Nord ?

de la Corée du Nord[34] (pays fermé au monde extérieur, potentiellement en guerre contre les États-Unis et dirigé par le jeune leader acrimonieux Kim Jong-un) n'ont pas les mêmes représentations et conceptions des choses et des hommes, s'ils n'ont pas les mêmes critères d'évaluation de la réalité que les Américains, c'est parce qu'ils vivent dans un régime économique et social différent de celui des Américains. En résumé, il est possible d'affirmer avec Marx que «avec les conditions de vie des hommes, avec leurs relations sociales, avec leur existence sociale, leurs représentations, leurs conceptions et leurs notions, en un mot leur conscience, changent aussi[35]».

L'être humain et le travail

La question du travail occupe un rôle déterminant dans la philosophie marxienne et, en particulier, dans la conception de l'être humain qui y est mise en avant. Selon Marx, en effet, le travail constitue la différence spécifique de l'homme ; en d'autres mots, l'espèce humaine se distingue de toutes les autres espèces animales en ceci qu'elle produit elle-même les biens nécessaires à sa survie et transforme elle-même, au cours de l'histoire, ses propres conditions d'existence.

> On peut distinguer les hommes des animaux par la conscience, par la religion et par tout ce que l'on voudra. Eux-mêmes commencent à se distinguer des animaux dès qu'ils se mettent à produire leurs moyens d'existence ; pas en avant qui est la conséquence de leur organisation corporelle. En produisant leurs moyens d'existence, les hommes produisent indirectement leur vie matérielle elle-même[36].

Marx s'oppose ainsi au rationalisme de Descartes qui voyait dans l'activité pensante et rationnelle la caractéristique propre à l'homme. Bien sûr, l'être humain possède la raison, mais cette raison, selon Marx, c'est dans l'activité concrète de transformation de la nature et du milieu qu'elle se réalise et se développe. Pour Marx, on ne peut pas séparer la pensée de l'action ou la vie intellectuelle du travail concret ; les activités d'ordre intellectuel, comme la science, les arts ou la philosophie, servent elles aussi à transformer notre monde et, par conséquent, à nous transformer nous-mêmes. Marx nomme ***praxis*** cette nécessaire union de la pensée et de la pratique, du savoir et de l'action.

Chez Marx, la *praxis* correspond à l'ensemble des pratiques qui permettent à l'être humain, par son travail, d'entrer dans une relation dialectique avec la nature en la transformant et, ce faisant, en se transformant lui-même.

Le travail : humanisation de la nature et spécificité de l'homme

Le travail est considéré par Marx comme un processus créateur qui sert d'intermédiaire entre l'homme et le monde.

Le **travail** doit être une «activité libre et consciente» par laquelle l'être humain transforme la nature. En effet, c'est par le travail que l'homme agit sur la nature, qu'il l'humanise en quelque sorte afin

34. Le fondateur de la Corée du Nord est Kim Il-sung, qui, à son décès, fut remplacé par son fils Kim Jong-il, qui, à son tour, fut remplacé par son fils Kim Jong-un. Ce régime peut être qualifié de «dynastie autocratique».
35. *Manifeste du parti communiste*, p. 98.
36. *L'Idéologie allemande*, p. 70.

qu'elle devienne son œuvre. La nature reçoit par l'intermédiaire du travail l'empreinte humaine : elle s'en trouve profondément, durablement marquée. Dans *L'Idéologie allemande*[37], Marx donne l'exemple du cerisier qui, comme la plupart des arbres fruitiers, a été transplanté en Europe par le *commerce* des hommes inscrits dans une société donnée à une époque donnée. Un autre exemple peut illustrer l'humanisation de la nature. À leur arrivée en Nouvelle-France, les Français n'ont trouvé que des forêts à perte de vue... Sur une très brève période (à peine quatre siècles), les occupants ont « colonisé » l'Amérique du Nord en procédant à une déforestation majeure du territoire et en transformant radicalement le milieu naturel.

Par le travail, l'être humain transforme la nature afin que celle-ci réponde à ses besoins ; ce faisant, il se transforme lui-même :

> C'est précisément en façonnant le monde des objets que l'homme commence à s'affirmer [...] Grâce à cette production, la nature apparaît comme son œuvre et sa réalité. [...] L'homme ne se recrée pas seulement d'une façon intellectuelle, dans sa conscience, mais activement, réellement, et il se contemple lui-même dans un monde de sa création[38].

C'est donc en fabriquant un monde d'objets, en façonnant la nature à son image, que l'être humain s'affirme comme être conscient qui **s'actualise** dans le réel. Le travail est « l'activité propre à l'homme » qui doit lui permettre d'exprimer ses capacités intellectuelles et physiques et, par conséquent, de se réaliser lui-même. Outre qu'il répond à la satisfaction de ses besoins, l'homme se crée lui-même par le travail productif. Il se fait par le travail dans la mesure où c'est en produisant qu'il se définit en tant qu'être humain :

Actualiser (s')
Matérialiser dans des actes les virtualités (pouvoirs, talents, qualités, etc., que possède un individu) qui n'étaient pas encore réalisées dans la vie.

> Le travail est de prime abord un acte qui se passe entre l'homme et la nature. L'homme y joue lui-même vis-à-vis de la nature le rôle d'une puissance naturelle. Les forces dont son corps est doué, bras et jambes, tête et mains, il les met en mouvement, afin de s'assimiler des matières en leur donnant une forme utile à sa vie. En même temps qu'il agit par ce mouvement sur la nature extérieure et la modifie, il modifie sa propre nature, et développe les facultés qui y sommeillent. Nous ne nous arrêtons pas à cet état primordial du travail où il n'a pas encore dépouillé son mode purement instinctif. Notre point de départ, c'est le travail sous une forme qui appartient exclusivement à l'homme. Une araignée fait des opérations qui ressemblent à celles du tisserand, et l'abeille confond par la structure de ses cellules de cire l'habileté de plus d'un architecte. Mais ce qui distingue dès l'abord le plus mauvais architecte de l'abeille la plus experte, c'est qu'il a construit la cellule dans sa tête avant de la construire dans la ruche. Le résultat auquel le travail aboutit préexiste idéalement dans l'imagination du travailleur. Ce n'est pas qu'il opère seulement un changement de forme dans les matières naturelles ; il y réalise du même coup son propre but dont il a conscience, qui détermine comme loi son mode d'action, et auquel il doit subordonner sa volonté. Et cette subordination n'est pas momentanée. L'œuvre exige pendant toute sa durée, outre l'effort des organes qui agissent, une attention soutenue, laquelle ne peut elle-même résulter que d'une tension constante de la volonté. Elle l'exige d'autant plus que, par son objet et son mode d'exécution, le travail entraîne moins le travailleur, qu'il se fait moins sentir à lui comme libre jeu de ses forces corporelles et instinctuelles, en un mot, qu'il est moins attrayant[39].

---

37. *Ibid.*, p. 83.
38. Karl MARX, « Économie et philosophie (Manuscrits de 1844) », dans *Œuvres (Économie)*, t. II, traduction Joan Malaquais et Claude Orsini, Paris, © Éditions Gallimard, coll. « Bibliothèque de la Pléiade », 1972, p. 64.
39. Karl MARX, « Le Capital », troisième section, dans *Œuvres (Économie)*, t. I, traduction Joseph Roy revue par Maximilien Rubel, Paris, © Éditions Gallimard, coll. « Bibliothèque de la Pléiade », 1972, p. 727-728.

Le travail comme médiation sociale : grandeur idéale et misère réelle

Par l'entremise du travail, l'homme peut donc être perçu comme un être en relation avec la nature et avec lui-même. Mais le travail met aussi l'être humain en relation avec ses semblables. Il instaure les liens de « sociabilité », de « réciprocité » et de solidarité humaine sans lesquels aucune production matérielle ne serait possible. Laissons la parole à Marx, qui décrit ce que devrait être *idéalement* le travail dans un contexte de solidarité réciproque :

> Supposons que nous produisions comme des êtres humains : chacun de nous s'affirmerait doublement dans sa production, soi-même et l'autre. 1° Dans ma production, je réaliserais mon individualité, ma particularité ; j'éprouverais, en travaillant, la jouissance d'une manifestation individuelle de ma vie, et, dans la contemplation de l'objet, j'aurais la joie individuelle de reconnaître ma personnalité comme puissance réelle, concrètement saisissable et échappant à tout doute. 2° Dans ta jouissance ou ton emploi de mon produit, j'aurais la joie spirituelle immédiate de satisfaire par mon travail un besoin humain, de réaliser la nature humaine et de fournir au besoin un autre objet de sa nécessité. 3° J'aurais conscience de servir de médiateur entre toi et le genre humain, d'être reconnu et ressenti par toi comme un complément à ton propre être et comme une partie nécessaire de toi-même, d'être accepté dans ton esprit comme dans ton amour. 4° J'aurais, dans mes manifestations individuelles, la joie de créer la manifestation de ta vie, c'est-à-dire de réaliser et d'affirmer dans mon activité individuelle ma vraie nature, ma sociabilité humaine [*Gemeinwesen*]. Nos productions seraient autant de miroirs où nos êtres rayonneraient l'un vers l'autre[40].

Le travail *devrait* donc servir de médiation sociale. Tant sur le plan de la production que sur celui de la distribution des biens et des services s'installent des rapports entre ouvriers, des rapports entre patrons, des rapports, enfin, entre patrons et ouvriers. La relation entre ces différents protagonistes économiques *pourrait* être harmonieuse et permettre le plein développement de l'individu. Hélas, à l'époque de Marx, elle est dégradante et produit au contraire un être mutilé qui se déshumanise mentalement et physiquement. Selon Marx, le système économique et social du milieu du XIXe siècle domine et exploite le travailleur. Ce système capitaliste produit un homme malade, morcelé, qui ne se possède pas, et qui se perd dans sa relation avec le travail et l'objet qu'il produit. « Le travail, seul lien qui les unisse [les individus] encore aux forces productives et à leur propre existence, a perdu chez eux toute apparence de manifestation de soi et ne maintient leur vie qu'en l'étiolant[41]. » Dans un tel contexte de dépersonnalisation, le travailleur devient étranger aux objets que fabriquent ses mains, étranger à son activité première qui est de manifester son être propre en produisant et d'entrer ainsi en rapport avec la nature et avec les autres hommes. Marx utilise le concept d'**aliénation** pour désigner, notamment, cette dépossession de soi-même et des fruits de son travail.

Marx utilise la notion d'aliénation dans ses premiers écrits. Dans ses œuvres dites de maturité, il emploie l'expression « réification » ou « chosification », qui désigne la réalité de l'être humain réduit à l'état de chose, d'objet à l'intérieur des rapports sociaux établis par le système capitaliste industriel.

Les différentes formes de l'aliénation humaine

Parce que la doctrine marxienne veut donner la possibilité à l'« homme total » de se réaliser dans l'histoire, elle analyse, afin de mieux les combattre, les formes majeures d'aliénation qui pèsent sur l'homme. Mais qu'est-ce que l'aliénation ? L'aliénation

40. Karl MARX, « Notes de lecture », dans *Œuvres (Économie)*, t. II, Paris, © Éditions Gallimard, coll. « Bibliothèque de la Pléiade », 1972, p. 33.

41. *L'Idéologie allemande*, p. 150.

désigne l'état de l'individu qui, par suite des circonstances extérieures, cesse de s'appartenir en propre, est étranger à lui-même, devient l'esclave d'une puissance étrangère qu'il ne maîtrise pas. Or, selon Marx, au sein du mode de production capitaliste, le travailleur-prolétaire (majoritaire dans l'Allemagne, la France et l'Angleterre du XIXe siècle) est justement un être aliéné sur les plans économique, politique et religieux. Le prolétaire est donc sous le joug de déterminismes issus des systèmes économique, politique et religieux dans lesquels il vit, totalement dépossédé de lui-même.

L'aliénation économique

D'après Marx, l'émancipation de l'homme passe d'abord par une libération de l'aliénation économique, car c'est elle qui engendre toutes les autres formes d'aliénation, et son abolition entraînera nécessairement la suppression de ces dernières. Or, dans les conditions de l'économie capitaliste, l'aliénation économique des travailleurs est renforcée par une division du travail qui repose sur la mécanisation et la spécialisation, ainsi que par l'obligation des travailleurs de concevoir leur force de travail comme une simple marchandise. La forme que prennent les rapports de production et, par conséquent, la *propriété privée des moyens de production* fait que le travail lui-même devient la source de l'aliénation poussée à un degré extrême. La majorité des hommes et des femmes doivent, pour gagner leur vie, s'en remettre à la volonté du bourgeois capitaliste qui est le propriétaire des ressources naturelles et des instruments de production (usine, machines, outils), alors que l'ouvrier ne possède en propre que sa force de travail qu'il considère comme normal de vendre pour survivre[42].

Pendant que les bourgeois du XIXe siècle se prélassaient à la campagne, les prolétaires travaillaient quatorze heures par jour dans les manufactures et les mines.

La mécanisation et la spécialisation du travail

À l'intérieur du mode de production artisanal, le cordonnier, par exemple, entretenait un rapport direct et global avec son œuvre ; il se représentait en esprit le type de chaussures qu'il se proposait de créer durant sa journée de travail. Il en imaginait la structure, la forme, la couleur, les différentes étapes par lesquelles il passerait, etc. Bref, il pensait le travail à accomplir. Ensuite, ses mains se mettaient à l'ouvrage. En étant conscient de son ouvrage, il exécutait avec minutie chaque geste, chaque tâche nécessaire à la réalisation de la paire de chaussures. À la fin de sa journée de travail, l'artisan cordonnier pouvait regarder son œuvre avec fierté, puisqu'elle était entièrement de lui et qu'il pouvait s'y reconnaître. Marx soulignera, en ce sens, que le travail, cette activité par laquelle les humains s'extériorisent, « est un certain mode de vie de ces mêmes individus. Et la façon dont les individus manifestent leur vie, c'est eux. Ce qu'ils sont coïncide avec leur production, avec ce qu'ils produisent aussi bien qu'avec la façon dont ils le produisent[43]. »

Il en est tout autrement avec la venue du machinisme, puis de la grande industrie, où l'ouvrier n'a plus à penser son travail, et où il doit se soumettre à une parcellisation de plus en plus poussée de celui-ci. Dès lors, il ne doit exécuter qu'un élément limité et défini de l'ensemble des tâches essentielles à la production de l'objet, d'où l'obligation de répéter mécaniquement le même geste à longueur de journée. Le travail

42. Dans la section « La liberté et la libération collective », la notion de propriété privée des moyens de production sera davantage analysée.

43. *L'Idéologie allemande*, p. 71.

génère alors la plus inhumaine monotonie. Le travailleur devient lui-même une machine faisant fonctionner une machine. Ainsi, l'ouvrier devient un être divisé, enchaîné toute sa vie durant à une fonction productive partielle. Le travail en tant qu'activité le déshumanise, le rend étranger à lui-même:

> Dans son travail, l'ouvrier ne s'affirme pas, mais se nie; il ne s'y sent pas satisfait, mais malheureux; il n'y déploie pas une libre énergie physique et intellectuelle, mais mortifie son corps et ruine son esprit. C'est pourquoi l'ouvrier n'a le sentiment d'être à soi qu'en dehors du travail; dans le travail, il se sent extérieur à soi-même. Il est lui quand il ne travaille pas et, quand il travaille, il n'est pas lui. Son travail n'est pas volontaire, mais contraint. *Travail forcé*, il n'est pas la satisfaction d'un besoin, mais seulement un *moyen* de satisfaire des besoins en dehors du travail. Le caractère étranger du travail apparaît nettement dans le fait que, dès qu'il n'existe pas de contrainte physique ou autre, le travail est fui comme la peste. Le travail extérieur, le travail dans lequel l'homme s'aliène, est un travail de sacrifice de soi, de mortification. Enfin, le caractère extérieur à l'ouvrier du travail apparaît dans le fait qu'il n'est pas son bien propre, mais celui d'un autre, qu'il ne lui appartient pas, que dans le travail, l'ouvrier ne s'appartient pas lui-même, mais appartient à un autre[44].

Le travail sur une chaîne de montage d'automobiles est une illustration actuelle de la division du travail. À ce titre, il constitue un travail aliéné dans la mesure où l'ouvrier doit répéter une tâche partielle à longueur de journée.

La division du travail fait que les ouvriers ne peuvent exercer leur travail comme une « manifestation de soi », dans la mesure où ce qu'ils produisent devient un « être étranger », une « puissance indépendante » qui se situe à l'extérieur d'eux-mêmes. En d'autres mots, le rapport de l'ouvrier aux objets qu'il fabrique est un rapport aliéné, en ce sens que ces objets, situés en face de lui, contiennent la force de travail dont il a été dépouillé, et qu'en plus ces objets ne lui appartiennent pas en propre. Parce qu'il est aliéné, le travail ne remplit pas le rôle qu'il devrait remplir sur le plan de la production et sur celui de l'actualisation de la spécificité humaine (réalisation de soi, de son potentiel, de ses capacités, de sa sociabilité, etc.[45]).

La force de travail conçue comme une marchandise

Renouveler sa force de travail signifie se loger, se reposer, se nourrir, s'habiller, etc., bref, tout ce qui est strictement nécessaire pour revenir le lendemain au travail avec la capacité de produire de nouveau.

Pour compléter l'explication sur l'aliénation économique dont souffre la classe prolétarienne, il faut se référer au concept de la plus-value (le moyen capitaliste de faire du profit), qui peut être défini comme la différence entre ce que le travailleur coûte pour produire et ce qu'il rapporte en produisant. Selon Marx, le capitaliste exploite l'ouvrier, car il lui paie un salaire dont la valeur est moindre que celle des biens produits par l'ouvrier dans sa journée de travail. À titre d'exemple, supposons qu'un ouvrier requière, pour **renouveler sa force de travail** quotidiennement, une valeur qui corresponde à six heures de travail (le « travail nécessaire »). Or, le capitaliste du milieu du XIXe siècle fait travailler l'ouvrier quatorze heures par jour. Ces huit heures supplémentaires sont du « surtravail » dont le fruit constitue la plus-value que le capitaliste met dans

44. « Économie et philosophie (Manuscrits de 1844) », dans *Œuvres (Économie)*, t. II, p. 60-61.
45. Ce rapport au travail déshumanisé favorise la recherche de « divertissements » parfois abrutissants et donc eux-mêmes « aliénants ». En effet, comment l'être humain – dont la capacité de transformer le monde est pourtant naturelle – ne chercherait-il pas ailleurs (et pas toujours sainement) des sources compensatoires de satisfaction?

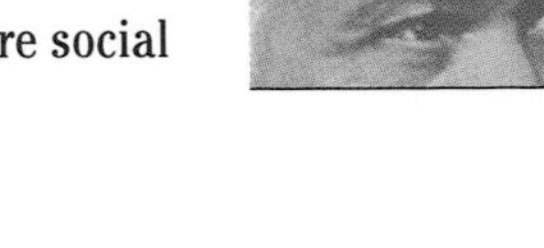

sa poche: en bref, pour Marx, la plus-value est carrément du travail non payé à l'ouvrier. Selon lui, en régime capitaliste, la recherche de profits – qui constitue l'objectif de toute entreprise – se fait sur le dos du travailleur, qui est littéralement volé[46] par son patron. Pour contrer cette exploitation éhontée de l'ouvrier, Marx propose l'abolition pure et simple du salariat, car une simple hausse du salaire ne constituerait « qu'une *meilleure rémunération d'esclaves*; ce ne serait ni pour le travailleur ni pour le travail une conquête de leur vocation et de leur dignité humaines[47] ».

L'aliénation politique

L'aliénation politique découle de l'aliénation économique. La dépendance économique entraîne nécessairement la dépendance politique. Nous avons vu précédemment que l'État fait partie de la superstructure générée par une société qui se fonde sur des classes économiquement antagonistes. Plus particulièrement, la classe qui domine sur le plan économique s'empare du pouvoir politique, utilise l'État afin de maintenir ses privilèges et trouve toujours de nouveaux moyens de mater et d'exploiter la classe opprimée. Dans cette perspective, par exemple, les grandes réformes qu'a connues l'État québécois durant les années 1960 (notamment en éducation) seront vues comme la conséquence de l'ascension et de l'affirmation de la « nouvelle » bourgeoisie commerçante et industrielle.

L'État bourgeois n'est donc pas un appareil neutre au service de toute la société. Il est l'incarnation illusoire de la communauté, car en réalité la classe possédante s'en sert comme instrument de domination de la classe prolétarienne. L'État bourgeois agit exclusivement en fonction des intérêts de la bourgeoisie. « Les pouvoirs publics modernes, affirme Marx, ne sont qu'un comité qui administre les affaires communes de la classe bourgeoise tout entière[48]. » En conséquence, les prolétaires doivent, s'ils veulent s'affirmer et s'émanciper à la fois comme individus et comme groupe social, « conquérir la domination politique [en renversant l'État], s'ériger en classe nationale, se constituer [eux-mêmes] en nation[49] ». De toute façon, « les prolétaires n'ont rien à y perdre que leurs chaînes[50] ! ». Et les derniers mots du *Manifeste* constituent un cri de ralliement lancé aux travailleurs du monde entier: « Prolétaires de tous les pays, unissez-vous[51] ! » Cette prise de pouvoir politique par le prolétariat ne représente toutefois pas un but en lui-même; elle vise au contraire à mettre fin à la nécessité de l'État. À partir du moment où l'État devient le véritable représentant de la société et où il n'existe plus de classe sociale à maintenir dans l'oppression, il n'y a plus rien à réprimer qui rende nécessaire un pouvoir de répression. C'est en ce sens que l'État, dans un mode de production communiste, serait voué à dépérir: la société réorganisera alors la production sur la base d'une association libre et égalitaire de tous les producteurs.

Cependant, l'État bourgeois ne pourra être efficacement et définitivement renversé par la révolution prolétarienne que si une autre aliénation est liquidée: l'aliénation religieuse.

---

46. « La propriété, c'est le vol! » s'écriait Pierre Joseph Proudhon (1809-1865).
47. « Économie et philosophie (Manuscrits de 1844) », dans *Œuvres (Économie)*, t. II, p. 68. Remarquons que, selon Marx, le capitaliste lui-même est aliéné dans cette organisation du travail: par exemple, son activité le prive du contact direct avec la matière à transformer et il est engagé dans une lutte déshumanisante avec les concurrents. Lui aussi doit être libéré.
48. *Manifeste du parti communiste*, p. 76.
49. *Ibid.*, p. 98.
50. *Ibid.*, p. 119.
51. *Id.*

L'aliénation religieuse

Même si c'est l'aliénation économique qu'il importe de comprendre et de supprimer en premier lieu, la dénonciation de l'illusion religieuse et la lutte contre l'aliénation qui en découle exigent, selon Marx, une vigueur particulière. Pourquoi ? Parce que la religion – en demandant, en règle générale, aux croyants de se résigner, de se soumettre, d'accepter leurs conditions misérables d'existence – paralyse tout essai de révolution et toute possibilité de progrès.

La religion est une institution idéologique et, en cela, elle exprime et reflète la misère économique et sociale des croyants, et y apporte une réponse. En effet, le besoin religieux qu'éprouvent les masses asservies s'explique par la nécessité, pour elles, de s'évader de leur réalité pitoyable :

> La religion est le soupir de la créature accablée par le malheur, l'âme d'un monde sans cœur, comme elle est l'esprit d'une existence sans esprit. *Elle est l'opium du peuple*. L'abolition de la religion en tant que bonheur illusoire du peuple est une exigence de son bonheur réel. Exiger que le peuple renonce à ses illusions sur sa condition, c'est exiger qu'il abandonne une condition qui a besoin d'illusions. [...] La religion n'est que le soleil illusoire qui se meut autour de l'homme, aussi longtemps que celui-ci ne se meut pas autour de lui-même[52].

Le peuple souffre et prie en silence dans l'espoir d'un monde meilleur dans l'au-delà.

Pour supporter leur indigence terrestre, les gens du peuple s'inventent un bonheur illusoire en compagnie d'un Dieu imaginaire qu'ils rencontreront dans un au-delà fantasmagorique. Selon Marx, la religion soustrait donc l'homme à lui-même pour le transporter dans un monde fictif où il se berce d'illusions. Ainsi, en cherchant à soumettre les croyants à un monde de chimères, la religion transforme l'homme – qui devrait être libre et autonome – en un être qui n'a plus aucune prise sur son existence et sur son destin. Le prolétaire, économiquement, socialement et politiquement exploité, ne prend même pas conscience de l'aliénation dans laquelle il est plongé. Il souffre et prie en silence, en espérant la venue d'un monde meilleur après la vie terrestre. Cette mise à l'écart de la prise de conscience et de l'action de la classe prolétarienne n'est pas sans combler d'aise et de bonheur la classe dirigeante! Marx dénonce vigoureusement la collusion historique entre le pouvoir économique et le pouvoir religieux. En effet, les possédants s'appuient sur la religion officielle pour justifier leur domination, pour endormir le peuple, pour l'empêcher de réfléchir sur les injustices dont il est victime et de revendiquer ses droits par la révolution. C'est dans cette mesure que la religion est « l'opium du peuple »!

Un exemple québécois

Le cas du Québec offre maints exemples de la collusion historique entre l'Église, le gouvernement et la classe possédante afin que les Canadiens français, « nés pour un petit pain », demeurent « des porteurs d'eau ». À titre d'exemple, rappelons des faits qui illustrent cette alliance.

Au XXe siècle, les travailleurs du textile sont parmi les plus bas salariés du Québec. En 1946, la Montreal Cottons (filiale de la Dominion Textile) offre de 0,21 $ à 0,30 $

---

52. Karl MARX, « Critique de la philosophie hégélienne du droit », dans *Pages de Karl Marx*, traduction Maximilien Rubel, Paris, Payot, 1970, p. 105. C'est nous qui soulignons.

l'heure aux ouvriers et aux ouvrières (des enfants y travaillent aussi à partir de l'âge de treize ans) de sa manufacture située à Valleyfield, au sud-ouest de Montréal. La semaine normale de travail est de cinquante-cinq heures, mais il n'est pas rare que les ouvriers doivent faire des semaines de soixante heures, voire de soixante-douze heures, pour subvenir aux besoins de leur famille. Les conditions de travail sont très dures : l'usine a été construite au siècle précédent, les machines à filer font un bruit d'enfer et les installations sont dépourvues de système d'aération... Désireux d'améliorer leur sort, les ouvriers fondent un syndicat indépendant. Le 1er juin 1946, après quatre années d'organisation, de demandes de reconnaissance de leur syndicat, d'échecs répétés, une grève est déclenchée.

Dans les églises de Valleyfield, sur la directive du vicaire général Paul-Émile Léger, les curés mènent une vive lutte contre l'implantation de ce syndicat indépendant. Il faut dire que la Montreal Cottons fait des cadeaux au clergé : entre autres, la compagnie offre gratuitement aux institutions religieuses toute la lingerie dont elles ont besoin. Par ailleurs, seules sont acceptées les « unions » (syndicats) catholiques strictement contrôlées par l'Église : toute force communautaire doit passer nécessairement par le clergé, qui ne craint rien davantage qu'une coalition civile autonome. Les curés ordonnent donc à leurs paroissiens de ne pas quitter leur travail sous peine d'être excommuniés. Ils leur rappellent que Dieu aime les pauvres, les misérables et que, conséquemment, la porte des cieux leur est grande ouverte...

La Montreal Cottons peut aussi compter sur l'appui de la bourgeoisie locale constituée des *boss* (cadres) de la filature et des autres usines de la ville, des professionnels, des commerçants et des administrateurs publics. Tous ces gens se fréquentent et contrôlent la Chambre de commerce de Valleyfield. Ils ne voient pas d'un bon œil que les ouvriers deviennent une force sociale indépendante qui revendique des droits. Ces gens se perçoivent comme appartenant à une classe privilégiée qui n'a de comptes à rendre à personne. Ils n'ont pas intérêt à ce que les choses changent.

La compagnie reçoit aussi l'appui du ministère du Travail, qui déclare la grève illégale. Le premier ministre Maurice Duplessis, fervent catholique, défendant des valeurs conservatrices, proclame que cette grève est l'œuvre des communistes. Il donne l'ordre à la police provinciale de franchir les piquets de grève pour permettre aux quatre cents *scabs* (briseurs de grève) d'entrer dans l'usine. L'affrontement ultime a lieu le matin du 11 août. Les fiers-à-bras formant la police privée de la compagnie épaulés par deux cent cinquante policiers provinciaux (la presque totalité des effectifs de la police provinciale de Duplessis) armés de mitraillettes et munis de gaz lacrymogène ont pour mission d'enfoncer les piquets de grève. L'émeute débute lorsque les policiers lancent du gaz lacrymogène sur les grévistes. La riposte ne tarde pas : une pluie de pierres est lancée sur les policiers. Il faut dire que, entre-temps, une foule d'environ cinq mille personnes (des travailleurs des autres usines, des femmes et des enfants) s'était assemblée aux abords de l'usine...

Cet exemple permet de constater que, dans le Québec du milieu du XXe siècle, une lutte acharnée contre la classe possédante, contre la classe politique et contre le clergé fut nécessaire pour que les travailleurs se libèrent peu à peu des formes d'aliénation dont ils étaient l'objet.

La liberté et la libération collective

À l'instar de Hegel – dont nous avons parlé précédemment –, Marx veut établir un lien entre l'Histoire et la liberté. Il emprunte à Hegel le principe selon lequel l'Histoire doit mener à l'acquisition de la liberté. Or, d'après Marx, l'étape récente la plus essentielle dans ce chemin vers la liberté est évidemment la Révolution française, qui a mené au développement des démocraties modernes et à l'affirmation des droits de l'homme. La position de Marx à l'égard de cet événement historique est toutefois ambivalente. D'une part, il adhère sans réserve à l'affirmation des libertés politiques, qui serait la grande œuvre de cette révolution. Les hommes seraient, en régime démocratique, à la fois libres d'émettre leurs opinions, libres de voter ou non, libres d'entreprendre, etc., en plus d'être égaux devant la loi. Marx parlera, en ce sens, de la démocratie comme de « l'énigme résolue de toutes les constitutions », parce qu'elle donne à tous les humains, sans exception, des droits qui avaient toujours été réservés à une minorité de membres d'une société. De plus, pour une rare fois dans l'Histoire, les hommes se sont donné les moyens de comprendre que ce sont eux-mêmes qui font les constitutions, et non les constitutions qui font les hommes. Marx célèbre donc aussi la reconnaissance de la souveraineté du peuple qui a accompagné cette révolution. Cependant, il revient souvent dans son œuvre sur le fait que la Révolution française, bien qu'elle ait donné naissance à l'affirmation de droits abstraits (liberté, égalité, fraternité, etc.), n'a pas pour autant mis en place les conditions concrètes de libération devant mener à l'usage effectif de ces droits.

Même si Marx fait en quelque sorte l'éloge de la Révolution française et de ses acquis, il fait également une critique radicale des limites de la seule affirmation politique des droits et libertés. Ceux-ci resteront des *illusions* tant et aussi longtemps qu'ils ne seront pas accompagnés d'une véritable émancipation humaine, qui doit atteindre la dimension économique de l'existence humaine pour être réelle[53]. En effet, Marx soutient que les humains ne peuvent s'émanciper sans que leurs conditions matérielles d'existence soient réellement modifiées. Ce qui l'indigne, c'est que la démocratie soit exclusivement politique, que l'égalité, par exemple, n'aille pas plus loin que le bulletin de vote, que la liberté politique n'empêche pas l'asservissement du prolétaire ou le travail des femmes et des enfants à son époque.

Ces considérations sur les limites de la liberté politique qui a accompagné la Révolution française justifient la nécessité d'une autre révolution, qui aura cette fois pour cible ce qui empêche d'atteindre l'émancipation économique et, dans la foulée de celle-ci, la libération de tous les humains. Marx cherchera donc à répondre au problème de l'aliénation économique qui a été mentionné précédemment et s'attaquera à la cause de celle-ci, à savoir *la propriété privée des moyens de production*. La propriété privée est « la raison, la cause du travail aliéné[54] ». C'est donc dire qu'elle se présente à Marx comme la source première ou le fondement de l'aliénation dans la mesure où la majorité des hommes et des femmes doivent, pour gagner leur vie, s'en remettre à la volonté du bourgeois capitaliste qui est propriétaire des ressources naturelles et des instruments de production (usines, machines, outils), alors que l'ouvrier ne possède en propre que sa force de travail :

> Un être se considère comme indépendant dès qu'il est son propre maître, et il n'est son propre maître que s'il doit son existence à lui-même. Un homme qui vit de la grâce d'un autre se considère comme dépendant[55].

La révolution communiste proposée par Marx ne pourra évidemment pas se faire du jour au lendemain ; il lui faudra du temps pour qu'elle se réalise. L'abolition de la propriété privée des moyens de production engendrera, suivant la prédiction de Marx, une forme d'État socialiste, qui misera sur la propriété collective des moyens de production (leur nationalisation). Marx aspirait cependant à une société dans

---

53. Cette illusion de liberté est formulée ainsi par Marx : « l'homme n'a pas été libéré de la religion, il a obtenu la liberté de religion. Il n'a pas été libéré de la propriété, il a obtenu la liberté de propriété. Il n'a pas été libéré de l'égoïsme de métier, il a obtenu la liberté de métier » (Karl MARX, *La question juive*, Paris, Aubier-Montaigne, 1971, p. 116).

54. « Économie et philosophie (Manuscrits de 1844) », dans *Œuvres (Économie)*, t. II, p. 67.

55. *Ibid.*, p. 88.

laquelle tous les hommes seraient en mesure, pendant leur vie entière, de réaliser leur plein potentiel, par-delà la division du travail. C'est pourquoi le communisme consistera en la réappropriation des moyens de production par les travailleurs.

> Marx a critiqué l'horizon de pensée essentiellement politique de Rousseau, au détriment de ce qui lui aurait permis de comprendre les véritables forces à l'œuvre dans l'histoire, à savoir les forces économiques.

L'ambivalence qui marque le rapport que Marx entretient avec la Révolution française influencera aussi son rapport avec la pensée politique moderne, notamment celle de **Rousseau**. Les deux partagent le même optimisme historique et croient l'homme capable de prendre en main son histoire et de faire advenir une société pleinement juste[56]. Cependant, les solutions qu'ils proposent ne sont pas les mêmes et illustrent la perspective différente qu'ils ont cherché à dégager. La solution avancée par Rousseau pour rendre aux humains la liberté qu'ils ont perdue en société réside dans l'adhésion libre à une forme d'organisation politique et sociale dans laquelle chacun retrouvera un équivalent de l'indépendance qui caractérise l'homme naturel. Au contraire, Marx suggère des moyens permettant à la collectivité de se libérer du joug capitaliste. En effet, il pensait que le jour où l'on assisterait à la suppression collective des entraves économique, politique et religieuse, l'être humain pourrait s'affirmer sans abuser du pouvoir et sans l'utiliser exclusivement à ses propres fins. C'est donc la libération collective de l'humanité prolétarienne qui intéresse Marx. Il croit que, en agissant collectivement sur leurs conditions d'existence aliénées, les hommes réussiront à se libérer de leurs chaînes.

 Marx aujourd'hui

Le but ultime de Marx fut l'émancipation de l'homme dans la société, c'est-à-dire la libération des formes d'aliénation dont il était l'objet afin qu'il retrouve son intégrité et sa dignité. En ce sens, Marx peut être considéré comme l'un des fondateurs de la modernité critique : il dénonce l'aliénation économique et politique qui afflige la majorité des humains, et il fustige l'aliénation religieuse en démontrant l'illusion dans laquelle elle plonge les miséreux. Marx espérait qu'un jour les conditions sociales seraient propices à la réalisation de l'homme total qui se développerait en toute liberté sur les plans intellectuel et manuel dans un travail socialement productif. Ainsi seraient réunis les éléments essentiels à la construction d'une société juste, vraiment humaine, rien qu'humaine, où les individus seraient heureux parce qu'ils pourraient s'y épanouir.

> Emmanuel Kant (1724-1804) est un philosophe allemand qui a notamment développé une éthique du devoir absolu centrée sur la notion d'impératif catégorique, c'est-à-dire une éthique qui exige que l'être humain soit toujours traité comme une fin, et jamais simplement comme un moyen.

La motivation qui a animé Marx était explicitement morale, formulée en des termes inspirés de l'éthique de **Kant** : « l'impératif catégorique de renverser tous les rapports sociaux qui font de l'homme un être humilié, asservi, abandonné, méprisable[57] ». Cette motivation a été au cœur de sa vie de militant, de son engagement social, de la rédaction du fameux *Manifeste du parti communiste* avec Engels, en plus de déterminer sa participation à de nombreuses actions visant à la constitution de partis ouvriers ou au développement de la conscience de classe des prolétaires. Mais cette motivation morale a surtout été le centre de ses préoccupations scientifiques. En même temps qu'il analyse l'exploitation du travail salarié, Marx

---

56. Marx et Rousseau se situent, en ce sens, aux antipodes du pessimisme de Freud quant à la possibilité de réalisation d'une société véritablement juste. Voir la position de Freud sur la guerre plus loin dans le présent ouvrage.

57. Karl MARX et Friedrich ENGELS, « Critique de la philosophie du droit de Hegel », dans *Sur la religion*, Paris, Éditions Sociales, 1968, p. 50.

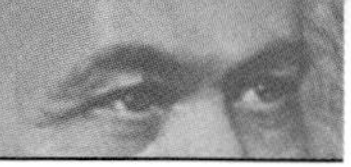

dénonce celle-ci en accusant le caractère méprisable de l'appropriation par le capitaliste de la richesse que produit l'ouvrier, l'instrumentalisation de celui-ci au service de l'accroissement du capital, le sacrifice de sa personnalité. Comprendre, chez Marx, signifie dénoncer. Que vaudrait une analyse de l'exploitation, en effet, sans la revendication de son abolition? La connaissance mène toujours, et directement, à l'action. En ce sens, Marx a compris qu'il relevait de la responsabilité et du devoir des intellectuels de favoriser l'éveil et le maintien des consciences pour que les hommes soient prêts à l'action lorsque se présentera une nouvelle ère de révolution.

Marx: la dictature du prolétariat et la démocratie

L'histoire du communisme au XXe siècle, souvent associé à la dictature, voire au totalitarisme, fait aujourd'hui écran à l'étude de la pensée économique, sociologique et philosophique de Marx. Il importe cependant de ne pas confondre la pensée même de Marx avec les différentes interprétations politiques qu'elle a pu inspirer, souvent à tort. Condamner la pensée de Marx, par exemple, au nom de crimes qui ont été faits par des hommes qui se réclamaient de sa pensée, crimes qu'il aurait lui-même le plus fortement critiqués s'il en avait été témoin, serait injuste à l'endroit d'un penseur d'une richesse inestimable. Il serait tout aussi dommage d'occulter ou de nier certaines notions essentielles que Marx a articulées pour comprendre les réalités économiques et sociales qui nous déterminent encore aujourd'hui, à commencer par la notion de lutte des classes.

Marx a d'abord voulu tirer les conséquences qu'entraîne la reconnaissance du caractère social de la production de la richesse dans une société, ce qu'il formulait en ces termes: «le capital est un produit collectif et ne peut être mis en mouvement que par l'activité commune de nombreux membres de la société, voire en dernière analyse que par l'activité commune de tous les membres de la société. Le capital n'est donc pas une puissance personnelle, il est une puissance sociale[58]». C'est pourquoi Marx posera les questions suivantes: si la richesse est le résultat de la coopération des membres d'une société dans le travail, pourquoi le capital n'appartient-il pas à tous les membres de la société qui le produit? Pourquoi faut-il qu'il soit ou continue d'être la propriété de la classe dominante? Ces deux questions ne sont-elles pas encore pertinentes aujourd'hui?

L'idéal démocratique revendique l'idée que la souveraineté – se devant d'appartenir à l'ensemble des citoyens – respectera la liberté, la volonté et les intérêts du peuple.

La dictature du prolétariat constituait, aux yeux de Marx, la première étape devant mettre fin à la lutte des classes. Cette référence à la notion de dictature ne doit pas être mal comprise. Elle signifiait, chez lui, que l'État, avant d'être aboli, devait être gouverné par et pour le bien commun de la société plutôt que dans le seul intérêt de la classe dominante. Marx comprenait donc cette étape comme la réalisation et l'aboutissement de l'**idéal démocratique** propre à la pensée politique moderne. En effet, il soutiendra que «le premier pas des ouvriers dans la révolution, c'est le prolétariat s'érigeant en classe dominante, la conquête de la démocratie[59]». S'il a pu employer des termes qui, aujourd'hui, peuvent heurter notre fibre démocratique, c'est au nom de la véritable démocratie qu'il les a employés. Par exemple, lorsqu'il affirme qu'une fois au pouvoir le prolétariat devra «arracher peu à peu à la bourgeoisie tout capital, pour centraliser tous les instruments de production entre les mains de l'État[60]», il veut dire que la propriété privée des moyens de production engendre une injustice en

58. *Manifeste du parti communiste*, p. 93.
59. *Ibid.*, p. 100.
60. *Id.*

faisant de la richesse produite socialement la propriété d'une seule classe sociale, et qu'il est tout à fait conforme à la justice que cette richesse soit arrachée à la classe sociale qui possède ce qui appartient par essence à tous[61].

Marx et la mondialisation

À l'époque de Marx, il était déjà possible d'observer un phénomène essentiel de l'économie moderne, à savoir l'ouverture des frontières et la circulation de plus en plus importante des marchandises et des capitaux qu'elle impliquait. Celle-ci plongeait en effet ses racines dans un carrefour d'événements historiques déterminants pour les développements du capitalisme naissant en même temps qu'elle accélérait la chute de la société féodale. Comme Marx et Engels le souligneront:

> La découverte de l'Amérique, le tour du cap de Bonne-Espérance ont ouvert à la bourgeoisie montante un champ d'action nouveau. Les marchés des Indes Orientales et de la Chine, la colonisation de l'Amérique, le commerce avec les colonies, l'accroissement des moyens d'échange et des marchandises en général ont donné au négoce, à la navigation, à l'industrie un essor qu'ils n'avaient jamais connu et entraîné du coup le développement rapide de l'élément révolutionnaire dans la société féodale chancelante[62].

Or, il n'y a pas de doute que ce que nous nommons aujourd'hui la mondialisation contribuera à rendre les frontières entre nations de moins en moins étanches. Marx et Engels pouvaient déjà observer celle-ci à sa racine: « Par l'exploitation du marché mondial, la bourgeoisie a donné une tournure cosmopolite à la production et à la consommation de tous les pays [...] L'ancien isolement de localités et de nations qui se suffisaient à elles-mêmes fait place à des relations universelles, à une interdépendance universelle des nations[63] ». De tels propos indiquent clairement que le phénomène de la mondialisation a été anticipé par Marx. Celui-ci croyait que le développement d'un capitalisme mondial était un phénomène inévitable, et c'est pourquoi il parlait de l'internationalisation de l'économie.

Il faut toutefois nous demander si l'accélération de l'ouverture des frontières que nous constatons depuis quelques décennies, sous l'influence de la théorie néolibérale en économie, avec les nouvelles règles de libre-échange qu'elle prescrit aux États, a donné lieu à ce que Marx aurait souhaité. Ces règles ne seraient-elles pas au service des intérêts du capital – en un sens que Marx lui-même n'aurait pu que vouloir combattre – parce qu'elles sont établies au détriment de la classe sociale qui, elle-même, produit la richesse? Les conditions de travail inhumaines que Marx décriait au XIXe siècle ne sont-elles pas encore présentes au XXIe siècle? Cette plus grande circulation des marchandises et du capital a, en effet, un coût humain d'une telle ampleur qu'il est impossible de le passer sous silence. Certains observateurs de l'économie contemporaine iront jusqu'à la qualifier d'« économie de main-d'œuvre à bon marché », et même de « mondialisation de la pauvreté[64] ». Nous parlons ici des emplois qui, sous-traitance oblige, ont quitté les pays riches occidentaux vers les pays émergents. Conséquemment, des millions d'hommes, de femmes et d'enfants travaillent

61. « Si donc, le capital est transformé en une puissance collective, appartenant à tous les membres de la société, ce n'est pas une propriété personnelle qui se transforme en propriété sociale. C'est seulement le caractère social de la propriété qui se transforme. Il perd son caractère de classe » (*Ibid.*, p. 93).

62. *Ibid.*, p. 74.

63. *Ibid.*, p. 78.

64. Michel Chossudovsky, *La Mondialisation de la pauvreté*, Montréal, Les Éditions Écosociété, 1998. Cet ouvrage est indispensable pour comprendre les effets dévastateurs de l'instauration à l'échelle de la planète des politiques économiques inspirées par le néolibéralisme.

actuellement dans des conditions effroyables et pour des salaires dérisoires. Ils produisent à moindre coût les biens de consommation dont nous raffolons !

L'internationalisation de la lutte contre le capitalisme et la barbarie qu'il amène pourraient ne pas être achevées.

Marx et la définition de l'homme par le travail

La philosophie marxienne, nous l'avons vu, accorde une importance fondamentale au travail, qui constitue la spécificité de l'être humain. Et de fait, le travail qui « humanise » la nature ne devrait-il pas constituer un lieu privilégié de connaissance et de construction de soi-même ? Aujourd'hui, le travail demeure une donnée capitale dans la définition de l'homme. Même si l'on a fait miroiter dans les années 1970 l'idée de l'entrée de l'Occident dans une ère de loisirs, il reste que le travail que l'on fait est révélateur de ce que l'on est. Certains iront même jusqu'à affirmer que la fonction sociale que l'on occupe nous constitue comme personnes. Le concept d'identité professionnelle résume à lui seul l'ampleur du phénomène : « Je suis informaticien », « Je suis médecin », « Je suis ingénieur »... Pour plusieurs, c'est comme si l'ensemble de leur personnalité se résumait au travail qui leur permet, entre autres, de gagner leur vie.

Ne va-t-on pas, de nos jours, jusqu'à proclamer que, « sans travail, nous ne sommes rien » ? Qui plus est, dans la foulée de l'analyse marxienne des classes sociales, on constate que la société capitaliste nord-américaine actuelle se construit en marginalisant certains groupes sociaux : les chômeurs, les assistés sociaux, les femmes qui demeurent à la maison pour s'occuper de leurs enfants... Ces catégories de personnes, sans travail dit productif, sont souvent dévalorisées, considérées comme des citoyens de second ordre qui ne devraient pas bénéficier des largesses de l'État. Une attitude aussi sévère n'est possible que si l'on réduit l'être humain aux dimensions de son être historique qui produit, transforme et consomme.

Certains reprochent à Marx d'avoir surestimé les facteurs économiques dans sa définition de l'homme. En s'intéressant presque exclusivement à l'activité économique de l'être humain dans un contexte essentiellement social, ne se fait-il pas de l'homme une vision qui s'en trouve quelque peu simplifiée ? Ce faisant, Marx aurait commis l'erreur de considérer que la libération économique collective entraîne automatiquement la liberté, la justice, la coopération entre les individus.

Il ne s'agit pas, bien entendu, de sous-estimer l'importance de la dimension économique et des luttes nécessaires dans ce domaine. Mais une telle vision ne négligerait-elle pas l'importance chez l'être humain d'une volonté individuelle à l'écoute de ses propres instincts et de ses propres besoins, volonté qui aspire à s'affirmer et à exprimer la vie qu'elle porte en son sein quelles que soient les conditions économiques, sociales et politiques ? Friedrich Nietzsche, dont nous étudierons la pensée dans le prochain chapitre, se fera l'ardent défenseur de cette forte volonté individuelle.

L'essentiel

Karl Marx

Selon Marx, l'**homme** est un **être social** qui se définit par son **travail** inscrit dans un mode de production donné à une période historique particulière. En effet, chacune des sociétés humaines s'est construite à partir d'une **division du travail** qui s'est constituée en un **mode de production** spécifique fondé sur un type particulier de **propriété des moyens de production**, qui a déterminé à son tour des **rapports sociaux de production** où se sont opposées deux **classes sociales** antagonistes. Ainsi, au cours de l'histoire, le **mode de production esclavagiste** s'est transformé en un **mode de production féodal**, qui s'est lui-même transformé en un **mode de production capitaliste** dans lequel l'organisation du travail y aliène l'être humain et l'empêche de manifester son être propre. À cette **aliénation économique** s'ajoutent l'**aliénation politique** et l'**aliénation religieuse** du travailleur (puisque la classe possédante se sert de l'État et de l'Église comme instruments de domination de la classe prolétarienne). Toutefois, l'homme aliéné peut changer sa condition, car l'histoire démontre que les conditions de vie économiques et sociales se transforment à la suite de la **lutte des classes** qui défendent des intérêts opposés. Ainsi, les prolétaires pourront ultimement, consécutivement à une révolution, mettre en place un **mode de production sans classes** (appelé le **communisme**) où les hommes seraient égaux et libres, retrouvant ainsi la **plénitude de leur être social** qui a existé antérieurement à la division du travail (à l'époque de la commune primitive).

Réseau de concepts

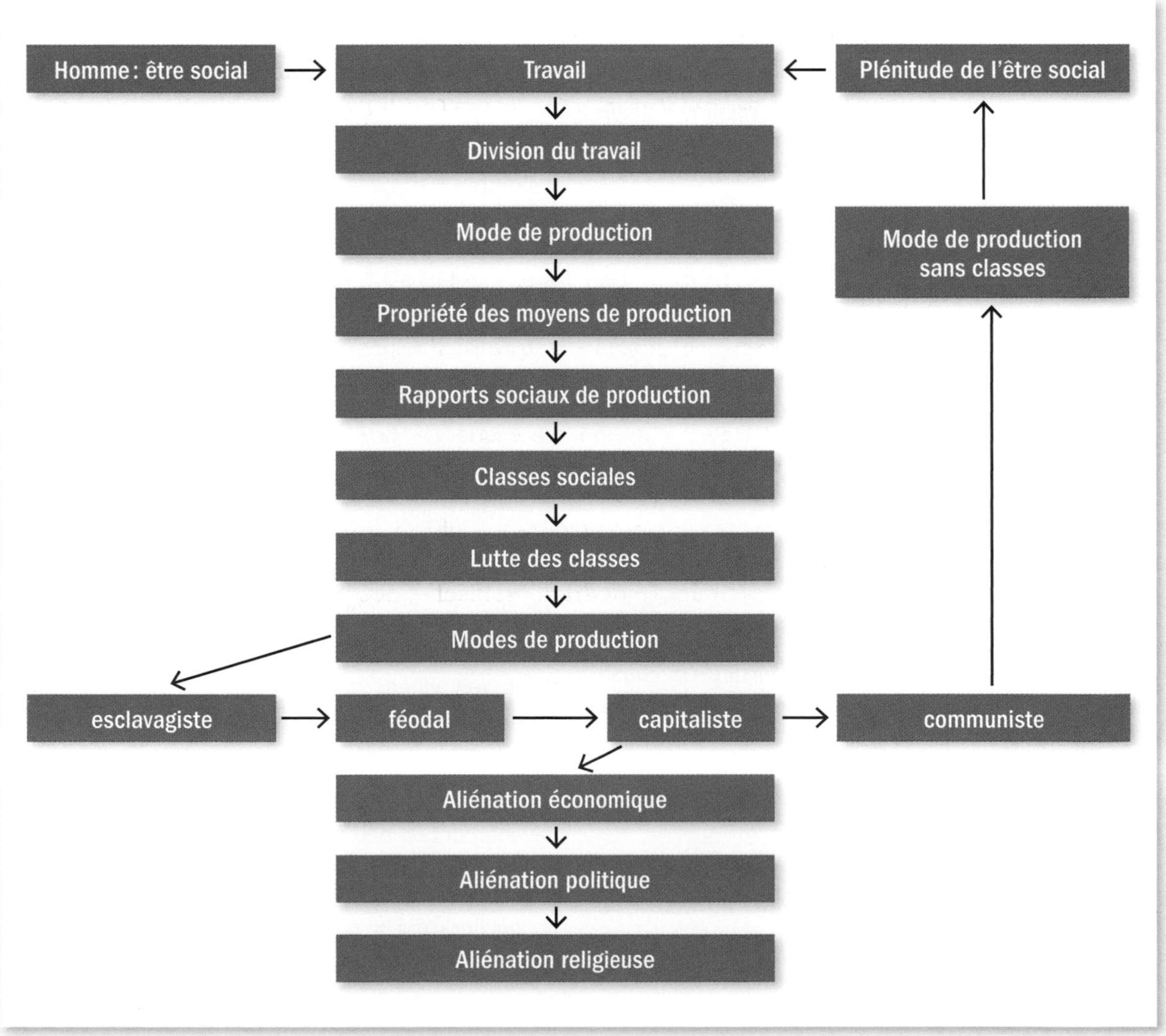

Résumé de l'exposé

Karl Marx et sa lutte contre le capitalisme du XIXe siècle

La vie de Marx

Karl Marx (1818-1883), philosophe, économiste, militant politique, a laissé à l'humanité une œuvre capitale dont la pensée et l'action ont marqué d'une manière décisive (mais controversée) la fin du XIXe siècle et la majeure partie du XXe siècle.

Le capitalisme du XIXe siècle

Marx analyse et critique les conditions d'existence misérables instaurées par le régime capitaliste de son époque.

Il dénonce l'exploitation éhontée de la classe prolétarienne par la classe bourgeoise et il propose un nouveau modèle d'organisation économique et sociale qui permettrait la réalisation intégrale de l'être humain.

Le matérialisme historique ou l'interprétation dialectique de l'histoire

Marx réinterprète la dialectique idéaliste hégélienne en des termes matérialistes. Il propose une lecture de l'histoire fondée sur les rapports sociaux qui résultent du développement de deux classes antagonistes s'affrontant à une époque donnée.

Le matérialisme dialectique de Marx

La «méthode dialectique» marxienne est une théorie de la connaissance de la nature qui:

- affirme la primauté et l'indépendance du réel par rapport à la connaissance;
- relève et analyse les contradictions de chacune des réalités à connaître;
- procède à une synthèse afin d'en saisir les transformations.

Le matérialisme historique de Marx

Marx appréhende le monde réel à partir de la «base matérielle» de l'existence humaine, c'est-à-dire les conditions de vie économiques et sociales qui se sont modifiées au cours de l'histoire à la suite de l'affrontement de deux *classes sociales* en opposition constante.

Le matérialisme historique fait l'étude des *modes de production* apparus et à paraître au cours de l'humanité.

Le passage d'un mode de production à un autre résulte d'une *lutte des classes* entre les propriétaires et les non-propriétaires des *moyens de production*.

Les relations conflictuelles qui se sont établies à l'intérieur des organisations économiques particulières sont appelées «rapports sociaux de production». Ces derniers se sont développés et transformés au cours des siècles (par exemple, maître/esclave, seigneur/serf, bourgeois/prolétaire).

Les étapes historiques des relations économiques et sociales entre les hommes

La tribu ou «commune» primitive

La commune primitive a été la première forme d'organisation sociale de l'humanité.

Les moyens de production étant possédés collectivement, les rapports entre les membres de ces communautés étaient égalitaires.

Chacun contribuait dans la mesure de ses moyens à la survie du groupe et s'épanouissait librement dans son travail.

Le mode de production esclavagiste

La société esclavagiste est caractérisée par la formation de deux classes sociales:

- Les maîtres sont actifs économiquement, socialement et politiquement, et quoique minoritaires, ils possèdent les moyens de production.
- Les esclaves, bien qu'étant majoritaires, sont considérés comme de simples instruments de travail et ne possèdent rien.

Le mode de production féodal

Le mode de production féodal prend forme au Moyen Âge.

À la campagne, la noblesse terrienne (les seigneurs) constitue la classe dominante qui exploite les serfs. Ces derniers, devant allégeance et soumission à leur seigneur, travaillent sans salaire pour assurer leur survie.

Dans les villes, des maîtres artisans exploitent leurs apprentis.

Le mode de production capitaliste

Le mode de production capitaliste se caractérise par l'avènement de deux nouvelles classes antagonistes: la bourgeoisie (manufacturiers, commerçants, propriétaires des mines, des industries et de la finance) et les ouvriers, qui ne possèdent que leur force de travail.

La classe ouvrière, étant exploitée et sous-payée, vit dans des conditions misérables et dégradantes, alors que la classe bourgeoise vit dans l'aisance et la liberté.

Selon Marx, le capitalisme – forme achevée de l'exploitation de l'homme par l'homme – ne pourra être dépassé que par la révolution qui mettra en place un État ouvrier (étape transitoire du « socialisme ») qui conduira à l'édification d'une société sans classes (étape du « communisme »).

Le mode de production communiste

Le mode de production communiste instaurera une propriété collective des moyens de production.

Celle-ci mettra fin au pouvoir des exploitants d'asservir le travail d'autrui.

Elle permettra à chacun de contribuer à la société selon ses capacités et à recevoir selon ses besoins.

La primauté de la vie économique

L'infrastructure économique (le mode de production matérielle) constitue la base de l'édifice social et détermine la superstructure idéologique et juridico-politique.

En revanche, les activités politiques, juridiques, culturelles, philosophiques, etc., de la superstructure viennent consolider, par l'entremise de l'idéologie, l'infrastructure économique.

L'homme comme être social et historique

Selon Marx, l'essence de l'homme ne se trouve pas dans une idée ou un concept de l'Homme sous lequel se rangeraient tous les individus.

L'individu est un « animal social », c'est-à-dire qu'il se définit par son appartenance à une classe et selon les rapports sociaux dans lesquels il est inscrit :

- Ce sont les conditions sociales et matérielles d'existence qui définissent l'homme.
- L'homme est un être historique.
- L'existence sociale détermine la conscience des hommes.

L'être humain et le travail

Par le travail, l'homme devient un être de *praxis* : il agit concrètement dans la réalité tout en possédant une connaissance théorique de son action.

Le travail : humanisation de la nature et spécificité de l'homme

Par le travail, l'homme humanise la nature et se définit lui-même comme un être conscient qui devrait pouvoir actualiser ses capacités intellectuelles et physiques.

Le travail comme médiation sociale : grandeur idéale et misère réelle

Le travail devrait permettre d'établir des liens de sociabilité, de réciprocité et de solidarité humaine. En réalité, le travailleur du XIXe siècle est un être isolé qui se perd dans son travail et l'objet qu'il produit.

Les différentes formes de l'aliénation humaine

En régime capitaliste, l'homme est aliéné. Il vit sous le joug de déterminismes. Il devient l'esclave d'une puissance étrangère sur les plans économique, politique et religieux.

L'aliénation économique

Parce qu'elle engendre toutes les autres formes d'aliénation, il y a nécessité de se libérer d'abord de l'aliénation économique.

L'aliénation économique est renforcée par une division du travail due à la mécanisation et à la spécialisation.

Le travail consistant à ne répéter, à longueur de journée, qu'un élément de l'ensemble des tâches nécessaires à la production d'un objet déshumanise l'ouvrier et le rend étranger à lui-même.

La force de travail est conçue comme une marchandise qu'il est normal de vendre pour survivre.

Le capitaliste exploite le travailleur parce que ce dernier reçoit un salaire dont la valeur est moindre que celle des biens produits dans sa journée de travail.

Marx donne le nom de plus-value au travail non payé à l'ouvrier.

Le profit se fait toujours sur le dos du travailleur.

L'aliénation politique

La dépendance économique entraîne toujours la dépendance politique.

L'aliénation politique vient du fait que la classe possédante (la bourgeoisie) s'empare du pouvoir politique et utilise l'État comme instrument de domination de la classe prolétarienne.

Marx fait appel à une prise temporaire du pouvoir politique par la classe prolétarienne, qui réorganisera la production sur la base d'une association libre et égalitaire de tous les producteurs.

L'aliénation religieuse

La religion est « l'opium du peuple ». Les possédants se servent de la religion pour justifier leur domination, pour endormir le peuple et pour l'empêcher de revendiquer ses droits par la révolution.

La liberté et la libération collective

Marx critique les limites de la liberté politique qui a accompagné la Révolution française. Une autre révolution sera nécessaire: elle aura pour cible ce qui empêche d'atteindre l'émancipation économique, de laquelle découleront les autres formes de libération politique et religieuse.

La cause de l'aliénation économique étant la *propriété privée des moyens de production*, celle-ci doit être abolie pour faire place à une propriété collective, qui seule permettra une véritable émancipation humaine.

Marx croit que les hommes se libéreront de leurs chaînes en agissant collectivement sur leurs conditions d'existence aliénées.

Marx aujourd'hui

Le but ultime de Marx fut l'émancipation de l'homme dans la société, c'est-à-dire la libération des formes d'aliénation dont il était l'objet afin qu'il retrouve son intégrité et sa dignité.

Demandons-nous si, aujourd'hui, les conditions économiques, sociales et politiques sont enfin réunies pour permettre l'affirmation complète de l'homme...

Marx: la dictature du prolétariat et la démocratie

Marx a développé des notions ayant une forte connotation révolutionnaire (par exemple, lutte des classes, dictature du prolétariat, propriété collective du capital) qui ont été souvent mal interprétées par des individus ou des régimes qui se réclamaient à tort de sa pensée.

Si Marx a pu employer des termes qui, aujourd'hui, peuvent heurter notre fibre démocratique, c'est au nom de la démocratie qu'il les a utilisés.

Marx et la mondialisation

Ce que nous nommons aujourd'hui la mondialisation a été anticipé par Marx, qui parlait déjà de « l'internationalisation de l'économie ».

Les conditions de travail inhumaines que Marx décriait au XIXe siècle ne sont-elles pas encore présentes au XXIe siècle, quand on pense aux millions d'hommes, de femmes et d'enfants des pays émergents qui travaillent dans des conditions misérables et pour des salaires dérisoires?

Marx et la définition de l'homme par le travail

À l'instar de Marx, nous accordons aujourd'hui une place capitale au travail dans la définition de l'homme. La fonction sociale que l'on occupe nous constitue essentiellement comme personnes. Sans travail, nous ne sommes rien. Ainsi, la société capitaliste nord-américaine se développe en marginalisant des catégories de personnes jugées non productives.

Activités d'apprentissage

A Vérifiez vos connaissances

1. En 1841, Marx obtient son doctorat en philosophie en soutenant une thèse sur le livre célèbre de Hegel, *La Phénoménologie de l'esprit*. VRAI ou FAUX?
2. L'objectif principal de la collaboration de Marx avec Engels est d'éduquer, de former et d'organiser le mouvement ouvrier afin que les travailleurs se libèrent de leurs chaînes. VRAI ou FAUX?
3. Pour Marx, quelle notion permet d'exprimer le mouvement qui va de l'explication théorique à l'action modifiant l'état de choses présent?
4. Quelle est la nouvelle grille d'analyse du monde et de l'homme que Marx a mise en application?
5. Quel penseur a eu le plus d'influence sur la pensée de Karl Marx?

6 Selon Marx, chacune des sociétés humaines s'est construite à partir d'une division du travail. VRAI ou FAUX?

7 Le communisme marxien a ceci de particulier qu'il vise à reconstituer l'unité primitive qui existait entre le travailleur et ses moyens de travail. VRAI ou FAUX?

8 Donnez deux exemples de rapports sociaux de production analysés par Marx.

9 Marx affirme que l'essence de l'être humain réside dans les rapports sociaux qu'entretiennent les individus ; ce faisant, il rompt de façon définitive avec le concept d'Homme abstrait. VRAI ou FAUX?

10 Selon Marx, la caractéristique spécifique de l'être humain, c'est-à-dire ce qui le distingue des autres espèces animales, est la raison. VRAI ou FAUX?

11 Quel concept Marx utilise-t-il pour dénoncer la différence entre ce que le travailleur coûte pour produire et ce qu'il rapporte en produisant?

12 Selon Marx, l'État bourgeois est un appareil neutre au service de toute la société. VRAI ou FAUX?

13 Quelle expression lapidaire Marx utilise-t-il pour parler de la religion?

14 Marx croit que la Révolution française et la démocratie moderne auraient seulement contribué à la libération politique des humains, sans atteindre à la dimension économique de leur existence. VRAI ou FAUX?

15 À partir de ce que vous avez appris sur Marx, indiquez laquelle des citations suivantes n'a pas été écrite par lui.

a) « Les hommes font leur propre histoire [...] dans des conditions directement données et héritées du passé. »

b) « Un être se considère comme indépendant dès qu'il est son propre maître, et il n'est son propre maître que s'il doit son existence à lui-même. »

c) « Deviens sans cesse celui que tu es, sois le maître et sculpteur de toi-même. »

B Débat sur l'énoncé central de la conception philosophique de l'être humain défendue par Marx[65]

Compétence à acquérir

Démontrer sa compréhension de la conception philosophique de l'être humain défendue par Marx en participant, en classe, à l'activité qui suit.

Contexte de réalisation

1 La classe est divisée en équipes composées de quatre étudiants qui se nomment un porte-parole.

2 Chacun des étudiants répond, par écrit, à la question suivante :

Croyez-vous, à l'instar de Marx, que « ce n'est pas la conscience des hommes qui détermine leur existence, c'est au contraire leur existence sociale qui détermine leur conscience[66] » ? En d'autres mots, votre conscience des choses, votre manière de penser, bref, votre être propre est-il tributaire de vos conditions sociales matérielles d'existence?

3 Dans chacune des équipes, à tour de rôle, chaque étudiant fait la lecture de sa réponse. Une discussion est engagée afin de peaufiner la réponse et de parvenir à la rédaction d'une réponse commune.

4 Les porte-parole, à tour de rôle, présentent à la classe la réponse à laquelle leur équipe est arrivée.

5 Sous la supervision de l'enseignant, une discussion est engagée visant à faire ressortir les principaux éléments d'adhésion ou de dissension de la classe par rapport à la définition marxienne de l'être humain.

65. Nous suggérons que cette activité d'apprentissage soit réalisée après que l'enseignant aura donné un cours sur la section « L'homme comme être social et historique » ou que les étudiants auront lu cette section (*voir la page 129*).

66. Karl MARX, « Critique de l'économie politique », dans *Œuvres (Économie)*, t. I, traduction Maximilien Rubel et Louis Évrard, Paris, © Éditions Gallimard, coll. « Bibliothèque de la Pléiade », 1972, p. 273.

C Analyse et critique de texte

Cette activité exige la lecture préalable de l'extrait de *L'Idéologie allemande* présenté à la page suivante.

Compétences à acquérir

- Démontrer sa compréhension d'un texte de Marx et d'Engels en transposant dans ses propres mots une partie de ce texte philosophique.
- Appliquer la doctrine à une situation réelle, c'est-à-dire trouver un exemple qui illustre la véracité ou l'inexactitude d'une thèse défendue dans ce texte.
- Évaluer le contenu, c'est-à-dire exprimer son accord ou son désaccord (et en donner les raisons) :
  - sur la conception marxienne de la conscience de l'homme ;
  - sur la thèse marxienne de la domination spirituelle de la classe dominante.

Questions

1 Dans ce texte (4e fragment), Marx postule ceci : « Ce n'est pas la conscience qui détermine la vie, mais la vie qui détermine la conscience. »

a) Dites dans vos propres mots ce que Marx entend par là.

Commentaire critique

b) Êtes-vous d'accord avec la manière dont Marx se représente la conscience de l'homme ainsi que son origine ? Vous devez fonder votre jugement, c'est-à-dire apporter deux arguments pour appuyer vos affirmations. (Minimum suggéré : une page.)

2 Dans ce texte (6e fragment), Marx affirme ceci : « Les pensées de la classe dominante sont aussi, à toutes les époques, les pensées dominantes, autrement dit la classe qui est la puissance *matérielle* dominante de la société est aussi la puissance dominante *spirituelle*. »

a) Dites dans vos propres mots ce que Marx entend par là.

b) Illustrez par un exemple actuel (différent des exemples qui sont utilisés par Marx) la véracité ou l'inexactitude de cette thèse.

D Analyse et critique de texte

Cette activité exige la lecture préalable de l'extrait de *Pour une théorie critique de la société* de Marcuse présenté à la page 153.

Compétences à acquérir

- Démontrer sa compréhension d'un texte de Marcuse en transposant dans ses propres mots une partie de ce texte philosophique.
- Évaluer le contenu, c'est-à-dire exprimer son accord ou son désaccord (et en donner les raisons) sur une thèse avancée par Marcuse dans ce texte.

Questions

1 Dans vos propres mots, donnez les caractéristiques théoriques du concept de l'individu en tant que propriétaire présenté par Marcuse dans ce texte.

2 Selon Marcuse, seule la bourgeoisie a pu actualiser les caractéristiques théoriques de la culture individualiste. Dans vos propres mots, reprenez les raisons sur lesquelles Marcuse fonde son affirmation.

Commentaire critique

3 À l'instar de Marcuse, êtes-vous d'accord pour dire que, dans la « société américaine contemporaine [...], l' "individualité" est devenue périmée dans le domaine économique (et pas seulement là) » ? Vous devez fonder votre jugement, c'est-à-dire apporter deux arguments pour appuyer vos affirmations. (Minimum suggéré : une page.)

E Exercice comparatif : Rousseau et Marx

Compétence à acquérir

Procéder à une comparaison entre deux conceptions modernes de l'être humain à propos d'un même thème.

Contexte de réalisation

Individuellement, dans un texte d'environ 350 mots (une page et demie), examinez les rapports de ressemblance et de différence entre la conception rousseauiste et la conception marxienne de l'être humain à propos du thème de la société.

Étapes suggérées

1 a) Caractérisez la conception rousseauiste de l'être humain au regard du thème de la société. Par exemple, demandez-vous en quoi et comment, selon Rousseau, la société dénature l'être humain en défigurant son être profond.

b) Caractérisez la conception marxienne de l'être humain au regard du thème de la société. Par exemple, demandez-vous dans quelle mesure, selon Marx, la société définit essentiellement l'être humain en lui imposant des conditions concrètes d'existence.

2 a) S'il y a lieu, précisez les liens ou les similitudes entre la conception rousseauiste et la conception marxienne de l'être humain à propos du thème de la société.

b) S'il y a lieu, dégagez les oppositions ou les antagonismes entre la conception rousseauiste et la conception marxienne de l'être humain à propos du thème de la société.

Extraits de textes

Marx et Engels ▪ *L'Idéologie allemande*

[4e fragment]

Voici donc les faits ; des individus déterminés qui ont une activité productive selon un mode déterminé entrent dans des rapports sociaux et politiques déterminés. Il faut que, dans chaque cas particulier, l'observation empirique montre dans les faits, et sans aucune spéculation ni mystification, le lien entre la structure sociale et politique et la production. La structure sociale et l'État résultent constamment du processus vital d'individus déterminés ; mais de ces individus non point tels qu'ils peuvent s'apparaître dans leur propre représentation ou apparaître dans celle d'autrui, mais tels qu'ils sont *en réalité*, c'est-à-dire, tels qu'ils œuvrent et produisent matériellement ; donc tels qu'ils agissent dans des limites, des présuppositions et des conditions matérielles déterminées et indépendantes de leur volonté.

La production des idées, des représentations et de la conscience est d'abord directement et intimement mêlée à l'activité matérielle et au commerce matériel des hommes, elle est le langage de la vie réelle. Les représentations, la pensée, le commerce intellectuel des hommes apparaissent ici encore comme l'émanation directe de leur comportement matériel. Il en va de même de la production intellectuelle telle qu'elle se présente dans la langue de la politique, celle des lois, de la morale, de la religion, de la métaphysique, etc., de tout un peuple. Ce sont les hommes qui sont les producteurs de leurs représentations, de leurs idées, etc., mais les hommes réels, agissants, tels qu'ils sont conditionnés par un développement déterminé de leurs forces productives et du mode de relations qui y correspond, y compris les formes les plus larges que celles-ci peuvent prendre. La conscience ne peut jamais être autre chose que l'Être conscient et l'Être des hommes est leur processus de vie réel. Et si, dans toute l'idéologie, les hommes et leurs rapports nous apparaissent placés la tête en bas comme dans une *camera obscura* [chambre noire], ce phénomène découle de leur processus de vie historique, absolument comme le renversement des objets sur la rétine découle de son processus de vie directement physique.

À l'encontre de la philosophie allemande qui descend du ciel sur la terre, c'est de la terre au ciel que l'on monte ici. Autrement dit, on ne part pas de ce que les hommes disent, s'imaginent, se représentent, ni non plus de ce qu'ils sont dans les paroles, la pensée, l'imagination et la représentation d'autrui, pour aboutir ensuite aux hommes en chair et en os; non, on part des hommes dans leur activité réelle; c'est à partir de leur processus de vie réel que l'on représente aussi le développement des reflets et des échos **idéologiques** de ce processus vital. Et même les **fantasmagories** dans le cerveau humain sont des **sublimations** résultant nécessairement du processus de leur vie matérielle que l'on peut constater empiriquement et qui est lié à des présuppositions matérielles. De ce fait, la morale, la religion, la métaphysique et tout le reste de l'idéologie, ainsi que les formes de conscience qui leur correspondent, perdent aussitôt toute apparence d'autonomie. Elles n'ont pas d'histoire, elles n'ont pas de développement; ce sont au contraire les hommes qui, en développant leur production matérielle et leurs rapports matériels, transforment, avec cette réalité qui leur est propre, et leur pensée et les produits de leur pensée. Ce n'est pas la conscience qui détermine la vie, mais la vie qui détermine la conscience. Dans la première façon de considérer les choses, on part de la conscience comme étant l'individu vivant, dans la seconde façon, qui correspond à la vie réelle, on part des individus réels et vivants eux-mêmes et l'on considère la conscience uniquement comme leur conscience [...].

Idéologique
Relatif à l'ensemble des idées, des croyances et des doctrines propres à une époque, à une société ou à une classe donnée.

Fantasmagorie
Production de l'imagination: image irréelle, fantastique et surnaturelle.

Sublimation
Synonyme de «transposition», de «transformation».

[6e fragment]

Les pensées de la classe dominante sont aussi, à toutes les époques, les pensées dominantes, autrement dit la classe qui est la puissance *matérielle* dominante de la société est aussi la puissance dominante *spirituelle*. La classe qui dispose des moyens de la production matérielle dispose, du même coup, des moyens de la production intellectuelle, si bien que, l'un dans l'autre, les pensées de ceux à qui sont refusés les moyens de production intellectuelle sont soumises du même coup à cette classe dominante. Les pensées dominantes ne sont pas autre chose que l'expression idéale des rapports matériels dominants, elles sont ces rapports matériels dominants saisis sous forme d'idées, donc l'expression des rapports qui font d'une classe la classe dominante; autrement dit, ce sont les idées de sa domination. Les individus qui constituent la classe dominante possèdent, entre autres choses, également une conscience, et en conséquence ils pensent; pour autant qu'ils dominent en tant que classe et déterminent une époque historique dans toute son ampleur, il va de soi que ces individus dominent dans tous les sens et qu'ils ont une position dominante, entre autres, comme êtres pensants aussi, comme producteurs d'idées, qu'ils règlent la production et la distribution des pensées de leur époque; leurs idées sont donc les idées dominantes de leur époque. Prenons comme exemple un temps et un pays où la puissance royale, l'aristocratie et la bourgeoisie se disputent le pouvoir et où celui-ci est donc partagé; il apparaît que la pensée dominante y est la doctrine de la division des pouvoirs qui est alors énoncée comme une «loi éternelle». Nous retrouvons ici la division du travail [...] comme l'une des puissances capitales de l'histoire. Elle se manifeste aussi dans la classe dominante sous forme de division entre le travail intellectuel et le travail matériel, si bien que nous aurons deux catégories d'individus à l'intérieur de cette même classe. Les uns seront les penseurs de cette classe, les idéologues actifs, qui réfléchissent et tirent leur substance principale de l'élaboration de l'illusion que cette classe se fait sur elle-même, tandis que les autres auront une attitude

plus passive et plus réceptive en face de ces pensées et de ces illusions, parce qu'ils sont, dans la réalité, les membres actifs de cette classe et qu'ils ont moins de temps pour se faire des illusions et des idées sur leurs propres personnes. À l'intérieur de cette classe, cette scission peut même aboutir à une certaine opposition, à une certaine hostilité des deux parties en présence. Mais, dès que survient un conflit pratique où la classe tout entière est menacée, cette opposition tombe d'elle-même, tandis que l'on voit s'envoler l'illusion que les idées dominantes ne seraient pas les idées de la classe dominante et qu'elles auraient un pouvoir distinct du pouvoir de cette classe. L'existence d'idées révolutionnaires à une époque déterminée présuppose déjà l'existence d'une classe révolutionnaire [...].

Admettons que, dans la manière de concevoir la marche de l'histoire, on détache les idées de la classe dominante de cette classe dominante elle-même et qu'on en fasse une entité. Mettons qu'on s'en tienne au fait que telles ou telles idées ont dominé à telle époque, sans s'inquiéter des conditions de la production ni des producteurs de ces idées, en faisant donc abstraction des individus et des circonstances mondiales qui sont à la base de ces idées. On pourra alors dire, par exemple, qu'au temps où l'aristocratie régnait, c'était le règne des concepts d'honneur, de fidélité, etc., et qu'au temps où régnait la bourgeoisie, c'était le règne des concepts de liberté, d'égalité, etc. C'est ce que s'imagine la classe dominante elle-même dans son ensemble. [...] En effet, chaque nouvelle classe qui prend la place de celle qui dominait avant elle est obligée, ne fût-ce que pour parvenir à ses fins, de représenter son intérêt comme l'intérêt commun de tous les membres de la société ou, pour exprimer les choses sur le plan des idées : cette classe est obligée de donner à ses pensées la forme de l'universalité, de les représenter comme étant les seules raisonnables, les seules universellement valables.

MARX, Karl et Friedrich ENGELS. *L'Idéologie allemande*, traduction Henri Auger, Gilbert Badia, Jean Baudrillard et Renée Cartelle, Paris, Éditions Sociales, coll. « Essentiel », 1988, p. 76-79, 111-113.

Marcuse ▪ « Le concept d'individualisme et son évolution »

Herbert Marcuse (1898-1979) est un philosophe américain d'origine allemande. Conjuguant des sources marxiennes et freudiennes, Marcuse développe une critique de la civilisation industrielle et de la société de consommation qui « manipule les consciences ». Ses principaux ouvrages sont *Raison et Révolution* (1941), *Éros et Civilisation* (1955), *Le Marxisme soviétique* (1958), *L'Homme unidimensionnel* (1964), *Pour une théorie critique de la société* (1969), *Contre-révolution et Révolte* (1973).

Le conflit qui se manifeste au sein des traditions philosophiques[67] reflète celui qui se développe dans la réalité sociale. La liberté était censée être la qualité essentielle de l'individu, en théorie et en pratique, dans la pensée et dans l'action ; elle devait être une qualité de l'homme intérieur et extérieur. En ce sens,

67. Marcuse fait référence au conflit entre deux conceptions de l'individu : celle de l'individu en tant que « sujet de la lutte capitaliste pour l'existence », élaborée par Hobbes, Locke, Adam Smith et Bentham, et celle de l'individu comme « sujet de l'autonomie individuelle, morale et intellectuelle », mise en avant par la philosophie des Lumières, Leibniz et Kant.

Corollaire
Conséquence directe.

Locke, John
(1632-1704)
Philosophe anglais et penseur empiriste. Ce partisan du libéralisme politique s'est porté à la défense de la propriété privée.

Hobbes, Thomas
(1588-1679)
« L'homme est un loup pour l'homme », telle est la nature originelle de l'être humain ! En conséquence, ce philosophe anglais pense que l'établissement d'un contrat social devrait permettre aux individus d'abandonner leurs droits naturels dans l'intérêt de la paix.

Principe de Réalité
Expression freudienne signifiant l'exigence de l'adaptation à la réalité à l'encontre de la recherche inconditionnelle du plaisir.

l'individu était le **corollaire** de l'entreprise privée : la responsabilité morale et la personnalité autonome devaient avoir leur fondement effectif dans la liberté économique et politique. L'individu est *propriétaire*, non seulement en ce sens qu'il possède des ressources et des biens matériels, qu'il dispose des services nécessaires à la réalisation (démonstration, confirmation) de sa liberté dans la société, mais en ce sens qu'il a acquis ces choses en vertu de son propre travail et du contrôle qu'il exerce sur le travail d'un autre (déjà chez **Locke**) et qu'il les a faites siennes – qu'il en a fait l'expression matérielle de sa personnalité productive, créatrice. Ce concept de l'individu en tant que propriétaire, qui domine la théorie philosophique de l'individu de **Hobbes** à Hegel, pouvait difficilement recevoir une application générale dans une société acquisitive où la majorité de la population restait privée d'une telle autonomie. Mais il existait une classe – longtemps dirigeante –, celle des entrepreneurs agraires et industriels, dont on pouvait dire qu'ils étaient maîtres de leur entreprise : individuellement responsables de leurs décisions, de leurs choix, de leurs risques, récompensés de leur décision si elle était bonne, punis si elle était mauvaise, selon le verdict du marché de la libre compétition. À travers la liberté de l'entreprise privée, cette classe (en gros, la « bourgeoisie ») développa les forces productives sur un fondement individualiste, dans les conditions du capitalisme libéral qui régna dans les pays industriels jusqu'à la fin du XIXe siècle. Ces maîtres de l'économie étaient en même temps des individus autonomes dans leur propre foyer : ils déterminaient l'éducation de leurs enfants, le niveau de leur train de vie, leur ligne de conduite – ils imposèrent le **Principe de Réalité** d'une manière passablement autoritaire. Étant « leurs propres maîtres » aussi bien dans leurs affaires que chez eux, ils pouvaient se passer du gouvernement, de *public relations*, de *mass media* standardisés : c'est pourquoi ils pouvaient être considérés comme les représentants vivants de la culture individualiste.

Aujourd'hui, il n'est pas nécessaire d'entrer dans de longues discussions pour montrer que les conditions dans lesquelles cette forme d'entreprise individuelle a pu fleurir ont disparu. La société américaine contemporaine a dépassé le stade de productivité où des unités individuelles de production s'affrontent dans une libre compétition ; avec la transformation du capitalisme libéral en capitalisme organisé, l'« individualité » est devenue périmée dans le domaine économique (et pas seulement là) ; elle s'est étiolée par suite de la croissance rapide et bouleversante de la productivité du travail et par suite de la croissance des moyens et des instruments qui utilisent cette productivité. En face de cette évolution historique, nous devons nous demander où et comment nous pouvons envisager, dans la société industrielle de notre type, le développement de l'individualité créatrice.

MARCUSE, Herbert. *Pour une théorie critique de la société*, traduction Cornélius Heim, Paris, Denoël/Gonthier, coll. « Bibliothèque Méditations », 1971, p. 184-186.

Lectures suggérées

La lecture de l'une des œuvres suivantes est suggérée dans son intégralité ou en extraits importants :

- MARX, Karl et Friedrich ENGELS. *Manifeste du parti communiste*, Paris, GF-Flammarion, coll. « GF Philosophie », 1998.
- MARX, Karl et Friedrich ENGELS. *L'Idéologie allemande*, Paris, Nathan, coll. « Les Intégrales de philo », 2010.

Chapitre 5

L'homme comme être d'instincts, de désirs et de passions

Nietzsche ou la philosophie à coups de marteau

Friedrich Nietzsche

« "Connais-toi toi-même"… Lorsque l'on a réussi à savoir ce que l'on est, on peut envisager de le vouloir enfin. La connaissance de soi inaugure la construction de soi. En découvrant qui je suis, je peux alors vouloir l'être, ce à quoi, *in fine*, se réduit la liberté. De cette série d'exercices de consentement, d'adhésion, puis d'amour du réel, les stoïciens disaient qu'ils apportaient la sérénité, Spinoza, la joie – et Nietzsche, la grande santé. Vouloir la puissance qui nous veut, voilà qui relève la liberté et rend possible de devenir ce que l'on est… »

Michel Onfray

Plan du chapitre

- Nietzsche et le nihilisme européen de la fin du XIXe siècle
- Le dépassement de soi dans l'affirmation de ses instincts, de ses désirs et de ses passions
- La volonté de puissance
- Le surhumain
- Nietzsche aujourd'hui

Nietzsche et le nihilisme européen de la fin du XIXe siècle

La vie de Nietzsche

Friedrich Nietzsche naît le 15 octobre 1844 à Röcken, dans le royaume de Saxe (Allemagne orientale). Son père, pasteur luthérien[1], meurt alors que Friedrich n'a que cinq ans. Entouré de sa mère (elle-même fille de pasteur), de sa sœur Élisabeth et de deux tantes aux mœurs sévères, il passe une enfance et une adolescence calmes et pieuses. C'est un enfant docile, studieux, respectueux, solitaire et méditatif.

En octobre 1858, obtenant une bourse de la ville de Naumburg, Nietzsche entre au collège de Pforta pour y poursuivre ses études secondaires. Ce collège est réputé pour la qualité de son enseignement en langue et en littérature allemandes, mais on y fait surtout l'étude des **humanités**. Les premiers contacts avec le théâtre et la philosophie des Grecs seront déterminants pour le jeune Nietzsche.

Humanités (les)
Étude de la langue et de la littérature grecques et latines.

Philologie
[...] Étude d'une langue par l'analyse critique des textes [...] *(Le Petit Robert).*

En septembre 1864, Nietzsche entreprend des études en théologie et en **philologie** classique (grec ancien et latin), d'abord à l'Université de Bonn, puis à Leipzig. Un seul de ses professeurs fait impression sur lui : le philologue Ritschl. Nietzsche s'intéresse aux leçons de Ritschl parce que celui-ci ne fait pas que présenter l'histoire des formes littéraires gréco-romaines, il aborde aussi l'étude de la pensée et des institutions de l'Antiquité. Inspiré par son maître, Nietzsche se met à la tâche de découvrir les sources de Diogène Laërce (début du IIIe siècle apr. J.-C.), le grand historien des philosophes grecs. Il passe de nombreux mois à chercher, à scruter, à déchiffrer des documents. Le 1er août 1867, il dépose son essai qui porte en exergue cette maxime évocatrice de l'œuvre à venir : « Tu dois devenir ce que tu es[2]. » Cet ouvrage lui vaut le premier prix du concours annuel de l'Université de Leipzig.

Arthur Schopenhauer (1788-1860) est un penseur allemand qui ébauche une première rupture avec l'humanisme philosophique traditionnel. L'utilisation de métaphores caractérise son écriture.

Pendant ces années de formation, la lecture de l'ouvrage d'Arthur Schopenhauer *Le Monde comme volonté et comme représentation* (1818) marque profondément Nietzsche. Il n'approuvera pas les thèses défendues par Schopenhauer (notamment son pessimisme), mais il s'inspirera de certains thèmes traités par ce dernier, dont celui du « vouloir-vivre ». Cependant, plus que toute autre idée, ce serait l'implacable volonté de vérité et de probité, décelée chez ce libre penseur, qui aurait particulièrement influencé le jeune homme. D'autre part, Nietzsche découvre à la même époque la philosophie d'Emmanuel Kant (1724-1804), fondateur d'une morale du devoir (qu'il critiquera ultérieurement) ; il s'intéresse également à l'empirisme anglo-saxon[3], selon lequel la connaissance doit n'être fondée que sur les faits et l'expérimentation.

À l'automne 1867, Nietzsche doit interrompre ses études pour faire son service militaire. Le 9 octobre, il entre au 4e régiment d'artillerie de campagne. Dans une lettre écrite à cette époque, il dit apprécier cette nouvelle vie, car elle nécessite « un appel constant à l'énergie de l'individu » et constitue « un contrepoison décisif à l'érudition froide, étroite, pédante ». Cependant, au mois de mars 1868, Nietzsche subit un grave accident de

1. Notons que la conception de l'être humain prônée par Luther (1483-1546) et par Calvin (1509-1564) s'appuyait sur le principe que le bonheur de l'homme ne devait pas être considéré comme le but de la vie terrestre, qu'il fallait consacrer aux œuvres pieuses et vertueuses, au développement de ses talents pour le bien commun, dans le respect des autorités et dans l'attente (non assurée) d'une récompense céleste.
2. Ces mots sont du poète grec Pindare (–518 à –438).
3. Voir, dans le chapitre 3, la section « L'avènement du rationalisme expérimental » (au XVIIIe siècle).

cheval au cours d'un exercice de cavalerie. Cet accident est suivi d'une longue convalescence qui met un terme à son service militaire. Notons que lors de la guerre franco-allemande de 1870, Nietzsche s'engagera comme infirmier.

Wagner est considéré comme l'un des plus grands et des plus avant-gardistes compositeurs du XIXe siècle. Son sublime opéra *Tristan und Isolde* (1859) préfigure la musique du XXe siècle.

Après avoir terminé ses études, Nietzsche obtient un poste de professeur de langue et de littérature grecques à l'Université de Bâle en février 1869. Il donne aussi des cours au lycée, où il impressionne ses élèves autant par son enthousiasme que par sa bienveillance à l'endroit de tous (y compris les moins intéressés et les moins doués). Au même moment, passionné par la musique et lui-même bon pianiste compositeur et improvisateur, il se lie d'amitié avec Richard Wagner (1813-1883), chez qui il admire le génie musical, le sens du tragique et la volonté héroïque à l'œuvre dans ses opéras. Cette amitié ne durera toutefois que quelques années. Après s'être fait le champion du grand musicien, Nietzsche croira voir dans cette œuvre – et en particulier dans *Parsifal* – les signes de la «décadence nihiliste[4]» qu'il pourfendra là comme ailleurs. Signalons, au passage, qu'on ne doit pas sous-estimer le rôle essentiel qu'a pu jouer la musique dans l'approche nietzschéenne des enjeux philosophiques. Toute sa pensée n'est peut-être au fond qu'une tentative pour appliquer quelque chose de l'esprit de la musique, du chant et de la danse à ce que le discours philosophique classique occulterait, trahirait ou ne parviendrait pas à dire, avec son approche purement basée sur la seule raison.

Écoutons-le en 1888:

> A-t-on remarqué à quel point la musique rend l'esprit libre? Donne des ailes aux pensées? Que plus on devient musicien, plus on devient philosophe?... Le ciel gris de l'abstraction comme zébré d'éclair; la lumière assez forte pour faire paraître le filigrane des choses; les grands problèmes si proches qu'on croirait les saisir; le monde embrassé du regard comme du haut d'une montagne. Je viens de définir la passion philosophique[5].

Hellénique
Qui se rapporte à l'ensemble de la civilisation grecque, plus particulièrement le siècle de Périclès (v. –495 à –429), qui marqua le triomphe de l'hellénisme.

En 1872, Nietzsche publie *La Naissance de la tragédie enfantée par l'esprit de la musique* écrit dans la proximité du compositeur et ami Wagner[6]. Cet ouvrage jette un regard neuf sur l'Antiquité grecque, regard qui s'oppose à l'interprétation classique de la culture **hellénique**. Celle-ci n'est pas seulement portée par un esprit **apollinien** qui véhicule la sérénité, l'harmonie, la «juste mesure» et la sagesse rationnelle. Nietzsche montre que l'hellénisme, en donnant naissance à la tragédie (Eschyle, Sophocle, etc.), met en scène un fond **dionysiaque** de démesure sur lequel apparaît l'homme luttant contre un destin implacable. Selon Nietzsche, la tragédie grecque réunit de façon sublime l'esprit dionysiaque et l'esprit apollinien. Mais viendra bientôt la philosophie grecque rationnelle (en particulier avec Socrate, Platon, etc.) qui remplacera cette **vision tragique**, source de dépassement de soi. *La Naissance de la tragédie* perturbe l'interprétation traditionnelle de la civilisation hellénique et, conséquemment, ne fait pas l'unanimité parmi les philologues de l'époque. Nietzsche est fortement contesté; sa réputation professionnelle est ébranlée. D'ailleurs, l'esprit polyvalent de notre homme – marqué par un

Apollon, dieu de la lumière et de la clarté, est le fils de Zeus, le dieu suprême du polythéisme grec. Incarnant l'idéal grec de la beauté, il symbolise la mesure, l'ordre et l'harmonie.

Dans la mythologie grecque, Dionysos est le dieu de l'ivresse, du rire, de l'exaltation et de la démesure.

La vision tragique grecque proposait le portrait d'un homme ayant le courage d'assumer le destin implacable et le tragique de la vie avec ses contradictions et ses douleurs.

4. L'expression «décadence nihiliste» véhicule l'idée de déchéance pessimiste et moralement désenchantée.
5. Friedrich NIETZSCHE, *Le Cas Wagner*, dans *Œuvres philosophiques complètes*, t. VIII, Paris, Gallimard, 1974, p. 22.
6. Lors d'une nouvelle édition en 1886, l'ouvrage portera le titre *La Naissance de la tragédie, ou hellénisme et pessimisme*. Recevant, en 1872, cet ouvrage qui lui était dédié, Wagner écrira à Nietzsche: «Je n'ai jamais rien lu d'aussi beau que votre livre.»

très vif attrait pour l'art, et, en particulier, la musique – pouvait-il trouver longtemps son compte dans le cadre rigide de la recherche philologique universitaire ?

Nietzsche, souffrant par ailleurs d'incessants maux de tête et de troubles oculaires, se voit obligé, en 1879, de quitter son poste de professeur. Dès lors, recherchant un climat favorable à sa santé précaire ainsi qu'à l'éclosion de son œuvre, il entreprend de nombreux voyages en Suisse, en France et en Italie. Ces neuf années d'errance correspondent à une période fébrile de création où le philosophe solitaire et souffrant arrive à un sommet de fécondité intellectuelle. Il écrit coup sur coup *Humain, trop humain, Le Voyageur et son ombre, Aurore, Le Gai Savoir, Ainsi parlait Zarathoustra, Par-delà le bien et le mal, La Généalogie de la morale, Le Cas Wagner, Le Crépuscule des idoles, L'Antéchrist, Nietzsche contre Wagner* et *Ecce homo* (qui ne paraîtra qu'en 1908).

Femme libre et intellectuellement douée, Lou Andreas-Salomé (1861-1937) a publié une vingtaine d'ouvrages et une centaine d'articles traitant principalement d'art et de littérature, de religion et de psychologie. Elle est devenue, dans la cinquantaine, une disciple, confidente et correspondante de Freud, fondateur de la psychanalyse (*voir le chapitre* 6).

À la fin de mars 1882, Nietzsche fait la connaissance de **Lou Andreas-Salomé**, une belle et brillante Russe dont il devient éperdument amoureux. Mais Lou ne l'aime pas, lui préférant son ami le poète et philosophe Paul Rée (1849-1901). Nietzsche sortira meurtri de cet imbroglio sentimental qui éclate en octobre 1883.

Lou Andreas-Salomé est sans doute une des femmes les plus importantes dans la vie de Nietzsche.

Les principaux traits de la personnalité de Nietzsche – ainsi qu'une importante analyse de son itinéraire intellectuel fait de ruptures et de dépassements incessants – nous sont révélés par Lou Andreas-Salomé dans le premier livre (Vienne, 1894) qui lui fut consacré. Nietzsche y est décrit comme un homme ambivalent.

D'une part, « [ses] gestes, et d'une façon générale, tout son maintien, donnaient une impression de silence et de réserve. Il ne se départait jamais d'une grande courtoisie et d'une douceur presque féminine[7] ». Cependant, Lou Andreas-Salomé dit également de lui qu'il était « l'homme des extrêmes » : autant son tempérament se caractérisait par la douceur et la bienveillance, autant il pouvait être fougueux, exalté et violent. Chose certaine, l'image d'ensemble qu'en donnent les contemporains évoque davantage un professeur sérieux, poli, timide, bienveillant qu'une sorte de gourou déchaîné ou un **tribun** enragé. Notons que, contrairement à ce que pourraient laisser croire certains passages d'allure **misogyne**, ce célibataire s'est toujours signalé par sa courtoisie et sa délicatesse à l'endroit des femmes, qui, en retour, appréciaient sa compagnie, sa conversation et ses talents musicaux. Paradoxalement, il semblait – lui aux propos souvent impies – particulièrement attiré par les femmes pieuses, dont il se gardait bien de heurter les convictions (allant même jusqu'à leur déconseiller de lire ses ouvrages...).

Tribun
[...] MOD. Défenseur éloquent (d'une cause, d'une idée) [...] *(Le Petit Robert)*.

Misogyne
[...] Qui hait ou méprise les femmes [...] *(Le Petit Robert)*.

En ce qui concerne son œuvre philosophique, que dire de son style et de sa forme littéraire ? Dans une très large mesure, Nietzsche rompt avec la tradition philosophique de l'exposé suivi (comme chez Descartes) pour adopter plutôt la forme **aphoristique** de « pensées détachées ». En effet, ses ouvrages sont très souvent constitués de courts paragraphes formant un tout en eux-mêmes et sans liens logiques explicites avec les paragraphes qui précèdent et qui suivent. Quant à son style, on trouve un peu de tous les tons et de toutes les manières littéraires chez cet auteur : tantôt analyse sobre d'un scientifique, tantôt emportement indigné d'un « redresseur de torts », tantôt harangue d'un prophète visionnaire, tantôt cri du cœur d'un poète lyrique, tantôt provocation d'un batailleur de rue... Si l'on ajoute à

7. Lou ANDREAS-SALOMÉ, *Friedrich Nietzsche*, Paris, Réimpressions Gordon et Breach, 1970, p. 17.

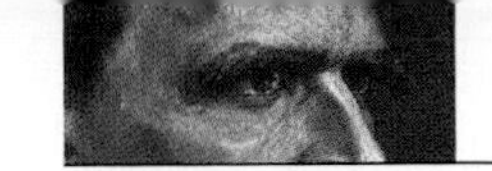

cela le fait que Nietzsche recourt volontiers à des métaphores et à des paraboles, et qu'il éprouve un certain goût pour les énigmes et les paradoxes, on comprendra que son œuvre peut présenter, sur un point ou sur l'autre, quelques difficultés d'interprétation, difficultés qui, à la lumière des grandes tragédies du XXe siècle, peuvent parfois donner lieu à de douloureuses perplexités!

Aphoristique
Qui se rapporte à l'aphorisme, consistant à exprimer des idées de façon concise et parfois lapidaire.

Le 3 janvier 1889, Nietzsche est terrassé par une crise de folie[8]. Les amis de Nietzsche sont attristés (mais pas nécessairement étonnés, compte tenu de certains signes troublants manifestés antérieurement). Dorénavant, ce ne sera plus que délires, convulsions et paralysie progressive. Il n'écrira plus jamais. La maladie l'enferme dans un mutisme presque complet. Il est d'abord interné dans une maison de santé à Iéna. Par la suite, sa mère et sa sœur le soigneront pendant onze ans. Nietzsche meurt à Weimar le 25 août 1900 sans savoir qu'il est devenu célèbre.

Le nihilisme

Par ses écrits, Nietzsche s'est fait le dénonciateur d'un nihilisme « passif » et l'annonciateur passionné d'un nihilisme « actif ». De quoi s'agit-il au juste?

L'État allemand, sorti vainqueur des guerres contre l'Autriche (1866) et contre la France (1870), prétendait servir de modèle de civilisation à l'Europe. Cet esprit allemand devait donner l'exemple de hautes vertus patriotiques, morales et artistiques. Or, il n'en fut rien. L'Allemagne sombre dans l'exaltation nationaliste, la bureaucratie, l'obsession technique, le petit bonheur du confort matériel. Au lieu d'offrir des valeurs nouvelles et nobles, cette Allemagne ne fait qu'incarner, aux yeux de Nietzsche, la décadence morale de l'Europe tout entière.

Le nihilisme passif

Nietzsche affirme que l'humanité européenne de son époque souffre d'un nihilisme passif, symptôme de la décadence de cette civilisation. Ce nihilisme – qu'il condamne vigoureusement – est une attitude qui, dans l'histoire, s'est caractérisée d'abord par la croyance en des valeurs supérieures. Selon Nietzsche, cette croyance en un monde idéal témoigne précisément de la négation de celui dans lequel l'être humain se trouve. L'expression « nihilisme » veut dire essentiellement que la vie terrestre n'est rien, car seules comptent les valeurs auxquelles l'homme aspire. Mais quelles sont ces valeurs et que représentent-elles, selon Nietzsche?

> Les valeurs supérieures [comme la Vérité, le Bien] au service desquelles l'homme devait vivre, surtout quand elles disposaient de lui au prix de lourdes peines: ces valeurs sociales, on les a, en vue de leur amplification, érigées au-dessus de l'homme, comme si elles étaient les commandements de Dieu, en tant que la « réalité », en tant que le monde « vrai », en tant qu'espoir et avenir du monde[9].

Rejetant à regret le fondement transcendant des valeurs dites supérieures auxquelles il croyait, le ***Dernier Homme*** entre alors dans un processus de dépréciation de ses anciennes valeurs et de leur hiérarchie. Ne sachant plus désormais à quelles valeurs s'accrocher, le Dernier Homme en vient à penser que tout est vain, que

Le *Dernier Homme* (ou l'*homme du commun*, l'*homme du ressentiment*) est l'individu de la fin du XIXe siècle qui, selon Nietzsche, est incapable de supporter la vie dans ses tensions, ses contradictions, ses incertitudes et ses douleurs. C'est l'homme qui cherche toutes les assurances, toutes les protections susceptibles de garantir, en particulier, la santé et la sécurité matérielle. Bref, c'est l'homme qui évite tous les risques et se contente de son plat bonheur.

---

8. Quelle a été la cause de cette démence? Nous ne le saurons sans doute jamais avec assurance, mais certains commentateurs croient qu'il s'agissait d'une méningite syphilitique contractée dès 1865.
9. Friedrich NIETZSCHE, *Le Nihilisme européen*, traduction Angèle Kremer-Mariatti, Paris, Union Générale d'Éditions, coll. « 10-18 », 1976, p. 173-174.

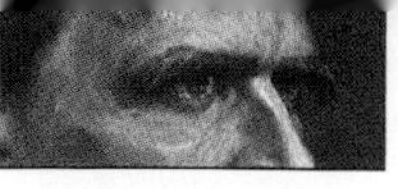

Ne peut-on voir dans le nihilisme passif décrié par Nietzsche les signes avant-coureurs du nihilisme actuel (appelé aussi «relativisme»), qui considère qu'une opinion en vaut une autre, qu'aucune valeur ou aucun idéal n'est supérieur à un autre?

tout est dénué de sens et de but. Or, si plus rien n'a de sens, aucune valeur ne peut prétendre être supérieure à une autre: **tout est égal, tout se vaut**. Une telle attitude relativiste incite à être pessimiste, à considérer que tout est absurde, à vivre une grande lassitude, à plonger dans le confort et l'indifférence consistant à croire qu'il ne sert plus à rien de se demander «pourquoi?». Aux yeux de Nietzsche, ce nihilisme décadent constitue «la pensée la plus paralysante qui soit[10]». Il faut renverser et dépasser ce nihilisme passif, et le remplacer par un nihilisme actif.

Le nihilisme actif

À ce nihilisme passif Nietzsche oppose un nihilisme actif ou «extatique» qui, au lieu de s'apitoyer passivement sur l'absence de sens, s'instaure lui-même comme une dissolution, une destruction volontaire et active des anciennes tables de valeurs.

Les principales tables de valeurs qui fondent la civilisation européenne et qui, selon Nietzsche, doivent être fracassées sont celles que véhiculent:

1. le christianisme, qui valorise de «petites vertus[11]» comme la charité, le devoir, l'espérance, l'humilité, la pitié et le **ressentiment**: «La foi chrétienne, dans son principe, est sacrifice de l'esprit, de toute sa liberté, de tout son orgueil, de toute confiance en soi; par surcroît, elle est asservissement, risée et mutilation de soi[12]»;
2. l'ascétisme, qui considère que le développement moral ne se fait qu'au prix d'une lutte contre les exigences du corps, et valorise l'austérité, la mortification, la pénitence et la privation de satisfactions sensuelles;
3. le **scientisme**, qui ne croit qu'en ce qui est exact, vérifiable, mesurable, et en ce qui s'exprime dans des lois universelles, l'objectivité devenant alors le seul critère qui permette une représentation fidèle de la réalité;
4. le rationalisme, qui accorde à la raison seule le pouvoir de connaître et qui met en avant une valeur unique: la Vérité;
5. une certaine conception, à la fois philosophique et politique, de la liberté.

Ressentiment
Souvenir rancunier des torts qu'on a subis. Amertume.

Scientisme
Attitude dogmatique qui considère la «science» (en particulier les sciences physicochimiques) comme le seul modèle de connaissance valable qui réussira à supprimer la part d'inconnu dans le monde et dans l'homme.

Au sujet du rationalisme, Nietzsche s'oppose particulièrement à toutes les systématisations rationalistes (dont celle de Descartes), qui comportent un excès de confiance dans les pouvoirs de la raison. En effet, pour notre penseur, la raison est un sous-produit de la vie, créée par celle-ci comme outil de survie. Or, oubliant les origines et les limites de la raison, on a édifié artificiellement sur ses prétentions illusoires un «monde-vérité» (Dieu, l'esprit, les «idées pures», la nature, la liberté, la justice, etc.) qu'on a opposé et superposé au monde sensible qualifié de «monde des apparences», envisagé comme plus ou moins illusoire, mensonger, dangereux et méprisable:

> La «vérité» n'est pas quelque chose qui est là et qu'il faut trouver et découvrir, – mais quelque chose qu'il faut créer, qui donne son nom à une opération, mieux encore à la volonté de remporter une victoire, volonté qui, par elle-même, est sans fin: introduire la vérité, c'est un processus *ad infinitum*, une détermination active, – et non point la venue à la conscience de quelque chose qui serait fixe et déterminé[13].

---

10. *Ibid.*, p. 156.
11. L'analyse critique que fait Nietzsche de certaines de ces «petites vertus» sera présentée dans la section «La mort de Dieu».
12. Friedrich NIETZSCHE, *Par-delà le bien et le mal*, Troisième partie, «Le phénomène religieux», nº 46, traduction Geneviève Bianquis, Paris, Union Générale d'Éditions, coll. «10-18», 1967, p. 72. (© Aubier, 1978)
13. Friedrich NIETZSCHE, *La Volonté de puissance. Essai d'une transmutation de toutes les valeurs*, traduction Henri Albert, Paris, Librairie Générale Française, coll. «Le Livre de poche/ Classiques de philosophie», 1991, p. 310.

Arrêtons-nous un peu plus longuement maintenant à l'analyse critique que Nietzsche propose de la liberté. D'abord, le philosophe critique impitoyablement la notion traditionnelle de libre arbitre. Le libre arbitre serait le pouvoir de se placer, pour ainsi dire, au-dessus de tout **déterminisme biologique**, psychologique ou social, et de se décider à agir par un acte de volonté qui ne serait finalement produit que par la pure initiative du **sujet**, et non par quelques causes étrangères ou quelques motifs contraignants.

Pour Nietzsche, il est clair qu'un tel pouvoir constitue une *illusion*. Cette illusion s'explique de diverses manières. Elle s'explique avant tout – comme le pensait déjà Baruch Spinoza au XVIIe siècle – par l'*ignorance des mécanismes* à l'œuvre dans la prise de décision, ignorance qui nous fait croire à une spontanéité là où en fait il n'y a qu'imprévisibilité. Elle s'explique aussi par le *sentiment de supériorité* provenant de la croyance erronée que je puis commander et être obéi automatiquement par moi-même ou encore par le *sentiment de facilité* qui accompagne la pensée, par contraste avec la difficile résistance des choses, des événements ou des suites de l'action, jugés ainsi « non libres ».

Cela dit, à ces considérations psychologiques, Nietzsche ajoute des explications de nature historique. Il écrit, par exemple, que la notion de libre arbitre est une invention des théologiens, nécessaire corollaire de la notion de péché : qui dit « libre arbitre » dit « responsabilité » et « culpabilité », perte de l'état d'innocence de l'homme face à ses « instincts » devenus suspects, hantise de la punition (l'enfer), torture de la conscience (ai-je vraiment « consenti » ?).

En ce qui concerne les libertés politiques, Nietzsche estime que, une fois en place, les **institutions libérales** « minent la *volonté de puissance*[14], elles érigent en système moral le nivellement des cimes et des bas-fonds, elles rendent mesquins, lâches et jouisseurs – en elles, c'est l'animal grégaire qui triomphe toujours. Libéralisme : en clair, cela signifie *abêtissement grégaire*[15] ». Ces libertés acquises encouragent le nivellement, l'insignifiance, l'indifférence et le relativisme nihiliste. Cependant, tant que ces institutions et ces droits sont des enjeux de lutte, et qu'il faut se battre pour leur obtention, l'idée politique de liberté permet, selon Nietzsche, l'affirmation et le développement de ce qu'il y a de fort dans la vie.

Par ailleurs, Nietzsche donne des coups de boutoir au régime démocratique en tant que tel. Il y voit l'instrument politique de la médiocrité et de l'égalitarisme niveleur. Personne ne déniera à l'esprit critique le droit – sinon le devoir – d'interpeller la démocratie sur ses possibles dérives ! Mais Nietzsche semble n'avoir pas davantage trouvé son compte dans le **nationalisme** chauvin, le **militarisme** belliciste et l'**antisémitisme**, puisqu'il a laissé des écrits critiquant vertement ces idéologies politiques.

Quant au **socialisme** qui, au XIXe siècle, a suscité tant de luttes et de controverses, Nietzsche y voit le triomphe éventuel d'une nouvelle tyrannie et « l'asservissement complet de tous les citoyens à l'État absolu, tel qu'il n'en a jamais existé de pareil[16] ». Mais, en fait, selon Nietzsche, ce sont les possédants eux-mêmes, durs, égoïstes et cupides, qui sont « les propagateurs empoisonnés de cette maladie du peuple[17] ».

Déterminisme biologique
[...] Principe scientifique suivant lequel les conditions d'existence d'un phénomène sont déterminées, fixées absolument de telle façon que, ces conditions étant posées, le phénomène ne peut pas ne pas se produire [...] *(Le Petit Robert)*.

Sujet
Être individuel, concret, singulier, défini comme une intériorité possédant des qualités personnelles et considéré comme l'auteur de ses actes.

Institutions libérales
Ensemble des structures sociales, politiques et économiques établies par la loi (le droit public), en régime démocratique.

Nationalisme
[...] Exaltation du sentiment national ; attachement passionné à la nation à laquelle on appartient, accompagné parfois de xénophobie et d'une volonté d'isolement [...] *(Le Petit Robert)*.

Militarisme
Système politique qui, s'appuyant sur l'armée, a recours à la force et à la guerre dans le règlement des conflits internationaux.

Antisémitisme
[...] Racisme dirigé contre les Juifs *(Le Petit Robert)*.

Socialisme
[...] VOC. MARXISTE Phase transitoire de l'évolution sociale, après l'élimination du capitalisme, mais avant que le communisme puisse être instauré. *Le socialisme soviétique (Le Petit Robert)*.

14. La volonté de puissance est un concept fondamental de la conception nietzschéenne de l'être humain. Il sera présenté plus loin dans une section distincte. Friedrich NIETZSCHE, *Le Crépuscule des idoles*, « Divagations d'un "Inactuel" », n° 38, traduction Jean-Claude Hemery, Paris, Gallimard, coll. « Idées », 1977, p. 124.
15. *Ibid.*, p. 124-126.
16. Friedrich NIETZSCHE, *Humain, trop humain*, Livre I, aph. 473, traduction Albert Desrousseaux et Albert Lacoste, Paris, © Éditions Robert Laffont, coll. « Bouquin », 2013, p. 650.
17. *Ibid.*, Livre II, aph. 304, p. 802.

Un mot, enfin, sur les rapports entre Nietzsche et l'antisémitisme. Gardons-nous, d'abord, de confondre l'antisémitisme – qui relève d'une haine raciale – avec la critique du judaïsme. Tout en critiquant les représentations religieuses que véhicule le judaïsme, Nietzsche fait une évaluation élogieuse du peuple juif :

> Les Juifs sont sans aucun doute la race la plus vigoureuse, la plus résistante, la plus pure qu'il y ait actuellement en Europe ; ils savent s'imposer même dans les pires conditions, et mieux que dans les meilleures, grâce à certaines vertus dont on voudrait à présent faire des vices, grâce surtout à une foi obstinée qui n'a pas à rougir en présence des "idées modernes"[18].

Zarathoustra était un prophète et un réformateur religieux iranien qui aurait vécu au VIe siècle avant notre ère. Sa doctrine se caractérisait par une conscience aiguë du bien et du mal, et par la notion de choix moral. Dans *Ainsi parlait Zarathoustra*, Nietzsche se sert du personnage (il est Zarathoustra) pour dénoncer les valeurs millénaires de la morale établie, pour affirmer la transformation totale des valeurs et la nécessité du dépassement de soi.

Qui plus est, Nietzsche prend clairement ses distances par rapport à l'antisémitisme de son beau-frère Förster. Par exemple, le 29 mars 1887, il écrit à Theodor Fritsch, éditeur d'une revue antisémite qui publiait des articles de son beau-frère : « que croyez-vous que je ressente lorsque le nom de ***Zarathoustra*** se retrouve dans la bouche d'antisémites[19] ? »

Notons, enfin, que la sœur de Nietzsche n'a pas peu fait pour contribuer, entre les deux guerres mondiales du XXe siècle, à associer le nom de son frère, mort trente ans plus tôt, aux idées nazies. En fait, on reproche à cette femme d'avoir falsifié, trafiqué et colligé des brouillons laissés par Nietzsche de manière à plaire au régime nazi.

Socrate a été le premier philosophe occidental à imposer la raison et la vérité comme sources de la vertu et du bonheur.

Nietzsche veut renverser toutes ces tables de valeurs décadentes. Il cherche à édifier une culture nouvelle en procédant à une transmutation radicale des idéaux, des valeurs, des idoles éternelles qui fondent la civilisation européenne depuis **Socrate** (–470 à –399). De là vient le titre du présent chapitre : « Nietzsche ou la philosophie à coups de marteau ». L'expression « philosopher à coups de marteau[20] » peut être interprétée dans le sens d'une critique radicale qui fracasse les idoles et les faux dieux afin de procéder à la construction et à l'affirmation de son propre vouloir.

La philosophie nietzschéenne conteste donc la tradition philosophique, qui assujettit l'homme à des principes extérieurs à lui-même – ou même, comme chez Descartes, à l'évidence et à la transparence prétendues du sujet pensant. Pour Nietzsche, ce n'est pas la recherche de la vérité ou du bien (telle que poursuivie par Descartes) qui doit animer l'être humain ; ce sont les passions du vouloir-vivre. D'ailleurs, à y regarder de près, la recherche des grands idéaux traditionnels a toujours été motivée par des intérêts vitaux...

La tradition philosophique occidentale et le christianisme ont trop longtemps surestimé la raison au détriment du corps, dans le but (avoué ou non) de maîtriser les passions. Pour retrouver la source de vie originale, Nietzsche renverse ce schéma millénaire en réhabilitant chez l'être humain « les anciens instincts qui jusqu'ici faisaient sa force, sa joie et son caractère redoutable[21] ».

---

18. Friedrich NIETZSCHE, *Par-delà le bien et le mal*, Huitième partie, « Peuples et patries », n° 251, p. 195.
19. Friedrich NIETZSCHE, *Lettres choisies*, Paris, Gallimard, coll. « Folio classique », 2008, p. 286.
20. « Comment philosopher à coups de marteau ? » est le sous-titre d'un ouvrage de Nietzsche intitulé *Le Crépuscule des idoles* (1888).
21. Friedrich NIETZSCHE, *La Généalogie de la morale*, Deuxième dissertation, « La "faute", la "mauvaise conscience" et ce qui leur ressemble », traduction Henri Albert, Paris, Gallimard, coll. « Idées », 1969, p. 121.

Le dépassement de soi dans l'affirmation de ses instincts, de ses désirs et de ses passions

Les grandes philosophies **idéalistes** ainsi que la morale judéo-chrétienne ont, sous une forme ou sous une autre, valorisé le monde de l'esprit et condamné le monde sensible. Par exemple, la philosophie de Descartes, en postulant le *cogito*, fait de la pensée l'essence de l'homme. Descartes n'accorde aucun crédit à la connaissance issue des sens (leur fonction n'est qu'utilitaire) et il nous recommande de maîtriser nos passions. Le dogme chrétien, quant à lui, apparente la réalité ultime à un royaume de Dieu comme récompense suprême d'une vie terrestre vertueuse. En associant le péché au corps et en réprouvant toutes les joies autres que spirituelles, la morale chrétienne, selon Nietzsche, poursuit depuis vingt siècles – en prolongement direct, d'ailleurs, du judaïsme – un unique objectif: le dressage de l'homme **instinctuel** et, conséquemment, la production de l'*homme du ressentiment*.

Idéaliste
Se dit de la tendance philosophique qui réduit toute existence à la pensée : soit que les idées ont plus d'être que le monde sensible, soit que ce dernier n'a de réalité que dans la conscience que nous en avons.

Instinctuel
Qui appartient à l'instinct, forte impulsion conduisant à agir d'une manière conforme à la nature de l'homme, tendance innée, commune à tous les hommes.

L'homme du ressentiment

Si la philosophie idéaliste, la religion et la morale ont ainsi dévalorisé les sens et les instincts, c'est par faiblesse et décadence, pense Nietzsche. Réduire au minimum les sentiments vifs, les passions ardentes et les fortes pulsions demeure la solution à laquelle recourent les volontés pusillanimes et dégénérées, elles-mêmes portées par des existences maladives. C'est vouloir produire un type d'homme « faible » qui se coupe d'une partie importante de lui-même, de la part la plus concrète, soit le sensible. Précisons tout de suite que, chez Nietzsche, la notion de faible ne désigne pas quelqu'un qui serait opprimé socialement et économiquement, ou encore handicapé physiquement ou mentalement; ce concept fait plutôt référence à un type d'homme domestiqué, soumis à des valeurs petites, tristes, mesquines, coupables et rancunières. Il s'agit en fait de l'*homme du ressentiment*, du *Dernier Homme* ou de l'*homme du commun*, qui éprouve de l'amertume, de la rancœur face à la vie et qui méprise, envie et condamne dans les « forts » la débordante vitalité qu'ils manifestent. Il renonce à tout ce qui demande de la maîtrise, à tout ce qui est changeant et **équivoque**: le corps, les sens et les passions. À l'endroit de tout ce qui est créateur, exceptionnel, il se montre envieux, méprisant et accusateur. N'ayant pas le courage d'assumer l'existence terrestre, l'homme du ressentiment réclame des certitudes toutes faites, intemporelles et immuables et cherche, par ses principes soi-disant universels, à contaminer les autres. Incapable d'affronter les forces multiples et contraires de la vie, il préconise « la vie intérieure » et le repliement timide sur soi. Nietzsche condamne avec vigueur l'homme du ressentiment.

Équivoque
Qui est porteur d'ambiguïté, d'ambivalence.

L'homme du corps

À l'opposé de la « petite vie » de l'homme du ressentiment, Nietzsche plaide en faveur d'un accroissement de la vie. Il se porte à la défense du « sens de la terre » que procure le corps.

C'est le corps qui définit essentiellement l'homme: « Je suis corps tout entier et rien d'autre[22]. » Je n'ai pas un corps, je suis mon corps. Nietzsche traite du corps comme d'un « soi » (*das Selbst*) qui constitue « une grande raison », alors que la pensée consciente généralement associée au moi n'est qu'« une petite raison [...], n'est qu'un instrument de ton corps, et un bien petit instrument, un jouet de ta grande raison [le corps][23] ».

22. Friedrich NIETZSCHE, *Ainsi parlait Zarathoustra*, « Des contempteurs du corps », traduction Maurice Betz, Paris, © Éditions Gallimard, coll. « Le Livre de poche classique », 1965, p. 44.

23. *Id.*

Le corps est une grande raison en ce sens qu'il est un guide assuré. On peut s'y fier, s'en servir comme d'une raison qui nous indique notre propre vérité. Les raisons d'agir du corps sont vraies et authentiques ; notre corps juge bien ce qui nous rend heureux : l'actualisation de nos désirs et de nos pulsions.

Nietzsche se porte donc à la défense du corps – souvent si malmené et suspecté par la tradition philosophique et religieuse –, car c'est lui qui est le maître du moi (l'esprit, la conscience). Le corps ne ment pas sur ses besoins et désirs. Mon corps a soif, il a faim, il est fatigué : il le ressent, il le « sait ». L'unique souci du corps est de vivre. Et vivre, c'est plonger dans l'abondance chaotique de forces et de contradictions que la vie recèle en son sein ; c'est accorder le droit de cité aux instincts et aux passions que les morales ont depuis longtemps réprouvés sous prétexte que l'animalité de l'homme l'empêchait d'accéder à l'au-delà. Or, puisque aucun monde suprasensible – aucun « arrière-monde » – ne se superpose au monde terrestre, l'objectif de l'être humain, selon Nietzsche, est d'accroître toutes les forces créatrices de la vie qui dorment en lui et qui sont une source de dépassement de soi. Pour lui, ces forces instinctives constituent la seule réalité puisqu'elles sont le triomphe de la vie sur la mort. Il s'agit de vivre sa vie en écoutant la voix de son corps, en se dépensant sans retenue ni avarice, loin du souci de se conserver. « Osez donc d'abord croire en vous-mêmes, dit Nietzsche – en vous-mêmes et en vos entrailles ! Quiconque n'a pas foi en lui-même ment toujours[24]. »

La mort de Dieu

La condition nécessaire à un tel dépassement de soi par l'affirmation de ses désirs, instincts et passions implique toutefois l'obligation de « faire mourir Dieu », c'est-à-dire de nier l'existence d'un Dieu, maître suprême qui fonde la Morale, et qui symbolise, pour Nietzsche, la clé de voûte de toutes les illusions métaphysiques. « Mon moi m'a enseigné une nouvelle fierté, je l'enseigne aux hommes : ne plus enfouir leur tête dans le sable des choses célestes, mais la porter fièrement, une tête terrestre qui crée les sens de la terre[25] ! »

Selon Nietzsche, Dieu – plus spécialement le Dieu de la Bible et du christianisme – doit être nié en particulier parce qu'Il est à l'origine de morales d'esclaves fondées sur de petites valeurs telles que la patience et la résignation, qui commandent d'accepter les contraintes et les misères de l'existence ; l'humilité, qui, en réprimant tout mouvement d'orgueil, conduit à l'abaissement volontaire de soi devant sa propre faiblesse ou insuffisance ; l'apitoiement, qui recherche et entretient tout ce qui est misérable ; l'espérance en un monde surnaturel, inventé de toutes pièces, venant après la vie terrestre, qui nous libérerait enfin de notre souffrance et de notre impuissance. En somme, Dieu et ses morales instituées assoient leur souveraineté sur la faiblesse et sur l'ignorance des hommes.

Sous la domination d'un Dieu tout-puissant, ces morales s'édifient sur la base d'un nivellement des esprits (« l'esprit de troupeau », dit Nietzsche) : la même doctrine pour tous à laquelle chacun doit se soumettre sans esprit critique. Ces morales empêchent l'expression des valeurs individuelles fortes. Elles font de l'homme un être bonasse qui s'est coupé de la vie.

D'ailleurs, ces morales impliquent généralement l'obéissance passive et la soumission aveugle à des dogmes et à des règles qui briment l'expression des instincts, des désirs et des passions, bref qui nient la vie. En ce sens, elles ne peuvent convenir qu'aux « malades et moribonds qui ont méprisé le corps et la terre[26] ». Les individus

---

24. *Ibid.*, « De l'immaculée connaissance », p. 145.
25. *Ibid.*, « Des visionnaires de l'au-delà », p. 42.
26. *Id.*

qui veulent s'inventer et se créer audacieusement, qui veulent faire coïncider en eux leur être (c'est-à-dire ce qu'ils sont profondément) et leur devenir (c'est-à-dire le désir d'être plus), n'accepteront plus d'être sous le joug d'un Dieu, maître de leur destinée. Ils cesseront de croire non seulement en Dieu, mais également en tous les maîtres, en toutes les idoles (comme la « Nation » ou la « Science »), afin de pouvoir s'appartenir pleinement, de pouvoir être « ce moi qui crée, qui veut, qui donne la mesure et la valeur des choses[27] ».

Il faut donc cesser de croire en Dieu, fondement de la morale, si l'on veut rester fidèle à la vie, aux instincts, aux désirs et aux passions au-delà du bien et du mal. Une précision s'impose ici. Nietzsche valorise l'exaltation des sentiments et l'ivresse de la vie, l'effervescence du corps et des instincts parce que ces derniers correspondent à une énergie vitale, à une force de vie qui permet l'affirmation et le dépassement de soi dans la création[28]. Mais il ne nous invite pas à extérioriser brutalement ou à déchaîner anarchiquement les forces de vie contenues en nous par une frêle pellicule de civilité. Au contraire, il nous exhorte à les diriger de manière qu'elles s'expriment comme « volonté de puissance » unifiée.

La volonté de puissance

La volonté de puissance constitue le concept-clé de la vision nietzschéenne de l'être humain. Mais il faut prendre garde de ne pas l'interpréter au premier degré. La volonté de puissance ne doit pas caricaturalement être réduite, par exemple, à un désir de dominer psychologiquement les autres en les écrasant de sa supériorité intellectuelle. Il ne s'agit pas non plus de souhaiter être le maître du monde, mais d'exercer la puissance de sa volonté, d'être plus fort (on ne dit pas « le plus fort »), autrement dit de vouloir avec force sa propre progression. La volonté de puissance, c'est « la volonté vitale, inépuisable et créatrice[29] ». Nietzsche en vient même à dire que toute notre vie instinctive serait organisée « comme le développement interne d'une forme fondamentale unique de la volonté, – de la volonté de puissance, c'est ma thèse – [...] de sorte que l'on se serait acquis le droit d'appeler toute énergie quelle qu'elle soit *volonté de puissance*. Le monde vu du dedans, le monde défini et désigné par son "caractère intelligible", serait justement "volonté de puissance" et rien d'autre[30]. »

Mais revenons à l'être humain et tentons d'expliciter davantage ce que peut être chez lui cette volonté de puissance.

La volonté de puissance est la possession de soi et le surpassement de soi

La volonté de puissance, c'est la volonté de possession de soi pour mieux se surpasser soi-même. Cet « acte de se surmonter soi-même » permet à l'individu de découvrir son être propre. Et d'après Nietzsche, l'être humain devient ce qu'il est profondément en osant vivre un « égoïsme sain et sacré » qui seul permet de donner aux autres... et qui est le contraire d'« un autre égoïsme, trop pauvre celui-là et toujours affamé, un égoïsme qui veut toujours voler, c'est l'égoïsme des malades, l'égoïsme malade[31] ». Soyons clair : l'égoïsme exalté ici, c'est celui du créateur-donateur et

---

27. *Id.*
28. Voir « Le surhumain est libre et créateur » à la page 171.
29. *Ainsi parlait Zarathoustra*, « De la victoire sur soi-même », p. 134.
30. *Par-delà le bien et le mal*, Deuxième partie, « L'esprit libre », n° 36, p. 63.
31. *Ainsi parlait Zarathoustra*, « De la Vertu qui donne », n° 1, p. 90.

non pas de l'accapareur stérile et parasite que Nietzsche exècre! Car, pour se donner, il faut être à soi, d'un sain égoïsme:

> Le fruit le plus mûr de l'arbre est l'individu souverain, l'individu qui n'est semblable qu'à lui-même, l'individu affranchi de la moralité des mœurs, l'individu autonome et supermoral (car «autonome» et «moral» s'excluent), bref l'homme à la volonté propre, indépendante et persistante, l'homme qui peut promettre, – celui qui possède en lui-même la conscience fière et vibrante de ce qu'il a enfin atteint par là, de ce qui s'est incorporé en lui, une véritable conscience de la liberté et de la puissance, enfin le sentiment d'être arrivé à la perfection de l'homme[32].

Les notions d'appropriation, de force, de conquête, de lutte, de prépondérance et de croissance colorent la volonté de puissance nietzschéenne. En fait, on ne peut exister sans livrer bataille et défendre un «territoire». Mais n'oublions jamais ce que Nietzsche a dit du «don» et de l'égoïsme malade... Pour employer une métaphore, le meilleur moyen pour un pommier de se faire nourriture, c'est de «lutter» impitoyablement pour croître et s'épanouir. L'«acte de se surmonter soi-même» possède, en effet, une double signification: combattre les obstacles qui s'opposent à ce que l'individu devienne ce qu'il est vraiment et, ce faisant, passer à une forme supérieure d'être. En d'autres mots, je lutte pour devenir ce que je suis et je travaille à être plus.

Concrètement, l'actualisation de la volonté de puissance implique deux stades: le rejet des «tu dois» et la création de valeurs nouvelles.

La volonté de puissance est le rejet des «tu dois»

Il faut rejeter la soumission inconditionnelle à toutes les lois morales, à toutes les règles et prescriptions morales, bref à tous les «tu dois» qui nous ont été enseignés. Nietzsche nous exhorte à nous libérer du principe de l'obligation qui nous a été imposé, afin que nous puissions nous appartenir en propre. Attention! Il ne s'agit pas de nous obliger à faire le contraire de ce qu'enseigne la morale, ce qui serait bêtise et esclavage. Il s'agit plutôt, pour la conduite de nos actions, de refuser de nous laisser déterminer, en dernière instance, par l'obéissance aveugle à quelque impératif, à quelque loi, à quelque commandement que ce soit. Nietzsche cible ici, plus particulièrement, la morale du devoir de Kant (1724-1804) et ses règles pratiques de conduites (des «tu dois») en vue de vivre selon le Bien[33].

Arbitraire
Règle non fondée et artificielle présentée comme un absolu.

Pour quelle raison Nietzsche s'oppose-t-il à tous ces «tu dois»? Parce qu'ils conduisent à une «tyrannie et à un **arbitraire** [...] qui inculquent le besoin des horizons limités[34]». Dans tous les cas, les innombrables «tu dois» et «tu ne dois pas» proviennent de ce que Nietzsche appelle «la morale *contre nature*, c'est-à-dire presque toute morale enseignée, honorée, prêchée jusqu'à ce jour *contre* les instincts de la vie [...] Elle est une *condamnation*, tantôt secrète, tantôt brutale et fracassante, de ces instincts[35]». Cette morale correspond à une *éthique du troupeau* fondée sur de petites valeurs qui s'adressent à de petites gens: sa prétention abusive, c'est d'affirmer valoir toujours et pour tout le monde. Il est évident que cette morale et ses nombreux «tu dois» forment des contraintes qui rétrécissent les perspectives de la liberté.

---

32. *La Généalogie de la morale*, Deuxième dissertation, p. 78-79.
33. Ces règles, dénommées «impératifs catégoriques», sont des principes absolus qui correspondent au Bien rationnel et auxquels je me dois d'obéir.
34. *Par-delà le bien et le mal*, Cinquième partie, «Contribution à une histoire naturelle de la morale», nº 188, p. 113.
35. *Le Crépuscule des idoles*, «La morale: une anti-nature», nº 14, p. 49-50.

La volonté de puissance est la création de valeurs nouvelles

> La volonté est créatrice, – ainsi parle Zarathoustra. Tout ce « qui fut » est fragment, énigme et cruel hasard, – jusqu'à ce que la volonté créatrice ajoute : « Mais c'est là ce que j'ai voulu. » – Jusqu'à ce que la volonté créatrice ajoute : « C'est là ce que je veux ! C'est ainsi que je le voudrai »[36].

Une telle volonté affirme « la puissance d'un vouloir » qui crée ses propres valeurs sans chercher l'approbation des autres. Ces valeurs ne peuvent naître d'un rationalisme de glace, car, d'après Nietzsche, la volonté rationnelle, lucide et réfléchie a vu le jour grâce au dressage par la société de la *sauvagerie primitive* de l'homme. La volonté de puissance, en n'obéissant qu'à elle-même, retrouve la force, la vigueur et le courage de la sauvagerie primitive. Elle n'accepte pas d'être domptée et transformée en une esclave soumise aux contraintes rationnelles et sociales. Par conséquent, les valeurs nouvelles créées sous son influence intensifieront la volonté de vivre, déborderont d'une énergie vitale, glorifieront la réalisation des instincts au détriment des valeurs de la raison. Méfions-nous de la raison, car elle se veut logique, linéaire et simplificatrice ; elle fige alors le devenir des choses en une analyse froide et statique ! Comme le dirait Nietzsche, la vie s'exprime davantage par les instincts que par la raison. Et quel qu'il soit, l'instinct est source de liberté.

Un exemple de volonté de puissance

La vie du célèbre écrivain américain Henry Miller (1891-1980) illustre bien la volonté de puissance nietzschéenne. Né dans le quartier populaire de Brooklyn, à New York, Miller ne semble pas promis à un grand destin. Alors qu'il peine à gagner sa vie comme chef des coursiers à la Western Union Telegraph, il décide à trente-trois ans de devenir romancier. Il se rend en France et mène, dans le Paris du début des années 1930, une vie de bohème où il divinise les plaisirs de la chair et de l'esprit réunis. Le monde qu'il côtoie est celui des bas-fonds de la ville : celui des illuminés, des obsédés, des poètes et des prostituées. Il y trouve la liberté, la faim et la misère. Mais rien ne réussit à le détourner de son projet d'écrire qui lui permet de s'appartenir en propre et de n'accepter de servitudes que celles qu'il se serait données lui-même. Homme fort, ardent, passionné, imprévisible, il empoigne la vie et la croque à belles dents. Il transgresse les règles morales, ose affronter les tabous en vigueur à son époque. Il ne s'interdit pas de désirer et de jouir en repoussant les civilités, les interdits. Son existence sert de toile de fond à ses romans. Miller écrit comme il vit : avec audace, acharnement, vigueur, dérèglement. Son premier roman, *Tropique du Cancer* (1934), fait scandale. Jugée obscène, l'œuvre de Miller est interdite aux États-Unis pendant plus de trente ans. En 1964, la Cour suprême de l'Illinois autorise la diffusion de *Tropique du Cancer*. La qualité de l'œuvre de Miller est enfin reconnue. Il deviendra le grand Henry Miller.

Henry Miller témoigne d'une volonté inébranlable d'être ce qu'il veut être : un écrivain qui exprime ce qu'il pense et ressent.

La volonté de puissance consiste à affronter avec vigueur les désirs et les pulsions qui habitent notre corps, et non pas à tenter de les garder à distance et de s'en faire les spectateurs comme le recommande Descartes. Et non plus à tenter de les éliminer, de les ignorer ou de les refouler, comme le fait l'homme faible, en inventant l'idée du mal pour expulser de sa vie ces forces dont il a peur. Par ailleurs, il ne s'agit pas de nous laisser aller à tous nos caprices et à nous abandonner à tous les plaisirs

---

36. *Ainsi parlait Zarathoustra*, « De la rédemption », p. 165-166.

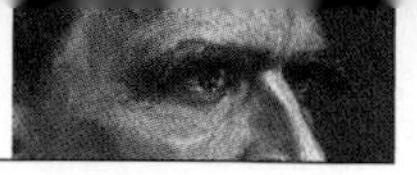

qui passent : ce serait encore esclavage et faiblesse. Au contraire, il s'agit de déployer ces forces instinctuelles et de les transformer en énergie créatrice comme l'a fait le romancier Henry Miller :

> En vérité, [...] il faut aimer la terre comme des créateurs, comme des générateurs, joyeux de créer ! Où y a-t-il de l'innocence ? Là où il y a la volonté d'engendrer. Et celui qui veut créer ce qui le dépasse, celui-là possède à mes yeux la volonté la plus pure[37].

Cette volonté, pourrait-on ajouter, exige son propre dépassement dans le surhumain.

Le surhumain

« "*Tous les dieux sont morts ; nous voulons à présent que le Surhomme vive !* Que ceci soit un jour, au grand midi, notre suprême volonté !" Ainsi parlait Zarathoustra[38]. » Le surhomme n'est pas un individu, un être suprême ou un gourou qui viendrait sauver le monde. Il représente symboliquement la cime de toute l'humanité. Il évoque le modèle, le portrait de l'être humain idéal. Zarathoustra est le prophète du surhomme ; il annonce la venue d'un nouveau type d'humanité qui n'existe pas encore. Conséquemment, il nous semble préférable d'utiliser l'expression « surhumain » plutôt que celle de « surhomme[39] ». Voyons ses principales caractéristiques.

Le surhumain est l'affirmation de l'individualité

Le surhumain s'oppose de façon absolue à ce que Nietzsche appelle l'homme du commun, c'est-à-dire l'être faible, égalisé et passif, bref l'être totalement réduit à la bête de troupeau. Il correspond à cet état dans lequel j'ai la volonté et le courage de me mettre afin de me dépasser moi-même. De simple humain que je suis, je travaille à devenir plus que ce que je suis. Ce faisant, je me veux unique. Je suis celui qui s'affirme dans son individualité héroïque, qui va au bout de sa différence sans ressentir le besoin d'une ratification venant de l'extérieur, et encore moins le besoin de l'approbation servile de disciples mystifiés. « Je vous enseigne le Surhomme. L'homme est quelque chose qui doit être surmonté. Qu'avez-vous fait pour le surmonter[40] ? »

Le surhumain est un hymne à la vie

Le surhumain, affirmant la volonté de puissance dans sa plénitude, est un chant à la gloire de la vie. Il s'emploie à exalter la vie. Il magnifie les pulsions et les passions parce qu'elles constituent justement la source de toute énergie vitale. Le surhumain est l'instinct de vie, la volonté de vivre par excellence ; il est celui qui intensifie la vie. Or, Nietzsche décrit la vie au moyen des termes de création, de force, d'appropriation, de combativité, de rejet de tout ce qui est faible. Vivre, c'est faire sa place et, par sa seule volonté, détrôner toutes les idoles et tous les dieux.

Le surhumain et l'éternel retour

Tandis que les « faibles en vie » et les dénigreurs de la terre se sont souvent consolés de leur manque d'être par la perspective d'un au-delà futur (le ciel pour eux, « justes et victimes »), le surhumain, lui, veut et peut assumer la « terrible révélation » de

---

37. *Ibid.*, « De l'immaculée connaissance », p. 144.
38. *Ibid.*, « De la Vertu qui donne », p. 94.
39. De toute façon, les traducteurs utilisent tantôt « surhumain », tantôt « surhomme » ! Notons aussi que le terme allemand ainsi traduit – *Übermensch* – n'a pas de connotation spécifiquement « masculine ».
40. *Ainsi parlait Zarathoustra*, « Le prologue de Zarathoustra », p. 18.

l'éternel retour des choses, à l'intérieur de ce même et unique monde où nous naissons, vivons et mourons.

Cette idée que « tout revient » est d'abord pour Nietzsche le test par excellence de l'amour inconditionnel de la vie : aime-t-on la vie au point de vouloir son perpétuel recommencement ? Mais cette idée peut également servir d'inspiration à un art d'agir (et non à une morale d'action, inexistante chez Nietzsche) à la hauteur des exigences de la vie : ce que je vis maintenant est-il assez « vivant » et « créateur » pour que je puisse souhaiter son éternel retour ?

> Que dirais-tu si un jour, si une nuit un démon se glissait jusque dans ta solitude la plus reculée et te dise : « Cette vie telle que tu la vis maintenant et que tu l'as vécue, tu devras la vivre encore une fois et d'innombrables fois ; et il n'y aura rien de nouveau en elle, si ce n'est que chaque douleur et chaque plaisir, chaque pensée et chaque gémissement et tout ce qu'il y a d'indiciblement petit et grand dans ta vie devront revenir pour toi, et le tout dans le même ordre et la même succession – cette araignée-là également, et ce clair de lune entre les arbres, et cet instant-ci et moi-même. L'éternel sablier de l'existence ne cesse d'être renversé à nouveau – et toi avec lui, ô grain de poussière de la poussière ! » – Ne te jetterais-tu pas sur le sol, grinçant des dents et maudissant le démon qui te parlerait de la sorte ? Ou bien te serait-il arrivé de vivre un instant formidable où tu aurais pu répondre : « Tu es un dieu, et jamais je n'entendis choses plus divines ! » Si cette pensée exerçait sur toi son empire, elle te transformerait, faisant de toi, tel que tu es, un autre, te broyant peut-être : la question posée à propos de tout, et de chaque chose : « *voudrais-tu ceci encore une fois et d'innombrables fois ?* » pèserait comme le poids le plus lourd de ton agir ! Ou combien ne te faudrait-il pas témoigner de bienveillance envers toi-même et la vie, pour ne désirer plus rien que cette dernière, éternelle confirmation, cette dernière, éternelle sanction[41] !

Amoureux de la vie, sans rechercher aucune échappatoire, le surhumain est capable de désirer et d'assumer l'éternel retour de toutes choses, y compris de tous les instants de sa vie. Ainsi, le surhumain réconcilie le temps terrestre, qu'il vit entièrement, et l'éternité, que les religions et une grande part de la tradition philosophique avaient dissociés et opposés.

Par ailleurs, cette intuition nietzschéenne de l'éternel retour veut mettre l'individu face à l'entière responsabilité de ses actes terrestres : ce que je vis maintenant est-il assez porteur de sens pour que je puisse vouloir le reproduire une infinité de fois ? Selon Nietzsche, je dois privilégier uniquement les expériences qui, à mes yeux, mériteraient d'être répétées à l'infini. L'éternel retour place donc le surhumain devant l'exigence du dépassement de soi dans la plénitude de l'instant.

Le surhumain est élitiste

Le surhumain est élitiste dans la mesure où il pense que « toute élévation du type humain a toujours été et sera toujours l'œuvre d'une société aristocratique qui croit à de multiples échelons de hiérarchie et de valeurs entre les hommes [...] condition indispensable au progrès en dignité du type humain[42] ». Et de ce fait, selon Nietzsche, une hiérarchie *naturelle* existe entre les êtres humains.

Dans une même société, on trouve des individus d'exception qui s'élèvent par rapport à l'individu-masse nivelé, uniformisé, servile et amorphe. Nietzsche se sert de l'*aristocrate* comme modèle de ce type d'individus supérieurs qu'il appelle aussi les *hommes d'élite*. Il ne se réfère pas ici à une aristocratie (passée, présente ou à venir) fondée sur l'hérédité ou sur l'argent. Est aristocrate l'individu qui possède de manière

---

41. Friedrich NIETZSCHE, *Le Gai Savoir,* Livre quatrième, n° 341, traduction Pierre Klossowski, Paris, Union Générale d'Éditions, coll. « 10-18 », 1973, p. 330-331. (© Éditions Gallimard, 1989 ; © Le Club Français du Livre pour la traduction de Pierre Klossowski)

42. *Par-delà le bien et le mal*, Neuvième partie, « Qu'est-ce que l'aristocratie ? », n° 257, p. 207.

exceptionnelle la volonté de puissance, celui qui a de l'envergure et qui connaît sa valeur. L'aristocrate a foi en lui-même. Il est fier et altier. Il a le respect de lui-même.

Cet homme d'exception possède une force de caractère extraordinaire. Il fait preuve d'une grande discipline, d'une maîtrise de soi et d'une ténacité remarquables. Doué de ressources intérieures hors du commun, animé par une personnalité courageuse, cet homme d'élite s'affirme et croît en tant qu'homme supérieur :

> Tout ce qu'il trouve en soi, il l'honore; une telle morale consiste dans la glorification de soi-même. Elle met au premier plan le sentiment de la plénitude, de la puissance qui veut déborder, le bien-être d'une tension interne, *la conscience d'une richesse désireuse de donner et de se prodiguer; l'aristocrate aussi vient en aide au malheureux, non par pitié le plus souvent, mais poussé par la profusion de force qu'il sent en lui.* L'aristocrate révère en soi l'homme puissant et maître de soi, qui sait parler et se taire, qui aime exercer sur soi la rigueur et la dureté, et qui respecte tout ce qui est sévère et dur[43].

L'*homme du commun*, aussi appelé le *Dernier Homme*, au contraire, valorise le relâchement, l'assoupissement et le repos. Il est pessimiste, méfiant et amorphe. Au lieu de vivre en pleine lumière, son esprit se plaît dans les compromis et les faux-fuyants. Il est avide de petits plaisirs, de petits conforts, de petites assurances ; il craint le risque, la douleur, la mort. Il se tait ou gémit, attend, supporte et... rapetisse. Constamment, l'homme du commun fait montre de faiblesse et nomme « patience », parfois même « vertu », ce qui, en fait, n'est que lâcheté :

> Ce qu'il honore, quant à lui, c'est la pitié, la main complaisante et toujours ouverte, la bonté du cœur, la patience, l'assiduité, l'humilité, l'affabilité, car ce sont les qualités les plus utiles et presque les seuls moyens de supporter le poids de l'existence[44].

Le surhumain est dur

Autre caractéristique du surhumain : la dureté. Le surhumain est dur envers lui-même et envers les autres. « Cette table nouvelle, ô mes frères, je place au-dessus de vous cette table nouvelle : *devenez durs*[45] ! » Encore là, il faut dépasser la lecture que nous en donnerait le langage courant. La dureté du surhumain n'en fait pas un monstre qui s'imposerait à lui-même et imposerait à autrui des souffrances atroces.

La dureté à laquelle Nietzsche nous invite correspond à la nécessité d'être exigeant envers soi-même et envers les autres. En somme, Nietzsche nous propose une culture de l'exigence et de l'effort soutenus. La dureté permet d'éviter de se complaire dans la paresse et le bâclage. Car celui qui est dur envers lui-même ne peut se satisfaire de petits efforts. Mais, pour cela, il faut être capable d'affronter de grands tourments.

Il faut être dur parce que « les créateurs sont durs [...] [sachant que] le plus dur seul est le plus noble[46] ». Il faut être dur si l'on ne veut pas tomber dans la facilité du confort, du conformisme et de la complaisance. Il faut être dur si l'on ne veut pas s'apitoyer sur son propre sort en disant : « Je ne suis pas capable. Le défi est trop élevé étant donné mes capacités. Je ne réussirai jamais. »

En réprouvant la mollesse, le fléchissement du caractère, la timidité peureuse, la dureté permet, selon Nietzsche, d'aller plus loin, de se dépasser.

S'il faut être dur envers soi-même, il faut aussi être dur envers les autres afin qu'ils se surpassent. Un documentaire de la télévision suisse-romande illustre à merveille cette philosophie de la **dureté**. On y montrait l'attitude de parents envers

43. *Ibid.*, n° 260, p. 211. C'est nous qui soulignons.

44. *Ibid.*, p. 213.

45. *Ainsi parlait Zarathoustra*, « Des vieilles et des nouvelles tables », n° 29, p. 248.

46. *Ibid.*, p. 247-248.

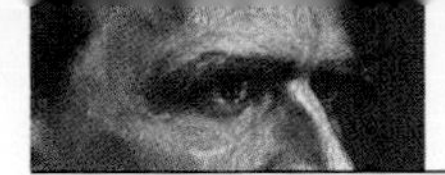

leur enfant trisomique. Au lieu de le couver, de le protéger sans cesse contre le monde extérieur et contre lui-même, le père et la mère l'obligeaient à participer à toutes les activités de la famille: randonnées à vélo, alpinisme, ski alpin, etc. L'apprentissage de ces différentes disciplines sportives ne se fait pas sans difficulté, puisque les individus atteints de cette affection congénitale ont tendance à se décourager devant l'effort, à abandonner, même, dès le premier échec. À première vue, certaines scènes de ce documentaire paraissaient d'une grande dureté. Par exemple, l'enfant vient de faire une chute spectaculaire en ski, ou de tomber de son vélo: il souffre, se plaint, désire arrêter. Ne se laissant pas amadouer, ses parents exigent alors de lui qu'il se relève et qu'il recommence. Mais quelle joie, quelle immense satisfaction pouvions-nous lire sur le visage de cet enfant lorsque, après de multiples efforts et de nombreux échecs, il réussit enfin à se surpasser!

Cet adolescent trisomique fait preuve de dureté envers lui-même en relevant le défi d'un entraînement rigoureux que nécessite cette discipline sportive de compétition.

Le surhumain est amoral

Le surhumain est amoral, en ce sens qu'il ne se soumet pas aux principes de la morale établie, c'est-à-dire à ceux qui sont considérés comme acceptables et convenables par la culture ambiante: il en conteste l'universalité (morale valable pour tous), le «caractère impératif» (devoir inconditionnel) et les valeurs préconisées. Selon Nietzsche, les morales instituées sont des «chaînes», des «impuretés» que l'éducation transmet à l'individu, impuretés qui l'empêchent de découvrir la pureté de soi-même.

L'individu qui adhère à l'état de surhumain ne fait pas le mal pour faire le mal, mais il ne suit pas nécessairement la morale en place qui dit ce qui est bien et ce qui est mal.

Dans ses écrits, Nietzsche critique avec virulence la morale instituée. De fait, c'est «par-delà le bien et le mal» qu'il nous incite à penser et à agir. Cela ne veut pas dire que le surhumain ne ferait que des actes contraires à la morale dominante, mais que, même extérieurement conformes à la morale, ces actes ne seraient pas dictés par celle-ci. Ainsi, donner à manger à l'individu qui a faim pourrait s'accorder avec la morale en vigueur et être accompli par-delà le bien et le mal si ce n'est pas fait par devoir et par «obligation morale», mais par «surabondance vitale».

Bref, le surhumain est amoral dans la mesure où il a un «esprit libre» qui est:

> [...] curieux jusqu'au vice, chercheur jusqu'à la cruauté, prêt à saisir à pleines mains ce qui répugne le plus, capable de digérer ce qu'il y a de plus indigeste, apte à tous les métiers qui exigent de la pénétration et des sens aiguisés, prêt à tous les risques [...][47].

À l'évidence, cet esprit libre est un être exceptionnel qui ne cherche pas à devenir «**meilleur**» – selon la signification courante –, mais qui est à l'écoute de lui-même afin de déterminer et de construire les fondements de sa propre conduite.

D'après Nietzsche, «rendre "meilleur"» signifie «domestiquer», «affaiblir», «décourager», «raffiner», «amollir», «efféminer» («rendre "meilleur"» serait donc presque synonyme de «dégrader»...) (*La Généalogie de la morale*, Troisième partie, n° 21, p. 216).

Le surhumain est libre et créateur

On se souviendra ici de la critique nietzschéenne du libre arbitre. Le libre arbitre étant une illusion, on ne saurait en faire un attribut du surhumain. On peut néanmoins dire libre le «modèle» de Nietzsche. En quel sens alors?

47. *Par-delà le bien et le mal*, Deuxième partie, «L'esprit libre», n° 44, p. 70.

D'abord, le surhumain est libre en tant qu'être affranchi. Affranchi des préjugés communs. Affranchi de la morale. Affranchi des petits rêves hédonistes et démocratiques. Affranchi de la honte de soi, de l'humiliation et du sentiment de culpabilité. Affranchi du besoin de certitude à tout prix et de son corrélat : le besoin de croire. Affranchi des « vénérables traditions » et du respect qu'elles commandent. Affranchi de tous les « enracinements » qui empêchent le nomadisme le plus total.

Ensuite, le surhumain est libre en tant qu'être indépendant. Ainsi, dans la mesure où il se veut un « esprit libre », et pour favoriser les conditions optimales d'affirmation de sa force, le surhumain se tiendra loin des contraintes comme celles du mariage et de la vie familiale ! Il ne se laissera pas davantage assujettir à un travail envahissant : « Celui qui n'a pas les deux tiers de sa journée pour lui-même est esclave, qu'il soit d'ailleurs ce qu'il veut : homme d'État, marchand, fonctionnaire, savant[48] ».

De même, cette indépendance le poussera à ne pas vouloir de « disciples » ou d'« esclaves » de quelque sorte que ce soit. Pas plus qu'il n'acceptera d'être identifié à un peuple ou à son destin : « Ne pas se lier à une patrie, fût-ce la plus meurtrie et la plus indigente[49] ».

Finalement, le surhumain est libre en tant qu'il est maître, c'est-à-dire que se révèle à travers lui une vie exubérante, joyeuse, combative, triomphante et féconde. Il est un *grand homme*, un *génie*, un *maître* : non pas le maître des autres, c'est-à-dire le conducteur du troupeau[50], mais le maître de soi et de ses actes. Il est celui qui se donne sa propre loi, dont le fondement est la pure affirmation de soi :

> L'homme le plus grand, c'est le plus solitaire, le plus caché, le plus isolé, celui qui se place au-delà du bien et du mal, le maître de ses propres vertus, l'homme au vouloir surabondant[51].

Le surhumain est un maître dans le sens où il est un grand créateur.

Cette liberté faite d'affranchissement, d'indépendance et de création, Nietzsche l'a évoquée dans une magnifique allégorie dite des trois métamorphoses : « Je vais vous énoncer trois métamorphoses de l'esprit : comment l'esprit devient *chameau*, comment le chameau devient *lion* et comment enfin le lion devient *enfant*[52]. »

Résumons et interprétons cette allégorie. L'esprit patient et courageux réclame de prendre sur soi « tous les fardeaux pesants », et – comme le chameau – il s'agenouille et veut qu'on le charge bien. Il est cette « bête robuste qui renonce et qui se soumet ». Il se charge du fardeau des valeurs établies et « se hâte vers le désert, ainsi se hâte-t-il vers son désert ».

« Mais au fond du désert le plus désolé, s'accomplit la seconde métamorphose : ici l'esprit devient lion, il veut conquérir la liberté et être le maître de son propre désert ». Que fait-il ? Il rejette les « tu dois ». Il y oppose un puissant « Je veux ! ». Il « oppose un "Non" sacré au devoir : telle, mes frères, est la tâche qui incombe au lion ». Ainsi, il se rend « libre pour des créations nouvelles ». Cependant, la puissance du lion ne suffit pas à faire de lui un créateur de valeurs nouvelles. Il lui faut devenir enfant, retrouver sa spontanéité et son exubérance, voir le monde comme « un nouveau commencement et un jeu [...], un "Oui" sacré... pour le jeu de la création ».

48. *Humain, trop humain*, Livre I, n° 283, p. 592.

49. *Par-delà le bien et le mal*, Deuxième partie, « L'esprit libre », n° 41, p. 66.

50. Rappelons que le surhumain ne possède ni le pouvoir politique ni la richesse. Il ne domine pas le monde.

51. *Par-delà le bien et le mal*, Sixième partie, « Nous les savants », n° 212, p. 150.

52. *Ainsi parlait Zarathoustra*, « Des trois métamorphoses », p. 35-37.

L'allégorie des trois métamorphoses illustre les étapes par lesquelles l'individu doit passer s'il veut conquérir « son propre monde », affirmer sa propre volonté, inventer sa propre morale et ses propres valeurs.

Le règne du surhumain est celui de la création qui incarne la possibilité même de l'avenir. « Le créateur, écrit Nietzsche, est celui qui donne un but aux hommes et qui donne son sens et son avenir à la terre: lui seul crée le bien et le mal de toutes choses[53]. » Le surhumain est foncièrement et intégralement créateur; il est un créateur impétueux:

> Il sent qu'il détermine lui-même ses valeurs, il n'a pas à chercher l'approbation; il juge: « Ce qui m'est nuisible est nuisible en soi. » Il a conscience que c'est lui qui confère de l'honneur aux choses, c'est lui qui crée les valeurs[54].

Les valeurs n'existent pas en soi. Ce sont les hommes qui les inventent en proclamant que ceci est bien ou que cela est beau. Selon Nietzsche, la vie constitue le seul critère de mesure des valeurs. Les valeurs qui vont contre la vie, qui l'empêchent de se manifester ou qui la freinent sont à rejeter. Les valeurs qui affirment la vie et qui lui permettent de se développer sont à préconiser.

L'art et la création

Le surhumain symbolise le grand génie solitaire qui possède le pouvoir de créer et d'exalter la beauté qui stimule la volonté de vivre. Mais plus que cela, c'est l'art qui, à travers lui, est reconnu par Nietzsche comme la valeur suprême, puisque c'est dans la création artistique que l'on peut le mieux et le plus librement aller au-delà de soi:

> Dans cet état, l'on enrichit tout de sa propre plénitude, tout ce que l'on voit, tout ce que l'on veut, on le voit gonflé, tendu, fort, plein à craquer de force. L'homme qui connaît cet état transfigure les choses jusqu'à ce qu'elles lui renvoient l'image de sa puissance – jusqu'à ce qu'elles ne soient plus que des reflets de sa perfection. Ce qui l'oblige à tout transfigurer, à tout rendre parfait, c'est l'art. Même tout ce qui n'est pas devient, malgré tout, pour l'homme une occasion de jouir de son être: dans l'art, l'homme tire jouissance de se voir parfait[55].

L'art est le « grand stimulant de la vie »; il pousse le créateur à se surmonter lui-même, à plonger à l'intérieur de son propre chaos pour en faire surgir des réalités nouvelles, autres, magnifiées. De fait, nous assistons par l'intermédiaire du surhumain à la glorification de l'artiste par Nietzsche. Insistons. Le modèle de référence pour Nietzsche, ce n'est pas l'« honnête homme » de Montaigne, le « savant » de Descartes, le « bon sauvage » de Rousseau, le « travailleur » de Marx, c'est l'artiste! Mieux que n'importe qui, l'artiste chante l'ivresse de la vie à travers sa création. Il exprime les sentiments, les instincts et les impulsions cachés au plus profond de son être; il plonge au cœur des forces primitives de la vie où aucune voie n'est tracée à l'avance, où il n'y a ni loi ni maître, que sa propre volonté de créer. Qu'il soit peintre ou musicien, pour lui les opposés ne s'excluent pas, mais sont des contrastes qui s'harmonisent. À titre d'exemple, pensons au peintre français Paul Gauguin (1848-1903), qui, en 1883, quitte son emploi d'agent de change. Ne pouvant plus supporter de n'être qu'un peintre du dimanche, il abandonne femme et enfants pour se consacrer entièrement à son œuvre. Une nécessité s'impose à lui: devenir Gauguin. C'est un peu le « *Es muss sein* » de Beethoven: « Cela doit

En 1887, Gauguin rompt définitivement avec l'impressionnisme pour créer son propre style pictural, qui cherche à rejoindre les sources primitives de l'art. Ci-dessus: un autoportrait de l'artiste peint en 1890.

53. *Ibid.*, Troisième partie, « Des vieilles et des nouvelles tables », n° 2, p. 227.
54. *Par-delà le bien et le mal*, Neuvième partie, « Qu'est-ce que l'aristocratie? », n° 260, p. 211.
55. *Le Crépuscule des idoles,* « Divagation d'un "Inactuel" », n° 9, p. 92-93.

être », coûte que coûte ! Animé d'une vigoureuse volonté, il affronte mille sacrifices et souffrances pour aller au bout de lui-même et de son art. Parlant de sa vie, Gauguin dit qu'il a voulu établir le droit de tout oser.

Cela dit, si l'art et l'artiste sont très présents dans l'œuvre de Nietzsche comme réalités, il faut savoir les voir comme métaphores de tout authentique dépassement. Bref, si vous pensez, apprenez à « danser avec les concepts » et, quoi que vous fassiez, faites-le avec la souplesse, la légèreté, l'inventivité, la liberté d'un artiste !

 Nietzsche aujourd'hui

À quoi peut bien correspondre aujourd'hui la philosophie nietzschéenne ? Quel est le rapport entre le vibrant appel à l'affirmation et au dépassement de soi que nous lance Nietzsche et ce que nous sommes devenus aujourd'hui ?

Une remise en question de soi

De nos jours, l'individu vivant dans un pays industrialisé occidental est tellement aux prises avec des conditionnements et des contrôles sociaux qu'il s'en trouve dépersonnalisé. Le même moule pour tous ! L'« individu moyen » possède une conscience satisfaite et obscurcie par les « bienfaits » de la société de consommation. Assagi, docile, exigeant toujours « quelque chose de sûr », vivant dans des limites fixées d'avance, l'individu contemporain valorise un bonheur standardisé.

Dès lors, la conception nietzschéenne de l'être humain nous exhorte à ne jamais nous contenter de notre petit confort, de nos petites joies, de nos petits mensonges. Cette philosophie nous met en garde contre la facilité et contre nous-mêmes. Et, ce faisant, Nietzsche pose le problème le plus brûlant pour nous, hommes et femmes modernes, menacés par un optimisme ouaté et un confort bourgeois qui rendent impossibles la croissance et le dépassement de soi : comment être créateurs de nos propres valeurs quand règne, dans la civilisation que nous habitons, la loi du moindre effort et du contentement, quand tout nous incite à nous asseoir sur nos acquis au lieu de nous amener à travailler à nous développer, à accroître nos potentialités ?

La conception nietzschéenne de l'être humain appelle une remise en question de notre condition et de notre situation pour que nous devenions des êtres uniques. « L'individu ose à présent être individuel et se distinguer de la généralité[56]. »

Plutôt que de vivre dans le conformisme et l'abêtissement, Nietzsche nous convie à choisir les sentiers abrupts sur lesquels peu de gens acceptent de s'aventurer. Il nous invite à toujours côtoyer le risque et à le susciter sans cesse. Il nous demande d'aimer la vie difficile et dangereuse, car elle permet le dépassement de soi.

Et cela sera possible si nous consentons à plonger dans l'imprévisible, dans l'inattendu, dans « l'innocence du devenir » ; si nous assumons le hasard au lieu de chercher à l'éviter systématiquement. Il faut avoir foi en chaque instant de la vie et s'y abandonner sans excès de prudence, car dans l'instant senti comme nécessaire et vécu pleinement, l'être humain découvre la force d'appréhender avec la même intensité les autres instants à venir. Chemin faisant, il s'ouvre à la volonté de puissance, qui commande de ne pas laisser pourrir au fond de soi les désirs, les potentialités et les talents, mais de les actualiser avec vigueur et passion.

En somme, Nietzsche nous invite à vivre dans la tempête, balayés par le vent du large, ébranlés par un incessant questionnement issu de nos propres profondeurs.

---

56. *Par-delà le bien et le mal*, Neuvième partie, « Qu'est-ce que l'aristocratie ? », n° 262, p. 217.

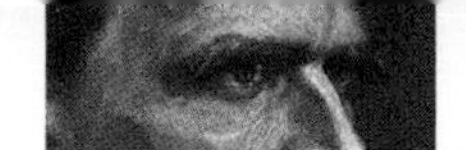

Un renforcement de l'individualisme contemporain

Cette invitation possède cependant une facette moins reluisante. Il faut admettre que Nietzsche propose une philosophie de l'homme farouchement individualiste qui pourrait venir renforcer l'individualisme contemporain tant valorisé en ce début du XXIe siècle.

L'individualisme contemporain proclame l'affirmation, la liberté et la souveraineté de l'individu dans un univers entièrement désacralisé. Cet individualisme, fruit de maintes luttes et pierre angulaire de notre actuelle civilisation, ne s'est-il pas enfermé dans ce qu'Alexis de Tocqueville (1805-1859) nommait les « petits et vulgaires plaisirs[57] » dont Nietzsche lui-même, d'ailleurs, dénonçait le caractère décadent ? Quels idéaux animent aujourd'hui la vie des humains ? Attentifs à leur seule personne, éprouvant un souci de soi démesuré, les individus que nous sommes devenus s'enferment désormais dans le monde du quant-à-soi et de l'hédonisme tous azimuts. En conséquence, nous pourrions décrire notre rapport à nous-mêmes et à autrui comme étant profondément narcissique.

Narcisse, personnage mythologique, s'est épris de sa propre image se reflétant dans l'eau d'une fontaine. Il s'y noya et fut transformé en la fleur qui porte son nom.

L'Occident, en effet, donne naissance à des Narcisses, qui, tombant amoureux de leur propre image, s'avèrent incapables d'aimer autrui. Leurs principales préoccupations consistent à bichonner leur corps et à cultiver leur « authenticité ». Ils s'adonnent donc exclusivement à des pratiques (jogging, *bodybuilding,* aérobique, yoga athlétique, aquagym, méditation, thérapies de croissance personnelle, etc.) visant l'amélioration de leurs potentialités privées. Ils préfèrent se développer seuls plutôt que de prendre le risque de se limiter ou de se perdre dans les autres. Ils se veulent un « je » autosuffisant donné au regard de l'autre, mais un autre non engageant, un autre gardé à distance. Au lieu de s'investir dans la relation avec autrui, les Narcisses d'aujourd'hui misent avant tout sur eux-mêmes. Ils pensent que ce repli sur soi est une protection efficace contre l'éventuel envahissement de l'autre dans leur vie. Cet individualisme narcissique contemporain a été décrié par plusieurs (Daniel Bell, Christopher Lasch et Gilles Lipovetsky, notamment) comme correspondant à un repliement sur soi qui conduit inévitablement à une inconscience des enjeux et des grandes problématiques de notre monde. C'est comme si, étant uniquement préoccupé par soi, l'individu entretenait un rapport au monde où il ne puise que ce qui peut alimenter son propre moi. Mais alors n'incarne-t-il pas en fait l'égoïsme malade que vitupérait Zarathoustra ?

Un autre auteur, Charles Taylor[58], voit derrière cet individualisme actuel, malgré les formes d'expression controversées qu'il peut prendre, un idéal moral de quête de « véracité à soi-même[59] ». Taylor utilise le concept d'authenticité pour décrire cet idéal auquel correspond la « recherche de l'épanouissement de soi ». Il ne se fait pas

57. Alexis de TOCQUEVILLE, *De la démocratie en Amérique*, vol. 2, Paris, Gallimard, coll. « Folio/Histoire », 1991, p. 385.

58. Charles Taylor est un philosophe et un politicologue canadien de réputation internationale. Il a enseigné à l'Université McGill et à l'Université de Montréal. Dans *Sources of the Self: The Making of Modern Identity* (Boston, Harvard University Press, 1989), Taylor présente une réflexion profonde sur l'homme et le monde modernes.

59. Charles TAYLOR, *Grandeur et Misère de la modernité*, traduction Charlotte Melançon, Montréal, Bellarmin, coll. « L'essentiel », 1992, p. 28-38.

pour autant le défenseur de la « culture de l'authenticité », qui « veut qu'une société libérale reste neutre sur les questions qui concernent la nature d'une bonne vie ». La poursuite de l'authenticité personnelle est toutefois considérée par Taylor comme un idéal moral qui, bien que s'étant dégradé, « reste extrêmement valable et capable de redresser notre conduite ».

Nietzsche aurait sûrement apprécié cette « recherche de l'épanouissement de soi », ce besoin de « véracité à soi-même », cette « poursuite d'authenticité » qui caractériseraient l'individualisme contemporain. Mais cette quête, selon notre penseur, devrait se faire sous la poussée des instincts, des passions énergiques et des pulsions créatrices qui permettent l'affirmation, le dépassement de soi et de la vie que l'on porte en soi, et pour autant qu'elle ne prétende pas s'achever dans la consommation, le contentement facile de soi et l'opium de la sécurité.

Tout au long de ce chapitre, nous avons vu que Nietzsche a prôné le règne de la vie libérée de toute entrave et affranchie des idoles condamnant son éclosion et sa vigueur. Cet appel nietzschéen à la vie instinctuelle démasquée, mise à nue, n'annonçait-il pas déjà Freud, qui, au début du XXe siècle, propose une analyse des profondeurs de l'âme humaine ?

Friedrich Nietzsche

Nietzsche propose un **nihilisme actif** qui renverse les anciennes tables de valeurs. À la place, il défend le **dépassement de soi** dans l'affirmation des instincts, des désirs et des passions, qui constituent des forces vitales et créatrices. Conséquemment, c'est le **corps** qui définit essentiellement l'être humain. Le corps s'exprime en une **volonté de puissance**. La volonté de puissance est la volonté de **possession de soi** et de **surpassement de soi**. Elle s'exprime par l'**égoïsme**, le **rejet des «tu dois»** et la **création de valeurs nouvelles**. La volonté de puissance trouve son achèvement dans le **surhumain**, qui représente le modèle idéal de l'humanité. Il est une pure **affirmation de l'individualité**. Il est un **hymne à la vie**. Il s'inscrit dans l'**éternel retour**, puisque l'instant sera pour lui assez vivant et créateur pour qu'il puisse souhaiter le revivre éternellement. Il fait preuve d'**élitisme**, car il croit à l'existence d'êtres exceptionnels. Il agit avec **dureté**, puisqu'il est exigeant envers lui-même et autrui, et est capable de porter de grandes souffrances. Se situant par-delà la morale établie, il affirme son **amoralisme**. Comme l'artiste, il témoigne de **liberté** et de **création**, puisqu'il est entièrement voué au dépassement de soi.

Réseau de concepts

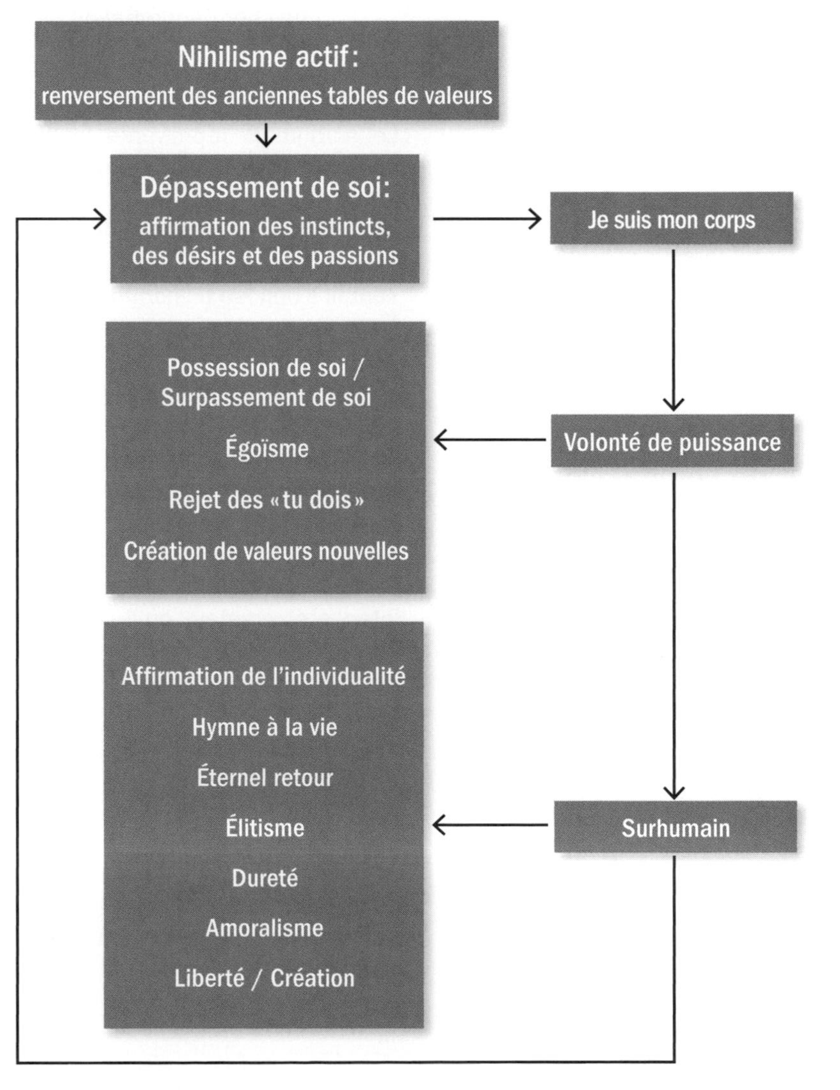

Résumé de l'exposé

Nietzsche et le nihilisme européen de la fin du XIXe siècle

La vie de Nietzsche

Fils d'un pasteur luthérien, Friedrich Nietzsche naît en Allemagne le 15 octobre 1844. Philosophe solitaire, tourmenté et souffrant, il propose une œuvre immense et provocante qui fracasse les dieux, les idoles, afin que l'individu devienne ce qu'il est. Nietzsche meurt à Weimar le 25 août 1900, après une longue maladie.

Le nihilisme

Le nihilisme passif

Selon Nietzsche, la fin du XIXe siècle connaît une forme particulière de nihilisme passif (symptôme de la décadence de la civilisation européenne) où les valeurs dites supérieures qui orientaient traditionnellement la vie des hommes sont désormais dépréciées. Cela amène une perte du sens, le relativisme et le pessimisme.

Le nihilisme actif

Le nihilisme passif doit être dépassé, selon Nietzsche, par un nihilisme actif ou extatique, qui détruit volontairement (afin d'édifier une culture nouvelle) les anciennes tables de valeurs : le judéo-christianisme, les prétentions morales traditionnelles, le scientisme, le rationalisme et une certaine conception de la liberté – et de la vie en société.

Le dépassement de soi dans l'affirmation de ses instincts, de ses désirs et de ses passions

L'homme du ressentiment

Renoncer au corps, aux sens et aux passions, et dénigrer tout ce qui est fort, c'est être un *homme du ressentiment* qui éprouve de l'amertume face à la vie et qui n'a pas la force d'assumer l'existence terrestre.

L'homme du corps

Au contraire, Nietzsche valorise les forces créatrices de la vie que permet le corps. Il plaide en faveur du corps, qui définit essentiellement l'être humain.

La mort de Dieu

Se dépasser soi-même par l'affirmation de ses instincts, de ses désirs et de ses passions demande de ne plus croire en Dieu parce qu'Il est à l'origine de morales d'esclaves fondées sur de petites valeurs faisant appel à l'esprit de troupeau et commandant de se soumettre à des dogmes et à des règles qui nient la vie.

La volonté de puissance

1. La volonté de puissance, c'est la puissance de la volonté qu'on exerce pour se posséder et se surpasser soi-même. Cette affirmation de soi nécessite un égoïsme « sain et saint » (*heil und heilig*), seul capable de don véritable, par opposition à l'égoïsme malade, stérile et accapareur.
2. Concrètement, l'actualisation de la volonté de puissance implique :
   a) le rejet des « tu dois », qui vont « contre les instincts de la vie » et qui limitent la liberté individuelle ;
   b) la création de ses propres valeurs sans chercher l'approbation des autres.

Le surhumain

Le surhumain représente le modèle, l'état idéal auquel doit tendre le genre humain.

Le surhumain est l'affirmation de l'individualité

Il est un être unique qui affirme sa différence. Ce faisant, il s'oppose à l'*homme du commun*, c'est-à-dire à l'être faible et passif qui fait partie du troupeau.

Le surhumain est un hymne à la vie

Il vit pleinement sa vie en affirmant ses pulsions et ses passions qui sont des sources d'énergie créatrice.

Le surhumain et l'éternel retour

Ce que le surhumain vit maintenant est à ce point intense et créateur qu'il pourrait vouloir le revivre éternellement. L'éternel retour place le surhumain devant l'exigence du dépassement de soi dans l'instant.

Le surhumain est élitiste

Il croit qu'une hiérarchie « naturelle » existe entre les êtres humains. Il y a ceux qui possèdent une *âme aristocratique*, qui ont de l'envergure, qui connaissent leur valeur et ont foi en eux-mêmes. Et il y a l'*homme du commun*, méfiant, pessimiste, qui valorise le relâchement et la petitesse.

Le surhumain est dur

Il est exigeant envers lui-même et envers les autres. S'opposant à la mollesse et à la facilité, la dureté lui permet de se dépasser.

Le surhumain est amoral

Il est un «esprit libre» qui agit par-delà les morales établies, lesquelles sont des «impuretés» empêchant l'individu d'être lui-même la source de sa propre morale.

Le surhumain est libre et créateur

Il est affranchi, indépendant et maître-créateur de ses propres valeurs. Comme l'artiste, il ose plonger à l'intérieur de lui-même pour faire naître une nouvelle manière de voir et de faire.

L'art et la création

L'art représente la valeur suprême parce qu'il permet à l'être humain d'aller au-delà de lui-même. Il est le «grand stimulant de la vie» qui fait surgir des réalités nouvelles. Quoi qu'on fasse, il faudrait apprendre à le faire en artiste!

Nietzsche aujourd'hui

Une remise en question de soi

La philosophie nietzschéenne de l'homme nous met en garde contre notre bonheur standardisé fait de petits conforts. Elle appelle une remise en question de notre conscience satisfaite et obscurcie par les «bienfaits» de la société de consommation.

Un renforcement de l'individualisme contemporain

La philosophie nietzschéenne de l'homme, farouchement individualiste, peut aussi renforcer l'individualisme narcissique actuel qui se caractérise par le repli sur le quant-à-soi et l'hédonisme tous azimuts.

Activités d'apprentissage

A Vérifiez vos connaissances

1. Selon Luther et Calvin, le but de la vie est le bonheur sur terre. VRAI ou FAUX?
2. Nietzsche a commencé sa carrière universitaire par l'étude de la logique, et s'est ensuite orienté vers la philosophie. VRAI ou FAUX?
3. Nietzsche a été fortement inspiré par les grands tragiques grecs comme Eschyle et Sophocle. VRAI ou FAUX?
4. Nihiliste, Nietzsche croit qu'il n'y a pas d'espoir pour l'humanité. VRAI ou FAUX?
5. Accordant beaucoup d'importance au christianisme, Nietzsche s'appuie sur la valeur du ressentiment pour améliorer le sens moral des individus. VRAI ou FAUX?
6. Nietzsche croit que le libre arbitre est une illusion étant donné que l'on ne mesure pas suffisamment les mécanismes sous-jacents qui motivent nos actions. VRAI ou FAUX?
7. Quels sont les trois noms que Nietzsche donne au type d'homme qu'il condamne vigoureusement?
8. Quelle est la condition nécessaire au dépassement de soi exigée par Nietzsche afin de se prémunir contre l'influence néfaste de l'«esprit de troupeau»?
9. Selon Nietzsche, il faut absolument croire en Dieu, fondement de la morale, si l'on veut rester fidèle à la vie. VRAI ou FAUX?
10. Quelle est la double signification de la «volonté de puissance» chez Nietzsche?
11. Pour Nietzsche, nous devons nous en remettre au «surhumain», c'est-à-dire au divin, pour glorifier nos actions. VRAI ou FAUX?
12. L'allégorie utilisée par Nietzsche pour faire valoir les métamorphoses qu'exige la condition de «surhumain» est celle de la chenille, de la chrysalide et du papillon. VRAI ou FAUX?
13. En tant que créateur, l'être humain doit «se surmonter» lui-même. Selon Nietzsche, quel est le meilleur moyen d'y parvenir?
14. En somme, Nietzsche propose une philosophie de la simplicité, selon laquelle il faut s'en remettre aux autres. VRAI ou FAUX?

15 À partir de ce que vous avez appris sur Nietzsche, indiquez laquelle des citations suivantes n'a pas été écrite par lui.

a) « Le bon sens est la chose du monde la mieux partagée. »

b) « Quand on ne place pas le centre de gravité de la vie dans la vie, mais dans l'au-delà – dans le néant –, on a enlevé à la vie son centre de gravité. »

c) « L'art n'a pas pour fin de laisser des œuvres que le temps ruine, mais de créer des artistes en tous les hommes et d'éveiller dans le vulgaire le génie endormi. »

B Débat sur la problématique de la nécessité d'une morale commune pour vivre en société

Compétence à acquérir

Démontrer sa compréhension de la problématique d'une morale individuelle versus une morale commune en participant, en classe, à l'activité qui suit.

Contexte de réalisation

- La classe est divisée en équipes composées de quatre étudiants qui se nomment un porte-parole.
- Chacun des étudiants répond, par écrit, à la question suivante : « Nietzsche considère que la morale commune est une morale de faibles non appropriée aux êtres forts... *Peut-on vivre en société sans morale commune ?* »
- Dans chacune des équipes, à tour de rôle, chaque étudiant fait la lecture de sa réponse. Une discussion est engagée afin de peaufiner la réponse et de parvenir à la rédaction d'une réponse commune.
- Les porte-parole, à tour de rôle, présentent à la classe la réponse à laquelle leur équipe est arrivée.
- Sous la supervision de l'enseignant, une discussion est engagée visant à faire ressortir les principaux enjeux liés à cette question.

C Analyse et critique de texte

Cette activité exige la lecture préalable de l'extrait d'*Ainsi parlait Zarathoustra* présenté à la page 182.

Compétences à acquérir

- Démontrer sa compréhension d'un texte de Nietzsche en illustrant par une citation appropriée la thèse qui y est défendue.
- Transposer dans ses propres mots une partie de ce texte philosophique.
- Évaluer le contenu, c'est-à-dire exprimer son accord ou son désaccord (et en donner les raisons) sur quelques interprétations de l'être humain avancées par Nietzsche dans ce texte.

Questions

1 a) Nietzsche pense-t-il que nous sommes tous égaux en tant qu'êtres humains ? Illustrez la réponse qu'il donne à cette question par un passage (une citation) de ce texte.

Commentaire critique

b) Que pensez-vous de la position de Nietzsche ? En d'autres mots, croyez-vous que les êtres humains sont égaux ou inégaux entre eux ? Vous devez fonder vos jugements, c'est-à-dire apporter deux arguments pour appuyer vos affirmations. (Minimum suggéré : une demi-page.)

2 Nietzsche dit que « Dieu a été [le] plus grand danger » pour les hommes supérieurs ; que ces derniers ne sont « ressuscités que depuis qu'il [Dieu] gît dans la tombe ».

a) Expliquez dans vos propres mots le sens qu'on doit donner à cette affirmation.

Commentaire critique

b) Qu'en pensez-vous personnellement ? Êtes-vous pour ou contre cette affirmation ? Apportez deux arguments pour appuyer vos affirmations. (Minimum suggéré : une demi-page.)

3 a) Globalement, comment Nietzsche dénomme-t-il la résignation, la modestie, la prudence, l'application et les égards ? À qui les attribue-t-il ? En d'autres mots, quelles personnes vivent la résignation, la modestie, la prudence, l'application et les égards ?

Commentaire critique

b) Et vous, que pensez-vous de la résignation, de la modestie, de la prudence, de l'application et des égards? Reprenez chacun de ces éléments d'abord en les définissant (consultez un dictionnaire), ensuite en les évaluant séparément (dites ce que vous en pensez et pourquoi). (Minimum suggéré: une demi-page.)

D Analyse et critique d'un texte comparatif

Cette activité exige la lecture préalable de l'extrait de *Grandeur et Misère de la modernité* de Taylor présenté à la page 183.

Compétences à acquérir

- Démontrer sa compréhension du texte de Charles Taylor en répondant à des questions précises.
- Comparer la conception taylorienne avec la conception nietzschéenne de l'authenticité personnelle, c'est-à-dire examiner les différences entre ces conceptions.
- Évaluer le contenu, c'est-à-dire exprimer son accord ou son désaccord (et en donner les raisons) sur la conception taylorienne et sur la conception nietzschéenne de l'authenticité personnelle.

Questions

1 a) Selon Taylor, à quelle condition peut-on défendre l'authenticité personnelle?

b) Selon Taylor, à partir de quelles exigences peut se construire une identité authentique?

2 Dans quelle mesure la conception qu'a Taylor de l'authenticité personnelle s'oppose-t-elle à celle qui est mise en avant par Nietzsche?

Commentaire critique

3 Quelle est votre opinion là-dessus? Partagez-vous la position de Taylor ou celle de Nietzsche? Vous devez fonder vos jugements, c'est-à-dire apporter au moins deux arguments pour appuyer vos affirmations. (Minimum suggéré: une page.)

E Exercice comparatif: Descartes et Nietzsche

Compétence à acquérir

Procéder à une comparaison entre deux conceptions modernes de l'être humain à propos d'un même thème.

Contexte de réalisation

Individuellement, dans un texte d'environ 350 mots (une page et demie), examinez les rapports de ressemblance et de différence entre la conception cartésienne et la conception nietzschéenne de l'être humain à propos du thème du corps.

Étapes suggérées

1 a) Caractérisez la conception cartésienne de l'être humain au regard du thème du corps. Par exemple, demandez-vous dans quelle mesure le corps est, pour Descartes, une source d'erreurs dont il faut se méfier et comment se situe l'esprit par rapport au corps.

b) Caractérisez la conception nietzschéenne de l'être humain au regard du thème du corps. Par exemple, demandez-vous en quoi et comment le corps est, pour Nietzsche, l'instrument de la vie, la source de l'esprit qui est « symptôme » du corps.

2 a) S'il y a lieu, précisez les similitudes entre la conception cartésienne et la conception nietzschéenne de l'être humain à propos du thème du corps.

b) S'il y a lieu, dégagez les oppositions entre la conception cartésienne et la conception nietzschéenne de l'être humain à propos du thème du corps.

Extraits de textes

Nietzsche ▪ *Ainsi parlait Zarathoustra*[60]

De l'homme supérieur

1

Lorsque je vins pour la première fois parmi les hommes, je fis la folie du solitaire, la grande folie : je me mis sur la place publique.

Et comme je parlais à tous, je ne parlais à personne. Mais le soir, des danseurs de corde et des cadavres furent mes compagnons ; et moi-même j'étais presque un cadavre. Mais, avec le matin, une vérité m'apparut : alors j'appris à dire : « Que m'importent la place publique et la populace, le vacarme de la populace et les longues oreilles de la populace ! »

Hommes supérieurs, apprenez de moi ceci : sur la place publique personne ne croit aux hommes supérieurs. Si vous voulez parler sur la place publique, soit ! Mais la populace clignera de l'œil : « Nous sommes tous égaux. »

« Hommes supérieurs ? – ainsi parle la populace en clignant de l'œil, – il n'y a pas d'hommes supérieurs, nous sommes tous égaux, un Homme vaut l'autre, devant Dieu nous sommes tous égaux ! »

Devant Dieu ! Voici que ce Dieu est mort. Mais devant la populace nous ne voulons pas être égaux. Hommes supérieurs, éloignez-vous de la place publique !

2

Devant Dieu ! – Voici que ce Dieu est mort. Hommes supérieurs, ce Dieu a été votre plus grand danger.

Vous n'êtes ressuscités que depuis qu'il gît dans la tombe. C'est maintenant seulement que vient le grand midi, à présent l'homme supérieur devient maître !

Avez-vous compris cette parole, ô mes frères ? Vous êtes effrayés : votre cœur est-il pris de vertige ? L'abîme bâille-t-il ici à vos yeux ? Le chien de l'enfer aboie-t-il à vos trousses ?

Allons ! Hommes supérieurs ! Maintenant seulement la montagne de l'avenir humain va enfanter. Dieu est mort : maintenant nous voulons que le Surhomme vive.

3

Les plus soucieux demandent aujourd'hui : « Comment conserver l'homme ? » Mais Zarathoustra demande, ce qu'il est le seul et le premier à demander : « Comment l'homme sera-t-il surmonté ? »

Le Surhomme me tient au cœur, c'est *lui* qui est pour moi la chose unique, – et non point l'homme : non pas le prochain, non pas le plus misérable, non pas le plus affligé, non pas le meilleur.

Ô mes frères, ce que je puis aimer en l'homme, c'est qu'il soit une transition et un déclin. Et, en vous aussi, il y a beaucoup de choses qui me font aimer et espérer.

Vous avez méprisé, ô hommes supérieurs, c'est là ce qui me fait espérer. Car les grands méprisants sont aussi les grands adorateurs.

Vous avez désespéré, c'est ce qu'il faut honorer en vous. Vous n'avez pas appris comment vous pourriez vous rendre, vous n'avez pas appris les petites prudences.

Aujourd'hui, les petites gens sont devenus les maîtres, ils prêchent tous la résignation, et la modestie et la prudence, et l'application, et les égards et la longue énumération des petites vertus.

---

60. Rappelons que, dans *Ainsi parlait Zarathoustra*, Nietzsche est Zarathoustra.

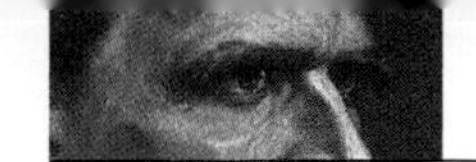

Ce qui relève de la femme ou du valet, et surtout le mélange populacier : c'est là ce qui veut à présent devenir maître de toutes les destinées humaines – ô dégoût ! dégoût ! dégoût !

Cela demande et redemande, et ne se lasse pas de demander : « Comment conserver l'homme le mieux, le plus longtemps, le plus agréablement ? » C'est ainsi qu'ils sont les maîtres d'aujourd'hui.

Ces maîtres d'aujourd'hui, surmontez-les-moi, ô mes frères, – ces petites gens : c'est eux qui sont le plus grand danger pour le Surhomme.

Surmontez-moi, hommes supérieurs, les petites vertus, les petites prudences, les égards pour les grains de sable, le fourmillement des fourmis, le misérable contentement de soi, « le bonheur du plus grand nombre » !

Et désespérez plutôt que de vous rendre. Et, en vérité, je vous aime, parce que vous ne savez pas vivre aujourd'hui, ô hommes supérieurs ! Car c'est ainsi que vous vivez le mieux !

NIETZSCHE, Friedrich. *Ainsi parlait Zarathoustra*, « Des contempteurs du corps », traduction Maurice Betz, Paris, © Éditions Gallimard, coll. « Le Livre de poche classique », 1965, p. 326.

Taylor ▪ « L'authenticité »

Né au Québec en 1931, Charles Taylor est un philosophe, un historien et un politicologue de réputation internationale. Il a enseigné la philosophie dans plusieurs universités. En 2007, il a coprésidé la Commission sur les accommodements raisonnables.

Son œuvre maîtresse, *Sources of the Self: The Making of Modern Identity* (Harvard University Press, 1989), a été traduite en six langues.

Dans certaines de ses formes, ce discours[61] [de l'authenticité] tourne à une **apologie** du choix pour lui-même : toutes les options se valent, parce qu'elles se font librement et que le choix leur confère à lui seul une valeur. Le principe **subjectiviste** qui sous-tend le **relativisme** doux est manifestement à l'œuvre ici. Mais du coup se trouve niée l'existence d'un horizon préexistant de signification, grâce auquel certaines choses valent plus que d'autres ou certaines rien du tout, préalablement à tout choix. [...]

Pour l'instant, retenons qu'on ne peut défendre l'authenticité en ignorant les horizons de signification. Même le sentiment que le sens de ma vie tient au choix personnel que j'ai fait – c'est le cas lorsque l'authenticité se fonde sur la liberté autodéterminée – dépend de ma prise de conscience qu'il existe *indépendamment de ma volonté* quelque chose de noble et de courageux, et donc de significatif dans le fait de donner forme à ma propre vie. Deux représentations de la vie humaine s'opposent ici : d'une part, le courage de celui qui se crée, d'autre part, le laisser-aller de celui qui cède aux facilités du conformisme. Nul n'invente cette opposition : on la découvre, et on perçoit aussitôt sa vérité. L'horizon est donné. [...]

Il importe certes de choisir ma vie, comme le soutient John Stuart Mill dans *On Liberty*[62], mais à moins que certaines options ne soient plus significatives que d'autres, l'idée même de choix personnel sombre dans la futilité et donc dans l'incohérence. L'idéal du libre choix ne fait sens que si certains *critères* valent

Apologie
Propos qui se porte à la louange et à la défense d'une thèse ou d'un comportement.

Subjectiviste
Se dit du principe découlant du subjectivisme qui ramène les jugements de valeur à des assentiments individuels.

Relativisme
Doctrine selon laquelle les valeurs – étant relatives aux circonstances sociales et à la vie de chaque individu – ne sont pas universelles.

61. Le discours dont il est question est celui de « l'acceptation moderne de l'authenticité en tant que différence, originalité, reconnaissance de la diversité ».

plus que d'autres. Je ne peux pas prétendre avoir choisi ma vie et déployer tout un vocabulaire nietzschéen seulement parce que j'ai pris un bifteck-frites plutôt que de la poutine au déjeuner. Ce n'est pas moi qui détermine quelles questions comptent. Si c'était vrai, aucune alors n'importerait et l'idée même du libre choix en tant qu'*idéal moral* perdrait toute consistance.

L'idéal du libre choix suppose donc qu'il y ait d'autres critères de sens au-delà du simple fait de choisir. Cet idéal ne vaut pas par lui-même : il exige un horizon de critères importants, qui aident à définir dans quelle mesure l'autodétermination est signifiante. À la suite de Nietzsche, je serais vraiment un grand philosophe si je parvenais à redéfinir le système des valeurs. Mais il faudrait pour cela redéfinir des valeurs qui se rapportent aux questions importantes, et non pas le menu de chez McDonald's ou la mode de l'année prochaine.

Agent
Individu qui agit.

L'**agent** qui cherche le sens de sa vie, qui essaie de se définir de façon significative, doit se situer par rapport à un horizon de questions essentielles. C'est ce qu'il y a d'autodestructeur dans les formes de la culture contemporaine qui se referment sur l'épanouissement de soi en s'opposant aux exigences de la société ou de la nature, et qui tournent le dos à l'histoire et aux exigences de la solidarité. Ces formes égocentriques et « narcissiques » sont, en effet, bien superficielles et futiles ; elles « aplatissent et rétrécissent » la vie, comme l'écrit Bloom[63]. Mais ce n'est pas parce qu'elles appartiennent à la culture de l'authenticité. C'est plutôt parce qu'elles esquivent ses exigences. Tourner le dos à tout ce qui transcende le moi, c'est justement supprimer les conditions de significations et courtiser du coup la futilité. Dans la mesure où les gens aspirent à un idéal moral, cet enfermement en soi est une contradiction dans les termes ; il détruit les conditions dans lesquelles cet idéal peut se réaliser.

En d'autres termes, je ne peux définir mon identité qu'en me situant par rapport à des questions qui comptent. Éliminer l'histoire, la nature, la société, les exigences de la solidarité, tout sauf ce que je trouve en moi, revient à éliminer tout ce qui pourrait compter. Je pourrai me définir une identité qui ne sera pas futile seulement si j'existe dans un monde dans lequel l'histoire, les exigences de la nature, les besoins de mes frères humains ou mes devoirs de citoyen, l'appel de Dieu, ou toute autre question de cet ordre-là, existent vraiment. L'authenticité ne s'oppose pas aux exigences qui transcendent le moi : elle les appelle.

TAYLOR, Charles. *Grandeur et Misère de la modernité*, traduction Charlotte Melançon, Montréal, Bellarmin, 1992, p. 54-58.

62. « Il suffit d'avoir une dose suffisante de sens commun et d'expérience pour tracer le plan de vie le meilleur, non pas parce qu'il est le meilleur en soi, mais parce qu'il est personnel » (John Stuart MILL, *De la liberté*, traduction Laurence Lenglet, à partir de la traduction de Dupond White, Paris, Gallimard, coll. « Folio/Essai », 1990, p. 165).

63. Il s'agit d'Allan Bloom et de son ouvrage *L'Âme désarmée. Essai sur le déclin de la culture générale*, traduction Paul Alexandre, Paris et Montréal, Julliard et Guérin Littérature, 1987.

Lectures suggérées

La lecture de l'une des œuvres suivantes est suggérée dans son intégralité ou en extraits importants :

- NIETZSCHE, Friedrich. *Par-delà le bien et le mal*, Paris, Flammarion, coll. « GF Philosophie », 2000.
- NIETZSCHE, Friedrich. *Le Crépuscule des idoles*, Paris, Flammarion, coll. « GF Philosophie », 2005.

Chapitre 6

L'homme comme être régi par l'inconscient

Freud ou la psychanalyse

Sigmund Freud

« Les mœurs, l'éducation, la philosophie, la poésie, la psychologie, toutes les formes sans exception de la création intellectuelle et artistique, d'expression de l'âme, ont été depuis deux, trois générations enrichies, bouleversées par Freud plus que par nul autre au monde. [...] Sans lui, chacun de nous, hommes du XXe siècle, aurait une manière différente de penser, de comprendre ; sans l'avance qu'il prit sur nous, sans cette puissante impulsion vers l'intérieur de nous-même qu'il nous a donnée, chacun de nous aurait des idées, des jugements, des sentiments plus bornés, moins libres, moins équitables. Et partout où nous essaierons de progresser dans le labyrinthe du cœur humain, son intelligence continuera à éclairer notre route. »

Stefan Zweig

Plan du chapitre

Freud et la naissance de la psychanalyse

La vie de Freud

Sigmund Freud naît le 6 mai 1856 à Freiberg, en Moravie (aujourd'hui en République tchèque). Son père, Jakob Freud, a quarante et un ans et sa mère, Amalie Nathanson, est âgée de vingt et un ans. Le père vit avec ses deux fils nés d'un premier mariage; la mère donnera naissance à sept autres enfants. La famille Freud est juive, de langue et de culture allemandes.

En 1859, la crise économique ébranle le commerce du père de Sigmund, négociant en textiles. Fuyant l'antisémitisme, ce dernier installe sa famille à Leipzig, puis à Vienne, en Autriche. Lorsque Freud termine ses études secondaires, en plus de l'allemand, il maîtrise cinq langues : le grec, le latin, l'hébreu, le français et l'anglais ; il sait aussi un peu d'italien et d'espagnol.

Malgré leur condition financière modeste, les parents de Sigmund lui permettront d'entreprendre des études supérieures. En 1873, Freud commence des études de médecine à l'Université de Vienne. En 1876, il entre au laboratoire de physiologie d'Ernst Wilhelm von Brücke (1819-1892). À cette époque, Freud entreprend ses premières recherches et se consacre exclusivement à des travaux en laboratoire. Il réalise, entre autres, des études scientifiques sur les glandes sexuelles des anguilles et sur le système nerveux des larves de lamproie. Il s'intéresse surtout à la neurologie, c'est-à-dire à l'étude du cerveau et du système nerveux. Cependant, Freud s'intéresse également aux travaux des scientifiques et des penseurs de son époque. Par exemple, il traduit en 1880 une partie des *Œuvres complètes* du philosophe et économiste anglais John Stuart Mill (1806-1873).

Hystérie
Classe de troubles psychologiques découlant d'un conflit psychique interne et se manifestant par des symptômes corporels divers, mais sans que le corps soit en fait malade sur le plan physiologique (par exemple, crise émotive spectaculaire, paralysie, crise d'angoisse, phobies, cécité, sans cause physique).

Freud obtient son diplôme de médecine le 31 mars 1881, mais il ne désire pas pratiquer cette discipline, y préférant la recherche. Cependant, à cette époque, faire des recherches médicales ne constitue pas un métier assurant une sécurité financière : ainsi donc, étant donné la condition modeste de sa famille, Freud est obligé d'embrasser la carrière médicale. De 1882 à 1885, il complète sa formation clinique à l'Hôpital général de Vienne, se spécialisant en neuropathologie.

Par la suite, il obtient une bourse qui lui permet d'aller étudier à Paris de 1885 à 1886, à l'Hôpital de la Salpêtrière, avec Jean-Martin Charcot (1825-1893), neurologue alors mondialement connu qui mène des recherches sur l'**hystérie** et l'hypnose. Pendant son stage, Freud s'intéresse vivement au traitement hypnotique pratiqué par Charcot. Il en ressort convaincu que les maladies physiques peuvent avoir une origine purement psychologique. C'est probablement à partir de cette prise de conscience que Freud délaissa le modèle médical ou biologique au profit du modèle psychologique pour tenter d'expliquer le comportement humain.

Les célèbres leçons du professeur Charcot portant sur l'hypnose et l'hystérie données à l'Hôpital de la Salpêtrière. Freud, alors jeune médecin neurologue, étudia à Paris et assista à ces conférences.

À son retour de France, Freud se lie d'amitié avec le médecin et chercheur Josef Breuer (1842-1925). C'est avec lui qu'il élabore les premières ébauches de la psychanalyse. En effet, Breuer lui fait découvrir une nouvelle technique d'hypnose, dans laquelle il incite une patiente hystérique à se rappeler certains traumatismes

de son passé et à en parler, ce qui a pour effet que la patiente dégage la charge émotive qui y était associée, se sent libérée et voit ses symptômes physiques diminuer ou disparaître. Cette nouvelle forme de traitement est appelée **catharsis** ou méthode cathartique. De plus, Breuer et Freud remarquent que, souvent, les patients revenus à leur pleine conscience ne se souvenaient plus de nombreux éléments qu'ils venaient de révéler sous hypnose. Ainsi, ces deux chercheurs ont découvert le concept d'**inconscient** et son influence majeure sur le comportement humain[1].

Catharsis
Mot grec signifiant « purification ». Méthode thérapeutique élaborée par Breuer visant à traiter l'hystérie. Ce procédé permet la libération des émotions et des traumatismes inconscients qui seraient à l'origine des symptômes physiques du patient, en les ramenant à la conscience de celui-ci alors qu'il est sous hypnose.

Inconscient
Ensemble des faits psychiques qui échappent à la conscience, dont la personne ne se rend pas compte, mais qui influencent son comportement.

Breuer et Freud donnèrent le nom d'« Anna O. » à la patiente sur laquelle fut expérimentée la méthode cathartique. Laissons Freud nous décrire les symptômes manifestés par cette jeune femme ainsi que les conclusions auxquelles il arrive :

> La malade du Docteur Breuer était une jeune fille de vingt et un ans, très intelligente, qui manifesta au cours des deux années de sa maladie une série de troubles physiques et mentaux plus ou moins graves. Elle présenta une contracture des deux extrémités droites avec anesthésie ; [...] en outre, troubles des mouvements des yeux et perturbations multiples de la capacité visuelle ; difficulté à tenir la tête droite ; toux nerveuse intense ; dégoût de toute nourriture et, [...] ne pouvait comprendre ni parler sa langue maternelle. Enfin, elle était sujette à des « absences », à des états de confusion, de délire, d'altération de toute la personnalité [...].
>
> [...] Lorsque des symptômes de ce genre se rencontrent chez une femme dont les organes essentiels, le cœur, les reins, etc., sont tout à fait normaux, mais qui a eu à subir de violents chocs *affectifs*, [...] il s'agit là, non pas d'une affection organique du cerveau, mais de cet état bizarre et énigmatique auquel les médecins grecs donnaient déjà le nom d'*hystérie* [...]. [...] Il convient de rappeler ici que les symptômes de la maladie sont apparus alors que la jeune fille soignait son père qu'elle adorait (au cours d'une maladie à laquelle il devait succomber) et que sa propre maladie l'obligea à renoncer à ces soins. [...]
>
> Nous pouvons *grosso modo* résumer tout ce qui précède dans la formule suivante : *les hystériques souffrent de réminiscences.* Leurs symptômes sont les résidus et les symboles de certains événements (traumatiques)[2].

Anna O. (ou Bertha Pappenheim), la célèbre patiente de Breuer.

Au mois d'avril 1882, Freud fait la rencontre de Martha Bernays, jeune fille peu fortunée issue d'une famille d'intellectuels juifs. En juin, Freud lui écrit une lettre d'amour. Deux jours plus tard, ils se fiancent. Leur engagement dure plus de quatre ans où ils ne se voient qu'à six reprises ! Ces longues fiançailles s'expliquent par la piètre situation financière de Freud. À cette époque, on ne se marie pas si l'on n'en a pas les moyens. Pendant cette période, Freud écrit à Martha plus de neuf cents lettres ! Enfin, ils se marient le 13 septembre 1886 et auront six enfants, soit trois garçons et trois filles.

Quelques années plus tard, Freud s'établit avec sa femme et leurs trois premiers enfants au 19, Berggasse, à Vienne. Il y installe également son **cabinet** privé où il effectuera sa pratique clinique. Il se consacre à sa spécialité : les maladies nerveuses. Il y rencontre ses premiers patients, mais se rend vite compte qu'il ne gagnera jamais bien sa vie s'il ne traite que des patients atteints de maladies neurologiques. C'est ainsi qu'il accepte de recevoir également en consultation des personnes souffrant d'hystérie. Au début de sa pratique, il utilise les méthodes traditionnelles, comme les bains,

À partir de 1902, tous les mercredis, Freud rassemble quelques confrères dans la salle d'attente de son bureau privé. De ces rencontres naîtra la Société psychanalytique de Vienne.

1. Freud traduisit et commenta deux ouvrages de Charcot, soit *Les Nouvelles Leçons* (1886) et *Les Leçons du mardi* (1892). Il publia également avec Breuer *Études sur l'hystérie* (1895).
2. Sigmund FREUD, *Cinq Leçons sur la psychanalyse*, traduction Yves Le Lay, Paris, Payot, coll. « Petite Bibliothèque Payot », 1984, p. 8-9 et 15.

l'électrothérapie et le repos, mais sans succès. Il décide alors d'appliquer ses nouvelles connaissances liées à l'hypnose, à la catharsis et à l'inconscient, afin de mettre au point sa propre méthode thérapeutique: la **psychanalyse**.

Psychanalyse
École de pensée psychologique et méthode thérapeutique, qui met l'accent sur l'influence des pulsions inconscientes et conflictuelles sur le comportement humain.

Décrivons brièvement cette nouvelle méthode de psychologie clinique à laquelle Freud donne le nom de psychanalyse. Il s'agit d'une sorte de cure par la parole, où le patient parle librement de tout ce qu'il pense et où le thérapeute l'aide à analyser et à interpréter les indices de son inconscient. En même temps, grâce aux observations et aux études de cas qu'il réalise auprès de ses patientes hystériques, Freud développe ses différentes théories psychanalytiques et les publie. Il proclame alors l'importance de l'**inconscient** et de la sexualité ainsi que des expériences issues de l'enfance comme influences majeures du comportement de l'être humain.

Pendant les dix premières années de sa vie professionnelle, Freud subit l'incompréhension, voire l'hostilité, des milieux scientifiques officiels. Par ailleurs, c'est toute la société bourgeoise et puritaine de la fin du XIXe siècle qui est choquée par ses thèses audacieuses. Au XXe siècle, les livres de Freud sont tantôt mis à l'index et classés avec les ouvrages pornographiques, tantôt brûlés sur la place publique par les nazis!

Freud à son bureau.

Mais à force d'efforts soutenus (Freud travaille tous les jours, sauf le dimanche: entre huit heures du matin et neuf heures du soir, il peut recevoir jusqu'à douze patients, leur consacrant cinquante-cinq minutes chacun) et de luttes acharnées (Freud est ambitieux), il réussit petit à petit à imposer ses vues. Il forme plusieurs disciples (Wilhelm Stekel, Paul Federn, etc.). Il écrit de nombreux articles dans des revues spécialisées. Il donne des conférences dans plusieurs congrès en Europe et aux États-Unis. Mais, surtout, il publie quantité d'ouvrages[3] qui transformeront à tout jamais la compréhension qu'on se fait de l'homme.

Mari fidèle, père de six enfants, bourgeois respectable, amateur de cigares (il en fume une vingtaine par jour), de statuettes antiques et de jardins anglais bien ordonnés, Freud mène une carrière longue et controversée. Ce n'est qu'au début de la cinquantaine qu'il connaît la notoriété. Afin de concrétiser cette renommée, il fonde l'Association internationale de psychanalyse, en 1910. À soixante-dix ans, Freud est l'une des personnalités les plus illustres de son temps. Sous la menace nazie, il consent enfin à quitter Vienne en juin 1938. Il se réfugie à Londres, où il meurt, après d'atroces souffrances dues à un cancer de la mâchoire, le 23 septembre 1939.

Positiviste
Se dit de la doctrine ou de l'attitude de recherche qui s'en tient uniquement à la connaissance des faits révélés par l'expérience et expliqués par la science. Pour de nombreux scientifiques de l'époque, le positivisme constitue, dans l'évolution humaine, l'inévitable dépassement de l'esprit religieux et métaphysique.

Une époque riche en découvertes scientifiques

L'époque où a vécu Freud était marquée par la quête de la vérité et la croyance dans le pouvoir de la raison et de la science. L'observation, la mesure, l'examen minutieux des faits: tel est le courant **positiviste** qui fait adhérer Freud à la pensée scientifique de son temps.

---

3. Voici les principales œuvres de Freud dans l'ordre chronologique où elles ont été publiées en français: *Introduction à la psychanalyse* (Paris, Payot, 1921); *Cinq Leçons sur la psychanalyse* (Paris, Payot, 1921); *Trois Essais sur la théorie de la sexualité* (Paris, Gallimard, 1922); *Totem et Tabou* (Paris, Payot, 1923); *La Science des rêves* (Paris, Éditions Alcan, 1925), nouvelle traduction sous le titre *L'Interprétation des rêves* (Paris, Presses Universitaires de France, 1926); *Le Rêve et son interprétation* (Paris, Gallimard, 1925); *La Psychopathologie de la vie quotidienne* (Paris, Payot, 1925); *Ma vie et la psychanalyse* (Paris, Gallimard, 1928); *L'Avenir d'une illusion* (Paris, Denoël et Steele, 1934); *Malaise dans la civilisation* (Paris, Denoël et Steele, 1934); *Nouvelles Conférences sur la psychanalyse* (Paris, Gallimard, 1936); *Abrégé de psychanalyse* (Paris, Presses Universitaires de France, 1938); *Moïse et le monothéisme* (Paris, Gallimard, 1948).

La deuxième moitié du XIXe siècle est particulièrement riche en recherches dans les domaines des sciences de la vie, des sciences physiques et des sciences humaines. Ces recherches conduisent à des découvertes qui modifient radicalement la vision qu'on se fait de l'homme et du monde. Mentionnons, entre autres, la théorie évolutionniste de Charles Darwin (1809-1882), qui considère l'être humain comme un animal s'étant transformé et adapté aux influences du milieu. Les découvertes de Darwin ont comme conséquence la possibilité nouvelle d'observer scientifiquement l'être humain de la même manière que n'importe quel organisme vivant. On sort alors des spéculations traditionnelles sur la création divine de l'être humain ou sur les influences surnaturelles comme les esprits et les démons, pour faire porter l'étude sur un plan strictement scientifique.

Cette contribution de Darwin s'inscrit d'ailleurs dans un ensemble de bouleversements scientifiques. La naissance de la psychologie scientifique avec Gustav Theodor Fechner (1801-1887) démontre que l'esprit humain peut être un objet d'études et d'observations exactes. Les expérimentations de Louis Pasteur (1822-1895) et de Robert Koch (1843-1910) fondent la science bactériologique. Les recherches de Gregor Mendel (1822-1884) créent la génétique. Enfin, les études de Hermann von Helmholtz (1821-1894) établissent le principe de conservation de l'énergie. Ce principe postule que l'énergie peut se transformer, se déplacer, mais ne peut se créer ni se perdre ou être détruite. Il permet d'entrevoir l'être humain comme un système dynamique d'énergies diverses qui obéissent aux lois physiques et chimiques. Ainsi, le modèle religieux ou surnaturel du comportement humain est abandonné au profit d'un modèle explicatif biologique. Freud accordera une place importante au principe de conservation de l'énergie quand il découvrira que ces lois dynamiques peuvent s'appliquer non seulement au corps, mais aussi à l'esprit humain. C'est ainsi que Freud contribuera au passage d'un modèle biologique du comportement humain à un modèle plus psychologique.

La psychanalyse

Freud fonde la psychanalyse, une nouvelle méthode basée sur l'importance des conflits inconscients, de la sexualité et des traumatismes de l'enfance. Il utilise cette méthode pour soigner les **névroses**, telle l'hystérie. Sur le plan thérapeutique, cette « technique de la thérapie analytique[4] » cherche à déterminer les causes perturbatrices inconscientes (traumatismes ou conflits psychiques internes) responsables des troubles mentaux (angoisses, phobies, obsessions, etc.) souvent accompagnés de symptômes physiques graves (paralysie, perte de l'usage d'un sens, saignement, perte de conscience, etc.) alors que, en fait, le corps du patient est sain sur le plan physiologique. On examine alors les processus **psychiques** profonds ou inconscients, responsables des névroses, afin de libérer l'individu de ses malaises. « [N]otre travail scientifique en psychologie consistera à traduire des processus inconscients en processus conscients et à combler de la sorte les lacunes de la perception consciente[5]. » Le but de la psychanalyse est alors d'amener l'individu à prendre conscience de ses conflits inconscients et à les résoudre afin de s'en libérer.

La psychanalyse freudienne expérimente de nouvelles techniques d'introspection en vue d'atteindre l'inconscient. Ainsi, Freud élabore la méthode de l'*association libre* (dérivée de la catharsis de Breuer) où le patient est invité à exprimer librement tout ce qui vient à son esprit: mots, idées, pensées, souvenirs, sentiments, etc., « qui

Névrose
Catégorie de troubles psychologiques, où la personne touchée est consciente de son trouble, qui altère peu ses capacités de fonctionnement. Opposée à la psychose, une catégorie de troubles psychologiques où la personne touchée n'est pas consciente de son trouble, qui implique une perte de contact avec la réalité ainsi qu'une altération majeure du fonctionnement et qui ne peut pas être traitée par la psychanalyse.

Psychique
Se dit du psychisme ou de la vie psychique, qui constitue l'ensemble des faits psychologiques (comme les pensées, les émotions ou les souvenirs), c'est-à-dire tout ce qui concerne la personnalité d'un individu, sa psyché, son « âme ». Ces faits psychiques sont à l'origine de ses attitudes et de ses comportements.

4. Sigmund FREUD, *Abrégé de psychanalyse*, traduction Janine Altounian, Pierre Cotet, Françoise Kahn, Jean Laplanche, François Robert, Paris, © Presses Universitaires de France, coll. « Quadrige », 2012, p. 18.

5. *Ibid.*, p. 91.

se trouvent déjà sous l'influence de l'inconscient, qui sont souvent des rejetons directs de celui-ci[6] ». Ici, l'objectif est de retrouver le souvenir des événements traumatisants ou des conflits inconscients qui sont à l'origine des symptômes névrotiques, souvenir enfoui dans les profondeurs de l'« âme » du malade. Même si le patient ne sait pas ce qui a été refoulé au plus profond de sa psyché et de son inconscient, lui seul peut le découvrir et travailler à le rendre inoffensif. Avec l'aide de l'analyste, le patient tentera de surmonter ses propres **résistances** afin de reconstituer sa vie psychique inconsciente et de se réapproprier son histoire.

Résistance

« Au cours de la cure psychanalytique, on donne le nom de résistance à tout ce qui, dans les actions et les paroles de l'analysé, s'oppose à l'accès de celui-ci à son inconscient » (Jean LAPLANCHE et Jean-Bertrand PONTALIS, *Vocabulaire de la psychanalyse*, Paris, Presses Universitaires de France, 1981, p. 420).

Les résistances empêchant parfois le travail de l'association libre, Freud a dû recourir à une deuxième technique, l'*analyse des rêves*, qui permet d'atteindre l'inconscient par une voie détournée. En effet, Freud considérait que les rêves étaient la voie royale de l'expression de l'inconscient. La méthode de l'analyse des rêves consiste à dévoiler le contenu réel du rêve, contenu qui se cache sous une forme symbolique et qui représente les conflits inconscients perturbant le malade.

Ainsi, les motivations cachées du comportement du malade pourront accéder à la conscience après un long travail conjoint de mise à nu et d'interprétation des causes qui ont perturbé sa personnalité. Le rôle de l'analyste sera de guider le patient pour qu'il ramène à sa conscience ces causes « souterraines » afin d'en permettre l'intégration.

Voici le divan analytique d'origine sur lequel les patients de Freud s'allongeaient. Assis hors de leur vue, Freud écoutait leurs associations libres.

La psychanalyse freudienne propose donc un traitement particulier des troubles mentaux (surtout les névroses, telle l'hystérie). Or, Freud postule qu'il est « scientifiquement irréalisable de tracer une ligne de partage entre la norme psychique et l'anormalité[7] ». Dans la vie quotidienne, nous accomplissons des actes dits normaux (oublis, actes manqués, rêves) qui s'expliqueraient selon la même grille d'analyse que les actes dits pathologiques (névroses, obsessions, etc.). En conséquence, l'étude des troubles mentaux permettrait également de se faire une idée du psychisme normal. La psychanalyse se présente alors comme une théorie psychologique qui décrit et explique les processus psychiques à l'œuvre chez l'être humain.

Il est important de mentionner que les théories et les pratiques révolutionnaires de Freud ont été vivement critiquées. Le principal reproche adressé à Freud est que son approche n'était pas scientifique. En effet, Freud s'est basé uniquement sur l'observation de ses patients, de ses proches et de son propre comportement pour formuler ses idées. En fait, ses théories étaient principalement développées à partir de ses interprétations du comportement humain. Ces interprétations étaient donc plus subjectives que scientifiques, outre que Freud les révisait constamment. Ainsi, il est possible d'avancer que les différentes idées de Freud constituent davantage un essai philosophique qu'une théorie scientifique (*voir la section « L'anthropologie philosophique freudienne », page 203*).

6. *Ibid.*, p. 43.
7. *Ibid.*, p. 69.

La première topique freudienne: la théorie de l'inconscient (ou des trois niveaux psychiques)

Une conception déterministe de l'être humain

Avec sa théorie des trois niveaux psychiques (l'inconscient, le préconscient et le conscient), appelée la **première topique**, Freud a révolutionné la représentation qu'on se fait de l'être humain.

À la fois théorie des catégories et désignation d'un lieu donné, le terme «topique» sert à distinguer des parties du psychisme humain et à s'en faire une représentation spatiale, sans que celle-ci n'ait aucun rapport avec une disposition anatomique réelle.

Même si Freud a toujours refusé l'existence d'une philosophie particulière de l'homme à laquelle la psychanalyse aurait donné son expression, il faut reconnaître que l'œuvre freudienne constitue une conception neuve et originale de la personnalité humaine[8].

L'homme doué de raison que la philosophie classique (par exemple, Descartes) avait jusqu'alors considéré comme maître de lui-même – parce qu'il est conscient de soi et possède un libre arbitre – est désormais dominé par des forces inconscientes. Le comportement de la personne est déterminé à son insu par des motivations enfouies dans les profondeurs de son être. En ce sens, la psychanalyse freudienne apparaît comme une théorie déterministe de compréhension et d'explication de l'être humain. Freud refuse la croyance «profondément enracinée à la liberté [...] Une pareille croyance est tout à fait antiscientifique et doit s'effacer devant la revendication d'un déterminisme psychique[9]».

Selon la théorie de l'inconscient, il existe trois niveaux de fonctionnement psychique: l'inconscient, le préconscient et le conscient. Freud soutient cependant que la personnalité de l'être humain est principalement déterminée par l'inconscient, le premier des trois niveaux psychiques, dont la formation débute dans la petite enfance.

L'inconscient (Ics)

Ainsi, selon Freud, l'inconscient représente l'ensemble des faits psychiques qui échappent à la conscience, dont la personne ne se rend pas compte, mais qui influencent son comportement. Or, au début du XXe siècle, la dimension de l'inconscient était fort mal connue. Certains psychologues et philosophes[10] avaient déjà pris en considération l'inconscient, mais le mérite revient à Freud d'avoir précisé son

8. Freud avoue lui-même que la psychanalyse est «avant tout un art d'interprétation». Interpréter ne signifie-t-il pas donner une signification à l'être humain, à ses actes et à ses paroles? De plus, il faut dire que la psychanalyse dépasse largement la psychologie descriptive. Freud présente d'ailleurs la psychanalyse comme une «*métapsychologie* [au-delà de la psychologie] lorsque nous réussissons à décrire un processus psychique sous les rapports *dynamique, topique, économique*» (Sigmund FREUD, *Métapsychologie*, traduction Jean Laplanche et Jean-Bertrand Pontalis, Paris, © Éditions Gallimard, coll. «Idées», 1968, p. 89).

9. Sigmund FREUD, *Introduction à la psychanalyse*, traduction Samuel Jankélévitch, Paris, Payot, coll. «Petite Bibliothèque Payot», 1966, p. 120.

10. Mentionnons, entre autres, Gottfried Wilhelm Leibniz (1646-1716), pour qui les *aperceptions* (représentations conscientes) n'occupaient qu'une infime place dans les *forces* qui dirigent l'action humaine; Maine de Biran (1766-1824), qui opposait le Moi conscient (volonté agissante) à l'arrière-plan inconscient qui le commande; Arthur Schopenhauer (1788-1860), qui considérait qu'une force universelle et aveugle (la *volonté*) agit en nous et oriente nos comportements; Karl Gustav Carus (1789-1869), qui, pour la première fois, traitait de l'*inconscient* comme d'un principe naturel soit *absolu* ou *relatif* qui gouverne la destinée de toute réalité, y compris la psyché humaine; Friedrich Nietzsche, qui avait déjà décrit l'homme comme un être d'instincts en des termes annonciateurs du discours freudien: «Tous nos motifs conscients, écrivait Nietzsche, sont des phénomènes de surface; derrière eux se déroule la lutte de nos instincts et de nos états: la lutte pour la puissance» (*Œuvres posthumes,* p. 138).

contenu et mis en lumière ses manifestations dynamiques dans le psychisme tout entier. Pour Freud, l'inconscient est la vie psychique elle-même; il en est la matrice et la source. « Pour beaucoup de personnes, écrit-il, à l'intérieur comme à l'extérieur de la science, il suffit d'admettre que la conscience seule est le psychique[11]. » Au contraire, seule une petite part de l'activité psychique est consciente, selon Freud. La presque totalité en est inconsciente et contient les désirs et les idées inavouables qui conditionnent le comportement. Et c'est justement cette large part d'inconscient, où « [l]es règles déterminantes de la logique ne sont pas valables[12] », qui constitue le psychisme humain :

> L'hypothèse de l'inconscient est nécessaire et légitime, et nous possédons de multiples preuves de l'existence de l'inconscient. Elle est nécessaire, parce que les données de la conscience sont extrêmement lacunaires ; aussi bien chez l'homme sain que chez le malade, il se produit fréquemment des actes psychiques qui, pour être expliqués, présupposent d'autres actes qui, eux, ne bénéficient pas du témoignage de la conscience. Ces actes ne sont pas seulement les actes manqués et les rêves, chez l'homme sain, et tout ce qu'on appelle symptômes psychiques et phénomènes compulsionnels chez le malade ; notre expérience quotidienne la plus personnelle nous met en présence d'idées qui nous viennent sans que nous en connaissions l'origine, et de résultats de pensée dont l'élaboration nous est demeurée cachée. Tous ces actes conscients demeurent incohérents et incompréhensibles si nous nous obstinons à prétendre qu'il faut bien percevoir par la conscience tout ce qui se passe en nous en fait d'actes psychiques[13].

Les forces qui régissent l'inconscient : les pulsions

Cette vie psychique inconsciente se déroule en nous et détermine, à notre insu, notre comportement. Elle est constituée d'excitations pulsionnelles. Freud utilise généralement le terme de **pulsion** (*Trieb* en allemand) afin de jumeler deux types de tendances qui dirigent, selon lui, l'activité de l'être humain : les tendances physiologiques et les tendances psychiques qui en sont issues :

Pulsion
Énergie ou poussée psychique qui motive l'individu à répondre à un besoin physique ou à une tension psychique en passant à l'action.

> Si, en nous plaçant d'un point de vue biologique, nous considérons maintenant la vie psychique, le concept de « pulsion » nous apparaît comme un concept-limite entre le psychisme et le **somatique**, comme le représentant psychique des excitations issues de l'intérieur du corps et parvenant au psychisme, comme une mesure de l'exigence de travail qui est imposée au psychisme en conséquence de sa liaison au corporel[14].

Somatique
Se dit de tout ce qui est organique et concerne le corps.

En somme, les pulsions correspondent à des poussées psychiques qui viennent du corps et dont l'unique but est de supprimer « l'état d'excitation à la source de la pulsion » en se satisfaisant à l'aide d'un objet. Selon Freud, il existe deux grands groupes de pulsions qui illustrent la dualité du psychisme humain : les pulsions de vie et les pulsions de mort.

Éros
Dieu grec de l'amour, fils d'Aphrodite (déesse de l'amour) et d'Arès (dieu de la guerre).

D'une part, l'être humain est animé par la *pulsion de vie*, illustrée par **Éros**. Éros constitue en quelque sorte la pulsion d'amour : amour de soi et de toute personne ou de tout objet duquel il s'éprend. En tant que pulsion de vie, Éros cherche à répandre la vie et à créer des liens. Freud donne le nom de *libido* à l'énergie par laquelle s'expriment les pulsions de vie. L'énergie de la libido voit à la conservation de soi et de l'espèce. Ainsi, la pulsion de vie est constituée de pulsions créatrices ou constructives. Dans cette catégorie, on trouve les pulsions d'autoconservation biologique

---

11. *Abrégé de psychanalyse*, p. 23.
12. *Ibid.*, p. 34.
13. *Métapsychologie*, p. 66-67.
14. *Ibid.*, p. 18.

(conservation de soi et reproduction de l'espèce, par exemple la faim ou le désir sexuel) et les pulsions sexuelles non orientées vers la reproduction (comme la recherche du plaisir). Les pulsions sexuelles sont considérées par Freud comme la principale force motivant l'être humain. Qui plus est, cette force « se met en place aussitôt après la naissance[15] ». Cependant, la sexualité est pour Freud une notion large qui désigne beaucoup plus que les activités et le plaisir liés au fonctionnement de l'appareil génital. Elle englobe toute une série de pratiques et d'excitations qui procurent du plaisir, et ce, dès l'enfance (par exemple, sucer son pouce). Freud a d'ailleurs élaboré à ce sujet la théorie du développement psychosexuel.

Sucer son pouce est pour l'enfant une pratique procurant un plaisir certain. Selon Freud, Éros est déjà au rendez-vous.

D'autre part, l'être humain est aussi animé par la *pulsion de mort*, illustrée par **Thanatos**. Cette pulsion vise l'anéantissement de tout ce qui vit. Elle s'oppose au « divin Éros ». Elle veut « dissoudre des corrélations [...], faire passer le vivant dans l'état inorganique[16] ». Les incessantes guerres produites par l'humanité ont incité Freud à traiter de l'existence de cette pulsion et à considérer que la nature humaine n'est pas que bonté et amour. Il y a une force à l'intérieur de l'homme qui le pousse à donner la mort. La manifestation directe de Thanatos conduit à se donner la mort (suicide). Dans une discussion avec Albert Einstein (1879-1955) sur le sujet de la guerre, Freud utilise le terme « destruction » pour nommer la pulsion qui dérive de la pulsion de mort et qui est dirigée contre le monde extérieur dans le but d'éliminer l'autre plutôt que soi-même. Ainsi, la pulsion de mort est constituée de pulsions agressives ou destructrices.

Thanatos
Dieu grec de la mort, fils de la Nuit et frère d'Hypnos.

Au début de la vie d'un être humain, les deux pulsions fondamentales Éros et Thanatos agissent à l'intérieur du psychisme et se neutralisent l'une l'autre. Au cours du développement, Éros et Thanatos forment un processus dynamique de forces opposées qui se conjuguent pour former la personnalité de l'individu. Ces deux pulsions primordiales devraient normalement être intégrées au niveau de la conscience au cours de la petite enfance. Les pulsions inconscientes d'un individu ne sont pas directement observables. Toutefois, elles peuvent être révélées par le comportement, à travers diverses manifestations de l'inconscient.

Acte manqué
Expression utilisée par Freud pour désigner un comportement exécuté machinalement et présenté spontanément comme étant le fruit du hasard, mais qui, en fait, exprime des pulsions et des pensées inconscientes (par exemple, l'étudiant qui oublie un examen très stressant ou qui perd ses notes pour étudier).

Les manifestations de l'inconscient

Freud soutient que l'inconscient d'une personne peut se manifester de diverses façons, par exemple à travers ses rêves, ses **actes manqués**, ses **lapsus** et ses mécanismes de défense (*voir la définition à la page suivante*).

Lapsus
[...] Emploi involontaire d'un mot pour un autre, en langage parlé ou écrit [...] *(Le Petit Robert)*. C'est le cas d'une femme qui appelle involontairement son nouvel amoureux du nom de son ancien amant auquel elle pense encore.

Dans son livre *La Science des rêves*, publié en 1900, Freud défend la thèse que le **rêve** est une « réalisation de désir » qui supprime une exigence ou un besoin. Par exemple, mon organisme éprouve la faim pendant que je dors ; je rêve alors que je prends un repas apaisant à merveille cette faim qui me tenaille. Ou encore, supposons qu'à l'état de veille j'aie désiré la copine de mon ami, mais sans que ce désir parvienne à ma conscience (qui l'interdit). La nuit venue, je rêve que je fais l'amour avec elle ou avec une autre femme qui porte son prénom ou le même type de vêtements. Ce deuxième exemple illustre que les rêves, parfois, expriment – d'une manière plus ou moins voilée – des tendances ou des désirs inconscients, en général réprimés à l'état de veille, donc contrariés dans leur cours par les exigences de la morale ambiante.

Freud distingue dans le rêve un contenu manifeste, c'est-à-dire les souvenirs que nous en avons au réveil et que nous pouvons raconter – il le qualifie de « façade derrière laquelle se dissimule le fait réel » –, et un contenu latent, lourd de significations, qu'il est possible d'interpréter « avec le secours des associations que le rêveur lui-même ajoute aux éléments du contenu manifeste » (*Abrégé de psychanalyse*, p. 33).

15. *Abrégé de psychanalyse*, p. 17.
16. *Ibid.*, p. 13.

La seconde topique freudienne : la théorie dynamique de la personnalité

L'ancienne topique (l'Ics, le Cs et le Pcs) n'est pas rejetée par Freud, mais une nouvelle distribution vient désormais se superposer à la précédente.

Freud propose, à partir de 1923, un second système conceptuel (qualifié de **seconde topique**) représentant l'appareil psychique. La seconde topique étudie comment l'énergie psychique se distribue à l'intérieur d'instances de la personnalité qui cherchent chacune à en posséder le contrôle afin de satisfaire sa vision du monde. Ces instances de la personnalité ou « provinces [...] de l'appareil psychique[22] » se nomment le Ça, le Moi et le Sur-Moi (*voir la figure 6.1*). Elles apparaissent à des phases différentes de l'évolution de l'être humain.

Le Ça

Ça
Partie du psychisme qui – n'étant pas consciente de la réalité extérieure – représente les instincts, les pulsions ainsi que la satisfaction immédiate et inconsidérée des besoins.

Freud donne le nom de **Ça** (*das Es* en allemand, *id* en latin) à la partie la plus ancienne et primitive de l'appareil psychique. Le psychisme d'un nouveau-né n'est d'abord que le Ça inorganisé, c'est-à-dire tout ce qu'il « apport[e] à la naissance[23] ». Le Ça constitue le « noyau de notre être[24] » ; il correspond au réservoir d'énergie inconsciente du psychisme. En effet, le Ça possède dès la naissance la totalité de l'énergie psychique disponible et l'utilise pour la satisfaction immédiate des besoins. Le Ça ne sait pas attendre, ni tolérer les frustrations.

Figure 6.1 Le schéma de l'appareil psychique (ou structure de l'esprit) selon Freud

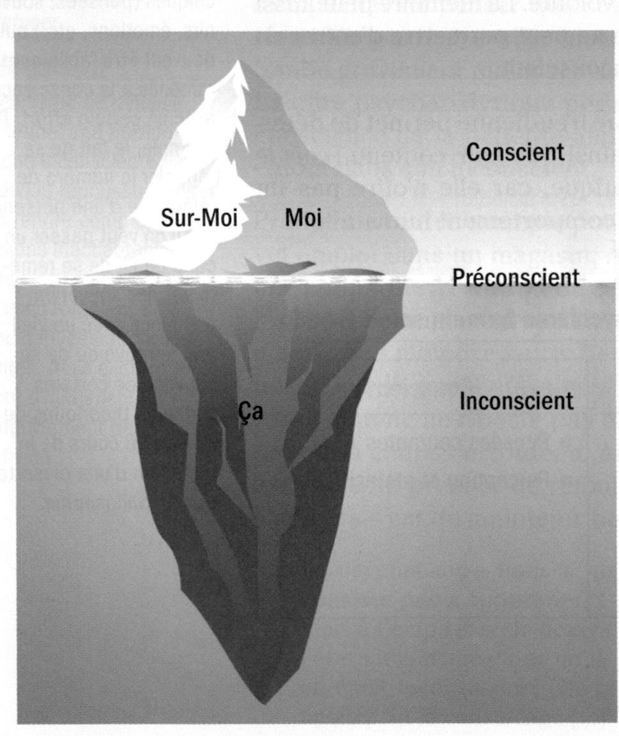

Ainsi, le psychisme du nouveau-né n'est constitué à l'origine que du Ça. Lorsqu'il a faim, le bébé manifeste cette pulsion par des pleurs et des cris. Il veut se satisfaire tout de suite. Il est pris par cette tension liée à la faim qui mobilise tout son être. Il se considère lui-même comme le centre de l'univers et il ne comprend pas pourquoi sa mère et le lait (ou tout autre objet de satisfaction) ne sont pas toujours à sa disposition. En définitive, le Ça est une espèce de marmite chaotique où bouillonnent les désirs, les besoins et les pulsions organiques. « Dans ce ça sont à l'œuvre les *pulsions* organiques, elles-mêmes composées, dans des proportions variables, de mixtions de deux forces originaires (Éros et destruction)[25] », dont nous avons parlé précédemment.

Le Ça n'est pas en contact avec la réalité extérieure. Il ne peut donc pas voir les exigences de celle-ci ni s'y conformer, car la totalité de l'énergie psychique est mise à la disposition des sensations ou des tensions internes, ainsi que de la satisfaction immédiate des besoins qui y sont associés. Dans le Ça, il n'y a ni contradiction, ni loi, ni morale, ni temps. Le Ça correspond à l'univers de l'impulsivité pure qui ne tolère aucune

22. *Abrégé de psychanalyse*, p. 27.
23. *Ibid.*, p. 9.
24. *Ibid.*, p. 71.
25. *Id.*

augmentation d'énergie provoquée par la tension résultant d'un besoin, ni aucune attente ou frustration. Il est donc uniquement en contact avec l'univers interne des besoins, des pulsions et des passions.

Le Ça et le principe de plaisir

Le Ça répond au *principe de plaisir*, c'est-à-dire qu'il cherche constamment à retrouver l'état de bien-être qui existait avant que le besoin apparaisse. En cela, il est incapable d'attendre et exige que toute pulsion soit immédiatement satisfaite sans égard à rien d'autre qu'à ce principe. Le principe de plaisir est un processus primaire d'accomplissement du désir qui ne tient compte d'aucune règle, norme ou logique. C'est comme si une pulsion nous poussait à satisfaire nos désirs dans l'immédiat, de façon égoïste et inconsidérée, sans que nous pensions à nous protéger contre ce qui pourrait menacer la sécurité de notre personne ou des autres, ou encore compromettre l'ordre moral et social en vigueur. Par exemple, un père qui commet des gestes incestueux envers sa jeune fille ne répond qu'aux injonctions de son Ça. Ou encore, le comportement d'un étudiant qui fait la fête toute la nuit sans penser à étudier pour l'examen du lendemain matin constitue un autre exemple de l'influence du Ça.

Le Ça comme réservoir des pulsions primaires et du refoulé

Le Ça symbolise le psychisme humain à l'état naturel. Il est ce lieu, au plus profond de nous, où s'agitent les pulsions avant toute manifestation ou tout contrôle de la raison ou de la culture. Mais il sert aussi de réservoir au refoulé. En effet, les pulsions primaires forment le contenu inné du Ça, alors que le refoulé forme son contenu de faits acquis, c'est-à-dire de représentations qui ont été reléguées dans l'inconscient parce qu'elles exprimaient des tendances culturellement, socialement ou moralement inacceptables.

Notons que « le refoulé exerce, en direction du conscient, une pression continue, qui doit être équilibrée par une contre-pression incessante. Maintenir le refoulement suppose donc une dépense constante de force ; le supprimer, cela signifie, du point de vue économique, une épargne[26] ». Tout au long de notre développement, le refoulement exige donc de notre psychisme une dépense d'énergie qui pourrait être utilisée à d'autres fins. Mais quelle est l'origine du refoulement, qu'est-ce qui en est la source ? Reprenons l'exemple du nourrisson qui éprouve une faim subite. Ses parents lui apprendront tôt ou tard à se discipliner, à cesser de pleurer et de crier, et à attendre patiemment qu'ils soient disponibles pour le nourrir. Plus tard, ils lui montreront à contrôler ses besoins naturels : la régularité et la propreté seront exigées de lui. Ils lui enseigneront ensuite qu'il est incorrect de briser ses jouets, d'être agressif envers ses camarades ou de faire des crises de violence. Ses satisfactions autoérotiques pourront aussi lui être interdites. Bref, ses parents lui inculqueront l'ensemble des valeurs et des règles particulières à la société dans laquelle il grandira et qui, de façon générale, s'opposent à l'actualisation spontanée des pulsions. Toutes ces tendances sexuelles ou agressives réprimées par l'éducation seront refoulées dans les profondeurs de l'inconscient.

> L'inconscient est la seule qualité qui domine dans le ça. [...] À l'origine, tout était ça, le moi s'est développé à partir du ça du fait de l'influence du monde extérieur qui s'est poursuivie. Durant ce lent développement, certains contenus du ça sont passés dans l'état préconscient et ont ainsi été admis dans le moi. D'autres sont restés inchangés dans le ça, constituant son noyau difficilement accessible. Mais, durant ce développement, le moi jeune et sans force a de nouveau reporté dans l'état inconscient certains contenus qu'il avait déjà admis, les a abandonnés,

26. *Métapsychologie*, p. 53.

et s'est comporté de la même manière envers nombre de nouvelles impressions qu'il aurait pu admettre, de sorte que ces dernières, ayant été repoussées, n'ont pu laisser de trace que dans le ça. Cette dernière part du ça, nous l'appelons, compte tenu de son mode d'apparition, le refoulé. Il importe peu que nous ne puissions pas toujours différencier rigoureusement dans le ça ces deux catégories. Cela recoupe à peu près la séparation faite entre ce qui est apporté avec soi à l'origine et ce qui est acquis durant le développement du moi[27].

Le Moi

Moi
Partie du psychisme qui – étant consciente de la réalité – représente la raison, le « réalisme », la prudence et la sécurité.

Freud donne le nom de **Moi** (*das Ich, ego*) à cette « fraction de notre psychisme », à cette mince « surface » coincée à la limite de l'inconscient, de la réalité extérieure et du Sur-Moi, et à laquelle correspond en partie la qualité de conscient.

Au contact du monde extérieur, le Moi s'est développé à partir d'une transformation du Ça. Le Moi possède la capacité d'être à proximité de la réalité extérieure et en contact avec elle, et il est en mesure d'aider le Ça à éliminer ses tensions d'une manière réaliste et acceptable. Ainsi, tôt dans la première année de la vie de l'enfant, le Moi obtient une petite quantité d'énergie du Ça et s'en sert pour tester la réalité, c'est-à-dire pour voir si les demandes du Ça sont compatibles avec les possibilités offertes par le milieu extérieur. Le Moi a besoin de l'aide du monde extérieur (par exemple, le milieu familial) afin de réprimer la force de l'énergie pulsionnelle pendant l'enfance.

Voyons plus précisément les principaux rôles[28] que Freud accorde au Moi :

1. le contrôle des mouvements volontaires ;
2. l'autoconservation ;
3. la relation avec le monde extérieur :
   a) la connaissance des excitations ;
   b) l'emmagasinage dans la mémoire des expériences liées aux excitations ;
   c) la fuite devant les excitations trop fortes ;
   d) l'adaptation aux excitations modérées ;
   e) l'action modifiant de façon appropriée et à son avantage le monde extérieur.

Le Moi et le principe de réalité

En somme, la fonction primordiale du Moi consiste à favoriser le contact avec la réalité (monde extérieur) : je suis là, j'occupe un espace, je m'y déplace, j'adopte tel comportement qui implique telle conséquence, etc. C'est le Moi qui établit un contact entre les besoins pulsionnels issus de l'organisme et la réalité extérieure. Un Moi sain assure un rapport exact au monde extérieur. Le Moi est le représentant du *principe de réalité*.

En ce sens, le Moi est l'instance qui sert d'intermédiaire entre le Ça et les contraintes du monde extérieur, ou encore entre le Ça et les exigences intériorisées dans le Sur-Moi. « Tout comme le ça vise exclusivement le gain de plaisir, le moi est dominé par la prise en considération de la sécurité. Le moi s'est donné pour tâche l'autoconservation, tâche que le ça semble négliger[29]. »

---

27. *Abrégé de psychanalyse*, p. 28-29.
28. Sigmund FREUD, *Nouvelles conférences d'introduction à la psychanalyse*, traduction Rose-Marie Zeitlin, Paris, © Éditions Gallimard, 1984, p. 4.
29. *Abrégé de psychanalyse*, p. 73.

Le Moi représente le pouvoir décisionnel et exécutif de la personnalité. Fondé sur la **raison**, il essaie de s'interposer entre la pulsion et ce qu'il faut faire pour l'actualiser. En se basant sur les expériences passées et en prenant en considération la situation présente, il pèse le pour et le contre, et il décide si le mode de satisfaction projeté est réalisable sans danger et si le moment choisi est approprié. Ainsi, le Moi peut suspendre la pulsion jusqu'à ce que l'objet (personne ou chose) pouvant effectivement satisfaire cette dernière soit découvert, ou encore jusqu'à ce que l'objet désiré se rende disponible. Le Moi peut également transformer la pulsion pour la rendre plus réaliste ou acceptable. L'exemple suivant illustre cette fonction du Moi, qui est axé sur le principe de réalité et qui, conséquemment, effectue le « test de la réalité ». La femme avec laquelle je vis est installée à son bureau. Je la regarde et, soudain, j'éprouve du désir pour elle. Mais elle travaille avec beaucoup de concentration à un rapport très important qu'elle doit remettre demain à son bureau. C'est à cause de mon Moi que je tolérerai que la satisfaction de mon désir issu du Ça soit différée ou réprimée. Je respecterai donc le travail de ma femme et attendrai qu'elle ait terminé son rapport en espérant que... Par ailleurs, pour reprendre un exemple présenté plus haut, l'étudiant qui a un examen le lendemain matin et une fête le soir même pourrait décider, sous l'influence du Moi, de faire le compromis suivant : réviser ses notes efficacement pendant deux heures, puis assister à la soirée mais en rentrant chez lui relativement tôt pour être en forme au moment de l'examen le lendemain.

« Le moi représente ce qu'on peut nommer raison et bon sens » (Sigmund FREUD, *Essais de psychanalyse*, p. 237).

Le Moi comme instance inhibitrice

Ces exemples montrent que le Moi peut agir comme instance **inhibitrice** en utilisant le mécanisme du refoulement. « Le moi, écrit Freud, évolue de la perception des pulsions à la maîtrise des pulsions, de l'obéissance aux pulsions à l'inhibition des pulsions[30]. » Freud décrit l'inhibition des instincts de la manière suivante :

> [le Moi mène une action] en direction de l'intérieur, vis-à-vis du ça, en acquérant la domination sur les revendications pulsionnelles, en décidant si celles-ci doivent être admises à la satisfaction, en différant cette satisfaction jusqu'à des moments et circonstances favorables dans le monde extérieur, ou en réprimant totalement les excitations provenant d'elles[31].

Inhibiteur
Se dit du processus qui met au repos les données psychiques imprudentes ou inconvenantes en les empêchant de se produire ou d'arriver à la conscience. Afin d'éviter l'angoisse, ou d'entrer en conflit avec le Sur-Moi ou la réalité extérieure, le Moi empêche l'éclosion de la pulsion en la refoulant.

Le Moi impose de fortes contraintes aux élans du Ça. C'est le Moi qui refoule toute action susceptible d'amener des conséquences fâcheuses ou d'engendrer de l'anxiété et de l'angoisse[32].

Dans le but de protéger son intégrité, le Moi peut donc inhiber, c'est-à-dire réprimer délibérément et consciemment ou encore refouler inconsciemment, les pulsions répréhensibles du Ça. Prenons comme exemple un jeune professeur d'université qui éprouve un désir sexuel ardent envers l'une de ses étudiantes qui ne cesse de le troubler. Aussitôt le cours terminé, il peut, sans faire intervenir sa raison, signifier à son étudiante l'immense désir qu'il ressent pour elle et même lui faire des avances (obéir au principe du plaisir du Ça). À l'inverse, étant donné qu'il est et qu'il restera son enseignant, il peut se dire qu'il serait bien imprudent de se laisser ainsi aller à une impulsion déplacée. Conséquemment, il jugera préférable de différer la manifestation de son désir et décidera d'attendre la fin de la session. Selon une autre possibilité, il peut alléguer le statut de maître par rapport à celui d'élève, la possibilité que le désir ne soit pas partagé, les risques qu'on apprenne une telle liaison et ceux

30. Sigmund FREUD, *Essais de psychanalyse*, traduction André Bourguignon (dir.), Paris, Payot, coll. « Petite Bibliothèque Payot », 1981, p. 271.
31. *Abrégé de psychanalyse*, p. 10.
32. À la fin de cet exposé, nous verrons que le refoulement des pulsions ne doit pas être excessif, sinon il risque d'entraîner une névrose.

de perdre son emploi, etc., pour étouffer définitivement ce désir. Ici, le principe de réalité du Moi sera donc appliqué et celui-ci agira en tant qu'instance inhibitrice. Et, comme par magie, la semaine suivante, lorsque le professeur reverra son étudiante, son désir pour elle ne sera plus aussi pressant.

Le Moi comme instance médiatrice

Par cet exemple, il apparaît que, dans son activité, le Moi prend en considération les valeurs, les normes et les règles de la culture ambiante. Il découvre le moyen le plus favorable et le moins périlleux de satisfaire besoins et pulsions tout en tenant compte des exigences du monde extérieur. En cela, il peut être assimilé à une sorte d'avocat ou de médiateur qui négocie avec deux parties adverses : le Ça et le Sur-Moi. Sa principale tâche est de résoudre les conflits surgissant entre ces deux instances. Plus particulièrement, le Moi est le lieu d'un équilibre, solide ou fragile, s'érigeant entre les pulsions du Ça, les exigences de la réalité et les pressions morales du Sur-Moi. Ce faisant, « le Moi a pour tâche de satisfaire aux revendications de ses trois relations de dépendance, vis-à-vis de la réalité, du ça et du surmoi, tout en maintenant cependant son organisation et en affirmant son autonomie[33] ».

Sur-Moi
Partie du psychisme qui – étant hyperconsciente des exigences morales de la réalité – représente l'influence de l'éducation et de la société à travers la conscience morale et l'idéal du Moi.

Introjection
Mécanisme de défense décrivant le processus inconscient par lequel l'enfant incorpore dans sa personnalité ce qui provient d'autrui. C'est le cas d'un enfant qui s'approprie les comportements et les valeurs des parents et les intègre à son Moi et à son Sur-Moi.

Le Sur-Moi

Durant la longue période de l'enfance que nous traversons et pendant laquelle nous dépendons de nos parents se forme une instance qui prolonge l'influence de ceux-ci. Freud appelle **Sur-Moi** (*Über-Ich*, super-*ego*) cette instance qui se modèle sur l'autorité parentale **introjectée** au cours de l'enfance :

> Ce n'est pas seulement la nature personnelle des parents qui exerce son effet, mais aussi l'influence perpétuée à travers eux des traditions familiale, raciale et populaire, ainsi que les exigences représentées par eux de tel ou tel milieu social. De même, le surmoi accueille ultérieurement, au cours du développement de l'individu, des contributions émanant des successeurs et des personnes substitutives des parents, tels que les éducateurs, les modèles publics, les idéaux vénérés dans la société[34].

L'instance psychique sur laquelle reposent les exigences introjectées de la société et ses interdits est donc le Sur-Moi. Selon Freud, le Sur-Moi démontre souvent une sévérité beaucoup plus grande que celle des parents réels ou des personnes les représentant. Il met en place un « code moral » exigeant et étroit. Par exemple, le Sur-Moi ne juge pas uniquement l'individu sur les actes accomplis, il considère aussi les intentions et les pensées non encore actualisées. En ce sens, le Sur-Moi représente l'*idéal du Moi*.

Le Sur-Moi et le principe de perfection

La quête d'un tel idéal correspond à l'un des deux sous-systèmes du Sur-Moi : l'idéal du Moi et la conscience morale.

Le Sur-Moi – appelé aussi le Moi idéal – représente donc un **idéal** à atteindre et répond au *principe de perfection*. C'est comme si le Sur-Moi se faisait son propre cinéma en se projetant des images idéales de pensées et de comportements qui correspondent aux représentations intériorisées et idéalisées des valeurs parentales. En cela, il ressemble au Ça puisque ces deux instances perçoivent la réalité de façon irréaliste : le Ça en présente une vision anarchique, alors que le Sur-Moi en propose une vision idéalisée :

> Le surmoi est ce qui représente pour nous toutes les limitations morales, l'avocat de l'aspiration au perfectionnement, bref ce qui nous est devenu psychologiquement tangible dans ce qu'on tient pour supérieur dans la vie humaine. Comme il

33. *Abrégé de psychanalyse*, p. 41.
34. *Ibid.*, p. 11.

remonte lui-même à l'influence des parents, des éducateurs, etc., nous en apprendrons plus sur sa signification si nous nous tournons vers ses sources. En règle générale, les parents et les autorités qui leur sont analogues suivent dans l'éducation de l'enfant les prescriptions de leur propre surmoi. Quelle que soit la façon dont leur moi a pu s'arranger de leur propre surmoi, ils sont sévères et exigeants dans l'éducation de l'enfant. Ils ont oublié les difficultés de leur propre enfance, ils sont satisfaits de pouvoir à présent s'identifier pleinement à leurs propres parents, qui, en leur temps, leur ont imposé ces lourdes restrictions. C'est ainsi que le surmoi de l'enfant ne s'édifie pas, en fait, d'après le modèle des parents mais d'après le surmoi parental ; il se remplit du même contenu, il devient porteur de la tradition, de toutes les valeurs à l'épreuve du temps qui se sont perpétuées de cette manière de génération en génération[35].

Il est normal que l'enfant en bas âge adopte des comportements de séduction du parent du sexe opposé, de même que des comportements d'imitation du parent du même sexe associés à de la rivalité envers celui-ci. Selon Freud, ces comportements permettent à l'enfant de développer son identification sexuelle et les rôles sexuels associés, ainsi que son Sur-Moi.

Pour illustrer l'influence potentielle du Sur-Moi et du principe de perfection, quelques exemples mentionnés ci-dessus sont repris ici. Un père dominé par son Sur-Moi pourrait tellement craindre d'avoir des pensées ou des gestes incestueux envers sa fille qu'il irait jusqu'à s'interdire tout contact physique avec elle. Ou encore, un étudiant ayant un examen le lendemain matin, envahi par la pression du Sur-Moi, pourrait étudier sans relâche toute la nuit mais sans jamais se sentir vraiment prêt, puis passer la matinée à tenter d'améliorer ses réponses jusqu'à ce que l'enseignant déclare que le temps d'examen est écoulé. Ainsi, le Sur-Moi n'est jamais satisfait. Il considère toujours que le comportement de la personne n'est pas assez bon, bien ou moral, bref, rien n'est jamais assez parfait pour le Sur-Moi.

Le Sur-Moi et le complexe d'Œdipe

Le contenu du Sur-Moi (prescriptions, contraintes et restrictions morales, jugements de valeur, aspirations idéales à la perfection) s'élabore à partir du Sur-Moi des parents (agents de transmission de la moralité et de la tradition à travers les récompenses et les punitions des différents comportements de l'enfant). Mais quel est le mécanisme précis qui en signe l'origine ? Le Sur-Moi naît entre autres, selon Freud, à la suite du refoulement du ***complexe d'Œdipe***. Le complexe d'Œdipe peut brièvement être décrit comme l'attachement incestueux inconscient que tous les enfants ressentent (environ de trois à six ans) envers le parent de sexe opposé. Par exemple, c'est le complexe d'Œdipe qui fait dire à une fillette : « Quand je serai grande, je vais me marier avec papa ! » Cet attachement entraîne, d'une part, une jalousie éprouvée envers le parent du même sexe qui est perçu, dans l'inconscient, comme un rival et, d'autre part, un sentiment de culpabilité inconscient qu'engendrent les sentiments d'agressivité à son égard. Les pulsions œdipiennes ainsi enfouies au plus profond de l'inconscient sont en quelque sorte remplacées par le Sur-Moi.

Plus le complexe d'Œdipe aura été fort, plus vite le refoulement sera effectué (sous l'influence de toutes les formes d'autorité morale de même que par la menace de **castration** pour le garçon et par l'annulation du désir de posséder un pénis pour la fille), et plus le Sur-Moi régnera avec rigueur afin de contrôler l'utilisation de l'énergie des pulsions.

En conclusion, on peut dire que le Sur-Moi correspond à une norme impérative qui résulte de l'intériorisation, au cours de l'enfance, de l'autorité parentale-institutionnelle et du sens moral de la culture environnante. En cela, le Sur-Moi représente les exigences du milieu social et moral dans lequel nous grandissons et nous nous développons.

Œdipe
Personnage de la mythologie grecque qui, sans le savoir, tue son père (Laïos, roi de Thèbes) et épouse sa mère (Jocaste). Par la suite, apprenant qu'il est l'auteur de ces crimes horribles, Œdipe se crève les yeux.

Castration
Le complexe de castration se définit par la crainte intériorisée par le fils de voir son père lui couper son pénis (lorsqu'il constate que les filles n'en ont pas). Le pendant féminin du complexe de castration correspondrait à l'envie du pénis lorsque la fille se rendrait compte qu'elle n'en possède pas.

35. *Nouvelles conférences d'introduction à la psychanalyse*, p. 93.

des **névroses**) les pulsions et leurs manifestations. Bien sûr, la civilisation naît de la maîtrise des pulsions, qui ne peuvent s'épancher librement à cause de leur caractère asocial. « Une grande partie de notre fonds culturel tenu en si haute estime, écrit Freud, a été acquise au détriment de la sexualité, du fait de la restriction des forces pulsionnelles sexuelles[39]. » Ici, Freud fait référence à la répression sexuelle, à l'éducation sexuelle culpabilisante et castratrice ainsi qu'aux tabous sexuels en vigueur à cette époque.

« Le fait que le développement du Moi se laisse distancier par le développement libidinal est, à nos yeux, la condition essentielle des névroses. Comment alors n'en pas déduire que les névroses pourraient être évitées si l'on épargnait au Moi infantile cette épreuve, c'est-à-dire si on laissait s'épanouir librement la sexualité de l'enfant, comme c'est le cas chez bien des peuples primitifs ? » (*Abrégé de psychanalyse*, p. 78).

Si nous tentons de définir l'être humain tel que Freud l'a étudié, nous pouvons dire que son essence est un amalgame conflictuel de nature (le Ça) et de culture (le Sur-Moi). À sa naissance, le petit humain est d'abord entièrement sous le joug des pulsions. Il est exclusivement orienté vers la satisfaction narcissique de ses besoins. Il n'est pas en mesure de peser le pour et le contre avant d'agir (nature). Puis, mis en face de la réalité culturelle environnante, il est contraint graduellement de domestiquer ses pulsions qui vont à l'encontre des valeurs, des normes et des règles de la société (culture). C'est par l'intermédiaire de la socialisation que la culture tentera de maîtriser, en la réprimant en grande partie, sa nature biologique.

S'employer à sauver des vies dans des zones sinistrées constitue un exemple de sublimation des pulsions.

Conséquemment, Freud affirme que l'homme est, de fait, un être déterminé par la partie inconsciente de son psychisme (les instances du Ça et du Sur-Moi). La vie psychique d'un individu est assujettie aux expériences vécues et à l'éducation reçue dans son enfance, mais surtout aux représentations inconscientes que celui-ci s'en fait. Aux yeux de Freud, ce que l'individu devient s'est donc lentement construit au fil des années indépendamment de sa volonté.

Même s'il présente une vision déterministe de l'évolution du psychisme humain, Freud n'exclut pas la possibilité qu'une personne se libère de la domination de ses pulsions inconscientes et en arrive un jour – grâce à la psychanalyse – à s'appartenir en propre, du moins dans une certaine mesure.

L'homme idéal : un être affranchi de la domination des pulsions

Mais au fond, la conception freudienne de l'être humain reste attachée aux grandes philosophies rationalistes. Freud a tenté de présenter le corps et ses instincts (pulsions sexuelles et agressives [le Ça]) ainsi que l'esprit (activités réflexives [le Moi] et morales [le Sur-Moi]) comme un ensemble unifié à l'intérieur de l'appareil psychique. Toutefois, Freud ne valorise pas, comme l'avait fait Nietzsche avant lui, le monde des pulsions et des passions. Certes, il essaie de dépasser le dualisme corps-esprit instauré par la philosophie de Descartes, en proposant une vision unifiée de l'être humain. Cependant, il n'en demeure pas moins que la psychanalyse est une grille d'analyse rationaliste (guidée par la raison et impliquant des concepts rationnels) qui explore les structures psychiques de la personnalité humaine ainsi que les différents stades de son évolution. Qui plus est, la psychanalyse semble promouvoir le sujet, la conscience et la maîtrise de soi, plutôt que le libre épanchement des pulsions.

39. *Abrégé de psychanalyse*, p. 75.

Freud considérait et présentait d'ailleurs la psychanalyse comme un savoir scientifique qui, entre autres, expliquait rationnellement les bienfaits de la **sublimation** des pulsions en vue de réalisations culturelles et sociales. Tout compte fait, il percevait la modification des pulsions sous des formes socialement utilisables (la sublimation) comme tout à fait légitime. Diriger, canaliser les pulsions vers des objets et des buts sociaux, pour autant que cela

La sublimation consiste à transformer les pulsions libidinales ou agressives en des activités dites supérieures parce qu'elles sont socialement reconnues. La production d'œuvres d'art, la construction de cathédrales ou l'engagement dans une œuvre sociale valorisée par la culture de l'époque sont des exemples de sublimation. Un jeune homme aux tendances violentes qui canaliserait son énergie agressive pour devenir un avocat redoutable ou une femme qui utiliserait son intérêt excessif pour le sang et les cadavres en devenant médecin [...]stituent aussi de bons exemples.

[...]s pulsions par la [...]e Sur-Moi dans [...] cependant pas [...]e névrose, il ne [...]ettant exclusi[...]res et sévères. [...]n même temps [...]concilier leurs

[...]apport avec la [...]x comprendre

[...]e massacres et [...]1918), surnom[...]t participé, de [...]s : 65 millions

[...]Arméniens qui [...]lu peuple turc.

▷ Nos gestes et nos actions ne dépendent pas de notre volonté
-▷ Ça s'oppose à la liberté (au libre arbitre

Il y a réellement un gène du bonheur... Ce serait donc inné pour certains

Le déterminisme affirme que l'on est à la merci de nos gènes

« La faiblesse du déterminisme -▷ Pourquoi nous (les enfants) envoyer à l'école si tout est déjà joué ?... »

* 3 types de Réductionnisme
Religieux - Si Dieu veut...
Biologique (physique, psycho) force, intelligence
Culturel (langage, science voir les choses)
Affirment que l'homme n'est pas libre.

[...]décharnés d'un camp d'extermination nazi.

inconscients que ne le sont les autres membres de leur classe sociale. En un certain sens, ils sont même plus aveugles, car ils croient qu'ils ont trouvé la réponse au problème de la vie dans la formule du refoulement de la libido. Mais on ne peut pas être clairvoyant dans certains domaines de la réalité humaine et rester aveugle dans d'autres. Cela est particulièrement vrai du fait que le phénomène du refoulement est, dans son ensemble, un phénomène social. Dans n'importe quelle société, l'individu refoule les sentiments et les fantasmes qui sont incompatibles avec les schémas de pensée de cette société. La force qui agit dans ces refoulements, c'est la peur d'être isolé et de devenir un paria parce qu'on a des pensées et des sentiments que personne ne voudrait partager. (Dans ses formes extrêmes, la peur de l'isolement complet n'est rien d'autre que la crainte de la folie.) Si l'on considère cela, il est absolument nécessaire pour le psychanalyste d'aller au-delà des schémas de pensée de sa société, de les examiner d'un œil critique et de comprendre les réalités qui produisent de tels schémas. *La compréhension de l'inconscient de l'individu présuppose et nécessite l'analyse critique de la société dans laquelle il vit.* Le fait même que la psychanalyse freudienne n'a guère dépassé une attitude qui est celle de la classe moyenne libérale à l'égard de la société constitue une raison de son étroitesse et de sa stagnation ultérieure dans son propre domaine de la compréhension de l'inconscient individuel. (Il existe à cet égard, soit dit en passant, une connexion étrange – et négative – entre la théorie freudienne **orthodoxe** et la **théorie marxiste orthodoxe** : les freudiens ont vu l'inconscient individuel et sont restés aveugles à l'inconscient social ; les marxistes orthodoxes, au contraire, ont pris très vivement conscience des facteurs inconscients du comportement social, mais sont restés remarquablement aveugles dans leur appréciation de la motivation individuelle. Cela a conduit à une détérioration de la théorie et de la pratique marxistes, exactement comme le phénomène inverse a conduit à la détérioration de la théorie et de la thérapeutique psychanalytiques. Ce résultat ne devrait surprendre personne. Qu'on étudie la société ou les individus, on a toujours affaire à des êtres humains et cela veut dire qu'on a affaire à des motivations inconscientes ; on ne peut séparer l'homme en tant qu'individu de l'homme en tant que membre de la société – et si on le fait on aboutit à ne comprendre ni l'un ni l'autre.)

Orthodoxe
Qui se veut strictement conforme à la doctrine enseignée.

Théorie marxiste orthodoxe
Doctrine de Karl Marx telle qu'elle se présente dans ses œuvres.

FROMM, Erich. *La Mission de Sigmund Freud*, traduction Paul Alexandre, Bruxelles, Éditions Complexe, 1975, p. 98-99.

Lectures suggérées

La lecture de l'une des œuvres suivantes est suggérée dans son intégralité ou en extraits importants :

- FREUD, Sigmund. *Abrégé de psychanalyse*, traduction Janine Altounian, Pierre Cotet, Françoise Kahn, Jean Laplanche, François Robert, Paris, Presses Universitaires de France, coll. « Quadrige », 2012.
- FREUD, Sigmund. *Sur la psychanalyse. Cinq leçons données à la Clark University*, traduction Fernand Cambon, Paris, Flammarion, coll. « Champs Classiques », 2010.
- FREUD, Sigmund. *Essais de psychanalyse*, traduction André Bourguignon (dir.), Paris, Payot, coll. « Petite Bibliothèque Payot », 2001.

Chapitre 7

L'homme comme être libre

Sartre ou l'existentialisme athée

Jean-Paul Sartre

« Peut-être Sartre est-il une sorte de monstre. [...] Il n'y en a pas tant que cela, des monstres, dans l'histoire de la philosophie. Et celui-là, ce monstre-là, a tout de même la particularité d'être le plus radical des penseurs de la liberté – il a ce mérite, au moins, d'avoir produit la pensée contemporaine qui aura poussé le plus loin, jusqu'au vertige, presque l'absurde, l'hypothèse de la liberté. [...] Et c'est cela qui, au fond, me semble, chez lui, le plus précieux. »

Bernard-Henri Lévy

Plan du chapitre

que l'homme est pour lui-même. Elles sont, par définition, des philosophies qui cherchent à répondre aux questions que l'homme se pose sur sa propre existence. Puisqu'elles prennent comme point de départ la subjectivité de l'individu engagé dans l'expérience vécue, c'est l'être humain « dans le monde » qui les intéresse. En ce sens, elles s'opposent aux doctrines idéalistes, qui ont tendance à définir l'être humain d'une manière abstraite et détachée de la vie concrète.

Présentons brièvement les principaux représentants de l'existentialisme « contemporain ». Søren Kierkegaard (1813-1855) est un philosophe et théologien danois. Il peut être considéré comme le père des existentialismes. Son influence fut marquante pour tous les philosophes de l'existence, qu'ils fussent chrétiens ou athées. Kierkegaard est le premier à défendre non pas le sujet détaché du monde, mais le sujet individuel dans le monde, le sujet concret comme fondement de toute pensée. Et pour comprendre le sujet, Kierkegaard doit comprendre les conditions concrètes d'existence du sujet : le temps, le devenir, la souffrance. La liberté est ce qui permet à l'individu de se réaliser dans le monde, de constituer sa subjectivité. Lorsque l'individu échoue dans ce projet, il connaît l'angoisse et le désespoir. Kierkegaard se sert de l'exemple du Christ pour aider :

> chaque individu à comprendre sa liberté, sa responsabilité, à percevoir comment ses actes, librement accomplis car nés de sa seule et libre subjectivité qui le définit, viennent rompre la chaîne naturelle des causes et des effets ; il [le Christ] est celui qui aide l'homme à se comprendre comme absolu commencement, comme rupture existentielle[17].

Karl Jaspers (1883-1969), philosophe et psychologue allemand, est influencé par Kierkegaard. D'après Jaspers, pour comprendre l'homme, il faut cerner son « être au monde », c'est-à-dire les diverses conditions ou « situations limites » qu'il rencontre dans son existence. Ces situations (folie, combat, échec, souffrance, faute, mort) tracent les limites à partir desquelles l'homme se manifeste, s'accomplit et rencontre sa propre **finitude**. Pour dépasser le fait que l'existence humaine soit finie et pour contrer l'absurdité qui en découle, l'homme doit se transcender dans un Être qui se situe au-dessus de l'existence subjective : Dieu.

Finitude
Caractère limité et mortel de l'existence humaine. Jaspers y voit particulièrement l'impossibilité pour la conscience individuelle de s'exprimer une fois pour toutes dans une parole ou dans une action.

Martin Heidegger (1889-1976), philosophe allemand, prend également l'être concret existant, l'« étant » particulier ou l'« être là » (*Dasein*), comme point de départ et trace une phénoménologie de l'existence humaine. L'étant particulier est abandonné à lui-même et jeté dans le monde pour y mourir. Il ne réussit jamais à coïncider avec ce qu'il est essentiellement. Pour fuir l'angoisse que génère cet état, l'étant particulier dissimule son être véritable. Il devient « inauthentique ». Il se réfugie dans le quotidien banal et anonyme du « on » qui dissout les individualités. Dans un tel contexte, il revient à chaque étant particulier de se mettre en quête de son authenticité propre en pensant sa situation singulière par rapport à l'être, au monde et aux autres.

Gabriel Marcel (1889-1973), philosophe, journaliste et dramaturge français, fait porter son questionnement sur le sujet pris dans son existence personnelle. Il se refuse à expliquer l'homme comme une chose. Il dénonce les sciences et les techniques contemporaines, qui essaient d'utiliser l'être humain comme un objet. Les rapports aux autres étant des conditions de notre propre existence, Gabriel Marcel interroge les notions d'« autrui » et de « fidélité ». Il oppose à l'Avoir le mystère de l'Être qui place l'individu face à lui-même et le rend responsable. Gabriel Marcel prône la rencontre nécessaire de l'homme avec Dieu dans la foi. Ce faisant, il est devenu le principal porte-parole de l'existentialisme chrétien au XXe siècle.

17. Søren KIERKEGAARD, *Traité du désespoir*, Paris, Gallimard, « Folio essais », 1949, p. 10.

Simone de Beauvoir (1908-1986) est philosophe, essayiste, romancière, militante politique et féministe. *Le Deuxième Sexe*, paru en 1949, analyse de manière décapante l'inégalité et l'oppression qui aliènent l'autonomie des femmes. « On ne naît pas femme, on le devient », proclame Beauvoir. Selon elle, la liberté se pose en des termes de libération, de révolte, d'émancipation, de rupture des chaînes qui asservissent l'être humain. Quoique complice de la philosophie sartrienne, Simone de Beauvoir développe une conception particulière et différente de la liberté, et fait de la conquête et de l'usage de la liberté le pivot sur lequel s'organisent son œuvre et sa vie.

La conception sartrienne de l'être humain : l'homme comme être libre

Le point de départ de la philosophie sartrienne est l'existence. D'après Sartre, si nous voulons comprendre ce que nous sommes, il faut partir de cette évidence première : « J(e)'existe. » Ce « je » correspond à la subjectivité, à la **conscience** individuelle qui s'atteint elle-même dans l'existence. Je suis là ici et maintenant en train de vivre ma vie[18].

Conscience
Acte ou état dans lequel le sujet se connaît lui-même en se distinguant de l'objet qu'il connaît.

L'existence précède l'essence

Selon l'existentialisme sartrien, l'être humain n'est pas définissable en soi, c'est-à-dire que nous ne pouvons pas lui donner une belle et savante définition qui délimiterait sa nature propre. « Ainsi, il n'y a pas de **nature humaine**, puisqu'il n'y a pas de Dieu pour la concevoir[19]. » Il n'y a pas une ou des caractéristiques communes qui se retrouveraient chez tous les humains[20]. Selon Sartre, il n'y a que des existants particuliers et singuliers « en situation ».

Les philosophes qui évoquent l'existence d'une nature humaine considèrent qu'on trouve en chaque homme un ensemble de caractères ou de traits communs à tous les hommes. Ainsi, selon une telle conception, l'individu ne serait qu'un exemplaire d'une essence unique appelée « nature humaine ».

L'être humain est en situation en ce sens qu'il s'inscrit dans des conditions d'existence concrètes ; il est visé par ce qui se passe dans l'instant ; il fait face à des données qui sont déjà là. Cela veut donc dire qu'il est lié par un ensemble de **déterminismes** héréditaires, économiques, sociaux et culturels. Cependant, selon Sartre, l'homme néanmoins se fait, construit son essence, en se choisissant librement par rapport à ces déterminismes (et donc en les surmontant d'une certaine manière).

Selon une lecture déterministe, les hommes sont liés par une chaîne d'événements antérieurs interprétés comme des causes expliquant et justifiant leurs comportements actuels.

Le parcours de Jean Genet[21] (1910-1986) est une bonne illustration de ce fait. Abandonné par sa mère à l'Assistance publique, condamné pour vol à l'âge de dix ans,

18. Descartes également accordait une place primordiale au « je », mais c'était le « sujet pensant » qui était ainsi privilégié. Dans le cas de Sartre, c'est le sujet existant et vivant concrètement que vise ici le « je ».
19. Jean-Paul SARTRE, *L'existentialisme est un humanisme*, Paris, Éditions Nagel, coll. « Pensées », 1970, p. 22. (© Éditions Gallimard)
20. Rappelons que, pour Descartes, la nature de l'homme est la pensée : ce qui fait de lui un être rationnel. Selon Rousseau, la nature de l'homme est la perfectibilité : ce qui fait de lui un être qui a été transformé par la société. Selon Nietzsche, la nature de l'homme se situe dans son corps et sa « vitalité » : ce qui fait de lui un être qui doit se dépasser par l'affirmation de ses désirs et passions.
21. Sartre a publié chez Gallimard, en 1952, un essai sur Jean Genet intitulé *Saint Genet, comédien et martyr*.

mais c'est à moi d'affirmer et d'assumer ma liberté en tenant compte de la conjoncture présente et en faisant mien ou non ce sens déjà là. Les interdictions, les défenses de toutes sortes que les autres ont placées dans le monde que j'habite n'entraveront ma liberté que dans les limites de mon propre choix. Par exemple, lorsque je fais une promenade en forêt et qu'un écriteau, où est inscrit « Défense de passer. Propriété privée », me bloque le passage, il n'en tient qu'à moi de passer outre et de poursuivre ma marche.

■ Le besoin des autres

En tant qu'objet au milieu du monde, je suis constamment soumis aux appréciations d'autrui. Or, en posant sur moi un regard qui me renvoie à moi-même, l'autre me permet de m'appréhender, de me jauger. Sartre ne dit pas que ce n'est que par l'autre que j'arrive à me connaître. Il affirme que j'ai besoin des autres pour prendre conscience de moi-même dans la mesure où je ne peux « rien être (au sens où on dit qu'on est spirituel, ou qu'on est méchant, ou qu'on est jaloux) sauf si les autres le reconnaissent comme tel[29] ». Donnons un exemple. J'ai la liberté de me définir comme une personne comique; mais encore faut-il que les blagues que je propose aux autres provoquent le rire. Si je ne réussis jamais à faire rire mon auditoire, il est peut-être temps que je cesse de me considérer comme drôle…

En d'autres mots, le regard d'autrui peut m'aider à m'atteindre. Pour savoir qui je suis, j'ai besoin d'autrui; il est celui qui me permet d'objectiver ma réalité. « Pour obtenir une vérité quelconque sur moi, écrit Sartre, il faut que je passe par l'autre. L'autre est indispensable à mon existence, aussi bien d'ailleurs qu'à la connaissance que j'ai de moi[30]. » L'autre me confère un caractère. Il est la « condition concrète » de mon objectivité. Lorsque, pour me décrire, il utilise les qualités de « bon » ou de « méchant », de « sympathique » ou d'« antipathique », etc., il tend à me conférer une identité. Or, pour se connaître, il ne s'agit pas que « nous donnions plus de réalité à ce qu'autrui nous apprend qu'à ce que nous pourrions apprendre par nous-même[31] ». De toute façon, c'est toujours et seulement moi, à la lumière de mes propres fins, qui accepterai ou non l'image de moi que me présente l'autre. Par le regard jeté sur moi, l'autre est celui qui me confirme ou m'infirme à moi-même, en ce sens que c'est ma liberté – et elle seule – qui me permet d'accorder ou non du crédit à ce que l'autre dit de moi ou tente de faire de moi. « Nous ne sommes pas des mottes de terre glaise et l'important n'est pas ce qu'on fait de nous mais ce que nous faisons nous-même de ce que l'on fait de nous[32]. »

■ La haine des autres

Le regard qu'autrui porte sur moi m'aide à me définir, mais en même temps il peut apparaître comme une menace et même me conduire à la haine d'autrui.

« L'autre [est] une liberté posée en face de moi qui ne pense et qui ne veut que pour ou contre moi[33]. » Dans l'une de ses pièces de théâtre les plus populaires, *Huis clos*, Sartre situe en enfer l'action de trois personnages imaginaires. Pour lui, l'enfer n'est pas un lieu de torture physique où l'on brûlerait éternellement. Dans *Huis clos*, l'enfer est représenté par un simple salon sans fenêtre, avec uniquement trois fauteuils pour Garcin, Inès et Estelle, qui sont condamnés à rester seuls ensemble pour toujours.

---

29. *L'existentialisme est un humanisme*, p. 66.
30. *Ibid.*, p. 67.
31. Jean-Paul SARTRE, *Saint Genet, comédien et martyr*, Paris, Gallimard, 1952, p. 42.
32. *Ibid.*, p. 63.
33. *L'existentialisme est un humanisme*, p. 67.

Le sommet de la souffrance pour l'être humain n'est pas dans la douleur physique; il est dans le voisinage des autres. « Le bourreau, c'est chacun de nous pour les deux autres[34] », dit Inès. En effet, selon l'existentialisme sartrien, l'autre est bourreau de trois façons différentes.

D'abord, les autres nous gênent, encombrent notre existence par le seul fait d'être là, surtout quand c'est le hasard qui les y a mis et qu'aucune affinité ne nous lie à eux. Les trois protagonistes de *Huis clos* ne se sont pas choisis et ne peuvent se défaire des autres : ils sont là, en enfer, pour l'éternité ! Et chacun n'a que le regard des deux autres comme témoin et juge de ce qu'a été son existence. Aujourd'hui, le milieu de travail peut fort bien illustrer cette problématique. Le travail que nous faisons nous oblige à côtoyer quotidiennement des collègues. Qui sont-ils ? Des gens que nous n'avons pas choisis, qui souvent ne nous ressemblent guère et avec lesquels il nous est parfois difficile de sympathiser. Mais ils sont là ; ils portent un regard sur ce que nous faisons ; ils nous agacent, nous irritent, nous énervent.

Ensuite, l'autre représente le bourreau dans la mesure où il est souvent incapable de nous donner ce que nous aimerions recevoir de lui. Cela occasionne, bien sûr, nombre de malentendus et de déceptions. La pièce *Huis clos* met en lumière de belle façon cette deuxième dimension du difficile rapport à autrui. Garcin, le personnage masculin, est mort lâche. Il essaie tant bien que mal de se construire une image d'homme fort et assuré, d'abord pour lui-même, mais aussi pour les yeux d'Estelle. Mais à quoi bon tenter de paraître ce qu'il n'est pas, de séduire Estelle, puisqu'elle représente tout ce qu'il ne peut pas supporter chez une femme : un intérêt excessif porté à son apparence, un besoin constant d'être rassurée, une naïveté et une superficialité criantes ? Estelle ne peut donc rien apporter à Garcin. Inès, quant à elle, est lesbienne. Elle est une femme qui se nourrit de la souffrance des autres. Elle est lucide. Elle est décapante. Elle fait preuve de dureté, ne ménage pas ses compagnons d'infortune, les oblige à se reconnaître tels qu'ils sont. Elle les immobilise dans leur fatalité. Cependant, elle a besoin des autres, d'Estelle en particulier ; mais elle ne peut rien attendre d'elle, puisque Estelle n'a d'yeux que pour Garcin.

Enfin, autrui me rend prisonnier de son regard. Il me « chosifie », dira Sartre. Quand autrui me juge d'une manière implacable, il est un sujet qui tente de me réduire à l'état d'objet. Par le jugement qu'il porte sur moi, l'autre essaie de nier ou d'étouffer ma liberté en me rendant esclave de valeurs qui me qualifient de l'extérieur. Pour lui, je suis, par exemple, intelligent ou stupide, beau ou laid, etc. Son jugement à mon endroit est beaucoup plus qu'une simple opinion qu'il se fait de ma personne, car il me confère un sens que je ne me suis pas donné moi-même. Je subis ce sens dans la mesure où il m'est imposé par une liberté autre que la mienne. Je deviens, par le regard de l'autre, ce quelqu'un, cette qualité ou ce défaut que je n'ai pas nécessairement choisi d'être. Bref, la liberté de l'autre appréhende librement ma liberté et tente de la « paralyser » selon ses propres perspectives et orientations.

Les trois personnages de *Huis clos* se jugent constamment les uns les autres. Ils connaissent l'angoisse infernale de devenir des personnes-choses par le regard de l'autre. Sous ce regard, ils ne peuvent plus fuir, figés qu'ils sont par l'œil qui les voit. « Ah ! Comme tu vas payer à présent, dit Inès. Tu es un lâche, Garcin, un lâche parce que je le veux. Je le veux, tu entends, je le veux[35] ! » L'enfer de *Huis clos*, c'est notre condition d'ici-bas où les autres nous condamnent à être ce qu'ils jugent que nous sommes. Ainsi, lorsque quelqu'un, catégorique, me dit que je suis un salaud, un ingrat ou un jaloux, je deviens cela à ses yeux ; désormais, pour lui, je ne suis que cela. Il me

34. Jean-Paul SARTRE, *Huis clos*, Paris, Gallimard, coll. « Le Livre de poche », 1967, p. 34.

35. *Ibid.*, p. 73.

pétrifie, me fixe à tout jamais dans le rôle de salaud, d'ingrat ou de jaloux. Et c'est pourquoi Sartre, par la bouche de Garcin, s'écrie à la fin de *Huis clos* : « L'enfer, c'est les Autres[36]. » Cet enfer, soyons-en certains, peut nous conduire à la haine d'autrui.

Cependant, il existe une porte de sortie. Il s'agit tout simplement de prendre sur moi le point de vue de l'autre et de lui donner un sens à la lumière de mes propres fins. Ici encore, la liberté m'accorde le pouvoir non pas de décider de la façon dont l'autre me perçoit, mais d'accepter ou de refuser la définition que l'autre m'attribue. Autrui n'est donc pas une entrave à ma liberté, puisque je peux reprendre ou non à mon compte les limites qui me sont imposées par la liberté de l'autre.

■ La liberté individuelle et la liberté d'autrui

La liberté sartrienne implique une volonté d'engagement de soi dans chaque situation qu'il nous est donné de vivre. Mais cette liberté n'est ni un acte purement égoïste ni un **solipsisme** :

Solipsisme
[...] PHILOS. Théorie d'après laquelle il n'y aurait pour le sujet pensant d'autre réalité que lui-même [...] *(Le Petit Robert)*.

> Nous voulons *la liberté pour la liberté* et à travers chaque circonstance particulière. Et en voulant la liberté, nous découvrons qu'elle dépend entièrement de la liberté des autres, et que la liberté des autres dépend de la nôtre. Certes, la liberté comme définition de l'homme ne dépend pas d'autrui, mais dès qu'il y a engagement, je suis obligé de vouloir en même temps la liberté des autres, je ne puis prendre ma liberté pour but que si je prends également celle des autres pour but[37].

La liberté dont on parle ici est une valeur, c'est-à-dire un « idéal » que je souhaite incarner dans la réalité, par des décisions et des actions, et qui concerne avant tout, selon Sartre, l'« autonomie du choix », le pouvoir et le droit de décider moi-même de ce qui me touche. Si je veux être libre, il faut que les autres acceptent de me donner cette liberté, et ils ne me le permettront que dans la mesure où je leur accorderai moi-même cette liberté. Car comment conserver ma « liberté » si je ne contribue pas moi-même à la valoriser généralement, à travers mes choix et mes relations avec les autres, et si les autres, réciproquement, ne la valorisent pas concrètement ? Je ne peux, en définitive, être libre que si un certain consensus d'époque sur les manières de vivre cette valeur me permet de l'incarner vraiment. Et il est clair pour Sartre que chaque individu participe, consciemment ou non, directement ou non, à l'établissement ou au relâchement de ce consensus.

La liberté humaine est solidaire de celle des autres hommes.

En conséquence, la liberté s'exige universellement. L'être humain doit vouloir, selon Sartre, la **liberté des autres**. C'est individuellement que l'être humain doit découvrir et actualiser pour lui-même les « chemins de la liberté[38] », et ce n'est que dans cette mesure qu'il sera homme, car il n'est que ce qu'il choisit d'être. Cependant, ce projet – qui le fait être – ne doit pas se refermer sur lui-même ; il doit s'actualiser comme projet en relation avec les autres.

Ma mort

Sartre, qui se réclame d'une position athée, note d'abord le caractère totalement absurde de la mort. Avec la mort, les valeurs, les attentes et les comportements mis en avant par l'individu tombent d'un coup dans le néant. Aussi, il serait vain de croire que la mort peut donner un sens à la vie. Au contraire, elle lui enlève toute signification, car, pour qu'il y ait un sens, il faut que je puisse être là, comme subjectivité, afin d'en fabriquer un et de l'actualiser à la lumière de mon avenir. Or, n'étant plus

36. *Ibid.*, p. 75.
37. *L'existentialisme est un humanisme*, p. 83.
38. Titre d'une trilogie (I. *L'Âge de raison* ; II. *Le Sursis* ; III. *La Mort dans l'âme*) publiée à Paris, chez Gallimard, de 1945 à 1949.

vivant, tout avenir m'est alors refusé ; conséquemment, je ne pourrai pas interpréter ma mort. Lorsque j'existe, j'ai de façon constante à décider du sens de ma vie ; il est carrément entre mes mains. La mort fait que, désormais, pour ma vie, les jeux sont faits ; dès lors, ma vie est une vie *faite*, close, définitivement fermée ; rien ne peut plus lui arriver ; rien ne peut plus y entrer.

En outre, une fois mort, je suis condamné à n'exister que par autrui. En effet, ceux qui restent, comme on dit, reprennent à leur compte les significations concernant ma vie. Ils peuvent transformer celle-ci en échec ou en réussite, et je ne peux plus corroborer ni démentir l'interprétation qu'ils imposent à ma vie en m'annonçant par mon ou mes projets. «Être mort, c'est être en proie aux vivants[39].» La mort trace-t-elle alors la limite finale de ma liberté ? se demande Sartre. Pas nécessairement. Ce n'est pas parce que les autres me voient mortel, ou encore parce qu'ils peuvent me déposséder du sens que je donnais moi-même à ma vie (alors que j'existais), que la mort est pour autant la contrainte ultime de ma liberté.

En fait, la mort n'est «rien d'autre que du *donné*» qui doit arriver ; elle n'est qu'une situation limite inéluctable et absurde que j'intériorise comme étant ultime. En cela, elle peut être considérée comme une limite qui hante ma liberté. Mais en réalité, puisque ma conscience ne peut concevoir la mort, ni l'attendre, ni se projeter vers elle, ma subjectivité est entièrement indépendante d'elle et «la liberté qui est ma liberté demeure totale et infinie[40]». Certes, je n'ai pas le choix de ne pas mourir un jour. La mort fait partie de ma situation d'homme, mais la mort n'est pas, de mon vivant, un obstacle à mes projets, car «je suis un libre mortel» qui échappe à sa mort dans son projet même de vivre. Bref, la mort est néant, mais j'ai la liberté de vivre ma vie... en attendant.

Sa place, son passé, ses entours, son prochain et sa mort constituent la situation fondamentale de tout homme, et c'est uniquement dans cette situation et face à elle que l'être humain est libre. Il a le pouvoir d'accepter ou de refuser cette situation.

En résumé, nous pouvons dire que la liberté ne devient effective qu'à partir du moment où l'être humain se mesure aux différents éléments qui tracent sa **situation** dans le monde. Dans *L'Être et le Néant*, Sartre éclaire sa conception de la liberté par l'exemple de la mobilisation en temps de guerre : je n'ai pas choisi cette situation ; je ne suis pour rien dans le fait que mon pays se soit mis en guerre ; ce n'est pas moi qui, personnellement, ai déclaré cette guerre ; etc. Mais à l'égard de cette situation, il m'est toujours possible de me choisir soldat combattant ou objecteur de conscience. Autrement dit, si je ne me soustrais pas à cette guerre en désertant ou, à la limite, en me suicidant, elle devient ma guerre, je l'ai choisie, et j'en porte l'entière responsabilité. «Vivre cette guerre, écrit Sartre, c'est me choisir par elle et la choisir par mon choix de moi-même[41].»

La liberté sartrienne est une liberté en situation dans la mesure où elle s'inscrit dans le choix d'agir dans une situation particulière dont je ne suis pas nécessairement responsable au départ ou de réagir à celle-ci. En d'autres termes, il dépend toujours de soi, et de soi seul, de choisir une attitude d'acceptation (résignation) ou une attitude de refus (opposition) face à une situation donnée.

Ces militaires canadiens qui partent pour une mission – s'étant choisis hommes de guerre – en épouseront la cause et en porteront l'entière responsabilité.

39. *L'Être et le Néant*, p. 628.
40. *Ibid.*, p. 632.
41. *Ibid.*, p. 640.

La liberté ou le choix moral

En fait, il est très rare que le monde infantile se maintienne au-delà de l'adolescence. Dès l'enfance, déjà des failles s'y révèlent ; dans l'étonnement, la révolte, l'irrespect, l'enfant peu à peu s'interroge: pourquoi *faut*-il agir ainsi? à quoi est-ce utile? et si moi j'agissais autrement, qu'arriverait-il? Il découvre sa subjectivité, il découvre celle des autres. Et lorsqu'il arrive à l'âge de l'adolescence, tout son univers se met à vaciller parce qu'il aperçoit les contradictions qui opposent les uns aux autres les adultes, et aussi leurs hésitations, leurs faiblesses. Les hommes cessent de lui apparaître comme des dieux, et en même temps l'adolescent découvre le caractère humain des réalités qui l'entourent: le langage, les coutumes, la morale, les valeurs ont leur source dans ces créatures incertaines; le moment est venu où il va être appelé à participer lui aussi à leur opération; ses actes pèsent sur terre autant que ceux des autres hommes, il va lui falloir choisir et décider. On comprend qu'il ait peine à vivre ce moment de son histoire, et c'est là sans doute la cause la plus profonde de la crise d'adolescence: c'est que l'individu doit enfin assumer sa subjectivité. Par un certain côté l'écroulement du monde sérieux est une délivrance. Irresponsable, l'enfant se sentait aussi sans défense en face des puissances obscures qui dirigeaient le cours des choses. Mais quelle que soit la joie de cette libération, ce n'est pas sans un grand désarroi que l'adolescent se trouve jeté dans un monde qui n'est plus tout fait, qui est à faire, en proie à une liberté que plus rien n'enchaîne, délaissé, injustifié. En face de cette situation neuve, que va-t-il faire? C'est à ce moment qu'il se décide: si l'histoire qu'on pourrait appeler naturelle d'un individu: sa sensualité, ses complexes affectifs, etc., dépend surtout de son enfance, c'est l'adolescence qui apparaît comme le moment du choix moral: alors la liberté se révèle et il faut décider de son attitude en face d'elle. Sans doute, cette décision peut toujours être remise en question, mais en fait les conversions sont difficiles, parce que le monde nous renvoie le reflet d'un choix qui se confirme à travers ce monde qu'il a façonné; ainsi se noue un cercle de plus en plus rigoureux, d'où il devient de plus en plus improbable que l'on s'échappe. Le malheur qui vient à l'homme du fait qu'il a été un enfant, c'est donc que sa liberté lui a été d'abord masquée et qu'il gardera toute sa vie la nostalgie du temps où il en ignorait les exigences.

BEAUVOIR, Simone de. *Pour une morale de l'ambiguïté*, Paris, © Éditions Gallimard, coll. «Idées», 1968, p. 56-58.

Lecture suggérée

La lecture de l'œuvre suivante est suggérée dans son intégralité ou en extraits importants:

- SARTRE, Jean-Paul. *L'existentialisme est un humanisme*, Paris, Gallimard, coll. «Folio essais», 1996.

Chapitre 8

L'homme comme être déterminé

Le behaviorisme skinnérien ou le comportement humain modelé par l'environnement

Burrhus Frederic Skinner

« Skinner est le plus important psychologue américain au XXe siècle – et sans doute même le plus grand psychologue dans le monde depuis, ou avec, Freud. Véritable tour de force, son premier livre, *The Behavior of Organisms: An Experimental Analysis* (1938), légitima un nouveau courant du behaviorisme. Après sa publication, Skinner continuera, cinq décennies durant, de développer, affiner, corriger et affiner encore ses positions. Aucun problème ne semblait trop vaste ou trop étroit pour ses capacités d'observation et d'analyse. »

Louis M. Smith

Plan du chapitre

- Le behaviorisme skinnérien
- Le déterminisme ou l'impossibilité d'être libre
- L'homme programmable ou l'être humain comme créature malléable
- Par-delà la liberté et la dignité
- La science du comportement comme science des valeurs
- De l'autonomie à l'environnement
- Le behaviorisme aujourd'hui

Résumé de l'exposé

Le behaviorisme skinnérien

La vie de Skinner

Burrhus Frederic Skinner, docteur en psychologie de l'Université Harvard, a exercé une grande influence sur l'école behavioriste américaine de la deuxième moitié du XXe siècle. Il a contribué, par ses recherches et ses ouvrages controversés, à la diffusion auprès d'un large public des lois et des relations qui régissent le comportement et le milieu dans lequel il se produit.

Skinner et l'école behavioriste

Faisant suite aux travaux en laboratoire des premiers chercheurs behavioristes (Pavlov et Watson), Skinner en vient à considérer que les comportements sont des réactions à des stimuli issus du milieu, stimuli qui influent sur le comportement et le modifient. Le comportement peut donc être produit par l'environnement.

Pavlov et le conditionnement classique ou répondant

Le physiologiste russe Pavlov (un des pionniers de l'école behavioriste) a élaboré la théorie du «conditionnement classique ou répondant» lors de ses célèbres expériences en laboratoire sur la salivation des chiens. Il a démontré qu'un chien pouvait, après un certain nombre d'essais, être conditionné à saliver au son d'une cloche en l'absence de nourriture.

Watson et le petit Albert

Alors qu'un enfant de onze mois n'avait aucune crainte des rats (stimulus neutre), Watson l'a conditionné à en avoir peur en y associant un bruit violent (stimulus inconditionné) qui le faisait sursauter (réponse inconditionnée).

L'approche empiriste et positiviste du behaviorisme

Voulant s'appuyer exclusivement sur les principes d'objectivité et de contrôle scientifique des hypothèses retenues, les behavioristes privilégient l'examen minutieux des réactions et des comportements observables et mesurables que l'organisme produit dans un environnement donné. Si l'on applique cette approche empiriste à la conduite humaine, cela donne la thèse suivante: nos idées, notre personnalité et finalement notre comportement sont le résultat de ce que notre environnement nous fait vivre et expérimenter.

Une philosophie positiviste de l'être humain

Le behaviorisme conduit à une philosophie positiviste de l'être humain. Prenant en considération les particularités biologiques de son espèce, il définit l'homme à partir de son comportement, qui dépend des rapports entretenus avec l'environnement.

L'apprentissage: tout est affaire de conditionnement opérant

1. Le comportement opérant est un comportement contrôlé par ses conséquences immédiates: quand un individu répond à un stimulus d'une manière qui lui a été bénéfique, il «apprend» un comportement qu'il répétera dans des circonstances semblables.
2. Le conditionnement opérant consiste à utiliser les principes de renforcement et de punition afin d'augmenter ou de diminuer la probabilité qu'une réponse attendue soit émise.

Le déterminisme ou l'impossibilité d'être libre

1. Une philosophie déterministe pose le raisonnement suivant: si tout effet a une cause, tout choix est le résultat d'une chaîne causale biologique ou culturelle, donc la liberté n'existe pas.
2. De fait, l'homme n'a ni le choix de l'action, ni le choix de ses conduites, car ces dernières sont programmées par ses gènes ou par l'éducation qu'il a reçue tout au long de son apprentissage de la vie en société.

L'homme programmable ou l'être humain comme créature malléable

1. Plutôt que de recourir inutilement aux «forces intérieures de l'homme», et puisque l'être humain est déjà conditionné, Skinner propose «une science appliquée, une technologie du comportement» qui planifierait la culture et contrôlerait l'homme pour son bonheur.
2. Ainsi serait établi un environnement physique et social, non en fonction d'un «idéal de la nature humaine», mais selon «ses effets sur le patrimoine génétique de l'espèce» et sa capacité de survivre aux individus qui y vivent ici et maintenant.

Par-delà la liberté et la dignité

Le behaviorisme skinnérien explique le comportement humain en ne considérant pas les valeurs traditionnelles de la liberté et de la dignité, ni les «états d'esprit» ou les traits de caractère.

1. La liberté n'existe pas: ce que certains appellent le libre choix n'est, en fait, que le produit de contingences environnementales et sociales.
2. La dignité ou la valeur de l'être humain n'a plus aucun sens: l'individu ne peut plus être tenu pour responsable de ses actes.
3. Ainsi, la créativité, la pensée abstraite et le contrôle de soi ne sont pas des «facultés» innées, mais des «attitudes» qui sont les fruits d'apprentissages conditionnés.

La science du comportement comme science des valeurs

D'après la «science du comportement», il n'existe pas de vertus ou de valeurs. Ce que les hommes appellent les valeurs sont des «conséquences de leur comportement».

1. Le behaviorisme réduit les valeurs du bien et du mal à des contingences qui impliquent des renforcements ou des punitions efficaces.
2. Le behaviorisme ne donne aucune créance à l'homme-sujet autonome qui adhère librement à des valeurs.

De l'autonomie à l'environnement

1. Le behaviorisme skinnérien dépouille l'homme autonome des fonctions qui lui furent jusqu'ici attribuées pour les transférer l'une après l'autre à l'environnement qui exerce le contrôle.
2. Selon Skinner, l'homme ne devient pas pour autant une marionnette aux prises avec un environnement totalement étranger, puisqu'il «est le produit d'une culture qu'il a lui-même créée».
3. Les critiques du behaviorisme skinnérien accusent cette doctrine d'interpréter l'homme d'une manière «mécaniste», excluant sa vie psychique, en le décrivant comme un «animal-machine» qui se définit exclusivement par ses comportements, lesquels peuvent être conditionnés et manipulés à loisir.
4. Puisque le comportement est régi par des contingences de l'environnement, il est possible d'appliquer les principes behavioristes afin de tenter de résoudre certains problèmes sociaux en manipulant les conditions du milieu.

Le behaviorisme aujourd'hui

Le behaviorisme skinnérien et les programmes de renforcement

La vision de l'homme avancée par le behaviorisme est utilisée avec succès en psychothérapie, en pédagogie, en management, en publicité et dans l'industrie du jeu. Sans nier les effets positifs de certaines pratiques behavioristes, leur usage ne devrait-il pas être mieux balisé?

Le behaviorisme skinnérien et l'éthique

Le conditionnement et la manipulation que nous font subir les «spécialistes du comportement» posent quelques problèmes éthiques: les valeurs du bien et du mal telles que nous les concevions n'ont plus cours, et il est possible de s'inquiéter de la compétence morale des scientifiques qui se donnent comme mission de conditionner l'humanité!

Le behaviorisme skinnérien et l'infantilisation de l'homme?

La philosophie de l'homme proposée par la doctrine behavioriste peut être interprétée comme une tentative en vue d'infantiliser la personne plutôt que de la faire grandir: l'être humain est considéré comme un enfant malléable que le milieu doit conditionner. En conséquence, la personne est dépouillée de son autonomie et de la nécessité de se rendre responsable de ses actes. Toutefois, Skinner propose une interprétation différente qui laisse peut-être la place à davantage de contrôle de la part de l'homme sur son environnement et sur lui-même, ainsi qu'à une ouverture à la réflexion sociale et à certaines valeurs.

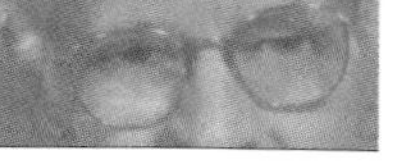

E Exercice comparatif: Rousseau et Sartre

Compétences à acquérir

- Analyser le problème philosophique de la liberté et du déterminisme, c'est-à-dire décomposer une «mise en situation» en y décelant les éléments constituants et les liens qui les unissent, en vue de tracer un schéma d'ensemble de la situation.
- Comparer différentes visions, c'est-à-dire examiner les rapports de ressemblance et de différence entre les éléments fondamentaux relevés dans la mise en situation proposée et les conceptions de la liberté sartrienne et du déterminisme skinnérien.

Contexte de réalisation

Problème sur la liberté[53]

À huit heures ce matin, un homme âgé de vingt-sept ans s'est donné la mort à la station de métro Berri-UQAM. Il a marché nerveusement le long du quai. Il a attendu l'entrée en gare du premier wagon. D'un pas décidé, il a écarté les voyageurs massés au bord du quai. Puis, il s'est jeté sur les rails, les pieds joints et les bras le long du corps. Les deux jambes coupées, la figure ensanglantée, le corps brûlé, il est mort sur le coup.

Cet homme ne déambulera plus dans la rue Saint-André, là où, enfant, il jouait à la balle et à la cachette. Il ne montera plus l'escalier lugubre. Il ne sera plus à la charge de sa mère. Il ne lira plus, accoudé à la table de la cuisine étroite, les offres d'emplois du *Journal de Montréal*. Il avait le métier de son père, concierge, mais depuis vingt-quatre mois il était en chômage: petites annonces, entrevues, rebuffades. À l'usine, le disant trop faible, on l'a refusé comme manœuvre; au bureau, le directeur du personnel a regardé, l'air moqueur, ses habits démodés: pas d'emploi. Rester des jours entiers sur son lit avec le sentiment d'être inutile dans un monde qui vous refuse le droit au travail est injuste et révoltant! Ce matin, il est donc entré dans le métro à l'heure où l'on se rend au travail. Tous étaient contraints par l'horaire, affairés à leurs tâches quotidiennes. Lui était libre. Il pouvait aller au Musée des beaux-arts ou se promener dans les allées de la Place-Ville-Marie; il était libre de penser au *cogito* cartésien ou au dernier match du Canadien. Mais en fait, il se sentait surtout libre de choisir entre le fusil et la rame de métro.

Questions

En vous servant de la conception de la liberté et de celle du déterminisme qui vous ont été présentées dans les chapitres 7 et 8, répondez aux deux questions suivantes.

1. Dans quelle mesure cet homme était-il libre?
2. Dans quelle mesure cet homme était-il non libre?

(Minimum suggéré: deux pages.)

Extraits de textes

Skinner ▪ Par-delà la liberté et la dignité

La science n'a sans doute jamais exigé de changement plus profond dans la manière traditionnelle de penser un problème, et jamais il n'y a eu problème plus important. Dans la perspective traditionnelle, l'individu perçoit le monde qui l'entoure, sélectionne les traits à percevoir, discrimine entre eux, les juge bons ou mauvais, les change pour les améliorer (ou, s'il est négligent, les rendre pires); on peut le tenir pour responsable de ses actes, le récompenser ou le

53. Ce texte est une adaptation d'un «fait divers» cité par Denis HUISMAN et André VERGEZ dans leur *Court Traité de philosophie (Métaphysique)*, Paris, Fernand Nathan, 1961, p. 141.

punir justement selon leurs conséquences. Dans la perspective scientifique, l'individu est membre d'une espèce façonnée par les contingences évolutives de survie, manifestant des mécanismes de comportement qui le placent sous le contrôle de l'environnement dans lequel il vit, et pour une grande part sous le contrôle d'un environnement social que lui-même et des millions d'autres hommes semblables à lui ont construit et maintenu au cours de l'évolution culturelle. Le sens de la relation est inversé : l'individu n'agit pas sur le monde, c'est le monde qui agit sur lui.

Il est difficile d'admettre un tel changement simplement sur des bases intellectuelles, et presque impossible d'en accepter les implications. La réaction du traditionaliste se traduit généralement en termes de sentiments. L'un de ceux-ci, auquel les freudiens ont eu recours pour expliquer la résistance en psychanalyse, est la blessure narcissique. Freud lui-même exposa, comme le note **Ernest Jones**, « les trois coups portés par la science au narcissisme de l'humanité. Le premier, cosmologique, fut porté par **Copernic** ; le second, biologique, par **Darwin** ; le troisième, psychologique, par Freud. » (Ce dernier coup atteignait la croyance en quelque chose, au-dedans de l'homme, qui saurait tout ce qui s'y passe, et en un instrument, dénommé le libre arbitre, qui exercerait le pouvoir et le contrôle sur le reste de la personnalité.) Mais quels sont les signes ou les symptômes de la blessure narcissique, et comment les expliquerons-nous ? Que font les gens à propos d'une telle conception scientifique ? Ils la qualifient de mauvaise, de dégradante, de dangereuse, ils argumentent contre elle, ils attaquent ceux qui la proposent ou la défendent. S'ils agissent ainsi, ce n'est pas par blessure narcissique, mais parce que la formulation scientifique a détruit les renforcements habituels. Si l'individu ne peut plus désormais tirer mérite et recueillir admiration pour ce qu'il fait, il semble perdre de sa dignité ou de sa valeur, et le comportement précédemment renforcé par l'éloge et l'admiration subira l'**extinction**. L'extinction conduit souvent à l'attaque agressive.

Un autre effet de la conception scientifique serait un manque de foi ou de « nerf », un sentiment de doute ou d'impuissance, de découragement, de dépression ou de mélancolie. L'être sent, dit-on, qu'il est impuissant devant sa destinée. Mais ce qu'il éprouve, c'est l'affaiblissement de réactions anciennes qui ont cessé d'être renforcées. Les gens sont, en effet, « impuissants » quand des répertoires verbaux installés de longue date se révèlent inutiles. [...]

On note encore une sorte de nostalgie. Les anciens répertoires font irruption, on se saisit de la moindre analogie entre le présent et le passé et on l'exagère. On parle du passé comme du bon vieux temps, où l'on reconnaissait la dignité inhérente de l'homme et l'importance des valeurs spirituelles. Ces restes de comportements anachroniques ont une ombre de « regret » – ils ont le caractère des comportements de plus en plus infructueux.

Ces réactions à une conception scientifique de l'homme sont certainement malheureuses. Elles paralysent les hommes de bonne volonté et quiconque se soucie de l'avenir de sa culture fera tout ce qu'il pourra pour les corriger. Aucune théorie ne change ce sur quoi elle porte. Les choses ne changent en rien du fait que nous les regardons, que nous en parlons ou les analysons d'une manière neuve. [...] L'homme n'a pas changé parce que nous le regardons, en parlons et l'analysons scientifiquement. Ses réalisations dans les sciences, la politique, la religion, l'art et la littérature demeurent ce qu'elles ont toujours été, offertes à l'admiration comme une tempête sur la mer, une forêt en automne ou le sommet d'une montagne, indépendamment de leurs origines et d'aucune analyse scientifique. Ce qui change, ce sont nos chances d'agir sur la matière de la théorie. [...]

Jones, Ernest
(1879-1958)
Médecin et psychanalyste, auteur de *La Vie et l'Œuvre de Sigmund Freud*, dont il fut le premier disciple en Angleterre.

Copernic, Nicolas
(1473-1543)
Astronome polonais. Rejetant le géocentrisme antique, il élabore la théorie de l'héliocentrisme (double mouvement des planètes sur elles-mêmes et autour du Soleil). La Terre, et conséquemment l'homme, n'est plus le centre de l'univers.

Darwin, Charles
(1809-1882)
Naturaliste anglais. Avec la théorie de l'évolution, du transformisme et de la sélection naturelle, Darwin n'octroie plus à l'homme une position privilégiée dans la nature. L'être humain est constitué de la même matière que les autres créatures vivantes, et il est le descendant d'autres espèces.

Extinction
Affaiblissement, cessation, puis disparition totale de quelque chose, par exemple l'extinction d'une espèce animale ou d'un comportement.

Conclusion

> Le sens du mot *anthrôpos*, « homme », est que, les autres animaux étant incapables de réfléchir sur rien de ce qu'ils voient, ni d'en raisonner, ni d'en « faire l'étude », l'homme au contraire, en même temps qu'il voit, autrement dit qu'« il a vu », « fait l'étude » aussi de ce qu'« il a vu », et il en raisonne. De là vient donc que, seul entre les animaux, l'homme a été à bon droit nommé « homme », *anthrôpos* : « faisant l'étude de ce qu'il a vu ».
>
> Platon, *Cratyle*, 399c.

Nous voici arrivés au terme d'un voyage au cœur de l'humain. Dans ce périple, nous avons retenu huit façons différentes d'aborder, de nous représenter, de comprendre l'être humain. Nous avons assisté aux efforts constamment renouvelés d'hommes qui ont passé leur vie à « **faire l'étude** » de l'homme.

Ce panorama de quelques grandes conceptions philosophiques de l'être humain nous permet de constater que les penseurs de l'époque moderne et contemporaine ont analysé l'homme sous des angles fort différents et en ont présenté des portraits pour le moins variés, voire opposés : de l'homme changeant de Montaigne jusqu'à l'homme programmé de Skinner, en passant par le sujet pensant de Descartes, l'être perfectible de Rousseau, le travailleur de Marx, sans oublier les vues de Sartre sur la liberté, celles de Freud sur l'inconscient et celles de Nietzsche à propos du surhumain ! De toute évidence, aucune de ces philosophies ne peut prétendre détenir toute la vérité sur l'homme. Est-ce là l'indice d'une défaillance ou d'une pauvreté de la pensée et de la réflexion sur l'être humain ? Pas du tout ! Ce constat devrait, au contraire, nous faire entrevoir le fait que chacune des philosophies que nous avons étudiées met l'accent sur une dimension de la personnalité humaine. En ce sens, ces philosophies offrent toutes des vérités sur cet être pluriel que nous sommes et présentent peut-être, finalement, plus de points de vue complémentaires que de points de vue contradictoires.

Cependant, un caractère commun relie toutes ces philosophies de l'homme : leur volonté de débarrasser l'homme des illusions qui cachent et déforment sa réalité. Les auteurs dont il a été question dans ce manuel peuvent, à juste titre, être considérés comme de grands esprits. Ils expriment tous le même désir : celui de renoncer aux fausses divinités, d'aller au-delà des apparences et de l'ignorance afin de saisir ce qu'est l'être humain. Animés d'une soif passionnée de vérité, ils ont tous participé à cette magnifique entreprise, toujours à recommencer, visant à donner un sens à ce que nous sommes. Ces maîtres à penser ont contribué, chacun à leur manière, à une meilleure et à une plus profonde compréhension de l'humain, même si certains l'ont fait de façon souvent radicale. En ce qui nous concerne, disons-nous que notre propre réflexion sur l'être humain gagnera toujours à se nourrir de leurs œuvres et de leurs pensées, car leurs philosophies de l'homme témoignent de notre propre humanité.

Les huit conceptions philosophiques de l'homme qui vous ont été présentées dans cet ouvrage peuvent être envisagées comme autant de tableaux accrochés au mur de la pensée. Le neuvième à y être suspendu pourrait être le vôtre : celui auquel vous donnerez vie à partir des données, des couleurs, des perspectives que vous aurez retenues. Espérons que votre participation à la définition de l'homme se fera de manière dynamique, tout en demi-teintes et en nuances ! S'il est un souhait auquel nous devons souscrire, c'est celui que l'aventure que nous avons commencée avec Montaigne ne s'achève jamais ; que le regard que l'humain porte sur lui-même soit de plus en plus pénétrant, profond et pertinent. Car il ne faut pas oublier que définir l'homme, c'est pénétrer dans les profondeurs de cette réalité humaine par laquelle nous sommes tous essentiellement humains. Cette entreprise constitue l'œuvre de toute une vie à laquelle nous nous devons tous de participer si nous voulons rester humains.

Compétences à acquérir

- Expliquer et commenter deux conceptions philosophiques de l'être humain.
- Comparer ces deux conceptions philosophiques de l'homme par rapport au thème de la liberté.

Contexte de réalisation

Individuellement, dans une dissertation comparative et critique d'au moins 800 mots, expliquez et commentez deux conceptions philosophiques de l'être humain qui ont été étudiées pendant le cours. Puis, comparez ces deux conceptions philosophiques de l'homme à propos du thème de la liberté.

- *Expliquer,* c'est décrire les principes et les concepts-clés (et leurs articulations) des deux conceptions philosophiques de l'être humain choisies.
- *Commenter,* c'est discuter d'une manière critique ces deux conceptions philosophiques de l'être humain en examinant le bien-fondé de leurs argumentations respectives. En d'autres mots, il s'agit de répondre à la question suivante en justifiant son point de vue : suis-je d'accord avec ces conceptions philosophiques de l'homme ?
- *Comparer,* c'est relever des ressemblances et des différences entre les deux conceptions philosophiques de l'être humain retenues sous l'angle du thème de la liberté.

Étapes suggérées

1. Faites un plan détaillé du développement que vous comptez mettre en avant.
   a) Établissez un résumé schématique des principaux caractères des deux conceptions philosophiques de l'être humain choisies.
   b) Évaluez le contenu théorique des deux conceptions philosophiques de l'être humain retenues, c'est-à-dire portez des jugements fondés sur les éléments qui caractérisent la première conception et la deuxième conception de l'être humain.
   c) Au regard du thème de la liberté, relevez les principales ressemblances ou différences entre les deux conceptions philosophiques de l'être humain.
2. Rédigez votre texte en prenant en considération les éléments suivants :
   a) Les *critères d'évaluation* liés au contenu :
      - une explication adéquate des caractères fondamentaux des deux conceptions de l'être humain retenue ;
      - un commentaire critique fondé des deux conceptions philosophiques de l'être humain choisies, c'est-à-dire une discussion d'une manière critique où vous exprimez votre accord ou votre désaccord et où vous apportez des arguments pour appuyer vos affirmations ;
      - une comparaison des deux conceptions philosophiques de l'être humain au regard du thème de la liberté où vous dégagez les ressemblances ou les différences pertinentes.
   b) Les *critères d'évaluation* liés à la forme :
      - **clarté et concision** : les phrases et les paragraphes de votre texte sont intelligibles, explicites, précis et succincts ;
      - **logique, cohérence et continuité** : les idées secondaires appuient les idées principales ; chacune des parties occupe la place qui lui convient dans la progression de la démonstration ; des phrases de transition assurent les liens entre les phrases principales et entre les parties du texte. Bref, il y a un enchaînement dans le texte ;
      - **pertinence** : les idées que vous avancez se rapportent au sujet traité. Elles sont appropriées, judicieuses et bien fondées.

Présentation

Soignez la présentation générale de votre texte, que vous divisez en trois parties :

1. Une **introduction**, dans laquelle vous posez d'abord le sujet, c'est-à-dire que vous reprenez, en le précisant, l'énoncé de la compétence. Vous divisez ensuite le sujet, c'est-à-dire que vous établissez les étapes que vous comptez franchir afin de réaliser votre texte.
2. Un **développement**, dans lequel vous présentez le sujet d'une manière progressive en suivant les étapes précisées dans l'introduction. Le développement est un texte démonstratif : c'est l'occasion pour vous d'expliquer, de critiquer (ou discuter, c'est-à-dire appuyer ou réfuter) et de comparer.
3. Une **conclusion**, dans laquelle vous rappelez le cheminement de votre démonstration (vous en donnez un résumé) et proposez une ou des perspectives nouvelles.

Bibliographie des ouvrages cités

ALAIN, dans Pierre Abraham *et al.* « L'homme selon Rousseau », *Revue Europe*, n° 391-392, novembre-décembre 1961.

ANDREAS-SALOMÉ, Lou. *Friedrich Nietzsche*, Paris, Réimpressions Gordon et Breach, 1970.

ATTALI, Jacques. *Karl Marx ou l'esprit du monde*, Paris, Fayard, 2005.

BEAUVOIR, Simone de. *Pour une morale de l'ambiguïté*, Paris, Gallimard, coll. « Idées », 1968.

BLOOM, Allan. *L'Âme désarmée. Essai sur le déclin de la culture générale*, traduction Paul Alexandre, Paris et Montréal, Julliard et Guérin Littérature, 1987.

CHOSSUDOVSKY, Michel. *La Mondialisation de la pauvreté*, Montréal, Les Éditions Écosociété, 1998.

DESCARTES, René. *Œuvres et Lettres*, Paris, Gallimard, coll. « Bibliothèque de la Pléiade », 1953.

FREUD, Sigmund. *Abrégé de psychanalyse*, traduction Janine Altounian, Pierre Cotet, Françoise Kahn, Jean Laplanche, François Robert, Paris, Presses Universitaires de France, coll. « Quadrige », 2012.

FREUD, Sigmund. *Cinq Leçons sur la psychanalyse*, traduction Yves Le Lay, Paris, Payot, coll. « Petite Bibliothèque Payot », 1984.

FREUD, Sigmund. *Essais de psychanalyse*, traduction André Bourguignon (dir.), Paris, Payot, coll. « Petite Bibliothèque Payot », 1981.

FREUD, Sigmund. *Introduction à la psychanalyse*, traduction Samuel Jankélévitch, Paris, Payot, coll. « Petite Bibliothèque Payot », 1966.

FREUD, Sigmund. *Malaise dans la civilisation*, traduction Charles et Jeanne Odier, Paris, Presses Universitaires de France, 1971.

FREUD, Sigmund. *Métapsychologie*, traduction Jean Laplanche et Jean-Bertrand Pontalis, Paris, Gallimard, coll. « Idées », 1968.

FREUD, Sigmund. *Nouvelles conférences d'introduction à la psychanalyse*, traduction Rose-Marie Zeitlin, Paris, Gallimard, 1984.

FROMM, Erich. *La Mission de Sigmund Freud*, traduction Paul Alexandre, Bruxelles, Éditions Complexe, 1975.

HEGEL, Friedrich. « Leçons sur l'histoire de la philosophie », dans *La Philosophie moderne*, t. 6, Paris, Librairie Philosophique J. Vrin, coll. « Bibliothèque de textes philosophiques », 1985.

HOLBACH, Baron d' (Paul Henri). « Système de la nature ou des lois du monde physique et moral », dans *Encyclopédie philosophique universelle. Les notions philosophiques*, t. I, Paris, Presses Universitaires de France, 1990.

KANT, Emmanuel. « Idée d'une histoire universelle au point de vue cosmopolitique », traduction Luc Ferry, dans *Critique de la faculté de juger*, Paris, Gallimard, coll. « Folio/Essais », 1996.

KANT, Emmanuel. *Qu'est-ce que les Lumières et autres textes*, traduction Jean-François Poirier et Françoise Proust, Paris, Garnier-Flammarion, 1991.

KIERKEGAARD, Søren. *Traité du désespoir*, Paris, Gallimard, « Folio essais », 1949.

LABORIT, Henri. *Éloge de la fuite*, Paris, Robert Laffont, 1976.

Le Petit Robert de la langue française 2014, Paris, 2014.

MARCUSE, Herbert. *Pour une théorie critique de la société*, traduction Cornélius Heim, Paris, Denoël/Gonthier, coll. « Bibliothèque Méditations », 1971.

MARX, Karl et Friedrich ENGELS. « Critique de la philosophie du droit de Hegel », dans *Sur la religion*, Paris, Éditions Sociales, 1968.

MARX, Karl et Friedrich ENGELS. *L'Idéologie allemande*, traduction Henri Auger, Gilbert Badia, Jean Baudrillard et Renée Cartelle, Paris, Éditions Sociales, coll. « Essentiel », 1988.

MARX, Karl et Friedrich ENGELS. *Manifeste du parti communiste*, traduction Émile Bottigelli, Paris, Flammarion, coll. GF, 1998.

MARX, Karl. « Critique de la philosophie hégélienne du droit », dans *Pages de Karl Marx*, traduction Maximilien Rubel, Paris, Payot, 1970.

MARX, Karl. *La question juive*, Paris, Aubier-Montaigne, 1971.

MARX, Karl. *Œuvres (Économie)*, t. I et II, traduction Maximilien Rubel et Louis Évrard, Paris, Gallimard, coll. « Bibliothèque de la Pléiade », 1972.

MILL, John Stuart. *De la liberté*, traduction Laurence Lenglet, à partir de la traduction de Dupond White, Paris, Gallimard, coll. « Folio/Essai », 1990.

MONTAIGNE, Michel de. *Essais*, édition établie et présentée par Claude Pinganaud, Paris, Éditions Arléa, 2002.

MONTAIGNE, Michel de. *Essais*, édition établie par Albert Thibaudet et Maurice Rat, Paris, Gallimard, coll. « Bibliothèque de la Pléiade », 1967.

NIETZSCHE, Friedrich. *Ainsi parlait Zarathoustra*, traduction Maurice Betz, Paris, Gallimard, coll. « Le Livre de poche classique », 1965.

NIETZSCHE, Friedrich. *Humain, trop humain*, Livres I et II, traduction Albert Desrousseaux et Albert Lacoste, Paris, Robert Laffont, coll. « Bouquin », 2013.

NIETZSCHE, Friedrich. *La Généalogie de la morale*, traduction Henri Albert, Paris, Gallimard, coll. « Idées », 1969.

NIETZSCHE, Friedrich. *La Volonté de puissance. Essai d'une transmutation de toutes les valeurs*, traduction Henri Albert, Paris, Librairie Générale Française, coll. « Le Livre de poche/Classiques de philosophie », 1991.

NIETZSCHE, Friedrich. *Le Crépuscule des idoles*, traduction Jean-Claude Hemery, Paris, Gallimard, coll. « Idées », 1977.

NIETZSCHE, Friedrich. *Le Gai Savoir*, traduction Pierre Klossowski, Paris, Union Générale d'Éditions, coll. « 10-18 », 1973.

NIETZSCHE, Friedrich. *Le Nihilisme européen*, traduction Angèle Kremer-Marietti, Paris, Union Générale d'Éditions, coll. « 10-18 », 1976.

NIETZSCHE, Friedrich. *Lettres choisies*, Paris, Gallimard, coll. « Folio classique », 2008.

NIETZSCHE, Friedrich. *Œuvres philosophiques complètes*, t. VIII, Paris, Gallimard, 1974.

NIETZSCHE, Friedrich. *Par-delà le bien et le mal*, traduction Geneviève Bianquis, Paris, Union Générale d'Éditions, coll. « 10-18 », 1967.

ONFRAY, Michel. « Deviens ce que tu es », *Le nouvel Observateur*, Hors-série n° 48 – Nietzsche, septembre-octobre 2002.

ONFRAY, Michel. « Préface » dans Michel de Montaigne, *Vivre à propos*, Paris, Flammarion, 2009.

PASCAL, Blaise. « Pensées », dans *Œuvres complètes*, présentation et notes de Louis Lafuma, Paris, Éditions du Seuil, 1964.

ROUSSEAU, Jean-Jacques. *Discours sur l'origine et les fondements de l'inégalité parmi les hommes*, Paris, Gallimard, coll. « Folio/Essais », 1992.

ROUSSEAU, Jean-Jacques. *Œuvres complètes*, t. I à IV, Paris, Gallimard, coll. « Bibliothèque de la Pléiade », 1959-1995.

SARTRE, Jean-Paul. *Huis clos*, Paris, Gallimard, coll. « Le Livre de poche », 1967.

SARTRE, Jean-Paul. *L'Être et le Néant*, Paris, Gallimard, coll. « Bibliothèque des Idées », 1968.

SARTRE, Jean-Paul. *L'existentialisme est un humanisme*, Paris, Éditions Nagel, coll. « Pensées », 1970.

SARTRE, Jean-Paul. *Les Mots*, Paris, Gallimard, 1964.

SARTRE, Jean-Paul. *Saint Genet, comédien et martyr*, Paris, Gallimard, 1952.

SKINNER, Burrhus Frederic et Margaret E. VAUGHAN. *Bonjour sagesse. Bien vivre après soixante-dix ans*, traduction Claude Farny, Paris, Robert Laffont, coll. « Réponses », 1986.

SKINNER, Burrhus Frederic. *Beyond Freedom and Dignity*, New York, Alfred A. Knopf, 1971.

SKINNER, Burrhus Frederic. *L'analyse expérimentale du comportement : un essai théorique*, traduction Anne-Marie et Marc Richelle, Bruxelles, C. Dessart, 1976.

SKINNER, Burrhus Frederic. *Par-delà la liberté et la dignité*, traduction Anne-Marie et Marc Richelle, Montréal et Paris, Éditions HMH et Robert Laffont, 1975.

SKINNER, Burrhus Frederic. *Pour une science du comportement : le behaviorisme*, traduction Françoise Parot, Paris et Neuchâtel, Éditions Delachaux et Niestlé, 1979.

SMITH, Louis M. « B. F. Skinner (1904-1990) », Perspectives : revue trimestrielle d'éducation comparée (Paris, UNESCO : Bureau international d'éducation), vol. XXIV, n° 3/4, 1994.

SPINOZA, Baruch. *Œuvres*, t. III – *L'Éthique*, traduction et notes par Charles Appuhn, Paris, Garnier-Flammarion, 1965.

TAYLOR, Charles. *Grandeur et Misère de la modernité*, traduction Charlotte Melançon, Montréal, Bellarmin, coll. « L'essentiel », 1992.

TOCQUEVILLE, Alexis de. *De la démocratie en Amérique*, vol. 2, Paris, Gallimard, coll. « Folio/Histoire », 1991.

VOLTAIRE. *Lettres philosophiques*, Paris, Hachette, 1930.

WIZNITZER, Louis. « Sartre parle », *Magazine Maclean*, janvier 1967.

ZWEIG, Stefan. *Sigmund Freud. La Guérison par l'esprit*, traduction Hélène Denis-Jeannoy, Paris, Le Livre de Poche, 2012.

Sources iconographiques

Couverture : FRANCK CAMHI/Alamy ; **p. 5 :** Private Collection/Giraudon/The Bridgeman Art Library ; **p. 9 :** avec l'autorisation du Château de Montaigne ; **p. 11 :** akg-images ; **p. 12 :** Bibliothèque nationale de France ; **p. 13 :** North Wind Picture Archives/The Image Works ; **p. 19 :** akg-images ; **p. 28 :** © Roger-Viollet ; **p. 31 :** akg-images/Electa ; **p. 34 :** Jan Haas/dpa/Corbis ; **p. 44 :** akg-images ; **p. 45 :** akg-images ; **p. 47 :** akg-images ; **p. 48 :** Chateau de Versailles, France/The Bridgeman Art Library ; **p. 49 :** The Granger Collection, NYC – All rights reserved ; **p. 50 :** Erich Lessing/Art Resource, NY ; **p. 51 :** akg images/Imagno ; **p. 53 :** akg-images ; **p. 57 :** akg-images/Doris Poklekowski ; **p. 64 :** akg-images/Cameraphoto ; **p. 67 :** Wikipedia Commons ; **p. 75 :** akg-images ; **p. 77 :** akg/De Agostini Pict.Lib. ; **p. 78 :** Maurice Leloir/Wikipedia Commons ; **p. 79 :** Louvre, Paris, France/Giraudon/The Bridgeman Art Library ; **p. 82 :** akg-images ; **p. 85 :** Erich Lessing/Art Resource, NY ; **p. 93 :** Michael Runkel/age fotostock/maXx images ; **p. 98 :** akg-images ; **p. 100 :** akg-images/De Agostini Pict.Lib. ; **p. 104 :** © fatihhoca/iStockphoto ; **p. 115 :** akg-images ; **p. 117 :** Swim Ink/Corbis ; **p. 121 :** akg-images ; **p. 121 :** Swim Ink/Corbis ; **p. 132 :** REUTERS/KCNA ; **p. 135 :** Musée d'Orsay, Paris, France, Giraudon/The Bridgeman Art Library ; **p. 136 :** U. Baumgarten via Getty Images ; **p. 138 :** Norbert Scanella/maXx images ; **p. 153 :** Christian Simonpietri/Sygma/Corbis ; **p. 155 :** Getty Images ; **p. 156 :** Getty Images ; **p. 157 :** Stefano Bianchetti/Corbis ; **p. 158 :** akg-images ; **p. 167 :** ASSOCIATED PRESS ; **p. 171 :** OLAF KRAAK/AFP/Getty Images ; **p. 173 :** McNay Art Museum/Art Resource, NY ; **p. 175 :** Walker Art Gallery, Liverpool, UK ; **p. 183 :** Neville Elder/Corbis ; **p. 185 :** adoc-photos/Corbis ; **p. 186 :** Erich Lessing/Art Resource, NY ; **p. 187 :** The Granger Collection, NYC – All rights reserved; **p. 188 :** Getty Images ; **p. 190 :** Peter Aprahamian/CORBIS ; **p. 193 :** bradleym/iStockphoto ; **p. 196 :** vpublic – Fotolia.com ; **p. 201 :** Fotosearch/SuperStock ; **p. 204 :** AP Photo/Rob Griffith ; **p. 205 :** Bettmann/CORBIS ; **p. 215 :** avec l'autorisation de Erich-Fromm.com ; **p. 217 :** James Andanson/Apis/Sygma/Corbis ; **p. 218 :** Rue des Archives/The Granger Collection, NYC – All rights reserved ; **p. 220 :** Yves Renaud photographe ; **p. 224 :** Getty Images ; **p. 225 :** AFP/Getty Images ; **p. 227 :** CP PHOTO/Quebec le Soleil/Steve Deschenes ; **p. 231 :** CP PHOTO/Ian Jackson ; **p. 237 :** Maximilian Stock Ltd./Getty Images ; **p. [illegible] :** Steve Schapiro/Corbis ; **p. 247 :** Gamma-Rapho via Getty Images ; **p. 249 :** Getty Images ; **p. 252 :** Archives of the History of American Psychology, The Center for the History of Psychology, The University of Akron ; **p. 254 :** Bettmann/CORBIS ; **p. 255 :** David Turnley/CORBIS ; **p. 261 :** akg-images ; **p. 267 :** Brad Calkins | Dreamstime.com ; **p. 277 :** Gamma-Rapho via Getty Images.

Index

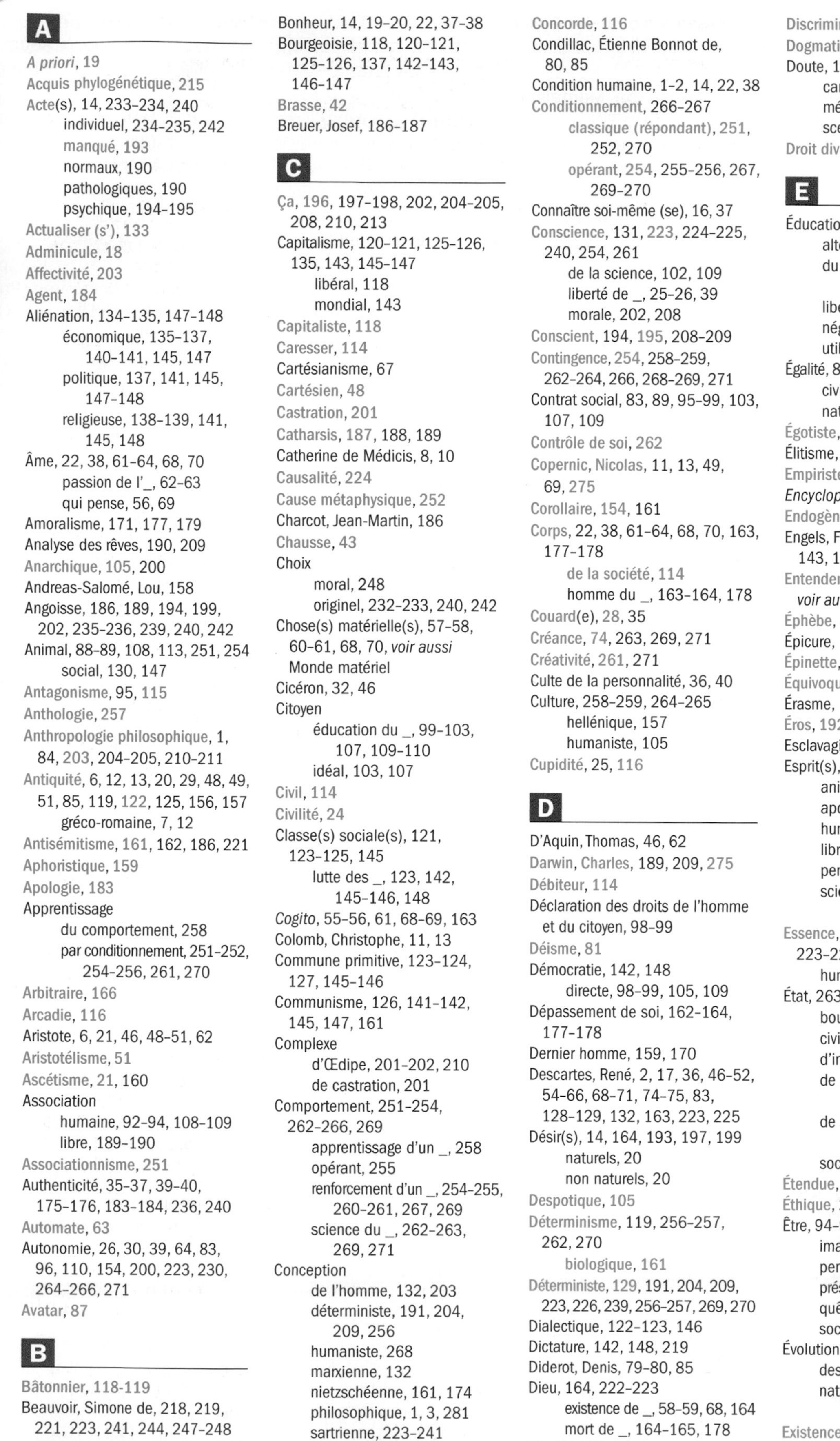

O

P

Q

R

S

T

U

V

Z